© Massimo Ripan

Le Routard

Marrakech

et les montagnes du Haut-Atlas
+ Essaouira

Cofondateurs : Philippe GLOAGUEN et Michel DUVAL

Directeur de collection et auteur
Philippe GLOAGUEN

Rédacteurs en chef adjoints
Amanda KERAVEL
et Benoît LUCCHINI

Directrice de la coordination
Florence CHARMETANT

Directrice administrative
Bénédicte GLOAGUEN

Directeur du développement
Gavin's CLEMENTE-RUIZ

Conseiller à la rédaction
Pierre JOSSE

Direction éditoriale
Hélène FIRQUET

Rédaction
Isabelle AL SUBAIHI
Emmanuelle BAUQUIS
Mathilde de BOISGROLLIER
Thierry BROUARD
Marie BURIN des ROZIERS
Véronique de CHARDON
Fiona DEBRABANDER
Anne-Caroline DUMAS
Éléonore FRIESS
Géraldine LEMAUF-BEAUVOIS
Olivier PAGE
Alain PALLIER
Anne POINSOT
André PONCELET
Alizée TROTIN

Responsable voyages
Carole BORDES

2019

hachette

TABLE DES MATIÈRES

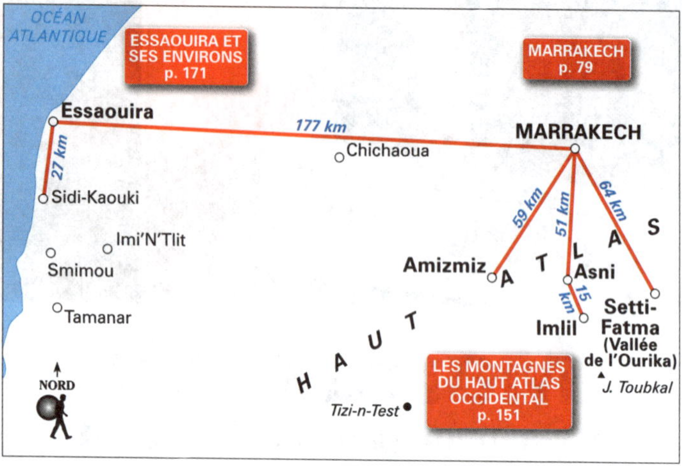

PRÉAMBULE

- La rédaction du *Routard* 6
- Introduction 11
- Nos coups de cœur 12
- Itinéraires conseillés 28
- Lu sur routard.com 33
- Les questions qu'on se pose avant le départ 34

COMMENT Y ALLER ? 36

- En avion 36
- Les organismes de voyages 37
- En bus 40

MAROC UTILE 41

- ABC du Maroc 41
- Avant le départ 41
- Argent, banques, change 47
- Budget 49
- Climat 51
- Dangers et enquiquinements 52
- Décalage horaire 54
- Drogue 54
- Électricité 55
- Fêtes et jours fériés 55
- Guides 58
- Hébergement 59
- Langues 61
- Livres de route 63
- Marchandage 65
- Photo 65

- Poste 66
- Santé 66
- Sites internet 68
- Téléphone et télécoms 69
- Transports 70
- Urgences 77

MARRAKECH 79

- Un peu d'histoire 79
- Une ville prise de folie 82

INFOS PRATIQUES ET CULTURELLES 82

- Arrivée à l'aéroport 82
- Topographie de la ville 83
- Attention, arnaques ! 83
- Circuler dans Marrakech 84
- Adresses utiles 87

OÙ DORMIR ? 94

- Campings 95
- Auberge de jeunesse, *hostels* 95
- Hôtels 96
- Location d'appartements 100
- Riads et dar 100

OÙ DORMIR DANS LES ENVIRONS ? 111

OÙ MANGER ? 113

OÙ MANGER DANS LES ENVIRONS PROCHES ? 121

OÙ PRENDRE LE PETIT DÉJ ? OÙ DÉGUSTER UNE PÂTISSERIE OU UNE GLACE ? 122

OÙ BOIRE UN VERRE ? 122

OÙ SORTIR ? 124

ACHATS 125

À VOIR 128

- La médina 128
- Guéliz et les autres quartiers de la ville nouvelle 144
- La Palmeraie 146
- Un peu plus loin 147

FÊTES ET MANIFESTATIONS 148

QUITTER MARRAKECH 149

LES MONTAGNES DU HAUT ATLAS OCCIDENTAL 151

- Randonnées 151
- La vallée de l'Ourika 152
- L'Oukaïmeden 157
- Sur la route d'Imlil 159
- La route d'Amizmiz 164
- La route du Tizi-n-Test 167

ESSAOUIRA ET SES ENVIRONS 171

- Essaouira 171
- La plage de Sidi-Kaouki 197

HOMMES, CULTURE, ENVIRONNEMENT 200

- Achats 200
- Bakchich 207
- Boissons 207
- Cinéma 209
- Cuisine 210
- Curieux, non ? 214
- Économie 214
- Enfants et éducation 216
- Environnement 217
- Faune et flore 218
- Femmes 220
- Gazelles 222
- Géographie 222
- Habitat 223
- Hammam 225
- Histoire 226
- Institutions 234
- Médias 235
- Musique et danse 236
- Personnages 238
- Population 240
- Religions et croyances 244
- Savoir-vivre et coutumes 249
- Sexe 250
- Sites inscrits au Patrimoine mondial de l'Unesco 251
- Sports et loisirs 252

Index général 266

Liste des cartes et plans 271

Important : dernière minute

Sauf rares exceptions, le *Routard* bénéficie d'une parution annuelle à date fixe. Entre 2 dates, des événements fortuits (formalités, taux de change, catastrophes naturelles, conditions d'accès aux sites, fermetures inopinées, etc.) peuvent modifier vos projets de voyage. Pour éviter les déconvenues, nous vous recommandons de consulter la rubrique « Guide » par pays de notre site • *routard.com* • et plus particulièrement les dernières ***Actus voyageurs.***

Recommandation à ceux qui souhaitent profiter des réductions et avantages proposés dans le *Routard* par les hôteliers et les restaurateurs

À l'hôtel, pensez à les demander au moment de la réservation ou, si vous n'avez pas réservé, **à l'arrivée.** Ils ne sont valables que pour les réservations en direct et ne sont pas cumulables avec d'autres offres promotionnelles (notamment sur Internet). Au restaurant, parlez-en **au moment** de la commande et surtout **avant** que l'addition soit établie. Poser votre *Routard* sur la table ne suffit pas : le personnel de salle n'est pas toujours au courant et une fois le ticket de caisse imprimé, il est souvent difficile de modifier le total. En cas de doute, montrez la notice relative à l'établissement dans le *Routard* de l'année et, bien sûr, ne manquez pas de nous faire part de toute difficulté rencontrée.

Tajines de légumes

LA RÉDACTION DU ROUTARD

(sans oublier nos 50 enquêteurs, aussi sur le terrain)

Thierry, Anne-Caroline, Éléonore, Olivier, Pierre, Benoît, Alain, Fiona, Gavin's, André, Véronique, Bénédicte, Jean-Sébastien, Mathilde, Amanda, Isabelle, Géraldine, Marie, Carole, Philippe, Florence, Anne.

La saga du *Routard* : en 1971, deux étudiants, Philippe et Michel, avaient une furieuse envie de découvrir le monde. De retour du Népal germe l'idée d'un guide différent qui regrouperait tuyaux malins et itinéraires sympas, destiné aux jeunes fauchés en quête de liberté. 1973. Après 19 refus d'éditeurs et la faillite de leur 1re maison d'édition, l'aventure commence vraiment avec Hachette. Aujourd'hui, le *Routard*, c'est plus d'une cinquantaine d'enquêteurs impliqués et sincères. Ils parcourent le monde toute l'année dans l'anonymat et s'acharnent à restituer leurs coups de cœur avec passion.

Merci à tous les Routards qui partagent nos convictions : sincérité, respect des autres, curiosité, liberté, coups de cœur, insolite, Droits de l'homme et de la femme, curiosité, tolérance, découverte, indépendance d'esprit, absence de préjugés, partage, humour, surprise, authenticité, coups de foudre, gourmandise, passion, confiance.

NOS SPÉCIALISTES MAROC

Isabelle Al Subaihi : une émigration outre-Manche à l'âge de 4 mois, forcément, ça laisse des traces : un goût prononcé pour l'exotisme ! Depuis, elle cherche à transmettre sa passion du voyage. Ce qu'elle aime partager : un bon plat, des éclats de rire, l'émotion d'un paysage qui bouleverse. Et surtout une vision décalée grâce à des rencontres surprenantes.

Thierry Bessou : ses origines agricoles auraient pu l'amener à cultiver la terre, finalement il la sillonne. Pourtant, il a peur de prendre l'avion ! En équilibre précaire sur un éléphant, les doigts gelés au pied d'un glacier, de marchés en musées, ses antennes restent déployées. C'est dans la Ville Rose qu'il écrit, inspiré par mille lieux foulés, mille regards croisés.

Michelle Georget : « Fermeture des portes, armement des toboggans… » Immanquablement, l'annonce galvanise gaiement ses 5 sens ! Tout émoustillés qu'ils sont face à l'inconnu, curieux de découvrir des ailleurs mystérieux, gourmands de rencontres insolites, prêts à accueillir l'intensité des émotions. Le voyage lui offre à chaque fois des bulles d'émerveillement.

UN GRAND MERCI À NOS AMI(E)S SUR PLACE ET EN FRANCE

Pour cette nouvelle édition, nous remercions particulièrement :

- **Zakkia Ridda** pour ses informations précieuses ;
- **Quentin Wilbaux** pour sa disponibilité et son regard toujours bienveillant ;
- **Alain Kerrien** pour les bons conseils d'un amoureux du Maroc ;
- **Nicolas,** le fondu d'art, motivé par le partage ;
- **Patrick Manac'h** de la Maison de la photographie, acteur incontournable de la vie culturelle marrakchie ;
- **Mohamed,** dynamique et au coup de main apprécié ;
- **Thomas** pour sa découverte insolite de Marrakech ;
- **Wadie,** pour son enthousiasme intact ;
- **M. Laqbabi,** passioné d'or rouge ;
- ainsi que **Reporters Sans Frontières.**

Pictogrammes du Routard

Établissements

- Hôtel, auberge, chambre d'hôtes
- Camping
- Restaurant
- Boulangerie, sandwicherie
- Pâtisserie
- Glacier
- Café, salon de thé
- Café, bar
- Bar musical
- Club, boîte de nuit
- Salle de spectacle
- Boutique, magasin, marché

Infos pratiques

- Office de tourisme
- Poste
- Accès Internet
- Hôpital, urgences
- Adapté aux personnes handicapées

Sites

- Présente un intérêt touristique
- Point de vue
- Plage
- Spot de surf
- Site de plongée
- Recommandé pour les enfants
- Inscrit au Patrimoine mondial de l'Unesco

Transports

- Aéroport
- Gare ferroviaire
- Gare routière, arrêt de bus
- Station de métro
- Station de tramway
- Parking
- Taxi
- Taxi collectif
- Bateau
- Bateau fluvial
- Piste cyclable, parcours à vélo

Tout au long de ce guide, découvrez toutes les photos de la destination sur • *routard.com* • Attention au coût de connexion à l'étranger, assurez-vous d'être en wifi !

Le *Routard* est imprimé sur un papier issu de forêts gérées.

I.S.B.N. 978-2-01-626760-8

NORD
ESSAOUIRA
(médina)
Ounara
Sid El Mokhtar
Chichaoua
Sidi-Kaouki
ESSAOUIRA ET SES ENVIRONS p. 171
Smimou
Imintanoute
Ait Daoud
Tamanar
Tamri
OCÉAN ATLANTIQUE
Agadir
Taroudant
N 1
R 301
R 207
R 201
P 2026
P 2201
P 2214
P 2208
P 2220
R 214
N 8
A 7
P 1002
P 1001
N 10

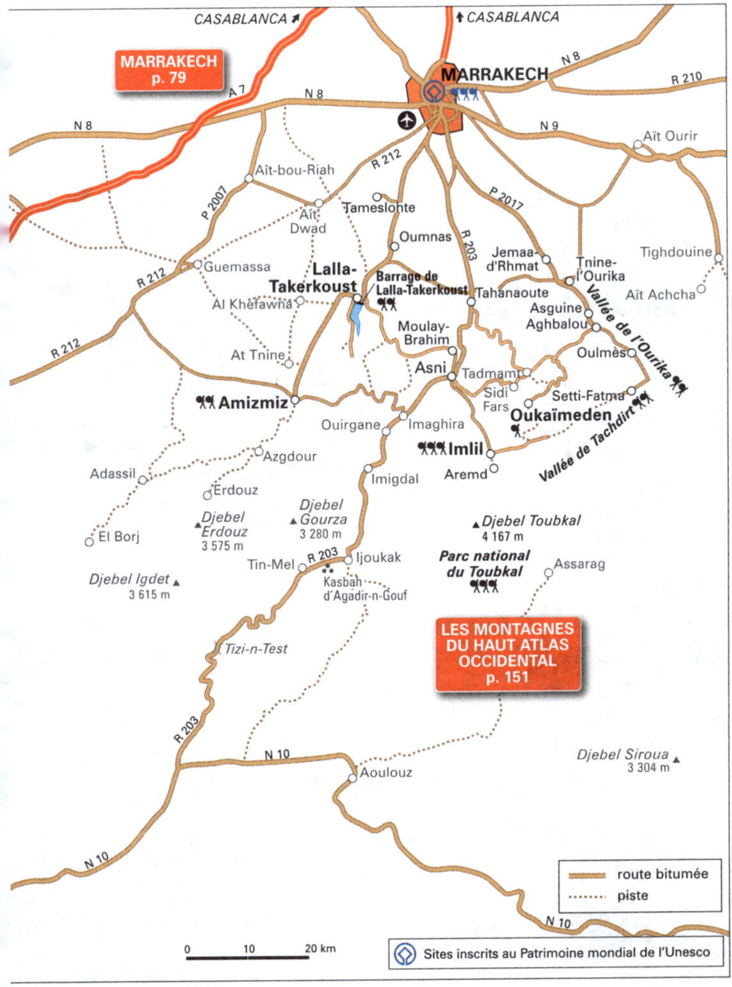

LES RÉGIONS DE MARRAKECH ET D'ESSAOUIRA

Le port d'Essaouira

« Quand on a des moustaches, on ne souffle pas sur le feu pour l'attiser. »
Proverbe marocain

Marrakech fait partie des destinations qui font rêver les voyageurs… même si ses vieux amoureux jurent ne plus reconnaître aujourd'hui leur « Perle du Sud ». Cette ville en pleine mutation ne laisse surtout pas indifférent.

Laissez-vous porter par la vie, l'humour, les couleurs, les odeurs, le charme indéniable de cette ensorceleuse : **l'immense place Jemaa-el-Fna et son animation valent à elles seules le déplacement.**

On se perd aussi dans les souks colorés et bruyants, parmi les plus riches, les plus divers, les plus fascinants du pays. Mille petits métiers s'y côtoient dans une atmosphère étonnante.

Et le tourisme, parfois décrié, a grandement favorisé la redécouverte d'un artisanat aujourd'hui florissant et la réhabilitation de l'architecture marrakchie, qu'il s'agisse des superbes mosquées, des remarquables palais, mais aussi (et surtout) des riads devenus maisons d'hôtes. Hammams de quartier, bagou des vendeurs de tout et de rien ajoutent à la griserie un envoûtement inoubliable.

À moins de 1h de la capitale des Almoravides, lorsque les chaleurs de l'été rendent insupportable toute visite de la ville rouge, **on se délecte des joies** « climatisées » **de la montagne** sur les pentes de l'Oukaïmeden et dans les vallées du Haut Atlas. **Essaouira** est une alternative tout aussi séduisante et rafraîchissante : la température y est presque toujours de 25 °C. **Avec ses faux airs bretons, c'est l'endroit rêvé pour décompresser,** rencontrer la population et flâner dans une médina authentique. S'installer par exemple place Moulay-el-Hassan, à la terrasse d'un café, ombragée d'arbres à caoutchouc, pour siroter un thé et prendre le pouls de la ville. Vous y êtes ?

Marrakchi près du marché aux fleurs

NOS COUPS DE CŒUR

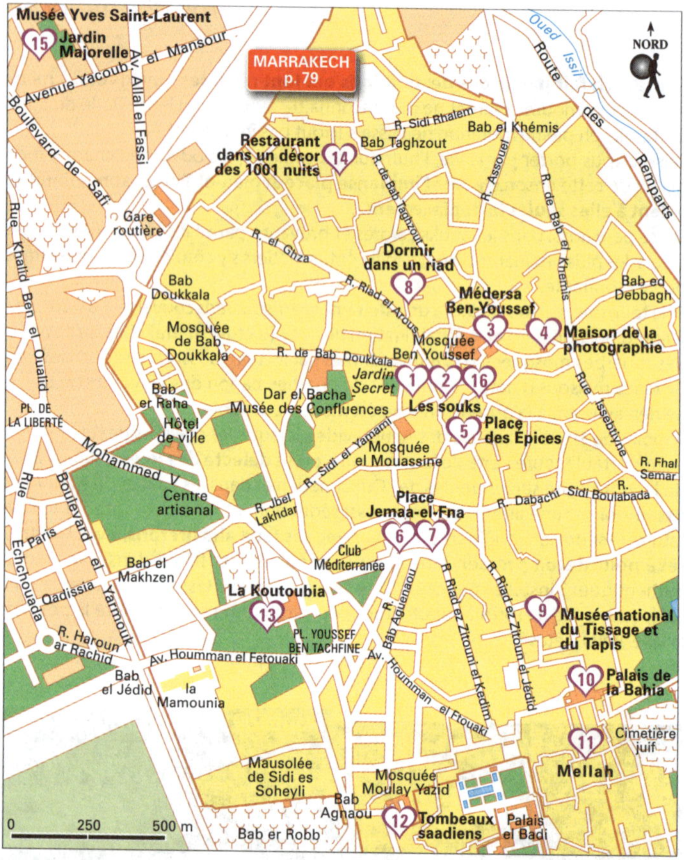

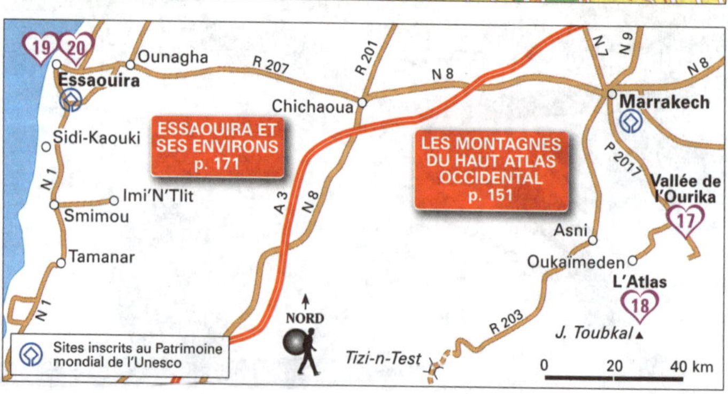

1 **Se perdre dans les ruelles des souks, dans une débauche de couleurs, de bruits et de sensations.**

Les souks de Marrakech comptent parmi les plus beaux du monde arabe. Le mieux, bien sûr, est de se perdre volontairement dans les ruelles, de se laisser guider par la curiosité, de se laisser porter par le flot des charrettes… Les souks, qui regroupent plus de 40 000 artisans locaux, sont réunis par métier et par quartier. Vous trouverez aussi partout des échoppes et des *foundouk* (caravansérails) emplis de bric-à-brac des plus hétéroclites. *p. 130-132*

Bon à savoir : ne manquez pas non plus les kissaria *(marchés couverts), réservées au commerce des étoffes. Ce sont les mieux conservées du Maroc.*

© Kaos000/Sime/Photononstop

2 **Au cœur des souks, piquez-vous au jeu du marchandage.**

Impossible de ne pas succomber à l'artisanat marocain. Mais en terre musulmane, l'acte d'achat n'est pas anodin, c'est un engagement réciproque. Alors n'hésitez pas à comparer, discuter et… marchander. Au final, le prix payé sera toujours plus élevé que le prix « marocain », reflet de 2 réalités économiques différentes, mais vous aurez participé à une pièce de théâtre ancestrale qui nécessite patience, humour et audace : à vous de jouer ! *p. 65*

Bon à savoir : avant de vous lancer dans les négociations éperdues avec les commerçants des souks, allez dans l'ensemble artisanal situé sur l'avenue Mohammed V. Les prix y sont fixes.

© Michel Renaudeau/Age fotostock

3 **Pénétrer dans la médersa Ben-Youssef : à la fois enchantement pour le regard et apaisement pour l'esprit.**

Cette école coranique édifiée au XVIe s était la plus vaste du Maghreb. Les cours se tenaient dans la grande mosquée voisine, voire dans la salle de prière, la cour, autour du bassin ou à l'ombre des galeries. La médersa est un merveilleux exemple de la richesse de l'architecture arabo-andalouse : tout repose sur la justesse des proportions, l'harmonie entre les surfaces et le décor. En visitant la médersa, il faut regarder partout, débusquer les jeux de lumière dans les couloirs et les chambrettes, admirer l'équilibre parfait qui règne ici. *p. 133*

Bon à savoir : fermée pour travaux, devrait rouvrir prochainement.

4 **Découvrir le Maroc d'hier à la Maison de la photographie, un lieu étonnant et loin des clichés.**

Ce musée, assez unique, détient la plus importante collection de photos anciennes (1870/1950) du Maroc, avec plus de 5 000 clichés originaux. Près d'un siècle de vie marocaine raconté aussi à travers des autochromes de 1907 et un demi-siècle plus tard, des 1ers films couleurs sur les Berbères. En fin de visite, ne manquez pas de vous poser sur la terrasse, qui offre peut-être la plus belle vue sur Marrakech et l'Atlas de la médina ! Un voyage dans le temps qui laisse rêveur. *p. 134-135*

© Jon Arnold Images/hemis.fr

5 **Faire le plein d'épices, et prolonger la magie du voyage.**

La place des Épices accueillait autrefois l'ancien marché aux grains, aux épices et… aux esclaves. On y vend aujourd'hui de la vannerie, des épices, ainsi que des plantes médicinales en bocaux. En flânant, vous croiserez la cannelle, la noix de muscade, le safran, le gingembre, le curcuma, le cumin et bien sûr le *ras-el-hanout,* mélange d'une dizaine à une quarantaine d'épices, à utiliser dans le couscous ou le tajine… De quoi parfumer vos plats de retour à la maison. *p. 132*

© Ekaterina Pokrovsky/Shutterstock

6 **Siroter un thé à la menthe sur une terrasse dominant la place Jemaa-el-Fna à la tombée du jour, et admirer le spectacle.**

La place Jemaa-el-Fna est l'un des sites urbains les plus fascinants de la planète. On y rencontre des diseuses de bonne aventure, des montreurs de serpents, des femmes tatouant au henné, des groupes de musiciens, des conteurs et des porteurs d'eau… La place est un immense théâtre en plein air. Dans la journée, il ne s'y passe pas grand-chose. Mais dès la fin d'après-midi, la fête commence. C'est le moment de monter boire un thé sur une des nombreuses (et très prisées) terrasses qui surplombent la place et de regarder les étals ouvrir au fur et à mesure. Puis redescendre pour profiter du spectacle, se mêler à la foule et déguster les spécialités locales. *p. 129-130*

7 **Trouver son stand favori pour dîner sous les lampions de la place Jemaa-el-Fna.**

Tous les soirs dès 17h-18h, la place devient un vaste resto en plein air où, des dizaines de gargotes flanquées de banquettes en bois, on hèle le badaud pour caser soupes, salades, couscous, tajines, grillades, brochettes, méchoui, abats ou encore poissons et escargots, le tout cuit devant le client. Pas toujours moins cher que les petits restos autour de la place, mais l'ambiance est vraiment unique : l'ensemble forme un grand rectangle bruyant et baignant dans la fumée des braseros. *p. 129-130*

8 Vivre comme un pacha en dormant dans un riad et s'en souvenir pendant mille et une nuits.

Pousser la porte d'un riad, c'est un peu comme entrer dans un rêve. Ces maisons traditionnelles situées dans la médina ne se devinent pas de l'extérieur. Ce sont de véritables havres de paix organisés autour d'un patio central et restaurés selon des techniques traditionnelles. On y découvre une succession de salons, d'alcôves, d'escaliers, de terrasses, de fontaines et de paisibles patios aux arcades qui dégoulinent de stucs alors que les mandariniers se mêlent aux orangers. Côté chambre, tradition et confort s'associent pour adopter un style unique… La nuit est à vous. *p. 100*

9 Passer la porte du musée national du Tissage et du Tapis pour un moment de fraîcheur dans son patio verdoyant.

Cette ancienne maison du frère du vizir Ba Ahmed fut construite à la même époque et avec les mêmes artisans que le palais de la Bahia. Aujourd'hui, la visite de ce *dar* vaut autant pour son musée (belle collection de tapis issus de tout le royaume) que pour son architecture. Le patio planté d'orangers procure une fraîcheur bienfaitrice et les superbes plafonds à caissons peints aux pigments naturels suscitent l'admiration. *p. 140*

10 **Ne pas manquer la visite du palais de la Bahia, riche demeure de la fin du XIXe s, un temps résidence du maréchal Lyautey.**

Construite vers 1880, ce palais de Ba Ahmed (vizir, ministre puis régent) est un chef-d'œuvre de l'art marocain. Sur plus de 8 ha, dont 3 ha de jardins, les meilleurs artisans et ouvriers du pays ont construit pas moins de 166 salles (on n'en visite qu'une partie !) et des appartements superbement décorés qui débouchent sur des patios fleuris. Il fut presque entièrement conçu de plain-pied, étant donné l'embonpoint du grand vizir. À déambuler dans le petit riad au riche décor, la salle de réception, la grande cour et le jardin du harem, on a un peu l'impression de s'inviter dans l'Histoire. *p. 141*

11 **Dans le mellah en pleine réhabilitation, partir à la recherche de la communauté juive quasi disparue aujourd'hui, et de son quotidien.**
Sur les milliers de juifs qui vivaient autrefois à Marrakech, seule une toute petite communauté continue d'habiter le mellah, l'ancien quartier juif. Elle était jadis réputée pour ses métiers basés sur la récupération. À partir de vieux pneus, des artisans confectionnaient des savates ; avec de vieux bidons, ils fabriquaient des objets domestiques en fer-blanc et, surtout, de belles lanternes ajourées et ornées de verres colorés. La vie locale est ici encore très animée : vénérables échoppes, souk rassemblant des grossistes d'épices, de tissus… À l'est, le cimetière juif mérite aussi un détour avec ses maisonnettes blanches. *p. 139*

© Dbimages/Alamy/Hemis

12 **Faire une pause, au calme, dans le jardin des tombeaux saadiens.**
Dans le quartier de la *kasbah*, c'est d'abord la mosquée El-Mansour que l'on remarque et son minaret aux entrelacs de couleur turquoise, qui se détache sur le ciel. On pénètre ensuite dans un lieu étonnant : un jardin-cimetière, récupéré au XVIe s par les Saadiens pour abriter les tombes de leurs rois et de leurs familles. Mais en murant l'entrée de la nécropole au XVIIIe s, le sultan alaouite Moulay Ismaïl en protégea le secret pendant des décennies. Les tombeaux ne furent découverts qu'en 1917 ! Le jardin est un petit havre de paix le matin à l'ouverture, ou en fin d'après-midi, quand il n'y a pas foule ! *p. 138*

© José Antonio Moreno/Age fotostock

13 Se balader dans les jardins de la Koutoubia à la tombée de la nuit, et admirer le minaret illuminé.

Point d'ancrage et de repère, le minaret de la Koutoubia domine de ses 69 m de haut la place Jemaa-el-Fna. Chaque face présente un décor différent : réseaux d'entrelacs sculptés dans le stuc, ornements floraux, bandeaux de céramique, arcs et décor épigraphique. Par la simplicité de ses formes, l'équilibre de ses proportions, la Koutoubia est considérée comme l'un des plus beaux monuments d'Afrique du Nord. *p. 129*

14 **S'offrir un dîner en amoureux dans un décor digne des *Mille et Une Nuits.***

C'est le rêve marrakchi par excellence : dîner dans un riad restauré et transformé en un restaurant somptueux, entre mosaïques multicolores, lanternes scintillantes et atmosphère de songe oriental. Souvent, le repas est accompagné par de la musique arabo-andalouse jouée par un petit groupe de musiciens, distillant une atmosphère on ne peut plus magique pour parfaire cette parenthèse enchantée. *p. 123-124*

15 **Déambuler dans le jardin Majorelle, un lieu unique, reposant et empli de poésie.**

Ce magnifique jardin abrite l'atelier du peintre Jacques Majorelle, qui vécut ici à partir de 1924. En 1980, Yves Saint Laurent et Pierre Bergé acquirent et restaurèrent l'endroit. Le grand couturier aimait d'ailleurs tant le lieu qu'il choisit d'en faire sa dernière demeure ; ses cendres y furent dispersées en 2008. C'est aujourd'hui un endroit poétique, avec cactus, plantes grasses, bougainvillées, bambous et maintes essences issues des 5 continents. Des bassins et d'immenses jarres aux couleurs tranchées, dont le fameux « bleu Majorelle », ponctuent cet univers végétal, où le temps est comme suspendu. *p. 145*

Bon à savoir : à ne pas manquer non plus, le nouveau musée Yves Saint Laurent qui a ouvert ses portes à côté du jardin.

16 **Ne pas repartir sans visiter les ateliers de babouches.**

D'où vient, d'après vous, le mot « maroquinerie » ? Le travail du cuir compte parmi les plus vieilles traditions marocaines. Les techniques de travail varient selon les régions : à Marrakech, on le brode avec des fils de couleur ou de fines lanières de peau. Les babouches sont évidemment le produit phare. Les pointues sont d'origine arabe ; celles à bout rond, berbères. Messieurs, vous en porterez des jaunes, Mesdames, des rouges. La semelle, du pneu parfois, est soit cousue, soit collée. Les babouches sans semelle sont conçues pour être portées chez soi. *p. 132*

17 **Faire une escapade d'une journée au cœur de la vallée de l'Ourika et y visiter le Jardin du safran.**

Les Marrakchis viennent s'y réfugier lorsque la température de la ville rouge devient insupportable. Une halte à la Safranière de l'Ourika vous apprendra tout du *Crocus sativus* dont la jolie fleur mauve donne le safran. De la mise en terre du bulbe à la cueillette, du tri des stigmates au séchage des filaments, c'est un travail patient et minutieux. Les visiteurs peuvent participer à la récolte au mois de novembre ou visiter l'intéressante et très instructive exposition le reste du temps. *p. 155*

Bon à savoir : *plus loin, la route qui monte à l'Oukaïmeden (75 km de Marrakech) est grandiose.*

18 **Randonner dans les vallées de l'Atlas au printemps, lorsque les contrastes de couleurs se révèlent saisissants.**

La blancheur des cimes enneigées, le rose des fleurs des arbres fruitiers, le vert de l'herbe tendre, le rouge orangé de la terre dessinent un des tableaux les plus majestueux qui soit. Entre balades et randonnées plus ardues, les paysages s'offrent aux contemplatifs comme aux plus aventuriers. Les grands sportifs partiront quant à eux à l'assaut du Toubkal, le plus haut sommet d'Afrique du Nord, qui culmine à 4 167 m d'altitude. *p. 151*

Bon à savoir : *les guides de montagne officiels, indispensables à toute organisation de randonnées, ont un bureau situé dans le village d'Imlil.*

© Kaos000/Sime/Photononstop

© Sime/Photononstop

19 **Humer l'atmosphère marine grâce aux embruns d'Essaouira.**
Avec son corset de murs fortifiés, son port de chalutiers et ses envols de mouettes, comment ne pas évoquer Saint-Malo ? Mais les maisons blanches aux toits plats, les huisseries bleues et les minarets rappellent vite qu'on est loin de la Bretagne. Ville qui envoûte et enserre ses hôtes venus humer l'atmosphère magique de l'ancienne Mogador. *p. 171*

***Bon à savoir :** attention à la baignade sur la plage d'Essaouira, rendue dangereuse par les courants forts.*

20 **Flâner dans la médina d'Essaouira, authentique et hors du temps.** Il faut savoir se perdre, attraper le rythme, en commençant, par exemple, par découvrir la médina du sommet de ses remparts, fièrement dressés face à l'océan. Puis redescendre pour admirer le travail remarquable des marqueteurs affairés dès le matin dans leurs ateliers ouverts sur la rue de la Sqala. S'attabler à l'une des terrasses de la place Moulay-el-Hassan pour siroter un jus et compter les passants. Ici, les voitures n'ont pas le droit de cité. En milieu d'après-midi, se diriger vers le port pour assister au retour des chalutiers, dans une ambiance folle de goélands ricanant. *p. 193*

© Sudres Jean-Daniel/hemis.fr

ITINÉRAIRES CONSEILLÉS

Marrakech, les vallées du Haut Atlas occidental et Essaouira : 3 régions, 3 types de paysages, 3 climats, un petit condensé du Maroc, pays incroyablement divers et généreux avec les visiteurs. Notez que si Essaouira et les vallées de l'Atlas autour de Marrakech se révèlent supportables en été, ça n'est pas le cas de la ville rouge, qu'on visite de préférence entre octobre et mai.

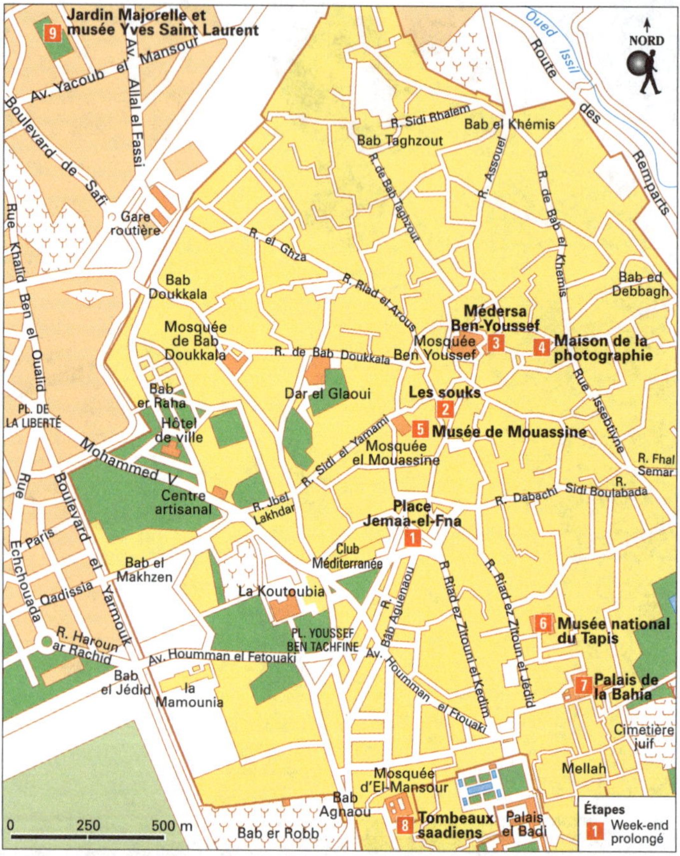

Un week-end prolongé à Marrakech

Juste le temps pour une immersion dans l'ambiance marrakchie avec les incontournables absolus que sont : la **place Jemaa-el-Fna (1),** que l'on observe du haut d'une terrasse en fin d'après-midi avant de plonger dans ce théâtre en plein air et de dîner à l'un des nombreux stands ; les **souks (2)** dans lesquels on se perd forcément ; quelques musées et monuments de la médina : la **médersa Ben-Youssef (3),** un des plus beaux exemples d'architecture arabo-andalouse du Maroc ; l'impressionnante collection de photos anciennes de la **Maison de la photographie (4)** ; le **musée de Mouassine (5),** belle demeure de la fin du XVIIe s, début du XVIIIe s au décor intérieur original et d'une grande finesse ; le Jardin Secret, un enchantement au cœur de la médina.

Au sud de la médina, ne pas manquer tant la fraîcheur que l'originalité de certains objets présentés au **musée national du Tapis (6)** ; le **palais de la Bahia (7),** autre chef-d'œuvre architectural et artisanal ; la quiétude des **tombeaux saadiens (8).** Et enfin, garder du temps pour arpenter le poétique **jardin Majorelle (9)** et le nouveau **musée Yves Saint Laurent.**

Danseur gnaoua

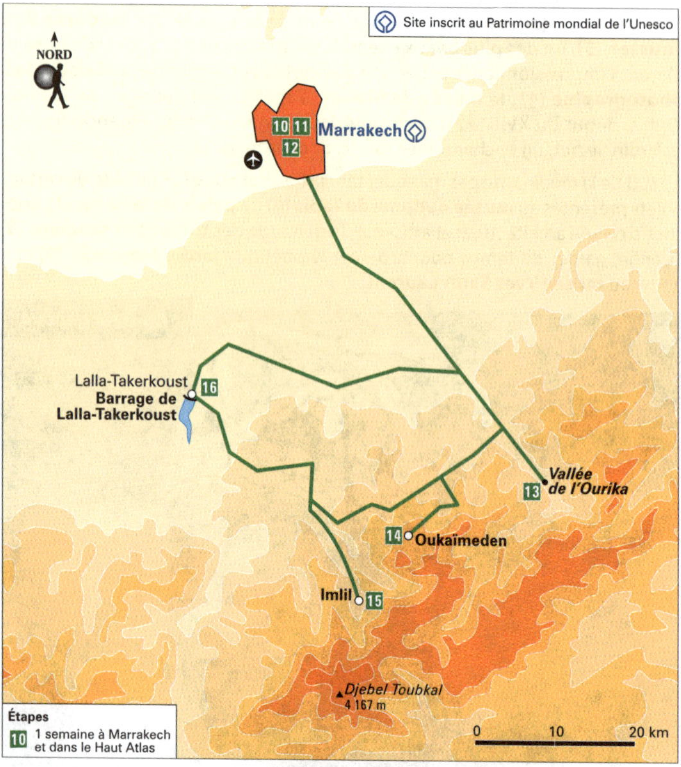

1 semaine à Marrakech et dans le Haut Atlas

Marrakech (4 jours)

En plus des visites conseillées plus haut pour le week-end prolongé, les férus de culture ne manqueront pas les **galeries d'art de la médina et de Guéliz,** le **musée du Parfum** et la visite du **mellah (10),** une soirée gnaoua ou jazz au **Dar Chérifa (11),** quartier juif restauré. Avec des enfants (ou non), on peut opter pour le **parc aquatique Oasiria (12).**

Les vallées du Haut Atlas occidental (2 jours minimum)

Dès qu'il commence à faire chaud à Marrakech, on se réfugie au sud de la ville pour visiter les différents points d'intérêt qui jalonnent la **vallée de l'Ourika (13),** comme la Safranière de l'Ourika, pour tout connaître sur l'épice la plus chère du monde, les jardins bio-aromatiques, l'écomusée berbère ou encore Anima, un jardin peuplé de créatures merveilleuses ; gravir les pentes de l'**Oukaïmeden (14) ;** puis entreprendre de superbes randonnées au départ d'**Imlil (15).** Rentrer sur Marrakech par le barrage de **Lalla-Takerkoust (16),** le temps d'un pique-nique ou d'un agréable déjeuner dans un resto au bord du lac.

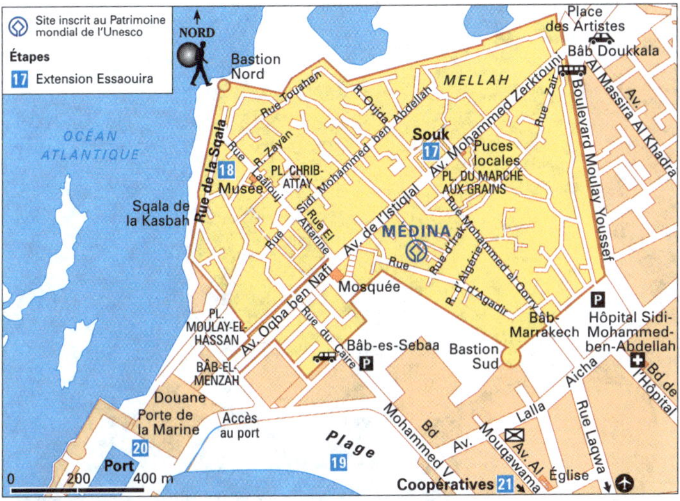

4 jours avec extension sur Essaouira

Reprendre l'itinéraire d'une semaine, puis rejoindre Essaouira en bus ou en voiture (prévoir environ 2h30-3h de route). Flâner dans la médina et découvrir les différentes spécialités professionnelles regroupées dans le **souk (17),** admirer le travail des marqueteurs sur la **rue de la Sqala (18),** déjeuner sur la **plage (19),** attendre le retour des pêcheurs sur le **port (20),** se laisser convaincre des bienfaits de l'huile d'argan dans l'une des boutiques de la ville, voire dans l'une des **coopératives (21)** sérieuses, en activité autour d'Essaouira (pour ceux qui sont véhiculés).

SI VOUS ÊTES…

En famille : le parc aquatique de Oasiria à Marrakech, un goûter dans une pâtisserie de la ville, la rencontre des artisans dans les souks, le tour des remparts en calèche, un pique-nique au bord du lac de Lalla-Takerkoust, l'équitation à Essaouira et une balade à dos de dromadaire à Sidi-Kaouki.

En amoureux : dormir mille et une nuits dans un riad enchanteur et dîner dans un autre, à la lueur des bougies, évoluer dans l'univers poétique du peintre Majorelle dans le jardin qui lui est consacré, mais éviter la Ménara et son grand bassin où, selon la légende, le sultan noyait ses conquêtes au petit matin. Faites gaffe quand même !

Plutôt culture : à Marrakech, la médersa Ben-Youssef, la Maison de la photographie, le palais de la Bahia, les tombeaux saadiens, le jardin Majorelle et les galeries d'art, nombreuses également à Essaouira ; dans cette ville, voir aussi le musée Sidi-Mohammed-ben-Abdallah.

Nature : les vallées de l'Oukaïmeden, de l'Ourika (visites du Jardin du safran et des jardins bio-aromatiques d'Ourika, l'Écomusée berbère), la route d'Imlil, le lac de Lalla-Takerkoust, les embruns d'Essaouira et la route de l'Arganier.

Plage : préférez celle d'Essaouira, longue, magnifique. Attention toutefois au vent et, surtout, aux courants.

Marocain servant le thé

LU SUR routard.com

Une soirée dans la Perle du Sud marocaine
(tiré du reportage de Jean-Philippe Damiani)

Commencez par un apéro sur la place Jemaa-el-Fna. Il faut se rendre vers la fin de l'après-midi sur l'une des terrasses de café (*Hôtel de France* ou *Café Glacier*) dominant Jemaa-el-Fna, l'un des sites les plus fascinants du Maroc. C'est à ce moment-là que la place s'anime vraiment avec les marchands ambulants qui s'installent, mais aussi les conteurs, les diseuses de bonne aventure, les charmeurs de serpents, les musiciens gnaouas, les guérisseurs... On pourrait passer des heures à contempler cette incroyable faune humaine, ce ***théâtre de rue*** des plus sensationnel.

Plus tard, toujours sur Jemaa-el-Fna, des dizaines de restos de rue servent des mets de toutes sortes (soupes, tajines, grillades, etc.) à des prix défiant tout concurrence. Assis sur des bancs de bois, on se régale dans la fumée des braseros et les bruits de la foule. Enivrant, même si on ne sert pas d'alcool... Après, traversez la place Jemaa-el-Fna pour aller admirer ***la Koutoubia illuminée.*** Ce célèbre minaret, icône de Marrakech, fut construit au XIIe s et servit de modèle à la Giralda de Séville. Rien de moins.

Votre palais est trop délicat pour les stands de la place Jemaa-el-Fna ? ***Marrakech regorge de bonnes tables*** où l'on peut s'adonner aux délices du tajine, du couscous, des keftas et de la délicieuse pastilla au pigeon. Certains restaurants de la médina sont installés dans des édifices traditionnels, comme les *ksour,* les *foundouk* ou les riads. Au plaisir des mets s'ajoute celui d'un décor enchanteur. Que demander de plus ?

Pour finir la soirée, les possibilités ne manquent pas à Marrakech. La jeunesse dorée du Maroc y a ses habitudes le week-end, mais aussi le Paris branché qui aime venir s'éclater dans la chaleur des nuits marrakchies.

Enfin, faites-vous plaisir en dormant dans un décor digne des *Mille et Une Nuits.* ***Pousser la porte d'un riad,*** c'est un peu comme entrer dans un rêve. Les riads sont des maisons traditionnelles marocaines situées dans la médina. Entièrement fermées sur l'extérieur, elles s'organisent autour d'un patio central, dans le style arabo-andalou. Les riads ont tous été restaurés dans les années 1980-1990, souvent par des étrangers qui ont flairé le potentiel de tels lieux. Ce sont de véritables havres de paix au cœur de l'agitation de la médina. Souvent luxueux – et pas toujours très abordables (tarifs variables selon la saison) –, les riads sont généralement décorés avec goût, en utilisant les techniques traditionnelles du *tadelakt* (enduit à la chaux) et des zelliges (carreaux de terre cuite). Sachez enfin que l'on trouve des riads de toutes sortes, aux prestations inégales.

LES QUESTIONS QU'ON SE POSE AVANT LE DÉPART

➢ Quels sont les documents nécessaires pour se rendre au Maroc ?

Les voyageurs individuels doivent présenter un passeport, valable pour la durée de leur séjour au Maroc pour les Français (valable 3 mois à partir de la date d'entrée dans le pays pour les Belges, les Suisses et les Canadiens). Avant le départ, toujours se renseigner auprès de son voyagiste, du consulat du Maroc de son pays d'origine et de la compagnie aérienne.

➢ Quelle est la meilleure saison ?

En été, il fait très chaud, voire étouffant, à Marrakech. Préférer plutôt le printemps et l'automne. En revanche, à Essaouira, aucune saison n'est à proscrire, les alizés balayant la ville d'une fraîcheur bien agréable, même en été. Dans l'Atlas, les hivers peuvent être rudes et les nuits fraîches, voire froides, tout au long de l'année.

➢ Quel budget prévoir ?

Marrakech et Essaouira font partie des villes les plus chères du Maroc, mais la vie reste moins onéreuse que chez nous, et les petits budgets y trouveront leur compte. On peut manger correctement sans se ruiner, utiliser les bus, bon marché ; seul l'hébergement pose un peu problème, car souvent d'un rapport qualité-prix moyen.

➢ Comment se déplacer ?

Le bus entre Marrakech et Essaouira. Mais si vous voulez vous rendre dans les vallées de l'Atlas (l'Ourika, par exemple), au sud de Marrakech, une voiture est alors conseillée. Prudence de rigueur sur la route.

➢ Y a-t-il des problèmes de sécurité ?

Le Maroc n'est pas un pays dangereux mais, comme partout, il convient de faire preuve de vigilance, surtout lors des rassemblements. Sinon, les faux guides peuvent se montrer très insistants. Il suffit de les ignorer gentiment.

➢ Y a-t-il un décalage horaire ?

Il y a 1h de décalage entre la France et le Maroc. Quand il est 12h à Paris, il est 11h à Marrakech, les passages à l'heure d'été et d'hiver s'effectuant aux mêmes périodes dans les 2 pays... sauf durant le ramadan si celui-ci a lieu pendant l'heure d'été car, au cours de ce mois, le Maroc repasse à l'heure d'hiver... et vit donc avec 2h de décalage par rapport à la France.

➢ Quel est le temps de vol ?

Compter environ 3h de vol pour Marrakech ou Essaouira. Les 2 villes sont distantes de 170 km.

➢ Côté santé, quelles précautions ?

Pas de précaution particulière. Aucun vaccin n'est obligatoire. Mais, au fait, êtes-vous à jour pour le DTP (diphtérie-tétanos-polio) ? Vaccination conseillée contre l'hépatite B.

➢ Peut-on y aller avec des enfants ?

Le Maroc est une destination extra pour les enfants ! Leur intérêt, il sera aiguisé par les mille et un petits métiers des médinas, un plouf dans le parc aquatique de Oasiria, à Marrakech, un bon goûter dans l'une des pâtisseries de la ville, un tour des remparts en calèche, un pique-nique au bord du lac de

Lalla-Takerkoust, le retour des pêcheurs sur le port d'Essaouira, ou une balade à dos de dromadaire à Sidi-Kaouki. Sur le plan sanitaire, pensez à leur laver régulièrement les mains (vous aussi d'ailleurs) et à respecter les règles d'hygiène de base.

➢ Quel est le taux de change ? Comment payer sur place ?

En 2018, 1 € valait entre 11 dirhams (Dh). Ce taux est stable depuis des années. Sur place, le taux est généralement meilleur dans les bureaux de change qu'aux distributeurs ou lors d'un paiement par carte bancaire (commission). On peut toutefois payer par carte dans les hôtels et restaurants chic.

➢ Quelle langue parle-t-on ?

L'arabe et le berbère, mais dans les lieux touristiques, vous n'aurez pas de problème pour communiquer en français ou éventuellement en anglais.

➢ Et dormir dans un riad ?

Ces maisons traditionnelles restaurées, souvent avec beaucoup d'élégance, se louent plutôt cher, même s'il en existe à prix raisonnables. Mais l'effort financier en vaut la peine, surtout en couple, car l'atmosphère y est souvent très romantique ! En revanche, on déconseille ce mode d'hébergement avec de jeunes enfants.

➢ Peut-on se baigner du côté d'Essaouira ?

Attention ! Hormis en de rares endroits, la côte atlantique est assez dangereuse (vagues, courants forts...) et plus propice au surf ou au kitesurf qu'à la baignade, surtout du côté d'Essaouira ; il faut être prudent, surtout avec des enfants. Sans compter la température de l'océan : froide.

➢ Et lors du ramadan, alors ?

Pour les musulmans, jeûne et abstinence de l'aurore au coucher du soleil ! En journée, la vie tourne au ralenti. Moins pratique pour déjeuner ou visiter, cette période est néanmoins intéressante culturellement, et les rapports avec la population sont moins basés sur le commerce.

COMMENT Y ALLER ?

EN AVION

Les compagnies régulières

▲ AIR FRANCE

Rens et résas au ☎ 36-54 (0,35 €/mn – tlj 6h30-22h), sur • airfrance.fr •, dans les agences Air France et dans ttes les agences de voyages. Fermées dim.

➢ Au départ de Paris-Roissy-Charles-de-Gaulle, Air France propose jusqu'à 7 vols/sem à destination de ***Marrakech.*** Hop! Air France permet à de nombreuses villes de province de rejoindre Paris avant de poursuivre vers Marrakech, Casablanca ou Rabat.

Air France propose à tous des tarifs attractifs toute l'année. Pour consulter les meilleures offres du moment, allez directement sur la page « Nos meilleurs tarifs » sur *• airfrance.fr •*

Flying Blue, le programme de fidélité gratuit d'Air France-KLM, permet de gagner des *miles* en voyageant sur les vols Air France, KLM, Hop!, Joon et les compagnies membres de *Skyteam,* mais aussi auprès des nombreux partenaires non aériens *Flying Blue...* Les *miles* peuvent ensuite être échangés contre des billets d'avion ou des services (surclassement, bagage supplémentaire, accès salon...) ainsi qu'auprès des partenaires. Pour en savoir plus, rendez-vous sur *• flyingblue.com •*

▲ ROYAL AIR MAROC

– Paris : 38, av. de l'Opéra, 75002. Rens et résas : ☎ 0820-821-821 (0,12 €/mn). • royalairmaroc.com • Ⓜ Opéra. Lun-ven 9h30-18h.

Royal Air Maroc dessert tous les aéroports marocains au départ des principales villes françaises avec 220 fréquences par semaine.

➢ Depuis Paris, en vols directs et réguliers, la compagnie assure plusieurs vols/j. sur ***Marrakech.***

➢ Au départ de la province : de nombreux vols directs sur Marrakech au départ de Bordeaux, Lyon, Marseille et Toulouse. Marrakech est également desservi via Casablanca au départ de Strasbourg.

▲ BRUSSELS AIRLINES

Rens et résas (en Belgique) : ☎ 090-251-600 (résa ; l'appel : 0,05 €, puis 0,75 €/mn) ou ☎ 02-723-23-62 (infos). En France : ☎ 0892-64-00-30 (service 0,34 €/mn + prix appel). • brusselsairlines.com •

➢ Au départ de Bruxelles, la compagnie belge propose 2-3 vols/sem à destination de ***Marrakech.***

Les compagnies *low cost*

Plus vous réservez vos billets à l'avance, plus vous aurez des tarifs avantageux. Attention, les pénalités en cas de changement de vol peuvent être importantes. Certaines compagnies facturent les bagages en soute (vérifier le poids autorisé) et la réservation des sièges. En cabine également le nombre de bagages est strictement limité (attention, même le plus petit sac à main est compté comme un bagage à part entière). À bord, tous les services sont payants (boissons, journaux). Attention également au moment de la résa par Internet à décocher certaines options qui sont automatiquement sélectionnées (assurances, etc.). Au final, même si les prix de base restent très attractifs, il convient de prendre en compte les frais annexes pour calculer le plus justement son budget.

▲ AIR ARABIA

Infos et résas : ☎ 0890-002-353 (centre d'appel, service 0,50 €/mn + prix appel). • airarabia.com •

➢ La compagnie relie Montpellier et Pau à Marrakech.

▲ EASYJET

Résas : ☎ 0820-420-315 (service 0,12 €/mn + prix appel). • easyjet.com •

➢ À destination de ***Marrakech,*** la compagnie assure des liaisons tlj au départ de Paris-Roissy-Charles-de-Gaulle, et plusieurs vols/sem depuis Bordeaux, Lyon, Nice, Bâle/Mulhouse et Genève. Elle opère également des vols entre Lyon et ***Essaouira*** une partie de l'année.

▲ TUI FLY

Rens et résas en Belgique : ☎ 00-32-70-22-00-00 (0,30 €/mn). • tuifly.fr • tuifly.be •

➢ La compagnie assure chaque semaine une à plusieurs liaisons directes vers ***Marrakech*** au départ de Paris-Orly-Sud, Marseille, Bordeaux, Lyon, Lille, Deauville (en saison), Metz-Nancy (en saison), Nantes, Strasbourg (en saison) et Toulouse (en saison).

➢ Au départ de Bruxelles, Charleroi, Anvers ou Liège, des vols sont opérés à destination de ***Marrakech*** et ***Essaouira.***

▲ RYANAIR

Rens et résas : ☎ 0892-562-150 (service 0,34 €/mn + prix appel). • ryanair.com •

➢ Ryanair assure au départ de Paris-Beauvais, Marseille, Bruxelles et Charleroi plusieurs vols/sem vers ***Marrakech.***

LES ORGANISMES DE VOYAGES

En France

▲ COMPTOIR DES VOYAGES

• comptoir.fr •

– Paris : 2-18, rue Saint-Victor, 75005. ☎ 01-53-10-30-15. Ⓜ Maubert-Mutualité. Lun-ven 9h30-18h30, sam 10h-18h30.

– Bordeaux : 26, cours du Chapeau-Rouge, 33800. ☎ 05-35-54-31-40. Lun-sam 9h30-18h30.

– Lille : 76, rue Nationale, 59160. ☎ 03-28-34-68-20. Ⓜ Rihour. Lun-sam 9h30-18h30.

– Lyon : 10, quai Tilsitt, 69002. ☎ 04-72-44-13-40. Ⓜ Bellecour. Lun-sam 9h30-18h30.

– Marseille : 12, rue Breteuil, 13001. ☎ 04-84-25-21-80. Ⓜ Estrangin. Lun-sam 9h30-18h30.

– Toulouse : 43, rue Peyrolières, 31000. ☎ 05-62-30-15-00. Ⓜ Esquirol. Lun-sam 9h30-18h30.

Comptoir des Voyages s'impose comme une référence incontournable dans le voyage sur mesure, avec 80 destinations couvrant les 5 continents. Ses voyages s'adressent à tous ceux qui souhaitent vivre un pays de façon simple en s'y sentant accueilli. Les conseillers privilégient des hébergements typiques, des moyens de transport locaux et des expériences authentiques pour favoriser l'immersion dans la vie locale. Comptoir vous offre aussi la possibilité de rencontrer des francophones habitant dans le monde entier, des *greeters,* qui vous donneront, le temps d'un café, les clés de leur ville ou de leur pays. Comptoir des Voyages propose également une large gamme de services : échanges par visioconférence, devis Web et carnet de voyage personnalisés, assistance téléphonique chaque jour et 24h/24 pendant votre voyage.

▲ ETAPES MAROCAINES

• etapes-marocaines.com •

Cette agence locale de confiance organise votre voyage sur mesure au Maroc. Ses conseillers, fins connaisseurs du terrain et de la réalité du pays, vous accompagnent dans la préparation de votre voyage, en couple, en famille ou en groupe d'amis. Vous avez ainsi accès à un service personnalisé en bénéficiant d'un prix accessible. Membre de bynativ, la communauté des agences de voyage locales, Etapes Marocaines propose un maximum de garanties et de services : règlement en ligne sécurisé, possibilité de souscrire à une assurance de voyage et de bénéficier de garanties solides en cas d'imprévu. De quoi voyager de façon authentique et en toute tranquillité.

▲ NOMADE AVENTURE

☎ 0825-701-702 (service 0,15 €/mn + prix appel). • nomade-aventure.com •

– Paris : 40, rue de la Montagne-Sainte-Geneviève, 75005. ☎ 01-46-33-71-71. Ⓜ Maubert-Mutualité. Lun-sam 9h30-18h30.

– Lyon : 10, quai Tilsitt, 69002. ☎ 04-72-44-13-50. Lun-sam 9h30-18h30.

– Marseille : 12, rue Breteuil, 13001. ☎ 04-84-25-21-86. Lun-sam 9h30-18h30.

– Toulouse : 43, rue Peyrolières, 31000. ☎ 05-62-30-10-77. Lun-sam 9h30-18h30.

Nomade Aventure propose des circuits inédits partout dans le monde, à réaliser en famille, entre amis, avec ou sans guide. Également la possibilité d'organiser, hors de groupes constitués, un séjour libre en toute autonomie et sur mesure. Spécialiste de l'aventure avec plus de 600 itinéraires (de niveau tranquille, dynamique, sportif ou sportif +) faits d'échanges et de rencontres avec les habitants, Nomade Aventure donne la priorité aux expériences authentiques à pied, à VTT, à cheval, à dos de chameau, en bateau ou en 4x4.

▲ ROOTS TRAVEL

– Paris : 17, rue de l'Arsenal, 75004. ☎ 01-42-74-07-07. • rootstravel.com • Ⓜ Bastille. Lun-ven 10h-13h, 14h-18h ; sam sur rdv.

Roots Travel est un spécialiste des séjours individuels à la carte à Marrakech : maisons d'hôtes en riads, fermes berbères, *kasbah,* gîtes de montagne. Des circuits sont aussi organisés à travers l'Atlas et le désert du Sahara, dans les vallées du Safran et des Roses, et les pistes des caravansérails pour découvrir le Maroc traditionnel. Roots Travel est aussi spécialisé sur Cuba, la République dominicaine et Madagascar.

▲ TERRES D'AVENTURE

☎ 0825-700-825 (service 0,15 €/mn + prix appel). • terdav.com •

– Paris : 30, rue Saint-Augustin, 75002. ☎ 01-70-82-90-00. Ⓜ Opéra ou Quatre-Septembre. Lun-sam 9h30-19h.

– Agences également à Bordeaux, Grenoble, Lille, Lyon, Marseille, Nantes, Rennes, Rouen, Strasbourg et Toulouse.

Depuis 1976, Terres d'Aventure, spécialiste du voyage à pied, propose aux voyageurs passionnés de marche et de rencontres des randonnées hors des sentiers battus à la découverte des grands espaces de notre planète. Voyages à pied, à cheval, en bateau, à raquettes... Sur tous les continents, des aventures en petit groupe ou en individuel, encadré par des professionnels expérimentés sont proposées. Les hébergements dépendent des sites explorés : camps d'altitude, bivouac, refuges ou petits hôtels. Les voyages sont conçus par niveaux de difficulté : de la simple balade en plaine à l'expédition sportive en passant par la course en haute montagne.

En province, certaines de leurs agences sont de véritables *Cités des Voyageurs* dédiées au voyage. Consultez le programme des manifestations sur le site internet.

▲ VOYAGEURS DU MONDE

Voyageurs au Maroc : ☎ 01-84-17-21-68. • voyageursdumonde.fr •

– Paris : La Cité des Voyageurs, 55, rue Sainte-Anne, 75002. ☎ 01-42-86-16-00. Ⓜ Opéra ou Pyramides. Lun-sam 9h30-19h. Avec une librairie spécialisée sur les voyages.

– D'autres agences à Bordeaux, Grenoble, Lille, Lyon, Marseille, Montpellier, Nantes, Nice, Rennes, Rouen, Strasbourg et Toulouse. Également à Bruxelles, Genève, Montréal et Québec.

Né il y a plus de 30 ans et en perpétuel mouvement, Voyageurs du Monde conçoit des expériences selon les rêves de chacun. Ce voyagiste à part mise sur l'expertise de ses 200 conseillers, spécialisés par pays, mais aussi par régions, pour composer des expériences personnalisées à travers plus de 150 destinations (dont la France). Une créativité relayée sur place par un réseau local de concierges francophones au service des voyageurs. Adaptables à tout instant selon l'envie et le budget, ces expériences personnalisées sont désormais agrémentées d'un éventail de services haut de gamme. Chaque client voyageur en bénéficie dès l'aéroport (*preseating,* accès au salon business Air France, passage des contrôles en coupe-file), à l'arrivée à destination (accueil personnalisé, transferts privés, *early check-in* et *late check-out* dans les hôtels) et tout au long du séjour (application smartphone, bonnes adresses, mobile local, wifi nomade, assistance 24h/24). Au Maroc, Voyageurs du Monde est propriétaire de *La Villa Nomade,* un riad situé dans la médina de Marrakech, restauré dans la pure tradition marocaine : sols en terre cuite naturelle, murs patinés au *tadelakt,* décoration finement soignée. Un écrin de volupté au cœur d'un quartier populaire historique. Voyageurs du Monde propose également des visites et des rencontres personnalisées avec des spécialistes : autour de l'islam, de la photo dans le jardin Majorelle, ou encore des artisans du souk.

Voir aussi au sein de chaque ville les agences locales que nous avons sélectionnées.

Comment aller à Roissy et à Orly ?

Toutes les infos sur notre site ● *routard.com* ● à l'adresse suivante : ● *bit.ly/aeroports-routard* ●

En Belgique

▲ CONNECTIONS
Rens et résas : ☎ 070-233-313. ● connections.be ●
Fort d'une expérience de plus de 20 ans dans le domaine du voyage, Connections dispose d'un réseau de 32 *travel shops,* dont un à l'aéroport de Bruxelles, propose des vols dans le monde entier à des tarifs avantageux et des voyages destinés à des voyageurs désireux de découvrir la planète de façon autonome. Connections propose une gamme complète de produits : vols, hébergements, location de voitures, autotours, vacances sportives, excursions...

▲ PAMPA EXPLOR
– Bruxelles : av. du Parc, 10, 1060. ☎ 02-340-09-09. ● pampa.be ● Lun 13h-19h, mar-ven 10h-19h, sam sur rdv.
Spécialiste du voyage « à la carte », Pampa Explor propose plus de 70 % de la « planète bleue », selon les goûts, attentes, centres d'intérêt et budget de chacun. Pampa Explor privilégie des découvertes authentiques et originales. Pour ceux qui apprécient la jungle et les Pataugas ou ceux qui préfèrent les voyages de luxe. En individuel ou en petit groupe, mais toujours « sur mesure ».

▲ TERRES D'AVENTURE
– Bruxelles : chaussée de Charleroi, 23, 1060. ☎ 02-543-95-60. ● terdav.com ● Lun-sam 10h-19h.
Voir texte « En France ».

▲ VOYAGEURS DU MONDE
– Bruxelles : chaussée de Charleroi, 23, 1060. ☎ 02-543-95-50. ● voyageursdumonde.com ●
Le spécialiste du voyage en individuel sur mesure.
Voir texte « En France ».

En Suisse

▲ STA TRAVEL
☎ 058-450-49-49. ● statravel.ch ●
– Fribourg : rue de Lausanne, 24, 1700. ☎ 058-450-49-80.
– Genève : rue Pierre-Fatio, 19, 1204. ☎ 058-450-48-00.
– Genève : rue Vignier, 3, 1205. ☎ 058-450-48-30.
– Lausanne : bd de Grancy, 20, 1006. ☎ 058-450-48-50.
– Lausanne : à l'université, Anthropole, 1015. ☎ 058-450-49-20.
Agences spécialisées notamment dans les voyages pour jeunes et étudiants. 150 bureaux STA et plus de 700 agents du même groupe répartis dans le monde entier sont là pour donner un coup de main *(Travel Help).*
STA propose des tarifs avantageux : vols secs *(Blue Ticket),* hôtels, écoles de langues, *Work & Travel,* circuits d'aventure, voitures de location, etc. Délivre la carte internationale d'étudiant et la carte Jeune.

▲ TERRES D'AVENTURE
– Genève : rue de la Rôtisserie, 19, 1204. ☎ 022-518-05-13. ● geneve@

terdav.com • Lun-ven 10h-19h, sam 9h30-18h30.
Voir texte « En France ».

Au Québec

▲ CLUB AVENTURE VOYAGES

– Montréal : 759, av. Mont-Royal, H2J 1W8. ☎ 514-527-0999. • clubaventure.com •
Depuis 1975, Club Aventure développe une façon de voyager qui lui est propre : petits groupes, contact avec les populations visitées, utilisation des ressources humaines locales, visite des grands monuments, mais aussi et surtout ouverture de routes parallèles. Ces circuits ont reçu la griffe du temps et de l'expérience ; ils sont devenus les « circuits griffés » du Club Aventure.

▲ EXOTIK TOURS

Rens sur • exotiktours.com • ou auprès de votre agence de voyages.
Exotik Tours propose la destination Maroc aussi bien en été qu'en hiver.

▲ TOURS CHANTECLERC

• tourschanteclerc.com •
Tours Chanteclerc est un tour-opérateur qui publie différentes brochures de voyages, dont une consacrée au Bassin méditerranéen en circuit ou en séjour.

EN BUS

Eh oui ! c'est possible ! Il faut s'armer d'un peu de patience, de pas mal de lecture, de musique, d'eau, de quelques gâteaux pour grignoter et d'un pull (la nuit, il peut faire un peu froid...).

▲ EUROLINES

☎ 0892-899-091 (service 0,35 €/mn + prix d'appel), lun-sam 8h-21h, dim 10h-18h. • eurolines.fr • N° d'urgence : ☎ 01-49-72-51-57. Vous trouverez également les services d'Eurolines sur • routard.com •
– Agences à Paris et dans toute la France. Eurolines propose 10 % de réduc pour les jeunes (12-25 ans) et les seniors. 40 kg de bagages gratuits pour le Maroc.
– Gare routière internationale à Paris : 28, av. du Général-de-Gaulle, 93541 Bagnolet Cedex. Ⓜ Gallieni.
1re compagnie *low cost* par bus en Europe, Eurolines permet de voyager vers plus de 600 destinations en Europe et au Maroc, avec des départs quotidiens depuis 90 villes françaises. Eurolines propose également des hébergements à petits prix sur les destinations desservies.

MAROC UTILE

ABC du Maroc

- ***Population :*** env 34 millions d'hab. (recensement 2014).
- ***Superficie :*** 710 850 km² avec le Sahara occidental et 446 550 km² sans.
- ***Capitale :*** Rabat (574 000 hab.).
- ***Villes principales :*** Casablanca (3 360 000 hab.), Fès (1 112 000 hab.), Marrakech (1 315 000 hab.), Tanger (950 000 hab.).
- ***Densité de population :*** env 74 hab./km² (sans le Sahara occidental).
- ***Langues :*** arabe classique et amazigh (ou berbère ; langues officielles). Parmi les langues véhiculaires : arabe dialectal, idiomes berbères (rifain, braber, chleuh et zénète), français (courant dans l'Administration), espagnol (utilisé localement dans le Nord).
- ***Régime :*** monarchie constitutionnelle.
- ***Chef de l'État :*** le roi Mohammed VI.
- ***Monnaie :*** le dirham (Dh).
- ***Indice de développement humain (espérance de vie, éducation, niveau de vie) :*** 0,667. Rang mondial : 123 sur 188 pays.
- ***Salaire minimum garanti :*** env 2 570 Dh (234 €) net par mois.

AVANT LE DÉPART

Adresses utiles

En France

Office de tourisme marocain : *161, rue Saint-Honoré, 75001 Paris. ☎ 01-42-60-63-50. • tariq.noureddine@onmt.org.ma • visitmorocco.com/fr • Ⓜ Palais-Royal. Lun-ven 9h-17h.*

Consulat du Maroc : *12, rue de la Saïda, 75015 Paris. ☎ 01-56-56-72-00. • amb-maroc.fr • Ⓜ Convention. Lun-ven 9h-15h.*

– ***Autres consulats :*** *à Bastia, Bordeaux, Colombes, Dijon, Lille, Lyon, Marseille, Montpellier, Orléans, Orly, Pontoise, Rennes, Strasbourg, Toulouse et Villemomble.*

Institut du monde arabe : *1, rue des Fossés-Saint-Bernard, 75005 Paris. ☎ 01-40-51-38-38. • imarabe.org • Ⓜ Jussieu. Mar-ven 10h-18h, w-e 10h-19h (pour la librairie 18h45 en sem, 19h45 ven et w-e ; pour la bibliothèque mar-dim 13h-19h, 18h juil-août et fermé dim). Accès payant pour le musée et les grandes expositions.* Bibliothèque (accès libre), nombreux spectacles, conférences et belles expos. Un lieu idéal pour découvrir et apprécier la culture arabe, et pour se préparer au voyage. Ensuite, aller boire un thé à la menthe au café de la mosquée, à 2 pas.

En Belgique

Office de tourisme du Maroc : *av. Louise, 402, Bruxelles 1050. ☎ 02-646-63-20. 📱 0471-50-24-44. • visitmorocco@onmt.org • jamal.ayad@onmt.org • visitmorocco.com/fr • Lun-ven 9h-17h.*

Consulat du Maroc : *rue des Vétérinaires, 55, Anderlecht 1070.*

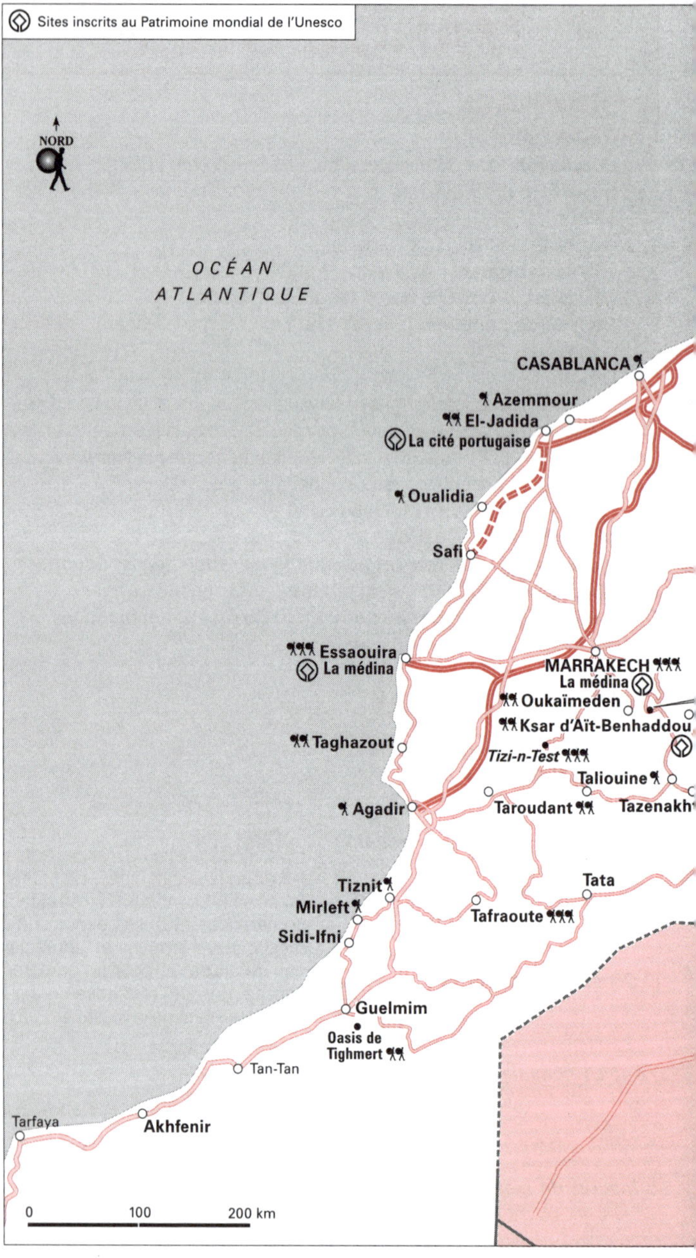
Sites inscrits au Patrimoine mondial de l'Unesco
NORD
OCÉAN
ATLANTIQUE
CASABLANCA
Azemmour
El-Jadida
La cité portugaise
Oualidia
Safi
Essaouira
La médina
MARRAKECH
La médina
Oukaïmeden
Ksar d'Aït-Benhaddou
Tizi-n-Test
Taghazout
Taliouine
Agadir
Taroudant
Tazenakh
Tiznit
Mirleft
Sidi-Ifni
Tata
Tafraoute
Guelmim
Oasis de
Tighmert
Tan-Tan
Tarfaya
Akhfenir
0
100
200 km

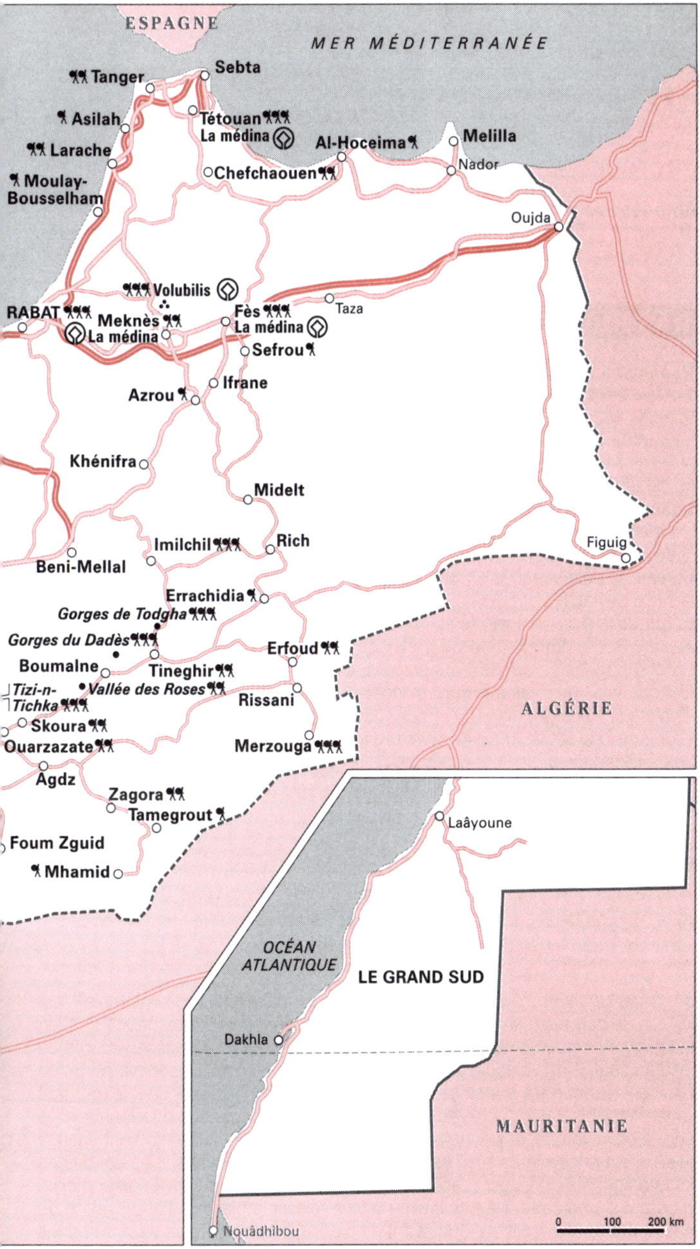
ESPAGNE
MER MÉDITERRANÉE
Tanger
Sebta
Asilah
Tétouan
La médina
Larache
Al-Hoceima
Melilla
Nador
Moulay-Bousselham
Chefchaouen
Oujda
Volubilis
RABAT
Meknès
La médina
Fès
La médina
Taza
Sefrou
Ifrane
Azrou
Khénifra
Midelt
Imilchil
Rich
Beni-Mellal
Figuig
Errachidia
Gorges de Todgha
Gorges du Dadès
Boumalne
Tineghir
Erfoud
Tizi-n-Tichka
Vallée des Roses
Rissani
Skoura
Ouarzazate
Merzouga
ALGÉRIE
Agdz
Zagora
Tamegrout
Foum Zguid
Mhamid
Laâyoune
OCÉAN ATLANTIQUE
LE GRAND SUD
Dakhla
MAURITANIE
Nouâdhibou
0
100
200 km

LE MAROC

☎ 02-349-51-80 ou 81. • consulat.ma • En principe, lun-ven 9h-13h.

■ **Autre consulat :** bd de la Sauvenière, 42, Liège 4000. ☎ 04-227-41-59. • consumaliege@skynet.be • consulat.ma • Lun-ven 9h-15h.

En Suisse

■ ***Ambassade du Maroc :*** Helvetiastrasse, 42, 3005 Berne. ☎ 031-351-03-62. • consulat_ma@bluewin.ch • consula.ma • Service consulaire lun-ven 9h-15h.

Au Canada

■ ***Consulat général du Royaume du Maroc :*** 2192, bd René-Lévesque Ouest, Montréal (Québec) H3H 1R6. ☎ 514-288-8750. • info@consulatdumaroc.ca • consulatdumaroc.ca • Lun-ven 9h-15h. Les contacter de préférence par e-mail.

Formalités

– Le ***passeport*** en cours de validité pour la durée du séjour est ***exigé pour les ressortissants français*** (demandez toutefois confirmation auprès de votre compagnie aérienne, car certaines refusent un document expirant moins de 3 mois après la date de retour). Un passeport valide minimum 3 mois à partir de la date d'entrée au Maroc est demandé aux ressortissants ***belges, suisses et canadiens.***

– Pas de ***visa*** pour les ressortissants de l'Union européenne, les Suisses et les Canadiens, mais le séjour ne peut excéder 90 jours. Pour pouvoir rester 90 jours supplémentaires (maximum), la demande de prolongation doit être effectuée sur la base de justificatifs de résidence et de ressources, si possible dès l'arrivée, auprès du bureau de police le plus proche, au minimum 2 semaines avant l'expiration du délai initial de validité.

– Les ***mineurs*** doivent être munis de leur propre pièce d'identité (passeport pour le Maroc). Pour l'autorisation de sortie de territoire lorsque les enfants ne sont pas accompagnés par un de leurs parents, chaque pays a mis en place sa propre régulation. Ainsi, pour ***les mineurs français, l'autorisation de sortie du territoire*** *(AST)* a été rétablie depuis 2017. Pour voyager à l'étranger, ils doivent être munis d'une pièce d'identité, d'un formulaire signé par l'un des parents titulaires de l'autorité parentale et de la photocopie de la pièce d'identité du parent signataire. Renseignements et formulaire (Cerfa nº 15646*01) à télécharger sur • service-public.fr •

> Pensez à scanner passeport, carte de paiement et *vouchers* d'hôtel. Ensuite, adressez-les-vous par e-mail, en pièces jointes, avec votre billet électronique. En cas de perte ou de vol, rien de plus facile pour les récupérer. Les démarches administratives en seront bien plus rapides.

– ***Pour louer une voiture*** au Maroc, le permis de conduire national suffit. Mais il faut avoir 1 an de permis et une carte de paiement en cours de validité (attention, bien se renseigner car toutes les cartes ne sont pas acceptées). Celle-ci servira lors de la prise en charge du véhicule pour une empreinte de caution. Sachez aussi qu'en cas de non-rachat de la franchise, la plupart des compagnies bloquent le montant de ladite franchise jusqu'à la remise du véhicule. Elle varie selon le loueur et la catégorie de la voiture, et peut être ***vraiment très élevée !*** L'opération est ensuite annulée. Il est conseillé de bien ***se renseigner avant le départ*** sur les conditions de location auprès du loueur pressenti et de prévoir, le cas échéant, la disponibilité du montant sur sa carte. Ne pas hésiter à faire relever le plafond d'autorisation de paiement auprès de votre banque avant de partir. Certains lecteurs se voient dans l'impossibilité de récupérer leur voiture pour cause de plafond bancaire trop faible (voir aussi « Argent, banque, change », rubrique « Cartes de paiement »).

– Si vous vous rendez au Maroc en voiture, sachez qu'en plus de l'équipement habituel et obligatoire dans un véhicule de l'Union européenne (relire le code de la route !), vous devez avoir impérativement à bord un gilet fluo (2 pour les camping-cars), ainsi que 2 triangles de signalisation.
– ***Ariane, pour votre sécurité, restez connecté :*** Ariane est un service gratuit mis à disposition par le Centre de crise et de soutien du ministère français des Affaires étrangères pour vous alerter en cas de risque sécuritaire lors de vos déplacements à l'étranger. Créez votre compte et inscrivez vos voyages personnels ou professionnels. Les informations renseignées sur Ariane seront utilisées uniquement en cas de crise, pendant votre durée de séjour, et permettent notamment de contacter les proches lors des situations d'urgence. Pour en savoir plus : ● *diplomatie.gouv.fr* ●

Assurances voyage

■ ***Assurance Routard par AVI International :*** *40, rue Washington, 75008 Paris.* ☎ *01-44-63-51-00.* ● *avi-international.com* ● Ⓜ *George-V.* Enrichie année après année par les retours des lecteurs, *Routard Assurance* est devenue une assurance voyage incontournable. Tout est compris : frais médicaux, assistance rapatriement, bagages, responsabilité civile... Vous avez besoin d'un médecin, d'un conseil médical ou d'une prise en charge dans un hôpital ? Appelez simplement le plateau *AVI Assistance* disponible 24h/24, leur réseau est l'un des plus complets actuellement. Vous avez eu des frais de santé en voyage ? Envoyez les factures à votre retour, *AVI* vous rembourse sous une semaine. Avant votre départ, n'hésitez pas à les appeler pour des conseils personnalisés. Ce que l'on a aimé : pas d'avance à faire, ils s'occupent de tout. Un seul réflexe avant de partir : téléchargez l'appli mobile pour garder le contact avec l'assistance 24h/24 et disposer de l'un des meilleurs réseaux médicaux à travers le monde.

■ ***AVA :*** *25, rue de Maubeuge, 75009 Paris.* ☎ *01-53-20-44-20.* ● *ava.fr* ● Ⓜ *Cadet.* Un autre courtier fiable pour ceux qui souhaitent s'assurer en cas de décès-invalidité-accident lors d'un voyage à l'étranger, mais surtout pour bénéficier d'une assistance rapatriement, perte de bagages et annulation. Attention, franchises pour ses contrats d'assurance voyage.

■ ***Pixel Assur :*** *18, rue des Plantes, BP 35, 78601 Maisons-Laffitte.* ☎ *01-39-62-28-63.* ● *pixel-assur.com* ● *RER A : Maisons-Laffitte.* Assurance de matériel photo et vidéo tous risques (casse, vol, immersion) dans le monde entier. Devis en ligne basé sur le prix d'achat de votre matériel. Garantie à l'année.

Douane

Bon à savoir

– Les amateurs d'*alcool* peuvent apporter une bouteille de 75 cl d'alcool (vin ou autres).
– Les accros au *tabac* ont droit à une cartouche.
– L'utilisation par les camping-caristes de la *CB* (non, on ne parle pas de carte bancaire, mais de *Citizen Band,* fréquences radio) est soumise à l'autorisation de l'Agence nationale de réglementation des télécommunications (ANRT) à Rabat *(● anrt.ma ●).* Le formulaire de demande d'autorisation est téléchargeable sur le site de l'ambassade ● *amb-maroc.fr* ●, rubrique « Vos questions ». Il faut ensuite l'adresser directement à l'ANRT par e-mail (voir coordonnées sur le site de l'ambassade ou sur le site de l'ANRT, « Procédures », puis « Radiocommunication »).

– Sont ***proscrites*** les *publications « légères »* et toute *littérature politique* susceptible de contenir un article portant atteinte à l'ordre public (et surtout au souverain du Maroc).
– Les douaniers vous confisqueront les *bombes de défense,* considérées comme des armes (dont l'entrée est strictement prohibée), ainsi que les *fusées de détresse* (que vous aviez prises pour parcourir le désert).
– Si vous avez prévu de filmer vos vacances « vues-de-dessus » vous risquez de ***vous faire confisquer votre drone*** par les douaniers à l'arrivée.

Carte d'adhésion internationale aux auberges de jeunesse (carte FUAJ)

Cette carte vous ouvre les portes des 4 000 auberges de jeunesse du réseau *HI-Hostelling International* en France et dans le monde. Vous pouvez ainsi parcourir 90 pays à des prix avantageux et bénéficier de tarifs préférentiels avec les partenaires des auberges de jeunesse *HI.* Enfin, vous intégrez une communauté mondiale de voyageurs partageant les mêmes valeurs : plaisir de la rencontre, respect des différences et échange dans un esprit convivial. Il n'y a pas de limite d'âge pour séjourner en auberge de jeunesse. Il faut simplement être adhérent.

Renseignements et inscriptions

– ***En France :*** • *hifrance.org* •
– ***En Belgique :*** • *lesaubergesdejeunesse.be* •
– ***En Suisse :*** • *youthhostel.ch* •
– ***Au Canada :*** • *hihostels.ca* •
Si vous prévoyez un séjour itinérant, vous pouvez réserver plusieurs auberges en une seule fois en France et dans le monde sur • *hihostels.com* •

Carte internationale d'étudiant (carte ISIC)

Elle prouve le statut d'étudiant dans le monde entier et permet de bénéficier de tous les avantages, services et réductions dans les domaines du transport, de l'hébergement, de la culture, des loisirs, du shopping...
La carte ISIC permet aussi d'accéder à des avantages exclusifs (billets d'avion spécial étudiants, hôtels et auberges de jeunesse, assurances, cartes SIM internationales, location de voitures...).

Renseignements et inscriptions

– ***En France :*** • *isic.fr* • *13 € pour 1 année scolaire.*
– ***En Belgique :*** • *isic.be* •
– ***En Suisse :*** • *isic.ch* •
– ***Au Canada :*** • *isic.canada.com* •

ARGENT, BANQUES, CHANGE

Monnaie

La monnaie marocaine est le ***dirham,*** qui signifiait « pièce d'argent » en persan. Mi-2018, ***1 € valait autour de 11 dirhams (Dh),*** ce taux étant assez stable depuis des années. C'est aussi le taux que nous avons retenu pour nos conversions. Le but est d'indiquer un ordre de grandeur, non une conversion précise.

Cette monnaie n'est pas convertible et vous êtes censé quitter le Maroc sans dirhams en poche (vous pouvez les changer à l'aéroport si vous avez conservé le ticket de change ou le ticket de retrait par carte).
Attention, les pièces de 1 Dh et de 2 Dh se ressemblent un peu : on a vite fait de se tromper. Par ailleurs, dans certains hôtels et lors de vos achats dans les grandes médinas touristiques, il est souvent possible de régler en euros. Dans ce cas, prenez garde au taux de change pratiqué, qui vous est rarement favorable.

Change

Dans les villes importantes, il y a des bureaux de change un peu partout, rattachés ou non à une banque. En principe, ils sont ouverts tous les jours (sauf parfois le dimanche après-midi) et leurs horaires d'ouverture sont larges. Les banques font aussi le change, mais leurs horaires sont plus limités : du lundi au vendredi de 8h15 à 15h30-16h (9h15 à 14h-14h30 pendant le ramadan), avec parfois une pause plus ou moins longue lors de la prière du vendredi.
Les taux de change proposés sont assez proches du cours officiel (en particulier dans les bureaux de change), et il n'y a jamais de commission. Bref, il est aisé de changer au Maroc, et l'opération est plus avantageuse que le retrait d'espèces ou le paiement par carte, qui comportent des frais. D'une manière générale, **évitez de changer à l'aéroport,** le taux y est souvent bien moins avantageux qu'en ville. Si vous n'avez pas le choix, prenez juste de quoi rejoindre le centre, et dans tous les cas **refusez les cartes de retrait** parfois proposées.
– À noter que les ***billets de banque*** doivent être en bon état pour le change, faute de quoi ils peuvent être refusés. Bien les vérifier au comptoir quand on vous les donne.

Cartes de paiement

Avertissement

Si vous comptez effectuer des retraits d'argent aux distributeurs, il est très vivement conseillé d'**avertir votre banque avant votre départ** (pays visités et dates). En effet, votre carte peut être bloquée dès le 1er retrait pour suspicion de fraude. C'est de plus en plus fréquent. Bonjour les tracasseries administratives pour faire rentrer les choses dans l'ordre, et on se retrouve vite dans l'embarras !

Les distributeurs sont nombreux dans le pays et les cartes sont acceptées par la plupart des hôtels d'un certain niveau, ainsi que dans certains restaurants, magasins et stations-service. La carte la plus largement acceptée est la carte *Visa.* À noter que les ***commissions*** des banques marocaines s'élèvent autour de 3 à 3,5 % pour les commerçants, hôteliers et restaurateurs, qui les répercutent (ou non) sur la facture. Elles ne doivent pas excéder ce pourcentage... en principe. C'est systématique pour un retrait au distributeur, dont la commission s'élève à environ 2 %, complétée d'une partie fixe de 3,50 à 6 €. Mieux vaut donc éviter de retirer de petites sommes.
Par ailleurs, il est préférable de retirer de l'argent à un distributeur attenant à une agence bancaire pendant les heures d'ouverture de celle-ci : ça permet de demander l'intervention d'un préposé en cas de pépin (carte avalée, etc.).
Avant le départ, pensez à téléphoner à votre banque pour ***relever le plafond de retrait*** aux distributeurs et ***pour les paiements par carte,*** quitte à le faire rebaisser à votre retour : les franchises pour les voitures de location peuvent être très élevées, et si un problème de vol (aérien ou autre...) vous oblige à rester quelques jours de plus, vous seriez doublement bloqué sur place.

Avant de partir, notez bien le ***numéro d'opposition*** propre à votre banque en France (il figure souvent sur votre contrat, au dos des tickets de retrait ou à côté des distributeurs de billets), ainsi que le numéro à 16 chiffres de votre carte. Bien entendu, conservez ces informations en lieu sûr, et séparément de votre carte. Voir aussi plus loin la rubrique « Urgences ».
N'oubliez pas non plus de VÉRIFIER LA DATE D'EXPIRATION DE VOTRE CARTE DE PAIEMENT AVANT VOTRE DÉPART !

Besoin urgent d'argent liquide

– Vous pouvez être dépanné en quelques minutes grâce au système ***Western Union Money Transfer.*** L'argent vous est transféré en moins de 1h. La commission, assez élevée, est payée par l'expéditeur. Possibilité d'effectuer un transfert auprès d'un des bureaux *Western Union* ou, plus rapide, en ligne, 24h/24 par carte de paiement (*Visa* ou *MasterCard*) : on trouve des bureaux affiliés un peu partout, y compris dans des villes de moyenne importance. Même principe avec d'autres organismes de transfert d'argent liquide comme ***MoneyGram, Paytop*** ou ***Azimo.***
Dans tous les cas, se munir d'une pièce d'identité. Toutefois, en cas de perte/vol de papiers, certains organismes permettent de convenir d'une question/réponse type pour pouvoir récupérer votre argent. Chacun de ces organismes possède aussi des applications disponibles sur téléphone portable. Consulter les sites internet pour connaître les pays concernés, les conditions tarifaires (frais, commissions) et trouver le correspondant local le plus proche : • *westernunion.com* • *moneygram.fr* • *paytop.com* • *azimo.com/fr* •
– Autre solution, envoyer de l'argent par ***la poste*** : le bénéficiaire, muni de sa pièce d'identité, peut retirer les fonds dans n'importe quel bureau du réseau local. Le transfert s'effectue avec un mandat ordinaire international (jusqu'à 3 500 €) et la transaction prend 8-10 jours vers l'international. Plus cher, mais plus rapide, le mandat express international permet d'envoyer de l'argent (montant variable selon la destination – 34 au total) sous 2 jours maximum, 24h lorsque la démarche est faite en ligne. Infos sur • *labanquepostale.fr* •

BUDGET

La vie au Maroc reste moins chère qu'en France, même si elle a bien augmenté ces dernières années. On peut, si l'on voyage sans faire d'excès, s'en sortir avec 800-900 Dh (75-80 €) par jour pour 2 personnes : 300 à 400 Dh (27-36 €) pour la chambre et le petit déj, 4 repas à 90 Dh (8 €) soit 360 Dh (33 €), le reste étant consacré aux boissons, aux transports et à la visite des monuments. Mais cela implique des hébergements et des restos assez simples, et l'utilisation des transports en commun. En prévoyant le double, on pourra descendre dans des hôtels plus confortables, ou des riads de charme, s'asseoir à de bonnes tables et louer une voiture pour une partie de son séjour.
Certains établissements tenus par des Européens (surtout à Marrakech et à Essaouira) affichent les prix uniquement en euros. Bien sûr, libre à vous de demander à payer en dirhams selon le cours en vigueur.
À noter : les prix sont mentionnés à titre indicatif. Ils ne constituent en aucun cas un « contrat » passé entre l'établissement et le *Routard.* Un propriétaire peut être amené à augmenter ses tarifs en cours d'année pour de multiples raisons (bonnes ou mauvaises). Ceux-ci sont libres, et on ne nous avertit pas forcément.

Recommandation à ceux qui souhaitent profiter des réductions et avantages proposés dans le *Routard* par les hôteliers et les restaurateurs.

À l'hôtel, pensez à les demander au moment de la réservation ou, si vous n'avez pas réservé, à l'arrivée. Ils ne sont valables que pour les ***réservations en direct*** et ne sont ***pas cumulables avec d'autres offres promotionnelles (notamment sur Internet).*** Au restaurant, parlez-en au moment de la commande et surtout avant que l'addition ne soit établie. Poser votre *Routard* sur la table ne suffit pas : le personnel de salle n'est pas toujours au courant et une fois le ticket de caisse imprimé, il est souvent difficile de modifier le total. En cas de doute, montrez la notice relative à l'établissement dans le *Routard* de l'année, bien sûr, et ne manquez pas de nous faire part de toute difficulté rencontrée.

Hôtels

Nous vous indiquons les prix pour ***2 personnes*** en chambre double. Dans les villes les plus touristiques, comme Marrakech, Fès et Essaouira, ces fourchettes peuvent être revues facilement de 20 à 30 % à la hausse, selon la saison et le type d'hébergement (riads, hôtels de charme, etc.). D'ailleurs, les riads de Marrakech et de Fès ont été classés différemment, comme l'indiquent les fourchettes de prix au niveau des catégories. Pensez à toujours vérifier les promos sur les sites ! Si vous voulez profiter des réductions offertes aux lecteurs du *Routard,* bien noter qu'elles sont valables uniquement pour des résas en direct.
- ***Bon marché :*** jusqu'à 250 Dh (env 23 €).
- ***Prix moyens :*** de 250 à 500 Dh (23 à 45 €).
- ***Chic :*** de 500 à 1 000 Dh (45 à 91 €).
- ***Très chic :*** plus de 1 000 Dh (91 €).

Restaurants

Nous avons classé les restaurants en 5 catégories (repas complet pour une personne, sans la boisson).
- ***Très bon marché :*** moins de 50 Dh (env 4,50 €).
- ***Bon marché :*** de 50 à 80 Dh (4,50 à 7 €).
- ***Prix moyens :*** de 80 à 150 Dh (7 à 14 €).
- ***Chic :*** de 150 à 250 Dh (14 à 23 €).
- ***Très chic :*** plus de 250 Dh (23 €).

Le juste prix

Voici quelques prix de référence qui vous éviteront de vous faire arnaquer. L'inflation au Maroc est d'environ 2 % par an, du moins officiellement.
- Grande bouteille d'eau minérale : 5-6 Dh (env 0,50 €), plus cher dans les endroits isolés (jusqu'à 10 Dh). Beaucoup plus cher au resto, évidemment.
- Verre de thé (ou soda) dans un café : de 13 à 20 Dh (1,20-1,80 €).
- Bière locale (25 ou 33 cl) : de 25 à 40 Dh (2,30 à 3,70 €).
- Pain (baguette ou galette) : 1,20-2 Dh (0,10-0,20 €).
- Petite course en petit taxi : environ 10-15 Dh (0,90-1,40 €), 50 % plus cher la nuit. Compter le double dans des villes comme Marrakech.
- Kilomètre en grand taxi (6 passagers) : de l'ordre de 0,50 Dh (0,05 €) pour tous les passagers.
- Essence sans plomb (varie selon le prix du brut) : autour de 10-11 Dh (0,90-1 €) le litre.
- Gazole (varie selon le prix du brut) : autour de 9 Dh (0,80 €) le litre.
- Ticket de bus urbain, par trajet : de 3 à 4 Dh (0,30 à 0,35 €).
- Trajet en bus entre Casablanca et Ouarzazate : environ 180 Dh (16 €) pour quelque 450 km de route.

CLIMAT

> « **Au Maroc, il y a tellement de soleil que nous sommes obligés de prier pour qu'il pleuve.** »
> **Un météorologiste marocain.**

Le climat du Maroc est très différent selon les régions.

– Le littoral atlantique (où se trouve Essaouira) profite d'une situation agréable et tempérée, les hivers y sont cléments, les étés chauds et beaux sauf le mois d'août qui est plutôt frisquet en raison du vent humide qui souffle en permanence. Attention aussi aux courants.

– Vers le centre, le climat est montagnard, les hivers sont particulièrement rudes (en fonction de l'altitude) et les étés arides. Le sommet le plus haut, le djebel Toubkal, point culminant de l'Afrique du Nord, s'élève à 4 167 m. Ainsi, il n'est pas rare

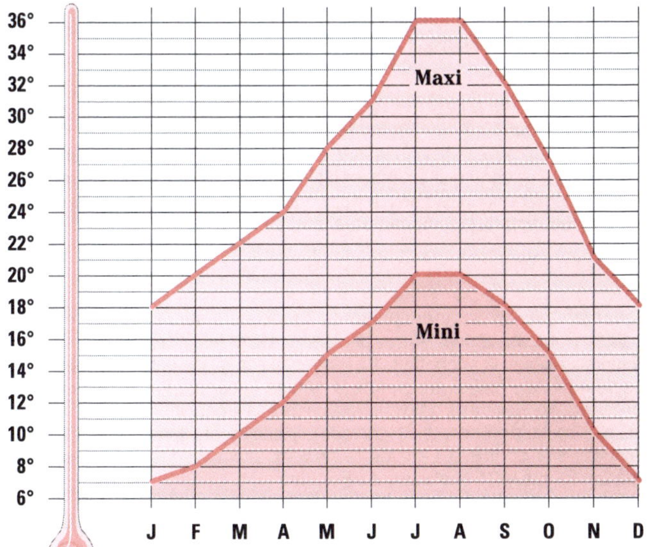

Moyenne des températures atmosphériques

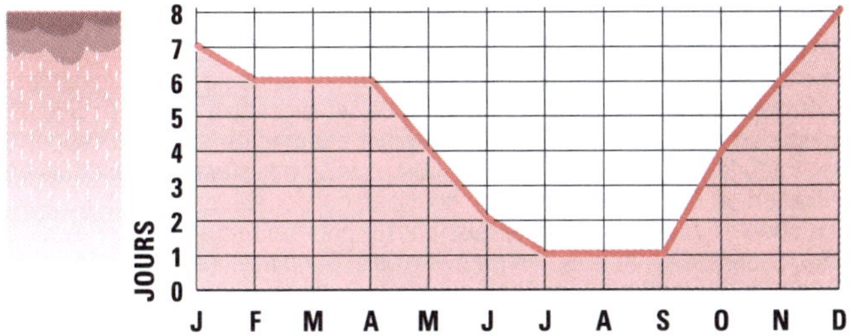

Nombre de jours de pluie

MAROC (Marrakech)

que les chutes de neige dépassent 1 m dans certains villages de l'Atlas. Les nuits y sont fraîches, et Pâques, dans certains hôtels non chauffés, peut vous laisser un souvenir... cuisant !
– Passé l'Atlas, vers le sud, le climat est désertique.
D'une manière générale, partout, les écarts de température peuvent être importants dans une même journée. Le soir en été, par exemple, on supporte une petite laine à Essaouira, tandis qu'à Marrakech, à la même heure, la chaleur accablante vous empêche de dormir.
En conséquence, la panoplie du parfait routard n'existe pas. Prévoyez, quelle que soit la saison, le maillot de bain, un pull et un coupe-vent.
La moyenne annuelle d'ensoleillement est supérieure à 8h par jour à Marrakech et la température moyenne dépasse les 17 °C. Le chergui, vent sec et brûlant du levant, souffle parfois du désert, et fait grimper le mercure.
Chaque saison offre ses avantages et une lumière qui lui est propre. ***Le voyage est donc possible toute l'année.*** Toutefois, en dehors de la côte, le printemps est sans doute la meilleure période pour visiter le pays. Les arbres sont en fleurs, et toute la nature est en majesté. À l'automne, en revanche, tout a été grillé par le soleil d'été ; il vaut alors mieux opter pour Marrakech.

DANGERS ET ENQUIQUINEMENTS

Le Maroc est un pays relativement sûr. Le vol y est rare car sévèrement réprimé par la justice. Les enquiquinements se limitent bien souvent à la lourde insistance de certains chasse-touristes et à des cas d'arnaques dans les zones touristiques. Voici quelques tuyaux qui, rappelons-le, sont valables ailleurs dans le monde :

Vols

– Porter les sacs de matériel photo en bandoulière sur le devant (et non sur l'épaule). Pour son argent et ses papiers, préférer les vêtements avec poches intérieures. Mieux : la pochette extra-plate que l'on glisse entre le pantalon et les sous-vêtements. Pour les adeptes de la banane, la porter devant soi quand on est dans les souks. Ne jamais garder la totalité de son argent au même endroit.
– Les pickpockets utilisent une technique universelle, qui généralement s'applique avec l'aide d'un complice. Le 1er détourne votre attention, d'une manière ou d'une autre, tandis que le 2nd subtilise votre portefeuille.
– Ne jamais rien laisser dans un véhicule. Confier celui-ci à un gardien qui, moyennant quelques dirhams (2 à 5 Dh en journée, 10 à 30 Dh pour toute la nuit), le surveillera.
– ***Papiers d'identité ou autres :*** le scannage des papiers d'identité puis l'envoi sur votre adresse mail est très pratique, vous pourrez ainsi les récupérer facilement. Pensez aussi à relever le numéro tamponné sur votre passeport à l'arrivée (la police en a besoin pour vous laisser repartir).
– ***Procédure en cas de vol ou perte :*** rendez-vous au poste de police (attention, pas de déposition pendant le congé de fin de semaine) ou à la sûreté nationales. L'attestation de déclaration est généralement en français, sinon demander une copie traduite, indispensable pour les compagnies d'assurances. Une fois votre déclaration en main, rendez-vous au consulat, qui pourra vous assister dans vos démarches et vous fournir un laissez-passer pour rentrer au pays. Prévoir des photos d'identité avant le départ peut être utile. Sur place, il arrive qu'on vous les fasse payer bien cher.

Les arnaques

Difficile de recenser tous les cas d'arnaques car, chaque année, de nouvelles se font jour, fruits d'une imagination débordante. Certes, on en rigole souvent après,

mais autant les éviter. En gros, il faut rester vigilant sans sombrer dans la paranoïa (d'autant qu'il existe une police touristique, à Marrakech notamment).
La plupart du temps, les divers stratagèmes (panne de voiture, stop, invention d'une nouvelle monnaie – le dirham berbère –, enfant malade à secourir ou autre histoire à dormir debout...) consistent à vous taper de quelques billets ou à vous vendre quelque chose à tout prix. Lire à ce sujet l'introduction de la rubrique « Achats » dans « Hommes, culture, environnement » en fin de guide, et plus loin « Marchandage ».
De même, si vous entendez des formules du type : « pas de problème, on s'arrangera après », très courantes entre Marocains qui préfèrent négocier à l'amiable, sachez que les malentendus surviennent facilement. Le « On s'arrangera... » indique toujours que le service vous coûtera bien plus cher que vous ne l'imaginiez. Moralité : toujours fixer le prix AVANT pour éviter malentendus et discussions sans fin.
– Sur Internet : comme partout, ne JAMAIS répondre à un soutien financier quel qu'il soit, à moins d'être vraiment sûr de l'origine de la demande. Des arnaqueurs utilisent de fausses identités et des arguments toujours pleins d'imagination pour arriver à leurs fins. Et le pire, c'est que ça marche !

Rabatteurs et chasse-touristes

Dans les souks les plus fréquentés, la présence de la police touristique limite celle des rabatteurs. Ils se concentrent plutôt dans les gares et aux portes des médinas. Ils tenteront de vous emmener dans des boutiques pour toucher leur commission (30 % en moyenne, ça peut être carrément le jackpot pour eux !), de vous guider vers un hôtel ou dans les médinas, moyennant une pièce (ou, espèrent-ils, un billet) à l'arrivée. Ils sont nombreux à vivre de ce genre d'expédients ; gardez vos distances, sans paraître ni excédé ni intéressé.
Plus enquiquinant, il est parfois difficile de trouver une adresse ou un site touristique dans une médina tout seul. D'un seul coup, plusieurs personnes tiennent à vous guider quand vous leur demandez juste le chemin. Ne pas leur donner plus de 10-20 Dh s'ils vous dépannent. D'autres sont plus tenaces, voulant vous faire grimper sur une terrasse pour vous montrer la plus belle vue, etc. La technique d'approche est toujours la même : grand sourire, main tendue, « D'où tu viens ? » « 1re fois au Maroc ? T'as visité la médina/le désert/le marchand de tapis, etc. ? Entre dans la boutique, juste pour le plaisir des yeux ! Ceux qui sont pressés sont déjà morts ! », etc., etc. Bref, ça peut vite devenir lourd. Pour vous en sortir, ne répondez pas à leurs sollicitations ni à leurs questions. Ils se lasseront !
En revanche, vous trouverez toujours un commerçant, un passant prêt à vous aider si vous le traitez avec respect. Si vous êtes une femme, demandez à une autre femme (les hommes éviteront). Parlez, plaisantez, votre méfiance s'évanouira vite... Il y a tant de belles rencontres à vivre !

Voyager seule

Si le Maroc est un pays globalement sûr, il peut parfois se révéler éprouvant pour les routardes seules. Certains Marocains ont, en effet, de la prétendue liberté de mœurs occidentale une idée le plus souvent erronée : toute Européenne se promenant seule devient une proie éventuelle, d'où les interpellations régulières sur son passage. Ces tentatives d'approche, avant tout verbales, peuvent être pesantes et fort désagréables, mais elles sont rarement agressives.
Pour votre tranquillité et votre sécurité, portez des vêtements amples, couvrant les épaules et les genoux (évitez les tenues transparentes !). Notez que si les Marocaines se promènent le soir dans les rues, elles le font en groupe et très rarement seules. Prenez exemple sur elles quand il commence à se faire tard,

et demandez-leur votre chemin (plutôt qu'à un homme) si vous êtes perdue. En règle générale, évitez les endroits déserts ou peu fréquentés. Enfin, n'hésitez pas à dire à vos interlocuteurs masculins que vous allez rejoindre un groupe, ou que votre mari vous attend au bout de la rue. Simple et efficace !
Voilà, mesdames, mesdemoiselles, les petits aléas du voyage en solo. Mais gros avantage : vous aurez la chance de pénétrer dans l'univers des femmes, notamment dans les hammams.

Fausses recommandations du *Routard*

Certains établissements non cités dans l'édition en cours prétendent parfois figurer dans le *Routard* pour inspirer confiance. De même, attention aux panonceaux anciens, aux fresques avec l'homme au sac à dos peintes sur les façades d'hôtels, ou aux cartes de visite portant la mention « Recommandé par le *Routard* » et qui s'avèrent factices.

DÉCALAGE HORAIRE

Le Maroc vit à l'heure T.U. (Temps universel) et passe à l'heure d'été au même moment que nous, fin mars. Il est donc 11h au Maroc quand il est 12h en France, toute l'année... sauf pendant le ramadan (du 6 mai au 5 juin en 2019) où le pays repasse à l'heure d'hiver (il est donc, durant ce mois, 2h plus tôt que chez nous). Dès la fin du ramadan, on revient à l'heure d'été (de nouveau seulement 1h de décalage avec la France). Pour plus d'infos : • *horlogeparlante.com* •

DROGUE

Le 1er producteur mondial de cannabis

On fait la différence entre les fleurs séchées de cannabis, appelées *marijuana,* principalement produites en Amérique du Sud, et la résine de cannabis donnant le *haschisch,* « spécialité » du Maroc. On le produit depuis des siècles dans le nord du pays, dans les montagnes du Rif. Selon l'Office des Nations unies contre la drogue et le crime (ONUDC), le Maroc serait le 1er producteur mondial, suivi de près (ou égalé) par l'Afghanistan. On estime que 80 % du haschisch en vente en France vient du Maroc... C'est dire l'importance économique et agricole, l'enracinement traditionnel quasi idéologique, ainsi que les enjeux de trafic et de corruption liés à cette production.

> **MÉMOIRE COURTE**
>
> *La consommation de kif (mélange de tabac et de haschich) a longtemps été autorisée au Maroc. Sous le protectorat, les Français avaient même créé une Régie marocaine des kifs et tabacs, encaissant des taxes au passage. Le royaume a interdit le kif dès l'Indépendance. Mais dans le nord du pays, à Tanger en particulier, la règle souffre quelques exceptions... La police est intransigeante, notamment avec les étrangers.*

Du kif au béton

Face à un problème de santé publique (une grande partie de la jeunesse fume), plusieurs campagnes d'assainissement sont menées par le gouvernement

marocain depuis les années 1990. Elles débouchent régulièrement sur des arrestations, des amendes, des champs brûlés. Parallèlement, la création d'activités et de cultures alternatives au cannabis est proposée dans certaines communautés rurales. Mais tant que les fermiers dégageront plus de bénéfices en vendant du kif que les cultures de substitution, les résultats resteront bien timides.
Le Maroc est, par ailleurs, devenu une véritable plaque tournante depuis l'Amérique du Sud (via l'Afrique subsaharienne). Le trafic vers l'Europe s'organise par voie maritime, à partir des enclaves de Melilla, Ceuta et du port de Tanger.
Si la ligne du pouvoir contre la culture et le commerce de la drogue (et la corruption) est officiellement claire, l'éventail répressif ne fait guère le poids face aux intérêts économiques qui y sont liés. La culture du cannabis compterait toujours 3 % du secteur agricole, et emploierait 800 000 personnes (2,3 % de la population !). Pourquoi tuer la poule aux œufs d'or ?
Une étude de 2015, réalisée par l'Observatoire français des drogues et des toxicomanies, montre que l'activité continue de se développer grâce à l'introduction de variétés hybrides qui augmentent le rendement. Si la surface exploitée a bien été réduite, la quantité reste constante. Cette nouvelle culture pose d'autres problèmes, notamment environnementaux. Gourmande en eau, elle pompe dans les maigres réserves hydriques du nord du pays.

Conseils de prudence

Faites attention, la police veille au grain, les contrôles douaniers sont rigoureux et les barrages à l'entrée des villages fréquents. Au Maroc comme ailleurs, ***la consommation de cannabis est passible de prison*** (8 à 10 ans). Ce qui n'empêche pas les rabatteurs d'avoir un langage imagé pour aborder les clients potentiels : « Tu veux quelque chose pour faire bronzer la tête ? » (pas de l'ambre solaire !) ou « du chocolat ? » (pas aux noisettes non plus). Une seule règle : **s'abstenir !**
Refusez toute proposition de fumette ! Gentiment mais fermement. Évidemment, refusez systématiquement de convoyer en France un paquet dont vous ne connaissez pas le contenu.

ÉLECTRICITÉ

Le Maroc est équipé en 220 V avec des fiches de standard européen. Pas d'adaptateur à prévoir. Quelques villages reculés (notamment dans certaines vallées des Atlas) sont alimentés par des groupes électrogènes collectifs. Il peut y avoir des risques de surtension pour vos appareils électriques, principalement lorsque vous les mettez en recharge. Pensez aussi qu'il vous faudra attendre la nuit pour le faire, lorsque fonctionnent les groupes.

FÊTES ET JOURS FÉRIÉS

Organisation de la vie civile

La vie civile est régie par le calendrier grégorien. À la différence d'autres pays musulmans, le week-end se compose du samedi et du dimanche. Le vendredi n'est pas férié, mais administrations et services publics allongent leur pause déjeuner pour permettre aux fidèles de se rendre à la grande prière (le personnel masculin est d'ailleurs souvent complètement absent des services publics le vendredi après-midi). Dans la médina, les échoppes des souks sont souvent fermées ce jour-là (au moins entre 13h et 17h).

Jours fériés

- *1er janvier :* Jour de l'an.
- *11 janvier :* manifeste de l'Indépendance.
- *1er mai :* fête du Travail.
- *30 juillet :* fête du Trône. La plus importante fête civile au Maroc, célébrée avec de nombreux feux d'artifice et parades.
- *14 août :* commémoration de l'allégeance de l'oued Eddahab (aboutissement de la Marche verte).
- *20 août :* anniversaire de la révolution du Roi et du Peuple.
- *21 août :* fête de la Jeunesse. Correspond également à la date de naissance de Mohammed VI.
- *6 novembre :* anniversaire de la Marche verte.
- *18 novembre :* fête de l'Indépendance (retour d'exil de Mohammed V).

Fêtes religieuses musulmanes

La vie religieuse suit le calendrier musulman, qui débute le 16 juillet 622, jour où le prophète Mahomet quitta La Mecque pour s'établir à Médine (événement connu sous le nom d'*hégire,* c'est-à-dire « expatriation »). L'année de l'hégire, année lunaire, se compose de 12 mois (dont celui du ramadan), mais elle est plus courte que l'année solaire.
Les dates des grandes fêtes religieuses varient par rapport au calendrier grégorien (voir plus loin « Calendrier des fêtes musulmanes »). Ce sont :
- ***Aïd el-Kebir*** (« grande fête ») ***ou Aïd el-Adha :*** fête du sacrifice du mouton. Manifestation religieuse et sociale très importante, elle commémore le moment où Abraham, s'apprêtant à sacrifier son fils à Dieu sur ordre de ce dernier, vit s'approcher de lui, à l'ultime minute, un mouton « envoyé du ciel ». En souvenir, chaque famille sacrifie son mouton après l'avoir câliné et bichonné pendant plusieurs jours.
Une semaine avant la fête, d'immenses marchés s'organisent à la périphérie des villes. Le choix du mouton familial est une affaire sérieuse. Une fois acheté, l'animal est engraissé dans le jardin ou sur le balcon jusqu'au jour de la grande fête. Le sacrifice suit la grande prière collective, et tout le monde est sur son trente et un. L'ordre d'abattre la bête est donné par Sa Majesté en personne, dont le geste est retransmis à la télévision. Les rues vides ne sont plus traversées que par quelques hommes maculés de sang, un grand couteau à la main, qui passent de foyer en foyer pour égorger l'animal, laissant ensuite à la famille le soin de le dépecer. Terrasses et balcons des villes s'emplissent alors de peaux mises à sécher, tandis que sur les trottoirs, cornes et sabots demeurent les ultimes traces du sacrifice.
On consomme en 1er lieu les viscères et la tête, que l'on fait griller sur des *canoun.* Les morceaux de choix sont gardés pour plus tard. Ceux qui n'ont pas trop de moyens achèteront du mouton en morceaux la veille, pour faire « comme si... », ou auront recours au « crédit mouton » mis en place par certaines banques pour l'occasion ! Mais les familles pauvres se voient souvent offrir des moutons qui arrivent par camion, cadeau des plus riches de la communauté (un mouton coûte entre 1 100 et 4 000 Dh, quand le SMIC est encore à guère plus de 2 500 Dh). La fête est prétexte à exprimer l'unité familiale et à réunir tout le monde. La veille de l'*Aïd,* le jour même et le lendemain, les institutions ne fonctionnent évidemment pas, ni même la plupart des restaurants, y compris dans la capitale.
- ***Ras el-Am :*** 1er jour du 1er mois *(Muharram)* du calendrier de l'hégire. Le jour est férié.
- ***Achoura :*** 10e jour du mois de *Muharram,* date vécue de manière très contrastée par les musulmans, en fonction de leurs origines. Les chiites (majoritaires en Iran et en Irak) célèbrent l'anniversaire de la mort d'Hussein, petit-fils du prophète, en un jour de deuil absolu, tandis qu'au Maroc, l'*Achoura* dure 2 jours

(non fériés). À cette occasion, les démunis et les enfants reçoivent des cadeaux. Le 1er soir, vous aurez peut-être du mal à dormir à cause des pétards qui éclatent tard dans la nuit ! Le 2nd jour, soyez prudent : la coutume veut que les enfants aspergent d'eau les passants ! À l'origine, une rencontre de Mahomet, le 10 de *Muharram,* avec un rabbin jeûnant pour Yom Kippour en souvenir de la traversée de la mer Rouge et de la déroute des armées de Pharaon emportées par les flots. Le Prophète a surenchéri en décrétant 2 jours de jeûne (facultatifs depuis l'instauration du ramadan) à la mémoire de Moïse, reconnu comme prophète par l'islam. De génération en génération, les flots de la mer Rouge se sont « transformés » en douche forcée dans la rue. Vous pouvez aussi recevoir des œufs ou de l'eau mélangée à du curcuma, ce qui vous incitera vite à vous ruer sous la douche.

- ***Aïd el-Mouled :*** commémoration de la naissance du prophète Mahomet. Véritable Noël musulman, c'est l'occasion de 2 jours de fête, qu'il est impensable de ne pas passer en famille. Trains et bus sont pris d'assaut, nombreux bouchons sur les routes à prévoir d'après « Mouton futé » ! Tout ce qui n'est pas fermé fonctionne au ralenti.
- ***Début du ramadan :*** début du jeûne rituel, période qui peut être délicate pour celui qui ne l'observe pas (voir « Religions et croyances » dans « Hommes, culture, environnement » en fin de guide).
- ***Aïd es-Seghir ou Aïd el-Fitr :*** fête de rupture du jeûne, le lendemain de la fin du ramadan. Pour en savoir plus, voir « Religions et croyances » dans « Hommes, culture, environnement » en fin de guide.

Calendrier des fêtes musulmanes

Ce calendrier n'est qu'***indicatif,*** car il a été obtenu à partir de calculs astronomiques. Les fêtes religieuses ne sont décrétées que lorsque l'observateur humain peut voir, de ses yeux, le croissant de lune du mois nouveau. Il s'ensuit une incertitude d'une journée, et ce jusqu'au tout dernier moment (sauf pour l'*Aïd el-Mouled,* qui survient le 12 du mois, et dont la date est donc connue 12 jours à l'avance). Voici les dates prévisionnelles, à 1 ou 2 jours près :

- ***Ramadan :*** il débute le 6 mai 2019.
- ***Aïd el-Fitr (ou Aïd es-Seghir) :*** marque la fin du ramadan, le 5 juin 2019.
- ***Aïd el-Kebir (ou Aïd el-Adha) :*** c'est la fête du Sacrifice, le 11 août 2019.
- ***Nouvel an (ou Ras el-Am, le 1er Muharram) :*** le 1er septembre 2019 (an 1439 selon le calendrier musulman).
- ***Achoura (le 10 de Muharram) :*** anniversaire de la mort d'Hussein et commémoration de la traversée de la mer Rouge par Moïse, le 9 septembre 2019.
- ***Al-Mawlid an-Nabawi :*** célèbre la naissance du Prophète, le 10 novembre 2019.

Notez que ***l'Aïd el-Fitr*** et ***l'Aïd el-Kebir***, les deux plus grandes fêtes, occasionnent la **fermeture** de l'administration, de la plupart des commerces, et de quasi tous les sites et musées pendant 1 à plusieurs jours. Chacun festoie en famille. À ne pas négliger si vous comptez partir à ces périodes.

Les *moussem*

Ce sont de grandes fêtes populaires qui rassemblent souvent jusqu'à plusieurs milliers de personnes, à époque fixe, pour fêter l'événement fondateur d'une région, d'une ville ou d'une communauté. Les *moussem* les plus célèbres du Maroc sont ceux d'Imilchil, dans le Haut Atlas central, et de Tan-Tan.

La fantasia

La fantasia est l'occasion pour le cavalier d'afficher son rang et son lignage, car le cheval est depuis toujours le signe extérieur de richesse des tribus nomades arabo-berbères. C'est un spectacle haut en couleur, simulant les anciennes joutes guerrières. Les fantasias ont souvent lieu lors des *moussem.* Les cavaliers, richement vêtus, mènent une charge héroïque et acrobatique en ligne, ponctuée par des danses traditionnelles et les youyous des femmes. Le plus spectaculaire est la parfaite synchronisation avec laquelle tonne le *baroud* (la poudre) de leurs longs fusils *(mouqahla)* au manche incrusté de pierreries.

UN SPECTACLE FANTASTIQUE

C'est le peintre Eugène Delacroix qui, au XIXe s, appela « fantasia » les magnifiques spectacles équestres auxquels il assistait. La prouesse des cavaliers consiste à tirer tous les coups de feu en même temps ! La tradition a aujourd'hui bien évolué, puisque, réservée autrefois aux seuls cavaliers, elle est depuis 2000 accessible aux femmes ! Une petite révolution...

GUIDES

L'hospitalité marocaine a considérablement contribué au développement du tourisme, et l'accueil chaleureux que des générations de voyageurs ont reçu a probablement fait beaucoup plus que toutes les campagnes publicitaires.

Suivez le guide !

Il existe différents guides, de ville ou de montagne, les professionnels et les autres. Suivez le guide :

– ***Les guides officiels :*** ils sont soit ***locaux,*** soit ***nationaux,*** mais offrent sensiblement les mêmes prestations. S'ils portent de moins en moins la djellaba, ils ont tous un badge (rouge pour les 1ers et vert pour les 2nds) et une carte de guide officiel du ministère du Tourisme marocain. Cette carte, avec photo, est toujours écrite en français (et non en arabe !).

En général, les guides nationaux sont habilités à vous conduire à travers tout le pays, contrairement aux guides locaux qui, en théorie, ne peuvent vous guider que dans leur localité (qui figure sur leur carte).

Les offices de tourisme proposent théoriquement une liste de guides (rarement à jour). Mais le mieux est de contacter une agence de voyages ou de se rendre aux *bureaux des guides* de certains lieux touristiques.

– ***Les guides de montagne*** *(appelés « **guides des espaces naturels** ») :* tout guide diplômé possède une carte professionnelle avec photo. Attention, certains guides officiels sous-traitent parfois la randonnée montagnarde à un frère ou un cousin... qui n'est pas un guide officiel. Refusez systématiquement et ne payez jamais à l'avance pour ne pas être coincé.

– ***Les faux guides :*** ils sont encore nombreux dans les grandes villes, malgré la chasse que leur fait la police touristique. On les reconnaît à leur baratin, leur envie de vous conduire de magasin en magasin dans l'espoir de toucher une commission. Évitez cependant d'être désagréable, hautain ou dédaigneux, c'est souvent leur seul moyen de subsistance. Si vous souhaitez effectuer la visite seul, éconduisez-les en douceur et, surtout, avec le sourire (ça va tellement mieux avec le sourire !). De même en montagne, les faux guides sont nombreux, conseillés aux touristes par des hôteliers, chauffeurs de taxis et on en passe. Certes, il est délicat de généraliser. Pour éviter tout malentendu, mettez-vous toujours d'accord sur le prix et sur ce que vous souhaitez voir avant d'entamer la visite.

– ***Les gamins :*** des enfants proposent parfois de vous guider dans le dédale des ruelles ; très clairement, on vous les déconseille. Certes, ils sont souvent débrouillards, mais leur place est d'abord dans une école, et puis gare à eux si la police leur tombe dessus. Ces gamins des rues sont un vrai problème de société. Ils sont poussés par leurs aînés à mendier ou à servir les touristes pour subvenir aux besoins de la famille. Encourager ces pratiques, c'est favoriser leur déscolarisation. Et quand ils sont orphelins ou fugueurs, il n'existe que très peu de structures d'accueil.

– ***S'aventurer seul :*** en montagne, jamais ! En ville, c'est tout le contraire. Il faut quelquefois savoir se perdre dans le dédale d'un souk. Rabatteurs et faux guides sont moins nombreux au centre des médinas, et la balade est d'autant plus sympathique.

Guides et pratiques

Les guides marocains professionnels ont, pour certains, une formation universitaire et sont absolument passionnants. Outre leur diplôme de guide, la loi les oblige à repasser des tests tous les 3 ans. Visiter une médina avec un bon guide est l'assurance de vraiment aller à la rencontre de la culture du pays et d'apprendre de savoureuses anecdotes.
Leur rémunération est faible, ou plutôt irrégulière, d'où certaines dérives ; ainsi, au cours de la promenade, s'ils vous font découvrir les artisans les plus authentiques ou les *foundouk* les plus cachés, ils espèrent vous faire craquer pour quelque achat. Les guides ont leurs boutiques préférées, où ils vous conduiront automatiquement même si vous ne leur demandez rien. Quand le guide marchande le prix en arabe avec le vendeur, ce n'est pas seulement pour baisser le tarif mais surtout pour fixer sa commission. Il est préférable de venir acheter seul. Sinon, où est le plaisir du marchandage ?
Aussi compétents soient-ils, les guides participent et se nourrissent de ce système, sans lequel ils n'auraient pas toujours assez de rentrées pour vivre. Difficile pour les voyageurs en groupe d'y échapper. Mais au moins, ils le savent. Pour les individuels, autant mettre les choses au point avant le début de la visite : indiquez-lui tous les sites que vous souhaitez visiter, la durée de cette visite, précisez clairement que vous ne souhaitez pas faire d'emplettes, et mettez-vous d'accord sur le prix. Rien ne vous empêche, si tout s'est bien déroulé, de lui verser un (solide) pourboire.

Quels prix ?

– ***Les guides locaux et nationaux :*** compter 450 Dh la demi-journée et 700 Dh la journée (repas en sus) pour une visite de ville avec un groupe de moins de 10 personnes, et environ 800 Dh la journée à travers le pays (logement et nourriture en sus).
– Le ministère du Tourisme fixe le tarif d'un ***guide de montagne*** à 600 Dh par jour, repas en sus, pour un petit groupe (2 à 4 personnes). Compter 100 Dh de plus en hiver. Pour un mulet avec son muletier, prévoir 200 Dh par jour (hors nourriture toujours), 300-350 Dh si le muletier fait aussi office de cuistot. Cependant, pour les randonnées en groupe de plusieurs jours, le guide proposera souvent un forfait tout compris (portage, guidage, hébergement et repas) : compter alors autour de 550-600 Dh par jour et *par personne* (plus en hiver), selon la qualité des prestations (dégressif à partir de 3 personnes). Toujours se faire préciser ce qui est inclus et ce qui ne l'est pas. À discuter en toute amitié, simplement pour que tout soit clair, et avant le départ. Bien sûr, les guides trouvant insuffisante cette rémunération, les pourboires sont un complément de revenu très apprécié.

HÉBERGEMENT

Campings

En arabe, camping se dit *moukhayyem.* Si certains sont correctement aménagés – épicerie et quelquefois piscine –, la plupart des campings s'avèrent basiques, avec juste des douches et w-c, et un sol en terre dure ou rocailleux (sans beaucoup d'ombre) pour planter sa tente.
Le camping sauvage est interdit par la loi.

Sachez aussi que beaucoup de maisons d'hôtes, auberges et petits hôtels (surtout dans le Sud et les régions touristiques) proposent un matelas en terrasse sur le toit et une douche entre 30 et 50 Dh par personne et par nuit, sans petit déj. Pensez-y, d'autant qu'une tente, c'est lourd ! Dernier petit conseil si vous venez en voiture : prévoyez une recharge de bonbonne de gaz, car le système n'est pas le même au Maroc.

Auberges de jeunesse

Le Maroc compte une douzaine d'AJ membres du réseau *Hostelling International,* dans les principales villes. Carte des AJ pas nécessaire et pas de limite d'âge pour y séjourner.
À noter l'émergence d'AJ privées, notamment à Marrakech et dans le nord du pays, parfois plus sympas et plus relax que les AJ officielles mais largement plus chères que les petits hôtels. On vous en indique quelques-unes.

■ ***Fédération royale marocaine des auberges de Jeunes (FRMAJ) :*** *6, pl. Ahmed-el-Bidaoui (ancienne médina), Casablanca 20004.* ☎ *05-22-22-05-51.* • *lesauberges@menara.ma* • Dans les locaux de l'auberge de Jeunes de Casablanca.

Hôtels

Il existe une classification officielle des hôtels, avec un cahier des charges précis, obligeant l'hôtelier à afficher ses prix à la réception (mais ça reste négociable, surtout si l'hôtel n'est pas plein). S'il y a beaucoup d'hôtels de catégorie supérieure, sachez que les établissements de moyen standing (2 étoiles) sont peu nombreux, et que les hôtels non classés, en particulier ceux situés à l'écart des routes touristiques, sont généralement très sommaires.
Lorsque l'on monte en gamme, ça s'arrange... en principe, car on a vu des 4-étoiles assez vieillots et négligés.
Quelques conseils en vrac :
– Attention aux réservations mal enregistrées. Demandez une confirmation de votre résa par mail. Téléphonez à l'hôtel en cas d'arrivée tardive.
– Certains établissements modestes, surtout dans le Sud, possèdent une terrasse sur le toit, un salon ou une tente berbère dans le jardin, où vous pourrez dormir pour pas cher.
– Si votre hôtel est situé près d'une mosquée, vous entendrez l'appel du muezzin à la prière entre 4h et 5h du matin !

Note importante concernant les couples binationaux non mariés

Pour les couples binationaux non mariés dont l'une des 2 personnes est arabe (un couple franco-marocain, par exemple), l'accès à l'hôtel, et même au camping (!), n'est pas simple. Lire à ce sujet notre rubrique « Sexe » dans « Hommes, culture, environnement » en fin de guide.

Maisons d'hôtes, location d'appartements privés ou logement chez l'habitant

En principe, dans une maison d'hôtes, le propriétaire vous reçoit chez lui, et vous mangez sa cuisine. Dans les faits, il n'habite pas toujours sur place, mais assure une présence quotidienne. Une maison d'hôtes ne compte souvent pas plus de 5 ou 6 chambres. Officiellement, elle peut en compter jusqu'à 10. Loger dans une maison d'hôtes, c'est avant tout la recherche d'un contact privilégié avec le propriétaire. Avec les auberges et les riads (voir ci-après), ce sont les formes d'hébergement les plus agréables et celles qui offrent le meilleur rapport charme-confort-prix. Attention, tous les riads ne sont pas des maisons d'hôtes (et inversement).
Les locations d'appartements constituent une formule économique quand on voyage à plusieurs et que l'on reste quelques jours au même endroit. Une formule

répandue dans les grandes villes ou les stations balnéaires. Pour ce type d'hébergement, vous aurez intérêt à passer par une agence qui vous offrira des garanties. Dans certains sites touristiques très fréquentés par les familles marocaines (à Essaouira par exemple), des rabatteurs vous mettent le grappin dessus en brandissant un jeu de clés dès la gare routière. C'est rarement un bon plan. À éviter !

Riad et dar

Cette formule d'hébergement est née à Marrakech et s'est étendue à d'autres villes comme Essaouira, Fès, Rabat, Tanger, El-Jadida et même Safi. On en trouve aussi dans certains villages du Sud. Ces maisons, souvent anciennes, ont été achetées (ou louées) et joliment restaurées, en grande majorité par des Français, qui ont lancé ce qu'il faut bien appeler une mode. Du coup, on ne touche pas du doigt la vie « à la marocaine », puisque rares sont les Marocains qui en exploitent.
Généralement très confortables et parfois même luxueuses, ces demeures, nichées au cœur de la médina, possèdent un charme indéniable. Attentionné et discret, un personnel de maison est également à la disposition des hôtes tout au long de leur séjour. On peut les appeler « maisons d'hôtes » lorsque le propriétaire vit sur place ou à proximité une bonne partie du temps. Dans les faits, ils sont souvent confiés à l'année à du personnel plus ou moins expérimenté, ou encore gérés par des agences.
Pour plus d'infos sur les riads et les *dar,* lire nos commentaires dans la rubrique « Habitat » dans « Hommes, culture, environnement » et, à Marrakech, dans la rubrique « Où dormir ? ».

Taxes

Les hôtels et chambres d'hôtes sont tenus d'appliquer une taxe de promotion touristique (TPT) par nuit et par personne, au montant variable selon la catégorie de l'établissement. Dans la majorité des cas, elle est déjà incluse dans le prix affiché sauf, parfois, pour les établissements les plus chic et certains riads. À cela s'ajoute une taxe de séjour communale, devenue obligatoire. Ensemble, ces 2 taxes dépassent rarement les 35 Dh par nuit et par personne. Mais bon, il faut tout de même l'intégrer au budget.

LANGUES

– ***L'arabe :*** il a été importé du Moyen-Orient. Comme dans tous les pays arabes, on distingue l'arabe classique, la langue du Coran (ou littéraire, accessible aux lettrés), langue de l'éducation, de l'Administration et des médias, de l'arabe dialectal, langage parlé qui varie selon les régions et selon les classes sociales.
Le système phonologique de l'arabe est totalement différent de celui des langues européennes. Avec seulement 3 sons vocaliques (a, i, ou) mais 26 consonnes, dont certaines difficilement prononçables pour nous, l'arabe, littéraire ou dialectal, est une langue difficile. Mais au fait, comment se débrouille-t-on avec 3 voyelles ? Et comment fait-on pour prononcer *Mahomet* lorsqu'on ne dispose ni du « e » (le « e » des transcriptions sert surtout à éviter des groupes de lettres imprononçables), ni du « o » ? En fait, *Mahomet* est une transcription occidentalisée

FRANÇAIS-MAROCAIN : KIF-KIF

Le français familier est truffé de mots arabes : bakchich, baraka, baroud (d'honneur...), barouf (vacarme), bled, caïd (chef), chouia, caoua, kif-kif, klebs, fissa, flouz, nouba (une suite chantée et dansée de poèmes, signifiant aujourd'hui « méga fête »), ramdam, toubib, walou (rien, des clopinettes). Sans compter tous les mots français dérivés de l'arabe (alcool, algèbre, chimie, épinards, fardeau, jupe, magasin, etc.) et qui peuvent parfois surprendre (zob !).

de l'arabe *Muhammad,* car les sons arabes ne correspondent pas exactement aux sons français. Le « a » arabe est souvent prononcé de manière intermédiaire entre notre « a » et notre « è ». Dans le même journal francophone, vous pourrez voir le même nom propre transcrit de 2 manières différentes. Ce qui explique pourquoi, sur les plans de villes ou sur les cartes (y compris les nôtres !), les transcriptions peuvent différer : un peu d'indulgence donc, car ce n'est pas facile de transcrire au plus juste. La seule transcription exacte utilise des signes complexes, tels des barres horizontales au-dessus de certaines voyelles ou des points sous certaines consonnes. Nous vous en faisons grâce !

Vous remarquerez que l'arabe dialectal marocain emprunte au français beaucoup d'expressions courantes ou de mots désignant des aspects ou des réalités du monde moderne.

– ***L'amazigh (ou berbère) :*** pratiqué dans de nombreuses régions du Maroc, le berbère, tout comme l'arabe, est une langue de la famille chamito-sémitique (l'hébreu appartient au même groupe). Pour les Berbères, l'arabe est une langue étrangère, au même titre que le français.

Le berbère, langue essentiellement orale, se décline en plusieurs variantes : le rifain *(tarifift)* dans la région du Rif, le braber *(tamazight)* dans le Haut et le Moyen Atlas, le chleuh *(tachelhit),* la plus ancienne langue connue de l'Afrique du Nord, parlée dans le Haut Atlas, dans l'Anti-Atlas et dans le Souss, et le zénète parlé dans le Nord-Est, près de la frontière algérienne. Il existe bien un alphabet, d'origine très ancienne, le *tifinagh,* encore en usage chez les Touareg, mais le berbère est avant tout une langue qui se parle. Tout comme l'arabe, il reprend du français beaucoup de noms modernes ou d'expressions courantes.

Nombre de noms de villages ou de villes berbères commencent et se terminent par la lettre « t » (Tiznit, Taroudant...) : c'est tout simplement la marque du féminin.

Grande avancée pour les berbérophones, la langue est désormais enseignée à l'école primaire.

– ***Le français :*** dans de nombreuses entreprises employant du personnel de niveau universitaire, le français est la langue quotidienne de travail, y compris entre Marocains. Vous serez parfois étonné d'entendre une phrase commencée en arabe, poursuivie en français, puis terminée en arabe (voire en castillan, dans le Nord, jusqu'à Rabat). Le résultat est amusant ! En effet, la majorité des Marocains ayant fréquenté l'école parlent notre langue. Dans les grandes villes, les établissements français de la mission culturelle (familièrement appelée « la mission ») dispensent dès la maternelle un enseignement général en français, permettant aux enfants de la bourgeoisie de devenir parfaitement bilingues. Pour les autres, le français est enseigné comme langue étrangère dès l'âge de 8 ans. Évidemment, le niveau obtenu ne sera pas le même ! Dans les régions reculées, notamment à mesure que l'on descend vers le Sud, le français est loin d'être toujours parlé, en particulier dans les petits villages où il peut devenir aussi étranger aux oreilles des locaux que le wolof ou le pendjabi...

– ***L'espagnol :*** autre vestige de la colonisation. La langue est parlée principalement dans le Nord.

Et pour vous aider à communiquer, n'oubliez pas notre ***Guide de conversation du Routard en arabe du Maghreb.***

Prononciation

H	Très fortement expiré.
R	Doit être roulé.
Gh	« R » grésillé, comme un gargarisme.
Kh	Raclement énergique au fond de la gorge, comme la *jota* espagnole.
Q	Explosion sourde au fond de la gorge.
'*(ayn)*	Comme un « h » expiré émis du plus profond de la gorge, avec vibration des cordes vocales.

Vocabulaire de base

Les mots indiqués ci-dessous sont ceux de l'arabe dialectal marocain le plus couramment pratiqué.

Oui	*Ayeh* ou *naâm*
Non	*O-o* ou *la*

Formules de politesse

Bonjour (le matin)	*Sbah el kheir*
Bonsoir	*Msa el kheir*
Bonne nuit	*Lila saïda*
Au revoir	*Bslâma*
Merci	*Choukrane, barak allahou fik*
Soyez le bienvenu	*Marahbabek*
S'il vous plaît	*Afak* ou *min fadlak*

Très souvent, vous entendrez la formule « *salaam alaikoum* », littéralement « que la paix soit avec toi », formule de politesse signifiant à la fois le bonjour et la bienvenue, qu'on emploie à tout moment de la journée. On répond « *wa alaikoum salaam* ».

Expressions courantes

Si Dieu le veut	*Inch' Allah*
Ça suffit, c'est bon	*Safi*
Comment dit-on... en arabe ?	*Kif tkoulbal... Arbia ?*
Je ne sais pas	*Ma araftchi*
Je ne comprends pas	*Ma fhamtchi*

Abréviations usuelles

2 abréviations reviennent très fréquemment, par exemple dans les adresses :

Med	pour Mohammed
May ou *My*	pour *moulay* (titre des sultans alaouites et, par extension, personne respectable)

Nombres

Zéro	*ziro* ou *sifr :* ٠	Sept	*seb'aa :* ٧
Un	*wâhed :* ١	Huit	*tmania :* ٨
Deux	*zouj* ou *tnine :* ٢	Neuf	*ts'oud :* ٩
Trois	*tlâta :* ٣	Dix	*'achra*
Quatre	*arb'aa :* ٤	Cent	*mya*
Cinq	*khamsa :* ٥	Mille	*alf*
Six	*setta :* ٦		

LIVRES DE ROUTE

– ***L'Enfant de sable*** et ***La Nuit sacrée*** (1985 et 1987), de Tahar Ben Jelloun (Points, 2014). 2 livres contant le curieux destin de cet « enfant de sable », petite fille que son père, humilié, en bon musulman, de n'avoir pas d'héritier mâle, va faire passer pour un garçon. 20 ans après, son histoire lui est racontée par le même père mourant ; elle décide alors de quitter sa mère et ses sœurs pour vivre en femme dans un corps trop longtemps opprimé.

– ***Le Jour du roi*** (2010), d'Abdellah Taïa (Points, 2011) : 2 amis, l'un riche, l'autre pauvre, assistent au défilé de Hassan II dans les rues de Salé, près de Rabat. Mais seul le riche peut baiser la main du monarque, suscitant du même coup la jalousie de son comparse, exacerbant les rivalités entre 2 mondes si différents. L'ouvrage a reçu le prix de Flore. Abdellah Taïa est aussi l'auteur de *Infidèles* et de *L'Armée du salut,* qu'il a mis en scène. Il a également dirigé *Lettres à un jeune Marocain,* un ouvrage collectif auquel ont collaboré 18 écrivains et artistes marocains, dont Tahar Ben Jelloun.

– ***Les Berbères*** (1990), de Jean Servier (PUF, coll. « Que sais-je ? », 2017). Un ouvrage essentiel pour appréhender les différentes facettes d'un des peuples les plus mythiques du Bassin méditerranéen.

– ***Les Voix de Marrakech*** (1968), d'Élias Canetti (Le Livre de Poche, coll. Biblio 1986). Ce petit livre, sous-titré *Journal d'un voyage,* relate le séjour que fit Élias Canetti (futur Prix Nobel de littérature) à Marrakech en 1953. Que ce soit dans les souks ou dans le mellah, au contact des écrivains publics ou à celui des chameaux promis à l'abattoir, Canetti sait capter l'atmosphère de la vie marrakchie. Un beau témoignage.

– ***Sexe et mensonges*** (2017), de Leïla Slimani (Les Arènes). La journaliste et romancière franco-marocaine scrute les femmes, leur ennui, leur culpabilité et leurs désirs, d'abord avec *Dans le jardin de l'ogre* (2014, éd. Gallimard), son 1er roman, puis avec *Chanson douce,* sur les relations entre des parents et la nounou des enfants, prise de folie meurtrière (prix Goncourt 2016). *Sexe et mensonges* est le fruit de 2 ans d'enquête sur la sexualité des jeunes au Maroc. Le livre aborde un sujet encore tabou dans le royaume. L'auteur plaide pour le sexe comme droit universel en dehors des religions. Un roman graphique, *Paroles d'Honneur* complète son essai.

– ***Rêves de femmes*** (1996), de Fatima Mernissi (Livre de Poche, 1998). Au travers du regard d'une fillette née en 1940 dans un harem de Fès, on plonge dans cet univers clos où les femmes les plus traditionnelles et les déjà féministes rêvent d'un monde ouvert, sans barrières. Réel et imaginaire se frôlent sans cesse, laissant filtrer toute l'histoire du Maroc, de son indépendance notamment. La sociologue féministe nous offre un récit riche, plein de sensibilité et de poésie.

– ***L'Islam expliqué aux enfants*** (2002), de Tahar Ben Jelloun (Éd. du Seuil, 2012). Un livre destiné à tous les petits curieux (musulmans et autres) qui ont envie de comprendre l'histoire d'une religion et, plus encore, d'une civilisation.

– ***Le Pain nu*** (1980), de Mohamed Choukri (Points, 2013). Le récit autobiographique sans tabou de l'un des auteurs majeurs de la littérature marocaine. Il évoque avec une écriture alerte et brute une jeunesse sacrifiée entre violence familiale et pauvreté. Censuré, ce livre n'est paru au Maroc qu'en 2000.

– ***Guide des merveilles de la nature au Maroc,*** d'Éric Milet (Arthaud, 2007). Un livre qui répondra à toutes vos questions sur la géologie, la faune et la flore que vous rencontrerez au Maroc. Très bien illustré, il constitue une excellente mise en bouche avant le départ et peut vous aider à construire votre itinéraire.

– ***Jaabouq*** (2012), de Hicham Tahir (Casa Express Éditions, 2015). Recueil de nouvelles sur le Maroc d'aujourd'hui, cash. Le jeune auteur a depuis livré également *Les Ruelles des pieds nus* après avoir collaboré à *Lettres à un jeune Marocain* avec Abdellah Taïa.

– ***Au Maroc*** (1890), de Pierre Loti (Éditions Ligaran, 2014). Loti est invité chez le sultan de Fès. C'est d'abord la traversée du pays, au rythme des chameaux, qui impose au récit une lenteur sereine, chargée d'émotions. Écrit en 1890, ce livre reste l'un des plus beaux textes consacrés au Maroc.

– ***Dictionnaire insolite du Maroc,*** de Latéfa Faïz (Cosmopole, 2011). De l'aïd au zellige en passant par le henné, la Marche verte ou moins connue, la nayda, l'auteur peint un tableau aux différentes facettes et nuances pour, en quelques pages ponctuées de notes d'humour, nous faire pénétrer au cœur de la société marocaine.

– ***Histoire du Maroc,*** de Daniel Rivet (Fayard, 2012). L'auteur, spécialiste du Maghreb, traverse l'histoire en resituant le Maroc dans ses particularités ethnologiques, sociologiques, mais aussi politiques et institutionnelles. Pour comprendre comment ce pays s'est forgé sur le socle de ses contrastes.

– ***Rue des voleurs*** (2012), de Mathias Énard (Actes Sud, 2014). Tanger lors du « printemps arabe » est le point de départ de ce récit bien rythmé, la ville frontière emblématique des rêves de liberté incarnés par Lakhdar. Sans l'énergie, la force et les illusions auxquelles on croit dur comme fer à 18 ans, Lakhdar et son copain Bassam ne se seraient pas embarqués dans le périlleux voyage qui les mènera à Barcelone. Derrière l'exil s'ouvre aussi la réflexion des destins imbriqués de l'Europe et du monde arabe.

MARCHANDAGE

C'est à la fois un plaisir, un jeu, un sport, une institution qui fait partie intégrante de la vie locale et qui nécessite beaucoup d'humour, de bagou, d'audace, de ruse, de subtilité, de patience et de sang-froid (eh oui !). Le temps passé dépend du prix de l'objet. Pas d'illusions, vous paierez de toute façon généralement plus cher qu'un Marocain... Mais ça aussi, c'est le jeu. Le marchandage est une « pièce de théâtre » écrite depuis bien des siècles. Bons ou mauvais, seuls les acteurs changent !

– Le 1er principe est d'essayer de connaître, au moins approximativement, le prix « acceptable » de l'objet que vous convoitez, en s'informant auprès d'un Marocain (à votre hôtel, par exemple).

– Fixez-vous un prix limite auquel vous êtes prêt à prendre l'objet et prenez-le vraiment quand le marchand sera d'accord.

– Évitez d'acheter la 1re fois que vous entrez dans une boutique. Si vous revenez, le marchand vous connaîtra déjà et aura plus de sympathie pour vous.

– Ne laissez pas percer votre intérêt pour l'objet désiré. Faites semblant de vous intéresser à d'autres articles, avant de revenir à l'objet convoité.

– Ne donnez jamais un prix en 1er, même si l'on vous demande : « Combien es-tu prêt à mettre ? » Laissez toujours le marchand l'annoncer, puis proposez-lui la moitié (voire le tiers). Et toujours bien en-dessous du prix limite que vous vous êtes fixé. Il rigolera ou fera mine d'être vexé, c'est normal ! Vous conservez ainsi une large marge de manœuvre pour la négociation.

– Au fil du marchandage (qui peut prendre du temps), réévaluez votre prix très graduellement, au fur et à mesure que le vendeur baisse le sien. Un coup chacun ! Ainsi, personne ne perd la face, et on finit par trouver un terrain d'entente. Si vous avez dit non à une de ses propositions, renchérissez un peu la vôtre. En revanche, lorsque le vendeur dit « Ok » sur un prix que vous avez proposé, ne revenez pas en arrière ! C'est très mal vu, et vous faites perdre du temps au commerçant.

– Si vous n'êtes pas parvenu à un prix satisfaisant, partez doucement de la boutique avec un air désolé mais souriant. Il y a des chances pour que le commerçant vous rappelle.

– Essayez d'apprendre les chiffres en arabe. Ça aide. Et n'oubliez pas que les commerçants sont superstitieux : si vous êtes le 1er client, le vendeur se montrera plus arrangeant.

Enfin, si vous voulez être certain de ne pas vous faire avoir, rabattez-vous sur les boutiques à prix fixes, où on ne marchande pas.

PHOTO

Les paysages et l'architecture sont magnifiques et la lumière exceptionnelle. Dans les grandes villes, on trouve facilement des cartes mémoire. Sur le plan technique, méfiez-vous du vent et de la poussière ou, pire, du sable, désastreux pour les appareils.

On peut photographier librement partout, sauf dans les zones militaires. Un droit de photographier est exigé dans certains musées.

En revanche, la plupart des Marocains refusent d'être pris en photo par des inconnus. Demandez toujours l'autorisation et ne volez pas d'images. Si après un échange la personne accepte (ça arrive tout de même), il est d'usage de donner une petite rétribution (que certains refuseront toutefois). À Marrakech, place Jemaa-el-Fna, chaque déclic est payant et âprement négocié, mais c'est la règle du jeu. Si vous ne voulez pas payer, ne faites pas de photos ! Sachez que c'est le gagne-pain des porteurs d'eau, des charmeurs de serpents, des bonimenteurs et autres acrobates. Ne jamais prendre de photo d'une personne qui fait sa prière.

POSTE

La *Poste Maroc* arbore un logo jaune et bleu. Transferts d'argent liquide possibles avec *Western Union,* service *Chronopost,* distributeur extérieur etc.
Horaires des principaux bureaux de poste : du lundi au vendredi 8h-16h15 (service réduit le vendredi lors de la grande prière) ; de 9h à 15h pendant le ramadan et parfois le samedi (8h-12h ou 9h-13h).
Prévoir une semaine pour qu'une carte postale arrive à bon port.
Les boîtes aux lettres à la française de couleur jaune poussin sont nombreuses.
Pour les amateurs de beaux timbres, il existe un comptoir philatélique dans beaucoup de bureaux.

SANTÉ

Vaccinations

Aucune vaccination n'est exigée pour les voyageurs en provenance d'Europe. Certains vaccins sont néanmoins utiles pour la protection individuelle du voyageur.
– Être à jour pour ses vaccinations « universelles », recommandées en Europe pour tout le monde : tétanos, polio, coqueluche, diphtérie, hépatite B.
– Les maladies transmises par l'eau et l'alimentation étant fréquentes au Maroc, l'OMS recommande – en plus des mesures d'hygiène alimentaire universelles – de se faire vacciner contre l'hépatite A et la fièvre typhoïde (dans les 2 cas, une injection plus de 15 jours avant le départ). En cas de séjours ruraux prolongés, il est très fortement recommandé de se faire vacciner préventivement contre la rage.
Renseignements sur • *astrium.com* •

Quelques règles de base

Pas de risques particuliers, le Maroc n'étant pas un pays au climat malsain. Néanmoins, dans beaucoup d'endroits règnent la mauvaise hygiène et le manque d'eau. Donc, méfiez-vous des maladies transmises par l'eau (les amibes ne font pas de bons amis) et les aliments mal lavés ou mal cuits. Voici quelques règles universelles à suivre, surtout si vous allez dans de petits villages.
– Pensez à vous ***laver les mains*** régulièrement, surtout avant les repas. N'importe quel savon est efficace contre les bactéries, pourvu que le lavage soit vigoureux. Privilégiez les ongles courts.
– Selon l'OMS, « la distribution d'eau potable est assurée dans toutes les grandes villes et dans certains villages, mais il est recommandé de boire de l'***eau minérale*** ». La bouteille doit être décapsulée devant vous. Lorsque l'eau est impropre et qu'il est impossible de boire de l'eau en bouteille, portez-la à ébullition ou purifiez-la avec *Lifestraw* (le procédé individuel le plus économique). Il s'agit d'une sorte de paille individuelle qui filtre bactéries, virus et parasites (à hauteur de 99,99 % : du jamais vu) avec une capacité de 1 000 l, soit la consommation d'une personne sur une année.

Pour les boissons chaudes (thé notamment), l'eau doit être bouillie. Proscrire les boissons non industrielles, les glaçons, le lait et ses dérivés non industriels, les coquillages.
– Avant toute chose, le flair est le meilleur ami du routard. Quand vous ne « sentez » pas le plat proposé, ne le mangez pas, c'est tout.
– ***Fruits et légumes :*** d'après l'OMS, « lavez-les, pelez-les, faites-les bouillir ou laissez-les ». Mais si le risque est réel dans les coins où l'eau potable n'est pas garantie, il est réduit dans les grandes villes. Ce serait dommage de passer à côté des délicieuses salades marocaines et des jus de fruits frais. Mais n'en abusez pas ! L'excellent jus d'orange bu en grande quantité dérange les intestins.
– Consommez les ***viandes*** bien cuites et servies fumantes, bannissez les viandes saignantes et rabattez-vous donc sur les couscous, tajines et méchouis, qui ne posent pas de problème.
– Ne consommez pas de ***lait et ses dérivés non pasteurisés.*** Risque rare chez les voyageurs, plus fréquent chez les expatriés et répandu parmi les Marocains : la brucellose.
– Pensez au riz blanc ! Mieux : consommez-en (quand il y en a...).
– Consultez très rapidement un médecin en cas de ***diarrhée*** contenant des glaires, du pus, du sang dans les selles et/ou qui s'accompagne d'une fièvre. Pour de simples selles molles et fréquentes, utiliser un antibiotique, de l'azithromycine *(Zithromax®)*, 2 comprimés en 1 seule prise, 1 seule fois, allié à un ralentisseur du transit intestinal, tel que l'acécadotril *(Tiorfan®)* : une gélule d'emblée, puis une gélule 3 fois par jour, si possible avant les 3 principaux repas. Durée maximum : 7 jours.
– Le ***sida*** est bien présent. Sortez couvert ! On trouve des préservatifs dans toutes les pharmacies marocaines.
Pour le reste :
– évitez de vous baigner ou de patauger en ***eaux douces stagnantes*** ;
– méfiez-vous du ***soleil,*** partout et encore plus en montagne ;
– évitez les contacts avec les ***chiens*** ;
– en cas de petit bobo, pas de panique : les pharmacies marocaines sont souvent correctement approvisionnées et les médecins bien formés ;
– contre les ***moustiques*** et autres insectes piqueurs, munissez-vous d'un bon répulsif, actif au moins 3 ou 4h ;
– pour conjurer le mauvais sort, souscrivez donc, avant le départ, une assurance « assistance-rapatriement ».

■ ***Catalogue Santé Voyages :*** ☎ *01-45-86-41-91 (lun-ven 14h-19h).* • *astrium.com* • Les produits et matériels utiles aux voyageurs, assez difficiles à trouver, peuvent être achetés par correspondance sur le site de *Santé Voyages.* Infos complètes toutes destinations, boutique en ligne, paiement sécurisé, expéditions Colissimo Expert ou Chronopost.

Tatouages au henné

Des femmes vous abordent parfois de manière insistante (comme sur la place Jemaa-el-Fna à Marrakech), pour vous proposer des tatouages au henné.
– ***ATTENTION :*** on ajoute parfois au henné du PPD (paraphénylène-diamine, plus exactement) afin de le rendre plus résistant. Cette substance, qui est également utilisée pour les teintures capillaires, peut provoquer chez certaines personnes des réactions allergiques potentiellement graves.
En tout cas, si vous craquez pour vous en faire réaliser un, faites-vous bien préciser le motif, et surtout le prix, AVANT qu'on vous fasse le travail. Certaines tatoueuses demandent des tarifs déments une fois le travail terminé, sachant qu'il est trop tard pour refuser ! Vous pouvez aussi demander à votre hôtel de vous conseiller quelqu'un de sérieux.
Dans tous les cas, soyez conscient du risque de transmission de l'hépatite C, de l'hépatite B (vous êtes vacciné, bien sûr), voire du VIH. Alors ce tatouage, on le fait toujours ?

Action humanitaire

■ ***ALCS :*** • *alcs.ma* • *et sur Facebook.* Une des rares associations de lutte contre le sida au Maroc, qui compte des antennes dans toutes les grandes villes. Ils travaillent très activement sur des projets de prévention de proximité auprès de groupes marginalisés. N'hésitez pas à aider les membres de cette association, leurs moyens sont limités et votre contribution, aussi minime soit-elle, sera la bienvenue.

SITES INTERNET

Infos pratiques

• ***routard.com*** • Le site de voyage nº 1, avec plus de 800 000 membres et plusieurs millions d'internautes chaque mois. Pour s'inspirer et s'organiser, près de 300 guides destinations actualisés, avec les infos pratiques, les incontournables et les dernières actus, ainsi que les reportages terrain et idées week-end de la rédaction. Partagez vos expériences avec la communauté de voyageurs : forums de discussion avec avis et bons plans, carnets de route et photos de voyage. Enfin, vous trouverez tout pour vos vols, hébergements, voitures et activités, sans oublier notre sélection de bons plans, pour réserver votre voyage au meilleur prix.
• ***diplomatie.gouv.fr*** • Cliquer sur « Conseils aux voyageurs ». Le site du ministère des Affaires étrangères, mis à jour régulièrement, répertorie les régions déconseillées et donne aux voyageurs, selon un classement par pays, des conseils généraux de sécurité, les formalités d'entrée et de séjour. À consulter avant votre départ.

Culture

• ***festival-gnaoua.net*** • Ce festival de 3 jours, qui a lieu chaque année fin juin à Essaouira, accorde une large place au talent des Gnaoua (artistes descendant des anciens esclaves) et aux autres musiques traditionnelles. Présentation des artistes et de l'histoire des Gnaoua.

Actualités

• ***telquel.ma*** • Site du magazine *Tel Quel,* hebdomadaire traitant de l'actualité marocaine avec une vivacité de ton très rare. Sur place, on vous recommande de plonger votre nez dans ses feuilles pour prendre la température du pays.
• ***le2minutes.com*** • Revue de presse marocaine sur l'économie, le social, la politique, le sport... Pour un coup d'œil rapide sur les principaux enjeux du moment, qui se lit en... 2 minutes.
• ***menara.ma*** • Un portail assez complet sur le Maroc, avec actu, infos pratiques, pages culturelles, articles divers...

Divers

• ***maroc.ma/fr*** • Le site officiel du gouvernement marocain. Très généraliste !
• ***meteomaroc.com*** • Prévisions météo pour les grandes villes marocaines.
• ***ecologie.ma*** • Informations sur les avancées du Maroc en matière d'environnement. Concis et bien fait.
• ***cuisinedumaroc.com*** • Partage de recettes marocaines entre internautes. De bien belles surprises.
• ***travel-in-morocco.com/cuisine.htm*** • Un éventail très complet de la cuisine marocaine. Également des infos généralistes et touristiques sur le pays.
• ***lamarocaine.com*** • Droits, business, mode, sexualité... tout sur et pour la femme marocaine.

• *aumaroc2012-2014.blogspot.fr* • Carnet de voyage que son auteur présente comme un complément photographique du *Routard* ! Impressions et commentaires sur le pays, qu'il a sillonné de long en large. Belles photos.

TÉLÉPHONE ET TÉLÉCOMS

Numérotation

Maroc → Maroc

Les numéros de téléphone ont 10 chiffres et se présentent de la même façon que les numéros français. La confusion est encore plus facile avec les numéros de portable, qui commencent dans les 2 pays par « 06 ». Ça se complique lorsque certains propriétaires au Maroc indiquent des coordonnées... en France. Dans ce cas, on le précise. Pour tous les autres (la grande majorité), nous avons ajouté l'indicatif du pays « 212 » (à composer, bien sûr, uniquement si on appelle de l'étranger), suivi du numéro de portable commençant par (0)6. On rappelle que le « 0 » est à composer quand on se trouve déjà dans le pays mais pas depuis l'étranger.
Si les numéros ne fonctionnent pas, n'hésitez pas à contacter sur place les ***renseignements téléphoniques marocains*** (☎ 160). Ils sont efficaces. En France, pour le service des renseignements internationaux d'*Orange,* par exemple, il faut composer le ☎ 118-700. Également • *telecontact.ma* •

France, Belgique ou Suisse → Maroc

00 + 212 (indicatif du pays) + numéro d'appel à 9 chiffres (depuis la nouvelle numérotation) sans le 0 initial.

Maroc → France et autres pays francophones

On ne compose jamais le 0 qui précède le numéro.
- ***Vers la France :*** 00 + 33 + numéro du correspondant à 9 chiffres.
- ***Vers la Belgique :*** 00 + 32 + numéro du correspondant à 8 chiffres.
- ***Vers la Suisse :*** 00 + 41 + numéro du correspondant à 8 ou 9 chiffres.
- ***Vers le Canada :*** 00 (tonalité) + 1 + indicatif de la ville + numéro du correspondant.

Téléphones publics

- Comme partout, ils sont en voie de disparition accélérée et pas vraiment utiles au touriste.
- Sinon, *Maroc Telecom* entretient toujours un réseau de ***téléboutiques*** (enseigne bleue, ouverte tous les jours), avec cabines à pièces ou cartes. Pour ceux qui n'auraient pas de portable.

Portables

On peut utiliser son propre téléphone portable au Maroc avec l'option « International ». Renseignez-vous auprès de votre opérateur sur les conditions d'utilisation de votre portable à l'étranger.
- ***Le « roaming » ou itinérance :*** c'est un système d'accords internationaux entre opérateurs. Concrètement, cela signifie que lorsque vous arrivez dans un pays, le nouveau réseau local s'affiche automatiquement. Vous recevez rapidement un SMS de votre opérateur qui propose un ***pack voyageurs*** plus ou moins avantageux, incluant un forfait limité de consommations téléphoniques et de connexion internet. Ça coûte toujours assez cher.
- ***Forfaits étranger inclus :*** certains opérateurs proposent des forfaits où ***35 jours de roaming par an sont offerts*** dans le monde entier. On peut donc cumuler

plusieurs voyages à l'étranger sans se soucier de la facture au retour. Attention, si SMS, MMS et appels sont souvent illimités, la connexion internet est, elle, limitée, et l'addition grimpe très vite ! D'autres opérateurs offrent le ***roaming toute l'année vers certaines destinations.*** Renseignez-vous auprès de votre opérateur.
– ***Tarifs :*** ils sont propres à chaque opérateur et varient en fonction des pays (le globe est découpé en plusieurs zones tarifaires). ***N'oubliez pas qu'à l'international, vous êtes facturé aussi bien pour les appels sortants que les appels entrants, idem pour les textos.*** Donc quand quelqu'un vous appelle à l'étranger, vous payez aussi. Soyez bref !
– ***Acheter une carte SIM/puce sur place :*** si vous comptez passer des appels locaux (vers des lignes fixes ou des portables), c'est l'option à privilégier. Il suffit d'acheter à l'arrivée une carte SIM locale (env 50 Dh avec un petit crédit) chez l'un des 3 opérateurs marocains (*Maroc Telecom, Orange* et *Inwi*). Pas mal de petits points de vente dans la plupart des villes. On vous attribue un numéro de téléphone local. Avant de signer le contrat et de payer, essayez toutefois la carte SIM du vendeur dans votre téléphone – préalablement débloqué – afin de vérifier si celui-ci est compatible. Ensuite, rachetez du crédit de communication (à partir de 10 ou 20 Dh) dans n'importe quelle téléboutique. Des forfaits très intéressants vers l'international sont aussi proposés.

La connexion internet en voyage

– ***Se connecter au wifi*** à l'étranger est le seul moyen d'avoir accès au Web gratuitement si vous ne disposez pas d'un forfait avec *roaming* offert. Le plus sage consiste à ***désactiver la connexion*** « données à l'étranger » (dans « Réseau cellulaire »). On peut aussi mettre le portable ***en mode « Avion »*** et activer ensuite le wifi. Attention, le mode « Avion » empêche de recevoir appels et messages. Quasi tous les hôtels et de plus en plus de restos disposent d'un réseau, gratuit pour les clients.
– Une fois connecté au wifi, vous avez accès à tous les services de la ***téléphonie par Internet, à partir des applications gratuites : Whatsapp, Messenger*** (messagerie de *Facebook*), ***Viber, Skype.*** Appels, messages, envoi de photos et de vidéos sont alors gratuits. Ces applis détectent automatiquement dans votre liste de contacts ceux qui utilisent la même appli.
– ***Attention piratage !*** Les wifi publics sont devenus de véritables passoires ! Il est très facile, même pour un débutant, de s'introduire sur un réseau. La seule parade véritablement fiable est de ne fréquenter que des sites « certifiés ». Ils commencent par « https:// » et affichent souvent un petit cadenas à côté de l'adresse. Dans ce cas, vos transmissions sont cryptées et donc sécurisées. Les sites les plus sensibles et populaires, comme les banques, ont tous une connexion certifiée.
Enfin, si vous utilisez un ordinateur en libre-service, évitez, dans la mesure du possible, d'entrer votre mot de passe ou toute information sensible ! Une quantité phénoménale de ces postes est infectée par des « enregistreurs de frappes », qui peuvent transmettre vos données à un destinataire mal intentionné. Et si malgré tout, vous utilisez ces postes, pensez à bien vous déconnecter et à ne pas cliquer sur l'option « enregistrer mon mot de passe ».

TRANSPORTS

TRANSPORTS COLLECTIFS

Bus

Ils sillonnent tout le pays et vous amènent dans les coins les plus reculés à des tarifs raisonnables. Demandez systématiquement un reçu ou un titre de transport, les bus sont contrôlés.

3 grandes sociétés de bus, *CTM*, *Supratours* et *SATAS*, ont des gares routières (ou de simples bureaux d'où partent leurs bus) dans les villes importantes, mais il en existe de nombreuses autres de tailles diverses. Les petites compagnies locales, sur les mêmes destinations, sont évidemment meilleur marché, mais le confort, la fiabilité et le service ne sont pas équivalents. En principe, les bagages sont facturés (5 Dh par bagage ; petite surtaxe au-dessus de 10 kg). Présentez-vous longtemps à l'avance, car vous ne serez pas seul. Les cars locaux s'arrêtent partout (s'ils ne sont pas complets, bien sûr). S'il fait très chaud, faites comme les Marocains : prenez les bus dès le petit matin. Et prévoyez une bouteille d'eau. Pour piquer un somme, pensez aux bouchons d'oreilles. En zones de montagne, pour parer au mal des transports, n'oubliez pas les sacs plastique, et une petite laine !

– La ***CTM*** *(● ctm.ma ● ; ☎ 0800-0900-30)* couvre presque tout le territoire marocain, d'Oujda à Dakhla, et dessert aussi plusieurs pays européens, dont la France et la Belgique, en partenariat avec *Eurolines* notamment (voir « Comment y aller ? »). Pour un prix légèrement supérieur, vous aurez droit à un bus confortable, en principe avec l'AC (parfois tellement efficace qu'un pull n'est pas superflu), et à un trajet plus direct.

Mieux vaut réserver au moins 24h à l'avance. L'enregistrement du bagage doit être fait 30 mn avant le départ. Conservez le billet et le reçu du bagage jusqu'à l'arrivée.

– La ***Supratours*** *(● supratours.ma ● ; ☎ 05-37-73-10-61)* est une filiale de l'*ONCF*, créée pour acheminer les voyageurs là où le train ne va pas. Excellents services là aussi.

– La ***SATAS*** dessert pratiquement tout le Sud marocain jusqu'à Tan-Tan et dispose de cars confortables sur certaines lignes *(rens : ☎ 05-28-24-20-07 – direction d'exploitation – ou, à Agadir, ☎ 05-28-23-09-73).*

– Également une plateforme de résa pour les trajets en bus : *● lagare.ma ●*

Consignes

Vous en trouverez dans la plupart des stations de bus *CTM* (il faut avoir un billet *CTM*). En revanche, les consignes tendent à disparaître des gares *ONCF*. Les bagages doivent être cadenassés, sans quoi ils sont refusés. Sinon, confiez votre sac à votre hôtel (contre quelques dirhams). N'y laissez toutefois pas d'objets de valeur.

Stop

Pratique courante chez les Marocains, moins chez les touristes. Si c'est vous qui faites du stop, on vous demandera parfois de participer aux frais d'essence. Une bonne formule consiste à demander à d'autres touristes motorisés, à une station-service. Le stop est en revanche fortement déconseillé aux filles seules. En tant qu'automobiliste, soyez vigilant aussi ! Une pratique assez répandue consiste en effet à entraîner les touristes vers des boutiques ou embrouilles organisées...

Taxis

Les petits taxis

Ce sont des petits véhicules officiels, qui n'ont pas le droit de sortir des villes. Les tarifs sont très abordables, surtout si on connaît les règles du jeu. Dans les grandes villes, ils sont en principe munis d'un compteur. Le cas échéant, rappelez au chauffeur de le mettre en marche. S'il refuse, pas de problème, descendez. S'il met son compteur, le coût de la prise en charge est d'environ 2 Dh en journée, 3 Dh de nuit. Mais dans les villes importantes, il y a un tarif minimum pour la course, de l'ordre de 8 Dh, même si vous ne faites que 100 m.

– En prenant un taxi devant un grand hôtel, ne vous étonnez pas de payer le prix fort.

– Un chauffeur proche de sa destination peut vous prendre même s'il a déjà un passager. Charge à vous de mémoriser le prix affiché lorsque vous montez, qui sera votre zéro à vous. Parfois aussi, le chauffeur remet de lui-même le compteur à zéro quand il a déposé le 1er passager. Les compteurs électroniques, eux, permettent de mesurer 2 ou même 3 courses en parallèle.
– Si vous connaissez un tant soit peu la ville, n'hésitez pas à rappeler au conducteur que la ligne droite reste le plus court chemin…
– La nuit (de 20h-21h à 5h-6h du matin), il y a une majoration légale de 50 %. Les compteurs électroniques intègrent directement l'augmentation. De jour, vérifiez bien qu'on ne vous applique pas le tarif de nuit.
– En cas de litige important avec un chauffeur, dites-lui gentiment que vous allez à la police touristique porter plainte avec son numéro de taxi (inscrit sur les portières avant). Le problème se réglera immédiatement. N'en abusez pas, c'est sérieux pour eux. Une sanction peut les priver de leur gagne-pain pendant 2 ou 3 jours, voire plusieurs semaines.
– On ne peut pas monter à plus de 3 personnes dans les petits taxis, enfants compris. N'insistez pas, le chauffeur risquerait de se faire retirer sa licence pendant un temps.
– Ayez toujours de la monnaie, car les chauffeurs en ont rarement.
– Il y a peu de vrais escrocs. Souvenez-vous simplement qu'un chauffeur moyen, les bons jours, gagne 300-400 Dh, desquels il déduit 200 Dh de location du véhicule ainsi que le gazole. Il lui reste environ 150 Dh pour faire vivre sa famille, avec 12h ou 14h de travail quotidien et, dans les meilleurs cas, une journée de repos hebdomadaire… Alors, un peu d'indulgence !

Les grands taxis

Généralement, de vieilles *Mercedes* des années 1970. Ce sont les seuls à pouvoir sortir de leur ville d'attache. Bon à savoir : ***ils sont dépourvus de compteur.*** Commencez par chercher le courtier, simple à reconnaître, c'est le seul muni d'un carnet. Il est habilité à vous vendre un billet et à vous placer dans une voiture. Les prix ne sont que légèrement supérieurs à ceux des bus (et encore, pas toujours). On s'y entasse jusqu'à 6 (2 devant et 4 derrière), plus le chauffeur. Intéressants pour les destinations non desservies par les bus. ***Les grands taxis partent quand ils sont complets*** ; si vous êtes pressé et que le taxi tarde à se remplir, vous pouvez payer pour les places vides afin de partir immédiatement.

TRANSPORTS INDIVIDUELS

Voitures de location

Louer une voiture est une excellente solution. Une voiture permet de pénétrer à l'intérieur du pays et de profiter au maximum du séjour. Tous les grands loueurs sont présents au Maroc.

■ ***BSP Auto :*** ☎ *01-43-46-20-74 (tlj).* • *bsp-auto.com* • Les prix proposés sont attractifs et comprennent le kilométrage illimité et les assurances. *BSP Auto* propose exclusivement les grandes compagnies de location sur place, assurant un très bon niveau de services. Les plus : vous ne payez votre location que 5 jours avant le départ. Remise spéciale de 5 % aux lecteurs de ce guide avec le code « ROUT19 ».
– N'hésitez pas non plus à comparer les tarifs des grandes compagnies internationales avant votre départ : ***Hertz*** (• *hertz.com* •), ***Avis*** (• *avis.fr* •), ***Europcar*** (• *europcar.fr* •).
– Il existe aussi des loueurs marocains pratiquant des prix doux ; voir à ce sujet notre sélection dans les « Adresses utiles » des principales villes.

Pour la liste des documents nécessaires à la location de voiture, lire la rubrique « Avant le départ, Formalités » en début de guide.

ATTENTION, la location de voitures est une affaire délicate au Maroc. Quelques tuyaux.

– ***Les contrats d'assurance (même tous risques !) ne vous garantissent plus si vous quittez une voie goudronnée pour emprunter une piste avec un véhicule de tourisme. Ne l'oubliez pas.***

– Demandez un exemplaire vierge de constat à l'amiable.

– Assurez-vous que le tarif sur lequel vous vous êtes mis d'accord ***inclut bien l'assurance de base et les taxes de 20 %*** (que certains loueurs rajoutent au dernier moment, une fois le contrat signé !). Vérifiez également les éventuels frais de prise en charge à l'aéroport, ainsi que ceux applicables à une restitution de la voiture dans une autre agence. Bref, toujours vérifier si d'autres montants n'ont pas été ajoutés en marge du contrat. C'est fréquent, et au final, ça coûte cher.

– Si vous louez depuis l'étranger, faites-vous confirmer par e-mail le maximum d'informations (prix TTC incluant les assurances, kilométrage illimité ou non, supplément pour une prise à l'aéroport...).

– Au moment de la prise du véhicule, le loueur vous demandera une empreinte de carte de paiement internationale à votre nom en caution. C'est une procédure habituelle, au Maroc comme ailleurs. Mais attention à ne pas la signer sans montant indiqué dessus (ça peut coûter cher !). Insistez pour la récupérer à la remise du véhicule. Parfois, dans la précipitation du départ, vous oubliez de la demander, ou on rechigne à vous la donner.

– Concernant l'***assurance,*** il faut savoir que si les petites compagnies locales prévoient une franchise raisonnable, de l'ordre de 6 000 Dh (545 €) pour une catégorie A, les grandes compagnies réclament facilement 2 à 3 fois ce montant (autour de 15 000 Dh – environ 1 365 €), et jusqu'à 30 000, voire 40 000 Dh pour les gros modèles, les 4x4 ou même les simples SUV type *Duster* ! C'est absolument excessif mais c'est comme ça et vous n'y pouvez rien. Renseignez-vous auprès du loueur avant de partir. Cette information est importante car si vous décidez de ne pas racheter la franchise, ***ce montant sera bloqué sur votre carte de paiement*** le temps de la location ! Par ailleurs, il se peut que votre carte bancaire ne permette pas une transaction si importante. Avant le départ, il faudra demander à votre banque de relever le plafond de votre crédit pour la période de la location.

– Même si vous rachetez la franchise, sachez qu'il est de plus en plus fréquent qu'il reste une petite part incompressible imposée par les compagnies d'assurances.

– En prenant possession du véhicule, inspectez-le sous toutes les coutures : état des pneus (y compris la roue de secours et la présence du cric), clignotants, essuie-glaces, test des phares, état des rétroviseurs... Faites inscrire sur le contrat TOUTES les rayures et picots présents sur la carrosserie, quitte à paraître pinailleur, et même si on vous dit « C'est rien ça, pas besoin de le signaler ! ». Même chose pour l'intérieur du véhicule (sièges brûlés ou abîmés, taches, etc.). On conseille de prendre en photo chaque rayure et picot ou mieux, de faire un petit film. Ainsi, pas de contestation.

– Enfin, bien vérifier le niveau d'essence. Idéalement, le réservoir doit être plein, et vous devrez le rendre plein (le plus simple). Mais le plus souvent, il est rempli aux 3/5es ou, pire, quasi vide, ce qui contraint le client à rendre la voiture avec un peu plus d'essence qu'il n'y en avait au début (faisant ainsi don du surplus au loueur...).

Conduite sur route

Comme nous tenons à conserver nos lecteurs, nous devons les mettre en garde contre la façon très spéciale dont les Marocains interprètent le code de la route. Devant le nombre d'accidents mortels, un nouveau code de la route a été mis en place en 2010, beaucoup plus répressif et responsabilisant que le précédent.

D'emblée, on est frappé par l'anarchie totale qui règne aussi bien sur la route que dans les rues des villes. 3 notions importantes sont royalement ignorées : le niveau de risque, l'anticipation et le respect d'autrui. De nombreux automobilistes ne respectent pas les stop, doublent n'importe où et n'importe comment, changent de direction sans clignotant, démarrent quand ça leur chante et n'ont aucune notion des distances de sécurité. Ajoutons les écarts soudains pour éviter un nid-de-poule, ou encore les chauffards qui arrivent en face en empiétant largement sur votre côté de la chaussée... À vous le bas-côté ! Quant au piéton, sa principale préoccupation est de se déplacer le plus vite et le plus en ligne droite possible, en traversant quand bon lui semble. Sans regarder la plupart du temps... c'est à vous de le faire ! Une seule solution : conduire tranquillement sur route, très doucement en ville.

FEU VERRE

Afin de rendre les routes du Maroc plus sûres et moins meurtrières, la Chambre des représentants du pays a mis en place, fin 2010, un nouveau code de la route. Il inclut 2 nouveautés : la création du permis à points (24) et la mise en service d'alcootests. Plutôt étonnant pour un pays dont la religion interdit la consommation d'alcool...

Conduire de nuit est vivement déconseillé. La quasi-totalité des cycles sont dépourvus de tout éclairage. Les carrioles suivent le mouvement. Certains véhicules n'ont qu'un phare qui fonctionne. On pense à une mobylette, on voit surgir un camion borgne !

En dehors des villes, tout le danger vient des INIT (individus non identifiés traversant), et ils sont nombreux : âne, vache, moutons et biquettes, dromadaire, etc. Dans tous les cas, l'usage du klaxon est appréciable. Règle de base : ne jamais passer entre un animal isolé et ses congénères : son instinct grégaire lui fera toujours rejoindre son troupeau au moment où vous passez...

Et ce n'est pas tout. Personne ne semble apprendre aux jeunes enfants qu'il faut toujours regarder à gauche et à droite avant de traverser. La spontanéité est reine ! Et on ne vous parle pas des autoroutes où l'on voit des piétons traverser ! Attention aussi aux enfants qui se plantent au beau milieu de la route pour vous obliger à vous arrêter, et à ceux qui ont décidé d'y jouer au foot. Un vrai bonheur, quoi ! Une règle absolue : dès qu'il y a quelqu'un sur la route, ralentissez et mettez la main sur le klaxon et ne le lâchez pas (c'est d'ailleurs ce que font les Marocains). Ayez une conduite vigilante, préventive, et surtout, ***roulez doucement !*** Ne croyez pas qu'on exagère ! Et quand bien même les règles d'obtention du permis de conduire ont été durcies par le ministère marocain des Transports en 2018, ***les routes du Maroc sont parmi les plus meurtrières du monde*** (3 600 morts par an, à peu près comme en France, alors qu'il y a beaucoup moins de véhicules en circulation) et on les déconseille à tout conducteur inexpérimenté. Alors, n'aggravez pas les statistiques ! Même si vous êtes bloqué derrière un camion, inutile de doubler dangereusement.

En cas d'accident, en particulier avec des blessés, dès que les secours sont prévenus, contactez la gendarmerie et, bien sûr, la compagnie de location de voitures : elle pourra éventuellement dépêcher une personne qui vous assistera pour remplir le constat, ainsi que pour les formalités et autres procédures à suivre.

État des routes

Les routes marocaines sont globalement bonnes, voire excellentes. Un gros effort a été fait ces dernières années. Constructions d'autoroutes mais aussi de belles routes secondaires, notamment dans le Grand Sud. 2 conséquences, l'une bonne, l'autre mauvaise : elles sont plus fiables (moins de nids-de-poule, plus d'accotements), mais les automobilistes roulent beaucoup plus vite !

Limitation de vitesse

La vitesse est limitée à 100 km/h sur route et à 120 km/h sur autoroute. Dans les agglomérations, c'est 50 km/h et, en centre-ville, 40 km/h. Attention aux panneaux qui se succèdent de façon fantaisiste (100, 80, 60, 40...). À vous de vous y retrouver... et de les respecter. Et encore une fois, prudence !

Présence policière

Compte tenu du grand nombre d'accidents, la police marocaine est très présente sur les routes (y compris en campagne) et les autoroutes, et se révèle sévère. Les « halte police » ou « halte gendarmerie » sont nombreuses, notamment aux entrées et sorties de villes, grandes ou petites. Arrêtez-vous toujours avant le panneau et attendez le geste du gendarme qui vous fait signe d'avancer. Dans la majorité des cas, il se contentera de vous regarder ou d'échanger quelques mots. Une règle générale : un grand sourire. S'il vous reproche quelque chose, n'hésitez pas à reconnaître votre erreur et à vous excuser benoîtement (surtout si vous êtes en tort).
Attention ! ***Les radars fleurissent,*** même sur les petites routes, et la limitation de vitesse indiquée est strictement appliquée. De plus en plus de motards de la police sont équipés de radars mobiles. Le contrôle est sévère. En cas d'infraction, il faut payer sur-le-champ. L'amende tourne en général autour de 400 Dh si la vitesse dépasse la limite autorisée, 300 Dh pour une infraction au port obligatoire de la ceinture. Les automobilistes se préviennent mutuellement de la présence policière par de discrets (!) appels de phares quand ils se croisent.
Le port de la ceinture de sécurité est obligatoire et téléphoner en conduisant est interdit.

Conduite sur piste en 4x4 (ou comment faire pour que les vacances restent des vacances...)

Si vous avez opté pour le 4x4, sachez qu'un périple sur piste ne s'improvise pas. Nous vous donnons ci-dessous quelques conseils généraux, mais ceux-ci ne vous dispensent pas, bien au contraire, de vous tourner vers des professionnels.
– Sur piste, les distances ne se mesurent pas en kilomètres mais en temps de conduite (entre 5 et 30 km/h de moyenne pour les pistes de l'Atlas, entre 30 et 50 km/h de moyenne pour les pistes roulantes au sud de l'Anti-Atlas).
– Attention aux gués, aux lits d'oued à sec, aux mauvais fonds de route, aux tas de pierres, aux bosses de sable et à l'étroitesse des routes, problèmes qui s'aggravent quand on descend dans le Sud.
– Ne vous engagez jamais sur une piste inconnue sans vous être préalablement renseigné sur son état, sur les éventuelles montées des eaux et sur les noms des villages qu'elle dessert. Toutes les pistes ne mènent pas forcément à un village ; elles peuvent déboucher sur des zones d'extraction de matériaux, par exemple. Au moindre doute, n'hésitez pas à prendre (s'il y en a) un Marocain en stop. N'oubliez pas qu'une bonne piste le lundi peut devenir impraticable le mardi (fortes pluies, gel...).
– Ne vous fiez pas trop au tracé des cartes routières. Certaines sont très imprécises. De même, le GPS peut sagement vous guider, avant de vous lâcher à n'importe quel moment en plein désert ou à l'approche d'un col dans l'Atlas.
– À l'époque de la fonte des neiges ou après les pluies d'orage, de nombreuses pistes sont impraticables, avec des fondrières et des passages à gué. Il faut alors essayer de sonder la profondeur de l'oued, puis s'engager au pas dans la cuvette. Ne vous fiez pas trop à ce que vous disent les gamins, qui n'en savent pas plus que vous.
– Ne vous engagez jamais sur une piste de montagne quand l'orage menace, et cela surtout en 2de partie d'après-midi.
– Ne prenez pas de piste de montagne de nuit, ni l'après-midi si vous n'êtes pas certain d'en sortir avant la tombée du jour. Si un GPS peut s'avérer utile, il ignore que la piste a peut-être été coupée à la suite d'un orage la semaine précédente, ou est défoncée !
– ***Dans les zones désertiques :*** on conseille vivement de prendre la piste à 2 véhicules 4x4 minimum (de vrais 4x4 !), et de vous munir d'eau en quantité

suffisante. Ne partez jamais seul et veillez à rester au maximum à une demi-journée de marche des secours possibles. Le désert est un milieu hostile qui ne pardonne pas. La 1re erreur qu'on y commet peut être fatale. Le mieux est de se faire accompagner par des spécialistes.
– Vérifiez l'état des pneus avant de partir, prévoyez au moins une bonne roue de secours et une réserve de carburant.
– En traversant les villages isolés, prenez garde aux enfants qui, espérant toujours quelque chose, s'accrochent au véhicule en montant sur le pare-chocs ou en s'agrippant aux portières.
– Dans les villages, ralentissez ! Outre le danger que la vitesse représente, les nuages de poussière ne sont ni agréables ni respectueux pour les habitants.
– Veillez à ne pas traverser les oueds en amont de l'endroit où des femmes lavent leur linge ou prélèvent l'eau potable.
– Méfiez-vous aussi des nombreux animaux qui traversent les routes et des troupeaux, surtout au coucher du soleil, quand les bergers les ramènent des champs.

Carburant

Nombreuses stations-service, partout dans le pays. Certaines stations acceptent les cartes de paiement internationales, mais pas toujours dans les petits bleds. Toujours prévoir du liquide. Certaines stations-service disposent d'un « resto-snack », souvent pas mauvais du tout (les chauffeurs routiers sont des habitués) et d'une petite boutique.

Cartes

Sur les routes, peu de signalisations. La plupart du temps, les panneaux sont plantés dans un seul sens. Une bonne carte routière est indispensable, même si l'on voyage en bus ou en train. On conseille la *Michelin* nº 742. C'est la meilleure. L'acheter avant le départ car, au Maroc, on la trouve rarement.
Pour une carte avec les pistes, lire nos conseils d'achat au paragraphe « Randonnée » de la rubrique « Sports et loisirs » dans « Hommes, culture, environnement ». Vos cartes doivent indiquer la longitude et la latitude, utiles pour les calculs de points en coordonnées GPS.
Et si ça ne suffit pas pour vous orienter, n'hésitez pas à demander aux habitants, toujours prêts à vous aider... même si nous n'avons manifestement pas les mêmes rapports aux distances (méfiez-vous notamment des « non, non, c'est pas loin ! »), ni les mêmes repères. Évitez, par ailleurs, les questions entraînant une réponse par « oui » ou par « non » ; sinon, vous remarquerez qu'invariablement, on vous répondra « oui ».
« C'est à droite ?
– Oui.
– Ce ne serait pas plutôt à gauche ?
– Oui »...
Allez, bonne route !

Les applis de cartes embarquées

Sans connexion *mais à télécharger avant le départ :*
– *Maps.me :* itinéraire sur plan (silencieux). Extra !
– *OsmAnd :* carto participative bien faite. Utile sur la route comme en ville.

Avec connexion *et à télécharger avant le départ :*
– *Google Maps/Waze :* indique en temps réel la qualité du réseau, les points radar, limitations de vitesse, et autres incidents sur le réseau routier. Mais bien vérifier que votre forfait inclus l'Internet sur place, sinon bonjour l'addition ! Ceux qui possèdent un compte *Google* pourront toujours activer l'option « plan hors connexion » après avoir téléchargé l'itinéraire en étant connecté.

Stationnement

En ville, dès que vous vous garez, un gardien surgit comme par miracle, reconnaissable à sa blouse bleue ou à son gilet fluo. Si vous vous trouvez sur une zone de stationnement payante, soit le gardien vient vous proposer un ticket, soit il y a un horodateur. Dans les grandes villes, soyez ponctuel, le sabot est rapidement placé. Pas de panique néanmoins si ça vous arrive : moyennant 30 à 50 Dh, le gardien vous libérera.
Sur une zone de stationnement non réglementé, le gardien, en échange de 2 à 5 Dh (rarement plus), veillera sur votre véhicule. Compter 10 à 30 Dh pour toute la nuit. C'est une pratique courante, peu onéreuse, bien pratique et qui procure des p'tits boulots. Dans certains villages, ce sont des enfants qui proposent leurs services. Ne laissez évidemment jamais rien d'apparent dans votre voiture, ni d'objets de valeur.
Dans les villes, la mise en fourrière pour stationnement interdit est rapide, et la récupération parfois kafkaïenne ! Les panneaux ne sont pas toujours visibles. Une règle cependant : lorsque le trottoir est rayé en rouge et blanc, c'est interdit.

Moto

Le Maroc est un royaume et, en particulier, un royaume pour le motard. Il y a des pistes partout, qui distribuent tous les villages, et avec 2-3 mots d'arabe, on retrouve toujours son chemin. Néanmoins, ne pas perdre de vue les points suivants :
– les pistes sont généralement très cassantes, en particulier celles qui bordent les oueds. Ce sont carrément des lits de cailloux, ce qui implique de partir avec du matériel en bon état, surtout les pneus. Le port des bottes est obligatoire.
– ***Le port du casque est obligatoire,*** même si ça ne paraît pas évident à 1re vue.
– Toujours faire le plein d'essence avant de s'engager dans une virée, et le refaire dès que possible.
– Pas de problème pour laisser sa moto dans un parking gardé, moyennant environ 1 ou 2 Dh/h. Il y en a dans tous les centres-villes.
– La bombe anticrevaison se trouve difficilement sur place, mieux vaut l'acheter avant le départ.

URGENCES

Il s'agit de numéros gratuits.

■ ***Police :*** ☎ *190 (en ville).*
■ ***Gendarmerie royale :*** ☎ *177 (hors des villes).*
■ ***Pompiers, ambulance et protection civile :*** ☎ *150.*
■ ***Lutte contre la corruption :*** ☎ *05-37-71-88-88.*
■ ***Pharmacie de garde :*** en principe, les pharmacies affichent sur leur devanture la liste des pharmacies de garde.

Pour les cartes de paiement

En cas de perte, de vol, ou de fraude, quelle que soit la carte que vous possédez, chaque banque gère elle-même le processus d'opposition et le numéro de téléphone correspondant.
Par ailleurs, l'assistance médicale se limite aux 90 premiers jours du voyage et l'assistance véhicule aux cartes haut de gamme (renseignez-vous auprès de votre banque).

– ***Carte Visa :*** *numéro d'urgence (Europ Assistance),* ☎ *(00-33) 1-41-85-85-85 (24h/24).* • *visa.fr* •
– ***Carte MasterCard :*** *numéro d'urgence,* ☎ *(00-33) 1-45-16-65-65.* • *mastercardfrance.com* •
– ***Carte American Express :*** *numéro d'urgence,* ☎ *(00-33) 1-47-77-72-00.* • *americanexpress.com* •

Il existe un serveur interbancaire d'opposition qui en cas de perte ou de vol vous met en contact avec le centre d'opposition de votre banque : en France : ☎ *0892-705-705 (prix d'un appel + 0,35 €/mn) ; depuis l'étranger :* ☎ *+ 33-442-605-303.*

Pour les téléphones portables

En cas de perte ou de vol, voici les numéros des 4 opérateurs français, accessibles depuis la France et l'étranger.

– ***Orange :*** ☎ *0800-100-740 depuis la France ; + 33-969-39-39-00 depuis l'étranger.*
– ***Free :*** ☎ *3244 depuis la France ;* ☎ *+ 33-1-78-56-95-60 depuis l'étranger.*
– ***SFR :*** ☎ *1023 depuis la France ;* 📱 *+ 33-6-1000-1023 depuis l'étranger.*
– **Bouygues Télécom :** ☎ *+ 33-800-29-1000 depuis la France comme depuis l'étranger (service et appel gratuits).*

Vous pouvez aussi demander la suspension de votre ligne depuis le site internet de votre opérateur.

Besoin urgent d'argent liquide

Voir plus haut la rubrique « Argent, banque, change ».

MARRAKECH

INFOS PRATIQUES ET CULTURELLES.........82
OÙ DORMIR ?....................94
OÙ DORMIR DANS LES ENVIRONS ?.........111
OÙ MANGER ?................113
OÙ MANGER DANS LES ENVIRONS PROCHES ?..................121
OÙ PRENDRE LE PETIT DÉJ ? OÙ DÉGUSTER UNE PÂTISSERIE OU UNE GLACE ?........122
OÙ BOIRE UN VERRE ?..122
OÙ SORTIR ?...................124
ACHATS...........................125
À VOIR..............................128
FÊTES ET MANIFESTATIONS.......148
QUITTER MARRAKECH..149

• Plan détachable comprenant le plan d'ensemble et le zoom (la place Jemaa-el-Fna) • Plan Les souks *p. 131*

Marrakech est, avec Fès, sa rivale fondée 2 siècles et demi plus tôt, le cœur historique du Maroc. Marrakech était d'ailleurs le nom donné à tout le pays, avant qu'on ne lui préfère sa déformation espagnole (Marruecos et, donc, Maroc). Elle est stratégiquement située près de la côte atlantique, au pied des montagnes de l'Atlas qui l'alimentent en eau potable et pas si loin du Sahara, comme le rappellent son ambiance, ses couleurs et son climat. Une légende dit que lorsqu'on a planté la Koutoubia et son minaret au cœur de la ville, celle-ci a tellement saigné que tous les murs des maisons en ont gardé cette couleur rouge, omniprésente, qui constitue le fond du drapeau marocain. Malgré tout, la végétation y abonde, les parcs publics, jardins et arbres fruitiers le long des grandes artères ayant toujours été perçus par les Marocains comme un défi à l'aridité.

UN PEU D'HISTOIRE

Les Almoravides

Le 1er campement, entouré d'une enceinte de branchages, fait progressivement place à quelques constructions solides autour d'une *kasbah* et d'une mosquée. Youssef ben Tachfin, cousin d'Abou Bekr, aménage des canaux d'irrigation et fait creuser des puits reliés par des conduits souterrains *(khettara)* pour alimenter le site en eau.

La ville acquiert pendant plusieurs siècles le statut historique de capitale méridionale du Maghreb. En 1062, Youssef ben Tachfin s'empare de Fès, de Meknès et de Taza. En 1086, il débarque à Algésiras et étend son empire jusqu'à Lisbonne et Tolède. Son fils Ali (1107-1144), qui lui succède à 23 ans, entoure Marrakech d'une véritable ceinture de remparts en pisé, percés de portes monumentales. Il perfectionne

> **ÇA NE « DATTE » PAS D'HIER**
>
> *Selon la légende, l'origine de Marrakech est due à un homme bleu, du nom de Youssef ben Tachfin, qui avait planté sa tente ici pour un court séjour ; mais ce nomade mangea tant de dattes qu'il fit surgir une palmeraie autour de son campement. C'était au XIe s. Il devint le 1er sultan de la dynastie des Almoravides, et son pouvoir s'étendit sur tout le Maroc et une partie de l'Espagne.*

le système d'alimentation hydraulique, construit les 1res fontaines publiques et développe les cultures en créant de nombreux vergers. Grand amateur d'art et d'architecture, le jeune monarque fait appel à des artistes andalous qui dotent sa capitale de magnifiques édifices. Musiciens, savants, écrivains et artistes divers se succèdent à sa cour.
Ibn Toumert, un redoutable orateur originaire de Tinmel, choqué par le faste de cette cour et par le déclin religieux du royaume, prêche une réforme pour le rétablissement d'une foi pure. Avec quelques compagnons, il fonde une confrérie appelée les Almohades (de *al-muwahiddun,* « ceux qui affirment l'unicité de Dieu »). Conscient du danger, le souverain consolide le système défensif des remparts de Marrakech. Cette précaution n'empêche pas Abd al-Moumin ben Ali, disciple préféré et successeur d'Ibn Toumert, de s'emparer de la capitale, en 1147, après un siège de 9 mois. Ses troupes fanatiques la pillent, exécutent une partie de la population « pour éliminer les mauvais musulmans » et rasent les édifices religieux, sous prétexte qu'ils ne sont pas bien orientés vers La Mecque. Ishak, le plus jeune fils d'Ali, est massacré. C'est la fin de la dynastie almoravide. De toutes les splendeurs de cet âge d'or, il ne reste plus que de rares vestiges, comme la koubba, découverte en 1948 et restaurée récemment (on en parle plus loin dans la rubrique « À voir »).

Les Almohades

Abd al-Moumin ben Ali, le nouvel émir de la dynastie almohade (1144-1163), établit sa capitale à Marrakech où il fait construire la Koutoubia (1157), la plus grande mosquée du Maghreb, et dessiner un verger qui deviendra le jardin de la Ménara. Souverain d'un empire qui s'étend de la Castille à la Tripolitaine (actuelle Libye), le « calife et prince des croyants » poursuit l'islamisation des Berbères. Ce grand monarque s'éteint à l'âge de 63 ans.
Abou Yacoub Youssef (1163-1183), son fils, gouverneur de Séville, rentre aussitôt à Marrakech et poursuit l'œuvre de bâtisseur entreprise par son père. On lui doit, entre autres, le jardin de l'Agdal ; mais aussi la construction à Séville de la mosquée et de la Giralda. Il rassemble à sa cour de Marrakech un grand nombre d'artistes, d'historiens et de savants. Son médecin personnel n'est autre que le philosophe Averroès, commentateur d'Aristote, mais aussi inventeur de la 1re saignée thérapeutique sur des enfants.
Son fils Yacoub (1184-1199), né d'une esclave noire, dote Marrakech d'une nouvelle mosquée, celle de la Kasbah, encore visible aujourd'hui. Sous son règne, la capitale maghrébine se couvre de palais, d'édifices civils et religieux, et de jardins. Le commerce est florissant et la ville se développe considérablement. On agrandit les murailles que l'on perce de nouvelles portes, comme la magnifique Bâb-Agnaou, qui subsiste encore. Le souverain prend son surnom d'El-Mansour, « le Victorieux », après avoir vaincu les Espagnols à Alarcos en 1195.

Le déclin

Mais sa mort, en 1199, marque la fin de son empire et le déclin de Marrakech. Son fils, Mohammed en-Nacir (1199-1213), né de mère chrétienne, préfère s'établir à Fès. S'ouvre alors une longue période de troubles. Le jeune roi, qui n'a que 17 ans à la mort de son père, cumule les défaites en Espagne, face à la croisade décrétée par le pape. De retour au Maroc, il abdique au profit de son fils et s'éteint dans des circonstances non élucidées. L'empire vit des années tragiques. Les provinces regagnent leur indépendance, et Marrakech n'est plus la superbe capitale de jadis. En 1269, Abou Youssef Yacoub, chef de la tribu des Beni-Merine, profitant des divisions des Almohades, s'empare de la ville et transfère sa capitale à Fès-el-Jédid, c'est-à-dire la « ville nouvelle ». Les Almohades tenteront bien de résister encore, notamment à Tinmel d'où était parti leur fondateur, Ibn Toumert. Mais leur dynastie s'éteint en 1276. Elle aura réussi, en moins d'un siècle, à faire de Marrakech la ville la plus grande et la plus peuplée du pays, avec ses 150 000 habitants. À partir de ce moment, la ville entame une période de léthargie de plus de 250 ans.

Les Saadiens

En 1524, le sultan saadien Ahmed Aredj rétablit Marrakech comme capitale. La ville retrouve progressivement sa splendeur. D'abord sous le règne de moulay Abdallah (1557-1573) qui, entre autres, agrandit la médersa Ben-Youssef et ordonne la construction de la fontaine Mouassine. Puis sous celui du célèbre Ahmed el-Mansour (1578-1603), surnommé Ahmed « le Victorieux », après la bataille des Trois Rois. La conquête de nouveaux territoires lui assure le contrôle de tout le commerce caravanier entre le fleuve Niger et le Maroc. Il peut donc ajouter à son nom celui de « El-Dehbi » (« le Doré »). L'or du Soudan qui entre dans ses caisses lui permet de réaliser de somptueuses constructions, comme le palais El-Badi, « l'Incomparable », ou les tombeaux saadiens, où il fait inhumer sa mère. À sa mort, Marrakech va être à nouveau délaissée. Moulay Ismaïl (1646-1727), grand admirateur de Louis XIV, préfère Meknès comme capitale. Le palais El-Badi est démantelé et les tombeaux saadiens murés. Quelques sultans, par la suite, feront cependant exécuter des travaux dans la capitale déchue.

Moulay Hassan, l'un des fils du roi Sidi Mohammed ben Abdellah, agrandit le dar El-Beida, « la maison Blanche », pour y installer son harem dans le jardin de l'Agdal. Le grand chambellan de moulay Abdel Aziz se fait construire le palais de la Bahia, « la Merveilleuse ». Son frère, plus modeste, se contentera d'édifier le dar Si-Saïd, transformé de nos jours en musée d'Art régional. Les jardins de l'Agdal et de la Ménara sont replantés. Mais Marrakech se dépeuple progressivement : elle ne compte plus que 75 000 habitants en 1912.

ROI DE MARRAKECH, PRINCE DES CROYANTS

Sidi Mohammed ben Abdellah est nommé roi de Marrakech en 1746. Ce souverain pieux, proclamé « prince des croyants » dans la mosquée de la Koutoubia, restaure plusieurs palais et fonde la ville d'Essaouira et le port d'Anfa, future Casablanca. Il offre un palais à chacun de ses fils ; l'un d'eux héritera ainsi du Mamoun, qui deviendra bien plus tard La Mamounia, *ce palace incontournable du début du XXe s.*

Le renouveau

Sous le protectorat français, la ville perd définitivement son rang de capitale. Le maréchal Lyautey, commissaire résident général de 1912 à 1925, lui préfère Rabat. Il tient cependant à préserver le patrimoine artistique des Marrakchis. La vieille cité sera conservée intacte. On dit même que Lyautey entra dans une violente colère en découvrant la 1re construction en béton (un café) sur la place Jemaa-el-Fna. Henri Prost, architecte urbaniste, a pour mission d'édifier à proximité une ville nouvelle pour les Européens : Guéliz. Ses constructions doivent être de la même couleur ocre rouge que celle de la médina. En 1936, Marrakech comptait 190 000 habitants. Avec sa population de près de 1 million d'habitants, elle est aujourd'hui la 4e ville du pays. Hassan II y séjournait souvent avec sa cour. Il fit d'ailleurs restaurer le palais royal, employant, dit-on, 3 000 artisans à sa décoration. Avec le développement du tourisme, la ville a retrouvé une nouvelle jeunesse au XXe s grâce à la vogue de l'exotisme et des voyages : de palais en jardins, de riad en soirées folles, la mode lancée il y a déjà plusieurs décennies par quelques *happy few* allait contribuer au développement fulgurant du tourisme en ce début de XXIe s.

UNE VILLE PRISE DE FOLIE

Aujourd'hui, Marrakech n'en finit pas de pousser ses quartiers toujours un peu plus loin. Population gonflée, le week-end, par la jeunesse dorée de Casa à qui l'autoroute permet désormais de vivre les folles nuits de Marrakech.

Mais d'aucuns craignent pour l'avenir de cette ville qui fait le grand écart entre les nantis et les nécessiteux. D'un côté, des affiches de programmes immobiliers vantant une retraite sans souci sous des palmiers encore inexistants, la multiplication de golfs d'un vert tendre sur trame de désert terreux. De l'autre, la médina, cœur de ville principalement fait de terre et de chaux, avec sa myriade de riads. C'est dans ce contexte de projets extravagants d'un côté et de pauvreté de l'autre que vit Marrakech. Un lieu assurément à part au Maroc.

Face à tous les enjeux environnementaux et démographiques auxquels est confrontée Marrakech, la ville a « naturellement » accueillie la COP 22 sur le climat en novembre 2016.

VIVE LE ROI !

Le roi a su préserver son peuple des bains de sang des révolutions arabes en Égypte et en Syrie. Son prestige en est renforcé. Certains délinquants n'hésitent pas à crier « Vive le roi ! » pour adoucir les interrogatoires parfois musclés dans les commissariats.

MARRAKECH

INFOS PRATIQUES ET CULTURELLES

- Arrivée à l'aéroport........82
- Topographie de la ville.....83
- Attention, arnaques !.....83
- Circuler dans Marrakech......................84
- Adresses utiles 87

Arrivée à l'aéroport

✈ ***Aéroport Marrakech Menara*** *(hors plan détachable par C6)* **:** *à env 4 km au sud-ouest de la ville.* ☎ *05-24-44-79-10.* Dans l'ancien terminal (hall de tous les enregistrements et des vols domestiques), relié au nouveau (vols internationaux), on trouve des ***bureaux de change*** : taux un peu moins intéressants qu'en centre-ville ; ceux situés face à la livraison des bagages sont carrément moins avantageux ! Refusez les éventuelles cartes de retrait qu'on pourrait vous proposer, frais importants et retrait sous certaines conditions ; prendre juste de quoi rejoindre le centre). Également des ***banques, distributeurs de billets, loueurs de voitures*** (internationaux et locaux), une agence de *Maroc Telecom* et *d'Inwi* (en dehors des horaires d'ouverture, un kiosque situé dans le même secteur vend des cartes SIM). Également un ***point d'infos*** (essentiellement sur les vols), ***Royal Air Maroc*** : ☎ *0890-000-800 (résas et confirmations de vols 24h/24).* • *royalairmaroc.com* • ; ***Transavia*** : *hall des départs internationaux.* • *transavia.com* •

Pour rejoindre le centre-ville

– ***Bus :*** *au fond du parking, face à la sortie du terminal.* Le bus n° 19 de la compagnie *Alsa City* relie l'aéroport au centre-ville. Départ ttes les 30 mn, 6h15-23h env (jusqu'à 22h15 de la place Jemaa-el-Fna à l'aéroport). Trajet : 25-30 mn. Aller simple : 30 Dh, en principe valable aussi pour le retour s'il a lieu dans les 15 j. (à vérifier auprès du chauffeur). Une solution assez économique et pratique.

– ***Petit taxi*** *(max 3 pers)* **:** les chauffeurs ne mettent pas le compteur entre l'aéroport et la ville. Un panneau (à côté des taxis qui attendent) indique le prix officiel de la course : 70-100 Dh le jour selon la destination et 105-150 Dh entre 21h (ou 20h selon saison) et 6h... mais dans la pratique, le trajet revient plutôt à 100-150 Dh le jour et 150-230 Dh la nuit... ce qui est cher pour faire 4 km ! En revanche, dans l'autre sens (de la ville à l'aéroport), on peut s'en sortir pour un peu moins... Sinon, on peut également faire appel aux taxis verts (voir plus loin la rubrique « Circuler dans Marrakech »), mais ce ne sera pas moins onéreux. Pour un ***grand taxi,*** les prix ne sont guère plus élevés, pour une capacité tout de même 2 fois supérieure (jusqu'à 6 personnes). Si vous êtes plus de 3, n'hésitez pas.

– Enfin, les transferts souvent proposés par les riads se révèlent une bonne option lorsque les établissements sont cachés dans le dédale d'une médina qu'on ne maîtrise pas encore. Une fois que le taxi vous dépose à une porte de la ville, une charrette prend le relais pour porter vos bagages et vous conduire à bon port. Ça évite pas mal de détours et d'embrouilles.

Topographie de la ville

– ***La médina :*** la vieille ville est entourée de remparts. Cette enceinte défensive à l'andalouse fut bâtie à l'époque des Almoravides (1re moitié du XIIe s) pour contenir les assauts des Almohades. Classée dans son ensemble au Patrimoine mondial de l'Unesco, elle est restaurée en grande partie et symbolise Marrakech. Au centre se trouve la place Jemaa-el-Fna (« la place », comme on dit ici), véritable cœur battant de Marrakech, bordée au nord par les souks. Tous les lieux d'intérêt historique ou culturel et les riads qui font rêver se situent dans la médina.

– ***Guéliz :*** la « nouvelle » ville. Hors des remparts et créée sous le protectorat français, elle s'étend autour d'un axe principal : l'avenue Mohammed-V, longue de plusieurs kilomètres, qui relie la Koutoubia au djebel Guéliz, une petite montagne sèche. Les grands hôtels, loueurs de voitures, boutiques modernes et grands cafés s'y regroupent.

– ***Le quartier de l'Agdal :*** il s'ordonne autour du long boulevard Mohammed-VI (plus de 8 km), dans sa partie sud. C'est le lieu des projets hôteliers colossaux, ébauches de golfs pharaoniques et autres grandes surfaces.

– ***L'Hivernage :*** un petit quartier calme et résidentiel au sud de Guéliz, entre la médina et le boulevard Mohammed-VI. On y trouve les hôtels chic et des restos-clubs huppés.

– ***La Palmeraie :*** au nord-est de la ville, sorte d'Hollywood marrakchi aux magnifiques villas et ensembles hôteliers avec piscine. Ce sont les palmiers dattiers qui commencent à se faire rares...

Attention, arnaques !

– Le nombre d'arnaques liées à Internet est CON-SI-DÉ-RA-BLE ! On ne compte plus les circuits, expéditions et autres excursions proposés en ligne par des agences « virtuelles » et autres « associations » à des prix évidemment imbattables. Un tuyau pour flairer l'entourloupe : leur demander une adresse postale et leur numéro de téléphone fixe, obligatoires selon la loi marocaine. Si elles ne peuvent pas vous les fournir... ça sent le vol à plein nez ! Évidemment, ces pseudo « agences » n'acceptent que le cash. Évidemment aussi, en cas d'accident au cours d'un de ces circuits vendus virtuellement, on vous laisse dans la panade, sans aucun recours.

– Si vous êtes victime d'une duperie de la part d'un guide, d'un chauffeur de taxi, d'un commerçant, d'un vendeur qui propose du *time-sharing,* etc., contactez la ***brigade touristique,*** particulièrement vigilante. Ses sanctions peuvent être très lourdes : arrestations et emprisonnements. Bien sûr, on en appelle à votre bon sens, n'en abusez pas. La simple évocation de son nom suffit d'ailleurs souvent à calmer les velléités d'escroquerie à l'encontre des voyageurs...

■ ***Brigade touristique*** *(zoom détachable E3,* ***4*****) :** *pl. Jemaa-el-Fna.* ☎ *05-24-38-46-01.*

■ ***Police :*** ☎ *190 ou 05-24-33-03-60 (police nationale).*

Circuler dans Marrakech

À pied

L'huile de babouche est reine à Marrakech, l'attrait principal de la vieille ville étant la place Jemaa-el-Fna et les souks où, de toute façon, il n'y a guère d'autres moyens de transport que la marche (certes, les Marocains s'y déplacent aussi à mob et à dos d'âne...). Un tuyau : si vous vous perdez (et vous vous perdrez !) ou que vous cherchez une adresse, évitez de demander votre chemin à un passant. Adressez-vous toujours à quelqu'un « attaché » à sa boutique. Il se contentera le plus souvent de vous renseigner sans erreur ! Vous pouvez aussi vous adresser aux porteurs de bagages, ils connaissent Marrakech mieux que leur poche, y compris les riads les plus cachés.
Sinon, les ***cartes embarquées*** sur smartphone peuvent être utiles : par exemple ***maps.me*** ou ***google maps*** (en activant l'option « plan hors connexion » pour ceux qui ont un compte Google, après avoir téléchargé l'itinéraire en étant connecté au wifi).

En taxi

On les trouve un peu partout, à proximité de la place Jemaa-el-Fna (interdite aux voitures dès 13h), le long du square Foucauld, à la gare routière et sur l'avenue Mohammed-V. Les « petits taxis » sont majoritaires. Ils ne peuvent sortir de Marrakech.
Avant d'embarquer bille en tête, sachez cependant que :
– si les chauffeurs de taxi de Marrakech sont en principe tenus de mettre leur compteur, un certain nombre d'entre eux s'y refusent, préférant proposer un prix pour la course (évidemment plus élevé qu'avec le compteur). Un conseil, refusez et attendez un autre taxi (il en passe tout le temps). Bon, si au bout de plusieurs tentatives vous êtes toujours en rade, tant pis, prenez celui qui se présente, mais négociez ferme ! Une course moyenne en ville (par exemple, pour aller de la médina à Guéliz) vaut 30 Dh. Majoration légale de 50 % la nuit (20h-6h octobre-avril, 21h-5h mai-septembre).
– Si le compteur est enclenché, la prise en charge est de 1,70 Dh le jour et 2,60 Dh la nuit. Important : le tarif minimum d'une course est de 7 Dh, même si vous faites 100 m. Attention, vérifiez bien que le compteur démarre avec le montant de la prise en charge et pas plus, car les arnaques au compteur arrivent aussi !
– Évitez de monter dans un taxi déjà occupé car, bien souvent, le chauffeur conduit le 1er passager à destination, avant de servir le(s) dernier(s) monté(s).
– Enfin, sachez qu'en ville, un grand taxi (de vieilles *Mercedes*) est nettement plus cher qu'un petit taxi (sauf à le partager sur des axes fréquents, comme de la gare routière à la gare ferroviaire). Ils sont, eux, autorisés à quitter l'agglomération et n'ont pas de compteur. Négociez donc la course AVANT qu'il ne démarre. Pour une course dans un rayon de 15 à 20 km du centre-ville, comptez 120 Dh minimum.
– ***Les taxis verts :*** ☎ *05-24-40-94-94.* Précisez le trajet souhaité ; le prix est fixé par avance sur la base du tarif au compteur majoré de 10 Dh en journée et 15 Dh en soirée (le double pour la palmeraie). Le taxi vient ensuite vous chercher à l'heure et au lieu convenus (quelques soucis de ponctualité à signaler). Pour les trajets excentrés (au-delà de la palmeraie et sur la route de Fès, par exemple), forfait fixe de 100 Dh (majoré le soir).
– Dernière précision : chaque taxi possède son numéro. En cas de problème, la police touristique peut ainsi identifier le chauffeur.

En bus

Une trentaine de lignes se partagent le réseau. Les ***tickets*** se prennent à bord. Tarif : 4 Dh pour un trajet en centre-ville. Ils sont confortables et parfois climatisés. Pour un séjour de minimum 5 jours et un usage intensif de ce moyen de transport, il existe une ***carte*** magnétique *Ikhlass* « vierge » à 50 Dh qui s'achète dans tous les bus (il faut ensuite la charger, le trajet revenant alors à 3,50 Dh). À noter que si vous êtes 3, un petit taxi est à peine plus cher... Voici les lignes principales :

– *nº 1 :* elle suit l'av. Mohammed-V du square Foucauld à Guéliz, puis rejoint l'orée de la palmeraie (sérieuse marche à suivre pour être au cœur de ladite palmeraie !) avant de revenir à la gare routière de Bâb-Doukkala. C'est la plus utile pour les touristes.
– *nº 2 :* minibus qui traverse la médina, depuis la pl. Jemaa-el-Fna jusqu'à Bâb-Kechich *(plan détachable F1).*
– *nº 8 :* du square Foucauld, elle suit l'avenue Mohammed-V, dessert Bâb-Doukkala, l'avenue Hassan-II et la gare ferroviaire.
– *nº 10 :* du square Foucauld à la gare routière principale de Bâb-Doukkala, la gare ferroviaire, puis les gares routières *CTM* et *Supratours.*
– *nº 11 :* part de Bâb-Doukkala et conduit aux jardins de la Ménara, puis à l'aéroport via l'av. Mohammed-V puis le bd Mohammed-VI en longeant l'Hivernage.
– *nº 19 :* relie le square Foucauld au terminal de l'aéroport.
À noter : 1 ligne de ***bus électrique*** devrait être mise en circulation pour relier le centre-ville à la proche banlieue. Mais le projet a pris du retard.

En calèche

Marrakech est l'une des rares villes du Maroc à avoir pu conserver ce mode de transport, plein de charme. Pour les nostalgiques, belle façon donc de se déplacer en ville (on peut monter à 4-5 personnes), à condition de bien débattre du prix et d'en fixer le montant avant le départ. Comptez en général 200 Dh pour une bonne demi-heure de calèche dans la médina et le long des remparts. Certains chevaux s'arrêtent comme par hasard, devant un magasin... Donc, ***précisez bien que vous ne voulez pas d'arrêts-boutiques.***
L'arrêt principal des calèches se trouve face au *Club Med,* au niveau du square Foucauld *(zoom détachable E4),* mais on en trouve ailleurs.

À deux-roues

– ***Location de vélos :*** on trouve des loueurs avenue du Président-Kennedy, dans le quartier de l'Hivernage. Compter 80-100 Dh/j. ***Medina Bike,*** des locations de vélo en libre-service fonctionnent sur abonnement à la journée ou à la semaine. Infos et carte des stations à consulter sur • *medinabike.ma* • Les Marrakchis sont adeptes du vélo, surtout dans la médina. Par ailleurs, des pistes cyclables assez sécurisées conduisent aux jardins de la Ménara, traversent un bout de la Palmeraie et font le tour des remparts. ***Hors de cette zone, circuler à vélo est dangereux.*** On ne vous conseille donc pas trop ce moyen de transport... sauf dans le cadre d'une visite guidée, car les organisateurs connaissent les voies les plus sûres.

■ ***Marrakech City Bike Tour*** *(plan détachable B2,* ***73****) :* *44, rue Tarik-ibn-Ziad, dans la cour de l'*Hôtel Toulousain. *📱 212 (0)6-67-79-70-35. • marrakech-city-bike-tour.com • Lun-ven 9h-12h30, 14h30-18h30. Prix : env 280-500 Dh/pers. Durée : 2h30-3h.* Organise des visites guidées de la ville et de la Palmeraie en groupe (4-10 personnes) ou en individuel. Loue aussi des vélos électriques.

– ***Tuk-tuk :*** mode de transport importé d'Asie lancé à Marrakech par une association qui vient en aide aux personnes à mobilité réduite en leur permettant de se réinsérer par le travail. Ils circulent uniquement dans la médina (pratique, donc) et ne sont pas assurés en dehors. Compter env 80-100 Dh pour 30-40 mn ; moins pour une petite course.

– ***Location de scooters et motos :*** même remarque que pour le vélo à propos de la circulation en ville. En revanche, ça peut être un moyen de transport pratique pour découvrir les environs de Marrakech. Casque obligatoire. Attention, s'adresser à un loueur qui a pignon sur rue, car la plupart n'ont pas d'assurance. Et puis sachez qu'à 2, ça ne revient pas beaucoup moins cher qu'une location de voiture de catégorie A.

■ ***Loc2roues*** *(plan détachable B2,* ***5****) :* *212, av. Mohammed-V, galerie Élite, 1er étage. ☎ 05-24-43-02-94. 📱 212 (0)6-65-13-04-53. • loc2roues.com • Tlj 8h30-13h, 14h-19h (en principe). Pour les motos, mieux vaut tél avt. Scooters à partir de 180 Dh la*

½ journée et 250 Dh/j., assurance (pour 2 pers) incluse et casques fournis. Motos à partir de 650 Dh/j. pour une 250 cc. Réduc de 20 % sur les loc de scooters sur présentation du guide de l'année. Âge minimum 18 ans. Pièce d'identité en guise de caution (et pré-autorisation par carte bancaire pour les motos, 10 000 à 20 000 Dh). Permis de conduire demandé.

En voiture

La circulation à Marrakech est anarchique, ponctuée d'embouteillages fréquents les vendredi et samedi soir. Le problème est de synchroniser les codes de la route des mulets, calèches, taxis, bus, voitures, cyclistes, piétons... Il faut donc s'armer de patience et redoubler d'attention. Et n'allez pas pénétrer dans l'écheveau inextricable de la médina, où les ruelles sont étroites et hyper encombrées !

Parkings

On se gare facilement dans les rues de Guéliz. Un système d'horodateurs réclame 2 Dh/h (sauf le dimanche). Tolérance, 5 mn... au-delà, c'est le PV. Dans les rues sans horodateur, ou le soir sur les grands axes, un gardien vous aide, avec force gestes inutiles, à quitter votre emplacement. Donnez-lui 4-5 Dh pour quelques heures, 8-10 Dh pour un jour, 20-30 Dh pour une nuit. Ces gardiens acquittent à la municipalité un « droit de surveillance » (les tronçons les plus lucratifs sont attribués aux enchères), et l'argent versé par les automobilistes est leur seul salaire.
Sinon, il existe plusieurs parkings :

P ***Parking Carré Eden*** *(plan détachable B2)* **:** *av. Mohammed-V, à Guéliz. Tlj 9h-22h. Compter 2 Dh/h.*
P ***Parking Plaza*** *(plan détachable B2)* **:** *av. Mohammed-V, à Guéliz. Ouv 24h/24. Assez cher hors promos occasionnelles.*
P ***À proximité de la médina :*** *parking gardé près de la Koutoubia (plan détachable D4), ainsi que près de Bâb-Doukkala, face au tribunal (plan détachable C2). Malheureusement, souvent complets. Sinon, d'autres petits parkings, près du mellah (plan détachable E4-5) et rue Sidi-Mimoun (plan détachable D4). Compter 8 Dh pour la 1re heure puis 1 Dh/h le jour et 2 Dh/h la nuit pour les moins chers (forfait nuit 30 Dh env).*

Location de voitures

Méfiance ! Il existe une pelletée d'agences, traitant souvent en sous-location. Ne conclure aucun contrat sans avoir vu et examiné le véhicule (état des pneus, présence d'une roue de secours, d'un cric et d'une manivelle, fermeture du coffre, fonctionnement des feux, etc.).
Attention, les grands loueurs cotent une ***franchise*** allant de 7 000 Dh pour une voiture de catégorie A, jusqu'à 26 000 Dh (!) pour une catégorie supérieure. Si vous décidez de ne pas opter pour le rachat de franchise, ce montant doit être disponible sur votre carte de paiement, et sera bloqué le temps de la location ! À noter que certaines des agences locales que nous citons ne surfacturent pas le montant de la franchise, voire n'en demandent pas du tout. Intéressant !
Côté ***tarifs,*** un petit véhicule (catégorie A) coûte en haute saison 350-400 Dh/j. pour une location d'une semaine, avec l'assurance de base. En dessous, ça cache forcément une entourloupe !
Voici les agences de location qui satisfont actuellement le plus nos lecteurs tout en offrant les meilleures garanties, ce qui ne signifie pas nécessairement les prix les plus bas (mais autant avoir un véhicule en bon état, non ?).

■ ***Pampa Voyage Maroc*** *(plan détachable B2,* ***6****)* **:** *219, av. Mohammed-V. ☎ 05-24-43-10-52. 📱 212 (0)6-61-41-78-60 ou 47. • pampa@menara.ma • agencevoyage-maroc.com • Dans la galerie Jassim, au rdc, au fond sur la droite. Assistance technique 24h/24. Résa possible de l'étranger. Promos intéressantes sur présentation du guide de l'année.* Cette agence de voyages, qui propose tous les services touristiques classiques (voir plus loin, « Adresses utiles. Agences de voyages »), est aussi un loueur très sérieux, offrant des conditions intéressantes. La franchise n'est pas trop élevée, et les tarifs sont très pondérés. Louent aussi des 4x4, ainsi que des voitures avec chauffeur.

Livraison et récupération gratuites sur Marrakech (notamment à l'aéroport).

■ ***Concorde Car*** *(plan détachable B2,* ***7****) : 154, av. Mohammed-V, 1er étage, nº 11. ☎ 05-24-43-11-16 (24h/24) ou 05-24-43-99-73. 📱 212 (0)6-23-34-10-68 ou (0)6-61-34-15-77. • concordecar.com • Tlj 8h-19h. Visa et MasterCard acceptées. Réduc de 15 % sur le plein tarif sur présentation du guide de l'année.* Excellente réputation et accueil chaleureux pour ce loueur, aux véhicules récents et bien entretenus. Loue des 4x4 *Pajero,* indispensables pour se lancer sur la piste, et assure un véritable service auprès de la clientèle (disponibilité 24h/24, assistance en cas de pépin, dépannage rapide, transfert gratuit depuis l'aéroport, etc.). Bonnes conditions d'assurance (tous risques), sans franchise ni caution.

■ ***Najm Car*** *(plan détachable A2,* ***8****) : galerie Jakar, magasin nº 9, angle av. Mohammed-V et rue Mohammed-el-Beqal. ☎ 05-24-43-79-09. 📱 212 (0)6-61-15-61-12. • najmcar.com • Tlj 8h30-19h30. CB acceptées (sans frais). Réduc de 15 % sur présentation du guide de l'année.* Une adresse fiable, qui donne entière satisfaction : assistance 24h/24, transferts gratuits depuis l'aéroport ou l'hôtel, accueil très chaleureux, forfaits intéressants à la semaine et véhicules en bon état (entretenus dans leur propre garage). Assurance tous risques sans franchise. Location de 4x4 climatisés avec ou sans chauffeur, ainsi que de monospaces et minibus avec chauffeur. Pour plus de 6 jours de location, livraison ou reprise dans un rayon de 300 km autour de Marrakech.

■ ***Magdaz Car*** *(plan détachable E4,* ***10****) : 2, rue Lalla-Rkia ; à l'angle de la rue Bani-Marîn, devant la station Total ; au 1er étage. ☎ 05-24-38-57-47. 📱 212 (0)6-66-07-50-60. • magdazcar.com • Réduc de 10 % sur présentation du guide de l'année.* À 2 pas de la Koutoubia, l'agence propose la livraison et la récupération gratuite du véhicule à l'aéroport, et ne demande pas de caution. Hassan Nait Ouahmane (guide de montagne) peut aussi conseiller sur les destinations, les routes et pistes et venir vous chercher à votre hôtel. Le tout avec une extrême gentillesse.

Adresses utiles

Infos touristiques

ℹ ***Office national de tourisme marocain – Délégation régionale du tourisme*** *(plan détachable A2) : angle av. Mohammed-V et rue de Yougoslavie. ☎ 05-24-43-61-31 ou 79. Lun-ven 8h30-16h30 (9h-15h pdt le ramadan).* Peu d'infos et pour ainsi dire aucune doc. Inutile d'y venir exprès.

– Plus documenté, le site de la ville *(• visitmarrakech.ma •)* fournit un grand nombre d'infos, des itinéraires, l'histoire des quartiers, etc. Téléchargement de l'application *Visit Marrakech* possible sur iPhone et Android.

– Pour des infos générales (y compris des adresses d'hôtels, de riads, restos et bars), on peut aussi consulter un site comme *• madein-marrakech.com •*

■ ***Association régionale des guides de tourisme*** *(plan détachable D3,* ***19****) : 3, rue Fatima-Zohra, face au hammam Dar el Bacha. ☎ 05-24-42-77-78. 📱 212 (0)6-82-31-24-54. Mais contact de préférence par e-mail : • argtmarrakech@gmail.com • Lun-ven 9h-13h, 15h-19h ; sam 9h-14h. Fermé dim et en août. Tarifs officiels : pour un groupe de moins de 10 pers, 450-700 Dh selon la durée (4h ou plus) ; 650-850 Dh jusqu'à 20 pers. Excursions en dehors de la ville, prévoir 800-1 000 Dh selon taille du groupe (moins ou plus de 10 pers). Résa à l'avance conseillée.* Les guides officiels permettent de se familiariser avec le dédale de la médina, certains rendront la visite passionnante. Bien se mettre d'accord sur le programme, et rappeler que les boutiques n'en font pas partie.

■ ***BabNightTour :*** *résa sur Facebook ou par mail : • babnighttour@gmail.com • Tlj 19h-21h. Visites avec un guide officiel pdt 2h : 500 Dh pour 2 pers, 800 Dh jusqu'à 4, possibilité de groupe sur demande. Résa min la veille.* 2 Marrakchis, l'un de naissance, l'autre d'adoption, ont décidé d'unir leurs cultures, leurs visions et leurs expériences pour faire découvrir la médina à un moment qui leur semble le plus propice, à la tombée de la nuit, alors que chacun commence à rentrer chez soi, que le calme revient peu à peu et qu'une ambiance feutrée enveloppe la ville. Au programme, ni shopping, ni musées, mais des itinéraires par quartiers, au plus près des habitants, animés par des guides officiels. Voilà pourquoi il est intéressant d'effectuer cette plongée en début de voyage pour appréhender ensuite la médina sous un autre angle. Les circuits peuvent être adaptés selon les envies, le lieu de résidence. Voilà qui manquait sur la ville !

Téléphone et Internet

■ ***Téléphone :*** sur les grands axes et dans la médina, toujours de nombreux téléphones publics, à cartes pour la plupart (vendues dans les bars-tabacs et kiosques à journaux). En revanche, on trouve de moins en moins de ***téléboutiques*** avec des cabines à pièces. Il en reste qui font aussi des photocopies et proposent l'accès à Internet.
@ ***Internet :*** la très grande majorité des hébergements et des restos proposent un accès wifi, la plupart du temps gratuitement. Sinon, rendez-vous au ***Cyber Parc Arsat Moulay Abdeslam,*** à l'angle des boulevards Mohammed-V et Abou-el-Abbes-Sebti *(plan détachable D3 ; tlj 7h30-18h30)* : ce vaste et beau jardin est équipé du wifi et, çà et là, de bornes Internet gratuites (souvent occupées), et d'un cybercafé moderne *(lun-ven 8h30-18h30 ; w-e 9h30-12h, 15h-18h30),* aux connexions rapides et bon marché.

Argent, banques, change

– Nombreux ***bureaux de change*** (rattachés ou non à une banque) qu'on trouve à Guéliz comme dans la médina (au sud de la place Jemaa-el-Fna surtout), et même au cœur du souk. Taux assez semblables partout et aucune commission. La plupart sont ouverts tous les jours (sauf parfois le dimanche après-midi) 8h-20h (voire plus tard). Le bureau de change de l'*Hôtel Ali,* rue Moulay-Ismaïl, au niveau du square Foucauld *(zoom détachable E4,* ***20****)* est ouvert tous les jours 24h/24. Celui au nord de la place Jemaa-el-Fna, près du café *Argana,* pratique généralement de bons taux.
– La plupart des banques possèdent également un ***distributeur automatique*** et on y trouve parfois un service de transfert d'argent.

Représentations diplomatiques

Le consulat peut, en cas de pépin, vous indiquer la meilleure solution pour que des proches vous fassent parvenir de l'argent, vous assister juridiquement, ou encore faciliter votre retour sur le territoire si vous avez perdu vos papiers (n'oubliez pas d'en faire des photocopies et de les ranger dans un endroit séparé).

■ ***Consulat de France*** *(plan détachable A3,* ***11****) : rue Camille-Cabana, Hivernage. ☎ 05-24-38-82-00. 📱 212 (0)6-61-34-42-89 (en cas d'urgence seulement). • ma.consulfrance.org • Pour une assistance des Français en difficulté, lun-ven 8h30-11h, 14h-17h.*
■ ***Consul honoraire de Belgique :*** *M. Saad Berrada (Palmeraie Golf Palace, circuit de la Palmeraie BP 1488). ☎ 05-24-36-87-61. • consubel.marrakech@menara.ma •*
■ ***Consulats de Suisse et du Canada :*** *pas de représentation. S'adresser à Rabat. Ambassade de Suisse : ☎ 05-37-26-80-30 à 32. Ambassade du Canada : ☎ 05-37-54-49-49.*

Santé, urgences

■ ***Pharmacies :*** *nombreuses à Guéliz, sur l'av. Mohammed-V. La plus importante :* ***Pharmacie Centrale*** *(plan détachable B2,* ***12****), angle av. Mohammed-V et rue de la Liberté. Lun-ven 9h-12h30, 16h-20h30 (15h-19h30 en hiver) ; sam 9h-13h. Dans la médina, au sud de la pl. Jemaa-el-Fna, la* ***Pharmacie du Progrès*** *(zoom détachable E4,* ***54****). Tlj sauf dim 8h30-20h30.*
– ***Pharmacie de garde :*** liste ou nom de la pharmacie la plus proche affiché(e) en vitrine de chaque officine.
■ ***Médecins généralistes*** figurant sur la liste diffusée par le consulat (*• consulfrance-ma.org •*, onglet « vivre à Marrakech, informations médicales ») :

– **_Dr Frédéric Reitzer_** _(plan détachable C3,_ **_13_**_) : pl. de la Liberté, entre les av. Mohammed-V et Moulay-Hassan, immeuble Berdaî, entrée B, 2e étage, appt 10. ☎ 05-24-43-95-62. 📱 212 (0)6-61-17-38-03._ Consulte du lundi au samedi matin. Se déplace en cas de besoin.

– **_Dr Samir Belmezouar_** _(plan détachable D3,_ **_19_**_) : 6, rue Fatima-Zohra, immeuble Benkirane. ☎ 05-24-38-33-56. 📱 212 (0)6-61-24-32-27._ Travaille avec la _Polyclinique du Sud_. Excellente réputation.

Clinique internationale de Marrakech _(plan détachable D5,_ **_16_**_) : Bâb-Ighli, route de l'aéroport. ☎ 05-24-44-40-40. Urgences 24h/24._ Toutes disciplines confondues, de la cardiologie à l'urologie en passant par la pneumologie, l'oto-rhino et la gynéco.

Polyclinique du Sud _(plan détachable A2,_ **_17_**_) : 2, rue de Yougoslavie (angle rue Ibn-Aïcha). ☎ 05-24-44-79-99. Urgences 24h/24 (en principe...)._ Conventionnée avec la plupart des assistances médicales européennes et avec la caisse des Français de l'étranger.

Clinique Ibn-Tofail _(plan détachable B1-2,_ **_18_**_) : rue Ibn-Abdelmalik (à ne pas confondre avec l'hôpital du même nom, situé à proximité). ☎ 05-24-43-87-18 ou 05-24-43-63-53. Urgences 24h/24._ Équipe de médecins très compétents. Consultations spécialisées en pédiatrie, urologie et chirurgie générale.

SOS Médecins : _☎ 05-24-40-40-40._

Agences de voyages

Avertissement : dans la médina, les petites agences clandestines prolifèrent. Elles proposent des excursions d'une journée dans les environs de Marrakech (vallée de l'Ourika, Agadir, cascades d'Ouzoud, etc.) à prix cassés : de 50 à 200 Dh par personne selon l'importance du groupe. Rien ne vous empêche d'y prendre part, mais sachez que ces excursions sont réduites au strict minimum (juste le transport, en fait), et que les organisateurs tentent de se rattraper sur les commissions qu'ils touchent dans les boutiques et les restos... De plus, ces pseudo « agences » ne sont bien souvent pas déclarées. Vous n'aurez aucun recours en cas d'accident ou de réclamations. Bref, à vous de voir si cela en vaut la chandelle...

Sinon, parmi la foultitude d'agences plus sérieuses installées en ville, souvent orientées vers les voyages de groupe, voici notre sélection :

Pampa Voyage Maroc _(plan détachable B2,_ **_6_**_) : 219, av. Mohammed-V, galerie Jassim. ☎ 05-24-43-10-52. 📱 212 (0)6-61-41-78-60 ou 47. • pampa@menara.ma • agencevoyage-maroc.com • teyarati.com • (site dédié à la vente de billets d'avion en ligne, prix compétitifs). Dans la galerie Jassim, au rdc, au fond sur la droite. Promos intéressantes sur présentation du guide de l'année._ Cette agence offre une découverte du pays en profondeur et personnalisée à des tarifs qui s'adaptent au budget des clients. Des voyages à la carte organisés par des professionnels expérimentés qui vous font partager leur passion du Maroc. Toutes prestations, en voiture de location avec ou sans chauffeur, en 4x4, à pied, avec des mulets ou des chameaux pour partir à la découverte du pays et de ses habitants. Chambres d'hôtel et de riad à des tarifs attractifs. Ils assurent le transfert depuis l'aéroport, les visites guidées, les excursions à la journée, et travaillent avec des guides de confiance. Ils effectuent également les réservations des billets d'avion sur tous les vols réguliers. Toutes leurs prestations sont en vente UNIQUEMENT dans leur agence, sans aucune sous-traitance. N'hésitez pas à les contacter avant le départ.

Sensorial Travel _(plan détachable B2,_ **_9_**_) : 223, av. Mohammed-V. ☎ 05-24-43-41-43. 📱 212 (0)6-77-77-14-00. Au-dessus de Quick, au 4e étage, n° 408. • sensorialtravel.com • Lun-ven 9h-12h30, 14h30-18h30._ L'agence entend apporter une touche authentique à ses circuits et programmes pour mieux ressentir et appréhender le pays et ses habitants. Balades originales, rencontres avec la population, hébergements soigneusement choisis et transport dans des véhicules neufs. Sans oublier des petites marques d'attention qui rendent le voyage plus facile.

■ ***Dunes & Désert :*** *212 (0)6-61-53-96-39. • dunesdesert.com •* Une agence fiable. Au programme : trekkings, circuits en 4x4, parapente, kitesurf, rafting, *stand-up paddle,* canyoning, méharées... dans les environs de Marrakech ou le Sud marocain. Super accueil de l'équipe, guides compétents, et excellente organisation. Même la cuisine est digne de louanges !

■ ***Mountain Safari Tours*** *(hors plan détachable par A1) : 64, lot. Laksour, route de Casa. ☎ 05-24-30-87-77. • mountainsafaritours.com • À la sortie de Marrakech, sur la route de Casa, à droite.* L'agence étant à Tataouine-les-Bains, mieux vaut téléphoner, ils vous apporteront la documentation à votre hôtel. Prestations de qualité. Circuits hors des sentiers battus à pied, à cheval, en 4x4, à VTT ou en voiture privée. Prix étudiés dès 2 personnes. Équipe passionnée et sympathique.

■ ***Âme d'Aventure :*** *81, rue Tensift, Semlalia. ☎ 05-24-43-90-25. • ameaventure.com •* Propose tous types de randonnées en montagne et dans le désert : à pied, à dos de chameau ou de mulet, et même à VTT (tous niveaux). Organisation sérieuse et prix qui se tiennent.

■ ***Atlas Sahara Trek :*** *10, rue Camille-Cabana, quartier de l'Hivernage. ☎ 05-24-31-39-01. • atlas-sahara-trek.com • Près du consulat de France.* Agence spécialisée dans les randonnées en montagne, dans le désert, et raids 4x4 (avec bivouacs « de luxe »). Voyages sur mesure.

■ ***Maroc Excursions Prestiges*** *(hors plan détachable par A1) : dans la Palmeraie, Dar Demana, immeuble Yasmine, 22, Ouahat-sidi-Brahim, route de Casa. 212 (0)6-65-02-97-95. • excursionprestige.com •* Excursions et circuits en 4x4 de luxe ou voiture climatisée d'un ou plusieurs jours vers Aït-Benhaddou, les cascades d'Ouzoud ou les gorges du Dadès, pour ne citer que cela.

■ ***Erg Tours*** *(plan détachable B2-3, **25**) : 220, av. Mohammed-V, 2e étage. ☎ 05-24-43-84-71 (24h/24). 212 (0)6-61-05-05-09. • ergtours.com •* Fort de son équipe de 24 chauffeurs (francophones) et de ses véhicules en bon état, *Erg Tours* propose des excursions à la journée jusqu'aux circuits de 8 jours dans le Grand Sud (le patron, Saïd Aït Sidi Brahim, est natif de Merzouga) avec 4x4 et bivouac. Accueil chaleureux.

■ ***Cobratours*** *(plan détachable B2, **22**) : 28, rue Ibn-Toumert, appt. nº 6 (près du marché aux fleurs). ☎ 05-24-42-13-08. 212 (0)6-61-38-92-33. • cobratours-maroc.com •* Agence destinée avant tout aux individuels et aux petits groupes. Outre des circuits basés sur le trekking, elle organise des itinéraires à thème, surtout consacrés à la découverte du patrimoine culturel du Sud marocain : art rupestre, architecture traditionnelle. Circuits sur mesure en 4x4, à VTT, à moto ou à pied. Loue également des voitures.

Culture et patrimoine

■ ***Institut français du Maroc*** *(hors plan détachable par A1) : route de Targa, Jbel Guéliz ; juste après le lycée Victor-Hugo et l'école Renoir, dans une rue à droite (fléché). ☎ 05-24-44-69-30. • if-maroc.org/marrakech • Mar-sam 9h-12h30, 15h-19h (8h-15h pdt le ramadan). Fermé en août.* Un des plus beaux instituts français au Maroc avec son parc et ses équipements. Se renseigner sur le site ou consulter les programmes édités chaque mois : conférences, festivals (voir plus loin les « manifestations »), cinéma *Leila Alaoui* avec des séances les mardi, mercredi, jeudi et samedi pour le jeune public *(• cinemadelaalaoui.ma •)*. Bibliothèque (nombreux ouvrages sur le Maroc et la France), médiathèque numérique *(• culturetheque.com •)* avec toute la presse de Marrakech en ligne, espace jeux vidéos, salles de conférences, de spectacle et projection, un amphithéâtre pour les représentations de plein air et un grand jardin avec une cafét' pour se rafraîchir.

Galeries d'art

Marrakech s'imposant de plus en plus sur le marché de l'art, voici quelques adresses.

■ ***Comptoir des Mines Galerie*** *(plan détachable A-B2, **27**) : 62, rue de Yougoslavie. 212 (0)6-63-01-01-91. • comptoirdesminesgalerie.com • Tlj sauf lun mat et dim 10h-13h, 15h-19h.* Cette bâtisse Art déco, construite dans les années 1930 par le Comptoir des Mines du Maroc, accueille une des plus importantes galeries d'art contemporain de Marrakech. Les artistes du continent y sont particulièrement mis en valeur.

■ ***Galerie 127*** *(plan détachable B2,* ***28****)* **:** *127, av. Mohammed-V, au 2e étage. ☎ 05-24-43-26-67. Facebook. Mar-sam 15h-19h ou sur rdv.* La galeriste Nathalie Locatelli met en valeur la photographie contemporaine en privilégiant des artistes engagés, principalement originaires du monde arabe ou y résidant. Un beau travail.

■ ***Riad Yima*** *(plan détachable E3,* ***29****)* **:** *52, derb Aarjane, Rahba Lkdima. ☎ 05-24-39-19-87. • riadyima.com • Tlj 10h-18h30.* Cette ancienne maison d'hôtes s'est transformée en galerie. Celle de Hassan Hajjaj, artiste contemporain, qui combine ses cultures orientale et occidentale (il a longtemps vécu à Londres) pour délivrer des œuvres originales, souvent inspirées du pop'art. Qu'il soit photographe, styliste ou décorateur d'intérieur, il retravaille les matières, les associe de façon parfois étonnante, donne une 2de vie aux objets. C'est coloré, vivant... tentant !

■ ***Matisse Art Gallery*** *(plan détachable A2,* ***30****)* **:** *61, rue de Yougoslavie, passage El-Ghandouri no 43. ☎ 05-24-44-83-26. • matisseartgallery.com • Tlj sauf dim et lun mat 9h30-13h, 15h-19h.* Expo de peintres marocains et étrangers contemporains et d'œuvres d'orientalistes du début du XXe s.

■ ***Dar d'Art*** *(plan détachable F4,* ***32****)* **:** *78 bis, derb Jemaa, Riad-Zitoun-Jdid. ☎ 05-24-38-50-41. Au fond d'une ruelle, après une succession d'arches. Appeler avt de venir.* Dans l'ancien hammam du palais de la Bahia, cette demeure d'exception regorge de tableaux et de sculptures en fer forgé créés par l'artiste qui habite ici (instruments de musique, personnages...).

Événements culturels

■ ***Dar Chérifa*** *(plan détachable E3,* ***33****)* **:** *8, derb Cherfa-Lakbir, quartier Mouassine. ☎ 05-24-42-64-63. • marrakech-riads.com • De la fontaine Mouassine, en allant vers la pl. Jemaa-el-Fna, fléché dans la 1re ruelle à droite. Tlj 10h30-23h.* Une halte reposante et très agréable au cœur de la médina. Expos temporaires et beaux livres sur le Maroc. Prenez le temps d'admirer l'architecture de cette ancienne médersa de l'époque saadienne, et ne manquez pas les différentes soirées : jazz, musique spirituelle *(gnaoua, hadra),* lecture de poésie et signatures de livres. Sans oublier les ateliers de cuisine, henné, poterie ou calligraphie (sur demande, à partir de 2 personnes). Voir aussi « Où manger ? » et « Où boire un verre ? » plus loin.

■ ***Clock*** *(plan détachable E5,* ***26****)* **:** *224, derb Chtouka, Sidi Mansour. ☎ 05-24-37-83-67. Tlj 9h-22h30. Pas d'alcool.* Dans un quartier peu touristique de la médina, un café-resto culturel où il se passe tous les soirs quelque chose : soirée contes *(storytelling),* musique africaine ou traditionnelle, *jam session,* sans oublier une expo d'artistes contemporains qui change régulièrement. On peut aussi y boire un thé, y manger (lire plus loin), et même participer à des cours de cuisine.

■ ***Musée de Mouassine*** *(plan détachable E3)* **:** *fontaine Mouassine, 4-5, derb El-Hammam. ☎ 05-24-37-77-92. • museedemouassine.com •* D'octobre à mai, tous les lundi, mercredi et vendredi à 19h, le musée organise les soirées « musiques de la médina ». Prix : 60 Dh, thé, pâtisserie et entrée au musée inclus. Durée : 45 mn.

■ ***Le 18*** *(plan détachable E2,* ***35****)* **:** *18, derb el-Ferrane, Riad-Laârouss. ☎ 05-24-38-98-64. • le18weebly.com • Tlj sauf lun 10h-17h.* Cet espace culturel dédié à l'art contemporain assure une programmation régulière (en moyenne 2 événements par mois). Cela va de la projection de films en présence du réalisateur à des débats, des signatures de livres ou des expos temporaires d'artistes marocains et internationaux. Certains sont d'ailleurs en résidence. L'association cherche à mettre en lien les créateurs et à leur faire rencontrer un public. Elle est très axée sur l'échange et le partage. Ici, tout est gratuit, même le thé qu'on peut venir siroter à tout moment en bouquinant un des ouvrages de la petite bibliothèque.

– Pour d'autres manifestations culturelles, se reporter aussi à la ***Maison Denise-Masson*** et à la ***Fondation Dar Bellarj*** dans la rubrique « À voir ».

Librairies

■ ***Librairie Chatr Ahmed*** *(plan détachable A2,* ***36****)* **:** *19, av. Mohammed-V. ☎ 05-24-44-79-97. Tlj sauf dim 8h30-13h, 15h (16h sam)-20h.* Librairie généraliste avec un choix complet d'ouvrages sur le Maroc, mais aussi des polars et même le *Routard.*

■ ***Librairie Menzil El Fan*** *(plan détachable B2,* ***37****)* **:** *55, bd Mohammed-Zerktouni. ☎ 05-24-44-67-92. Au fond d'une impasse, à droite du resto Al Fassia. Tlj sauf dim 9h-12h30, 15h-19h.* Grand choix de beaux livres sur le Maroc et l'orientalisme.

■ ***Librairie Ghazali*** *(zoom détachable E4,* ***38****)* **:** *51, rue Bâb-Agnaou, au bord de la pl. Jemaa-el-Fna. ☎ 05-24-44-23-43. Tlj sauf ven 9h-13h30, 15h30-20h30.* Une boutique toute petite mais bien fournie. Pas mal d'ouvrages de poche d'auteurs marocains traduits en français. Également votre guide préféré.

Sports et loisirs

■ ***Marrakech Insiders (balades en side-cars) :*** *212 (0)6-69-69-93-74. • info@insidersexperience.com • marrakechinsiders.com • Compter 150-300 € par side-car (1-2 pers) selon la durée du tour, de 1h30 à la journée. Précisez que vous venez de la part du* Routard *lors de votre résa pour une surprise.* Tours privés et sur mesure, avec un *insider* français qui vous fera découvrir la ville de l'intérieur, sur des side-cars vintage à la Indiana Jones. Thomas a déniché ces magnifiques bécanes de 1938 en Russie. Autant dire qu'elles ne passent pas inaperçues ! Notez que la 2e personne s'assoit derrière le conducteur. 2 sensations différentes, au ras de la route ou en hauteur, un même plaisir de circuler à deux-roues, en toute sécurité. Au programme : le Marrakech secret, une journée dans le désert de l'Agafay au sud de la ville ou dans les montagnes de l'Atlas avec déjeuner dans un village berbère... À chaque fois, plusieurs arrêts et des rencontres étonnantes. Possibilité d'expéditions plus longues.

■ ***Oasiria*** *(hors plan détachable par C6,* ***40****)* **:** *route d'Amizmiz, km 4. ☎ 05-24-38-04-38. • oasiria.com • Tte l'année, tlj 10h-18h. Entrée : 250 Dh ; réduc pour les enfants de moins de 1,50 m et les seniors, gratuit pour les enfants de moins de 80 cm. Navettes gratuites en saison (fin mars-fin oct) ttes les 45 mn, 9h30-15h (retour 17h-18h30). Départ du parking de la poste (pl. du 16-Novembre, à Guéliz) ou de la Koutoubia (pl. Jemaa-el-Fna). Réduc de 20 % sur présentation du guide de l'année (sur les tarifs affichés devant le parc dans la limite de 2 adultes et 3 enfants).* Le 1er parc aquatique du Maroc. Sur une dizaine d'hectares végétalisés, des toboggans (dont le *Kamikaze,* 25 m de haut et le *Cobra*), plusieurs méga-piscines, dont la plus grande piscine à vagues d'Afrique, un *Rio tranquille* de 540 m qu'on parcourt sur des grosses bouées rondes (et version « loco » pour amateurs de sensations plus fortes), des lagons, un bateau pirate et un club pour les enfants, des ateliers sportifs et un terrain de beach-volley pour les plus grands, ainsi qu'un mur d'escalade avec chute d'eau. Restos, consignes et chaises longues (en supplément). Animations en juillet-août. Sympa si une vague de chaleur s'abat sur Marrakech.

|●| ***La Paillote :*** *juste à côté de Oasiria. 212 (0)6-63-87-96-05. Tlj 9h-22h30.* Un bon resto de cuisine française à la déco africaine. Cadre assez chic pour des prix qui le sont tout autant.

■ ***Terra Ababila*** *(hors plan détachable par C6)* **:** *au niveau de Chrifia, à 6 km de Marrakech sur la route d'Amizmiz, prendre la piste à droite ; c'est indiqué. ☎ 05-24-42-64-63. • pavillon.marrakech-riads.com • Plusieurs formules comprenant l'accès à la piscine (avec transat et serviette), le déj et le transfert Marrakech A/R, 150-490 Dh/pers et par jour.* Un bel endroit, à la campagne, pour une journée de détente dans une ambiance raffinée.

■ ***Équitation : Maroc Loisirs, km*** *11 sur la route de l'Ourika. ☎ 05-24-38-24-19. • marocloisirs.com • Compter 340 Dh la balade de 1h30, 650 Dh celle de 3h. CB acceptées.* Centre équestre compétent qui propose d'aller découvrir d'une autre manière la campagne environnante (vallée de l'Ourika) et les villages berbères. Prise en charge à votre hôtel. Débutants bienvenus.

■ ***Vol en montgolfière :*** ***Ciel d'Afrique*** *(hors plan détachable par A1,* ***41****), immeuble Ali, appt 4, 2e étage, route de Targa. ☎ 05-24-43-28-43. • ciel-dafrique.com • Tte l'année. Résa conseillée min 2 j. avt. Plusieurs formules, du vol classique au royal privatif avec petit déj en l'air, 2 050 Dh-5 800 Dh.* Très cher mais inoubliable ! Départ de votre hébergement tôt le matin et transfert en 4x4 jusqu'au lieu de décollage. Vol de 1h environ au nord de la Palmeraie, pour dominer villages, troupeaux de chèvres, gamins sur le chemin de l'école, sur fond d'Atlas quand le temps est dégagé. Collation avec petit déj traditionnel sous la tente berbère. Retour vers 10h.

Ski : sur les pistes de l'*Oukaïmeden,* à 75 km de Marrakech. De mi-décembre à mi-avril, et pourquoi pas ? Le week-end, pistes noires... de monde.

Hammams

Il existe essentiellement 2 sortes de hammams : le traditionnel (non mixte) qui attire surtout une clientèle marocaine, pas cher du tout mais à l'infrastructure parfois vétuste et à la tenue approximative ; et le hammam chic pour touristes, au cadre souvent fastueux, proposant toutes sortes de soins. On trouve aussi quelques hammams à mi-chemin entre ces 2 catégories : agréables, propres et bien équipés, sans trop ponctionner le portefeuille. À vous de trouver vos bonnes vapeurs !

De bon marché à prix moyens

■ ***Hammam Dar El Bacha*** *(plan détachable D3,* ***43****) : rue Fatima-Zohra. Tlj : 5h-13h, 20h-23h pour les hommes ; 13h-20h pour les femmes. Entrée : 10 Dh, + 5 Dh pour le gardien. Gommage + massage 100 Dh (prix un peu à la tête du bédouin...).* Le hammam le plus ancien de la médina (1924), où vont nombre de Marocains. Authentique, mais ne pas s'attendre à des installations de dernier cri. Serviette et savon en supplément.

■ ***Les Bains de Kabira*** *(plan détachable F3,* ***42****) : 3, derb Warda, arset Loghzail. ☎ 05-24-38-40-50. • lesbainsde-kabira.com • Tlj 9h30-18h (dernier rdv). Hammam (45 mn) 130-300 Dh selon formule (avec au min gommage) ; massages 160-320 Dh (30 mn-1h). Propose aussi 1 j. complet de soins !* Le lieu, agréable sans verser dans le luxe à paillettes, allie les techniques traditionnelles du hammam marocain à celles d'Extrême-Orient (le proprio pratique le shiatsu), de la racine des cheveux au bout des doigts de pied. Également du reiki, réflexologie, massage ayurvédique... Une très bonne adresse.

■ ***Hammam Ziani*** *(plan détachable F4,* ***61****) : 14, rue Zitoun-el-Jdid. 📱 212-(0)6-68-13-05-77. • hammamziani.ma • Tlj 8h-22h ; non mixte. Compter 270 Dh pour 1h30 (hammam, savonnage, gommage, 40 mn de massage), 350 Dh pour 2h (avec enveloppement à l'argile en plus).* Ce hammam à l'ancienne est sans doute ce qui se rapproche le plus du hammam traditionnel, malgré tout adapté aux touristes. L'ambiance vaporeuse est plus propice aux ablutions qu'à la détente et à la volupté. On ressort de là astiqué, gommé, massé par du personnel à poigne ! Dépaysant.

■ ***Spa du Riad Al Jazira*** *(plan détachable D2,* ***102****) : 7, derb Myiara, Sidi-ben-Slimane. ☎ 05-24-42-64-63 ou 05-24-39-16-09. Tlj 10h-18h30 (dernier rdv). Plusieurs formules, dont le hammam + gommage à 250 Dh (45 mn), le massage de 45 mn à 300 Dh. Résa obligatoire. CB acceptées.* Dans ce vaste riad qui compte pas moins de 4 patios, l'un d'eux abrite un spa chic et sobre, où les soins de qualité sont prodigués dans une atmosphère apaisante et ressourçante.

■ ***Les Sources Berbères*** *(plan détachable F4,* ***60****) : 15, derb el-Arset, Riad-Zitoun-el-Jdid. ☎ 05-24-37-51-69. 📱 212 (0)6-61-06-83-25. • riadlessourcesberberes.com • Sur rdv. Hammam 150-350 Dh, massages 250-400 Dh (30 mn-1h), ainsi que des formules plus complètes.* Atmosphère voluptueuse et soins bien-être.

Plus chic

■ ***Les Bains de l'Alhambra*** *(plan détachable E5,* ***96****) : derb Rahala, 9.*

☎ 05-24-38-63-46. • lesbainsdelalhambra-marrakech.com • Au cœur de la kasbah, non loin des tombeaux saadiens. Tlj 9h-21h (dernière admission à 19h), sur rdv seulement. Combiné hammam-massage 450-800 Dh (1h30-1h45) ; ou massage seul 350-450 Dh l'heure. Prestations haut de gamme pour se relaxer et déconnecter dans un cadre de rêve. Les prix sont élevés, mais ça reste moins cher qu'en France, et l'offre est suffisamment large pour que chacun puisse se faire plaisir. Massages, hammam, gommage ou bains à l'andalouse (éclairés à la bougie), aux oranges ou aux pétales de rose. Après une journée à arpenter la médina en tous sens, vos petits petons vous remercieront !

■ ***La Maison Arabe*** *(plan détachable D3,* ***91****) : 1, derb Assehbe, Bâb-Doukkala. ☎ 05-24-38-70-10. • lamaison-arabe.com • Tlj 11h-19h. Résa obligatoire, le plus tôt possible. Hammam et soins 250-450 Dh ; avec massage, compter 650-1 300 Dh (+ 10 % taxes) jusqu'à 2h de soins.* Un très beau spa, haut de gamme, au sein du plus vieil (et plus bel) hôtel de la médina. Cadre élégant et raffiné, et prix très élevés.

■ ***Pure Bliss*** *(plan détachable E3,* ***127****) : 182, rue Mouassine, face au Jardin Secret. 📱 212(0)6-15-31-20-49. Hammam-gommage, plus massage 30 mn-1h45, env 300-700 Dh ; massages 1h, env 450 Dh.* Dans un riad contemporain (voir « Où dormir ? »), hammam couplé ou non à un massage et divers soins prodigués avec professionnalisme.

■ ***Le Bain Bleu*** *(plan détachable E3,* ***56****) : 32, derb Chorfa Lakbir, quartier Mouassine. ☎ 05-24-38-38-04. • lebainbleu.com • Tlj sauf mer 10h-20h (dernière résa). Massage 45 mn, env 400-500 Dh ; hammam-gommage-massage 1h30, env 600-900 Dh. Résa conseillée.* Centre de soins et bien-être aux prestations de qualité (hammam, massage, spa...). Même un solarium sur la terrasse du riad pour prolonger la détente. Pas donné toutefois.

Alimentation et boissons

🧺 ***ACIMA*** *(plan détachable A2,* ***49****) : av. Mohammed-Abdelkarim-el-Khattabi, presque à l'angle de l'av. Mohammed-V. Tlj 8h30-22h.* Bien placé, prix intéressants, et on y trouve de tout. Un autre, plus petit, à proximité de la gare routière *(plan détachable C1,* ***50****).*

🧺 ***Carrefour*** *(plan détachable B2,* ***57****) : Carré Eden, av. Mohammed-V. Tlj 9h-22h.* Celui-ci est le plus grand et sans doute le plus pratique. Un autre au km 2, route de l'Ourika, dans le centre commercial *Almazar,* avec sa centaine de franchises et marques internationales *(hors plan détachable par C6,* ***55****)* ; et encore un au *Menara Mall,* au sud de la ville *(hors plan détachable par C6).*

🧺 ***Supermarché Aswak Assalam*** *(plan détachable C2,* ***51****) : face à la gare routière. Tlj 8h-22h.* Pas d'alcool, ni de charcuterie porcine. Populaire et pratique.

🧺 ***Victoria*** *(plan détachable B2,* ***52****) : 11, résidence des Oranges (donne sur le bd Mohammed-Zerktouni). ☎ 05-24-42-33-70. Tlj 9h-20h.* Tabac et alcool vendus avec autorisation dans une boutique bien approvisionnée.

🧺 ***L'Atelier du Vin*** *(plan détachable A1,* ***53****) : 87, rue Mohammed-el-Beqal. ☎ 05-24-45-71-12. Tlj sauf dim 9h30-13h, 15h30-20h.* On y achète les meilleurs vins marocains. Et ils s'y connaissent !

OÙ DORMIR ?

- **Campings** 95
- **Auberge de jeunesse, *hostels*** 95
- **Hôtels** 96
- **Location d'appartements** 100
- **Riads et dar** 100

Marrakech offre un large choix d'hébergements, pour tous budgets : tente ou matelas en terrasse, hôtels et riads à louer à la chambre ou en intégralité. Sans oublier les locations d'appartements pour encore plus d'autonomie.

Ça ne vous dispense pas de prendre vos précautions avant d'atterrir. Même après avoir envoyé un e-mail de réservation, un petit coup de téléphone pour prévenir de l'heure d'arrivée ne peut pas faire de mal. C'est carrément indispensable pour les arrivées tardives.
Au sujet des ***réductions accordées à nos lecteurs*** par les propriétaires, sachez qu'elles ***ne sont valables que pour des réservations en direct et ne sont pas cumulables avec d'autres offres (notamment sur Internet).*** Se reporter également en début de guide à la rubrique « Budget » de « Maroc utile » pour quelques recommandations.

Campings

Rien à proximité immédiate du centre-ville. Les irréductibles devront s'éloigner ou dresseront pour quelques dirhams leur tente sur une terrasse d'hôtel...

Jnane Baroud : *km 13, route de l'Ourika.* ☎ *05-24-48-57-11.* *212 (0)6-51-38-85-92.* • *jardinsissil.com* • *Au km 13, prendre à gauche en venant de Marrakech (prudence, route parfois mal entretenue) ; juste après avoir passé le canal, continuer sur 4,5 km, puis à droite sur 1,5 km et encore à droite sur 900 m (piste). Compter 55 Dh/pers en tente (20 Dh pour l'électricité), 330 Dh pour 2 (550 Dh pour 4) en case africaine, petit déj en sus. Attention, le lieu est parfois réservé en exclusivité, mieux vaut donc appeler avt de se déplacer.* Un très beau domaine idéalement situé face aux monts enneigés de l'Atlas, et géré par Marcel. Une quinzaine d'emplacements électrifiés pouvant accueillir chacun une dizaine de tentes (ou des camping-cars), ainsi que des cases sympas au toit de chaume (pour 4). Resto très agréable et grande piscine à débordement...

Camping Le Relais de Marrakech : *à env 8 km au nord de Marrakech, près de l'hôtel-club Sangho.* *212 (0)6-64-71-73-28.* • *lerelaisdemarrakech.com* • *Suivre la route de Casablanca ; passer l'hypermarché Marjane puis le grand rond-point 3 km plus loin ; traverser le pont et au rond-point suivant, prendre à gauche (pas de panneau pour l'instant) ; au resto Méchoui, suivre le fléchage à droite. Sinon, à la gare routière, prendre un bus pour douar Bellaaguid et demander au chauffeur de s'arrêter au resto Méchoui ; le camping est env 700 m plus loin. Transfert en grand taxi sur demande (payant). Compter 70-90 Dh pour 2 avec tente et voiture ; tentes nomades de luxe ou kasbah 300-430 Dh pour 2 ou 3 selon confort ; case africaine familiale jusqu'à 6 pers (dont 2 enfants) 500 Dh. CB refusées.* Tenu par des Français, un camping loin de tout et dans un environnement pas folichon mais agréablement conçu pour les amateurs de camping « club ». Mieux vaut être véhiculé. Beaucoup de camping-cars (logique, tout est prévu pour eux : vidanges, pleins d'eau...) et de 4x4. Jacuzzi, piscine avec transats, salle de fitness, aire de jeux pour enfants. Resto à la déco sympa.

Auberge de jeunesse, *hostels*

Auberge de jeunesse *(IYHF ; plan détachable A3,* ***70****)* ***:*** *rue El-Jahid, Hivernage.* ☎ *05-24-44-77-13.* • *aubergemarrakech@hotmail.fr* • *À 300 m de la gare ferroviaire et des gares routières CTM ou Supratours. Ouv 24h/24 (prévenir quand même pour les arrivées ou départs à pas d'heure). Compter env 80 Dh/pers en dortoirs 4-9 lits, petit déj compris ; supplément douche chaude.* Dans un bâtiment ocre, dortoirs et sanitaires impeccables, avec de bons matelas. Les garçons au rez-de-chaussée, les filles à l'étage. Cour intérieure, terrasse et pelouse. Salon TV et coffre à la réception. Inconvénients : ambiance pas délirante et on est un peu à l'écart de tout.

Hostel Marrakech Rouge *(zoom détachable E4,* ***87****)* ***:*** *Riad-Zitoun-el-Jdid.* ☎ *05-24-39-04-22.* • *marrakechrouge.com* • *Prévoir 100-120 Dh/pers en dortoir de 4-6 lits ; double* *sans sdb 300 Dh. Repas possible.* À la fois très centrale, à un jet de la place, et calme au fond d'un *derb.* Hormis la disposition des pièces autour du patio, il ne reste pas grand-chose du riad original : les couleurs pètent de partout en un bazar kitsch et cool. Les routards du monde entier se posent dans le patio ou sur la terrasse. Propose des excursions.

Equity Point Hostel *(plan détachable E3,* ***72****) : 80, derb El-Hammam-Mouassine. ☎ 05-24-44-07-93. • equity-point.com • ♿ En dortoirs (mixtes et non mixtes) 4-8 lits avec sdb 120-180 Dh/pers, petit déj inclus ; doubles avec sdb 610-720 Dh. Plats env 70 Dh (alcool servi). CB acceptées. Attention aux faux guides qui rackettent dans le derb, juste avt d'arriver à l'auberge !* Un *hostel* au cœur du souk, appartenant à une chaîne espagnole. Intérieur vaste, avec une réception traditionnelle au sol en *bejmat* et 2 grands patios couverts, dont un de style arabo-andalou avec piscine et transats. Plus de 140 lits dans des dortoirs agréables et nickel, équipés de bons matelas, de la clim et de casiers individuels, mais pas toujours de fenêtre. Également un grand solarium sur le toit et un resto. Salon avec tente berbère où s'organisent parfois des activités. Spa, hammam, massages, cours de cuisine et même de danse. Machine à laver (payante). Ambiance jeune et internationale, propice aux rencontres. L'AJ la plus confortable de Marrakech !

Waka-Waka *(plan détachable D3,* ***71****) : 13, derb Sabai, rue El-Ksour, dans un renfoncement (entrée pas évidente à trouver). 📱 212 (0)6-74-31-43-35. Lit en dortoir env 70 Dh, petit déj inclus.* Une autre adresse pour les routards en quête de simplicité et de décontraction. Une quarantaine de places dans des dortoirs de 6 à 12 lits superposés, le tout autour d'un patio coloré. Sanitaires partagés. Terrasse.

MARRAKECH

Hôtels

À Guéliz et dans les autres quartiers de la ville nouvelle

Il faut prendre un taxi ou un bus pour rejoindre la médina, mais l'hébergement est ici plus aéré et on s'y sent moins confiné.

Prix moyens (250-500 Dh / 23-45 €)

Pour ainsi dire aucune adresse bon marché ou à prix moyens dans le « Marrakech moderne » ; mieux vaut chercher du côté de la place Jemaa-el-Fna, où ces catégories sont bien représentées...

Hôtel Toulousain *(plan détachable B2,* ***73****) : 44, rue Tarik-ibn-Ziad. ☎ 05-24-43-00-33. • hoteltoulousain.ma • Résa vivement conseillée. Doubles avec ou sans sdb 220-400 Dh, petit déj inclus ; également une suite avec clim et sdb, plus chère. CB acceptées.* Un hôtel bien situé, qui propose une trentaine de chambres donnant pour la plupart sur les palmiers et les orangers du patio, mais de confort et de style différents. Les traditionnelles, au rez-de-chaussée, ont du charme, mais se révèlent souvent plus humides ; les « vintage » sont les moins chères. Celles dites « modernes » arborent, comme promis, une déco plus contemporaine, l'espace toutefois en moins. À l'étage, elles sont un peu plus spacieuses et climatisées (un peu plus chères aussi). Bref, le mieux est encore de visiter avant de choisir. Fait aussi resto midi et soir dans le patio (pas d'alcool).

Hôtel du Pacha *(plan détachable B2,* ***76****) : 33, rue de la Liberté. ☎ 05-24-43-13-27. • hotelpacha.net • Double avec sdb et clim 450 Dh en hte saison.* Édifié en 1939 sur ordre du Glaoui, cet hôtel familial est l'un des plus vieux de la ville. L'ensemble, très propre, conserve un charme certain sans sacrifier le confort pour autant. Les chambres sont peu à peu rénovées (optez pour les plus modernes), la cour verdoyante est agréable et l'accueil tout à fait sympathique. Une bonne adresse dans cette catégorie.

Chic (500-1 000 Dh / 45-91 €)

Hôtel Les Trois Palmiers *(plan détachable B2,* ***74****) :* *18, rue Loubnane. ☎ 05-24-45-78-01. ● lestroispalmiers.com ● Doubles 460-700 Dh, petit déj compris.* Un hôtel récent d'une cinquantaine de chambres. Elles sont très correctes, particulièrement spacieuses, même les standard, et bien équipées, avec carrelage au sol et même un balcon à partir du 4e étage. Jolie petite cour agrémentée d'une piscine, resto (sans alcool). L'un des meilleurs hôtels de Guéliz dans cette gamme de prix.

Hôtel Ibis Moussafir *(plan détachable A3,* ***75****) :* *av. Hassan-II, pl. de la Gare. ☎ 05-24-43-59-29 à 32. ● ibishotel.com ● Doubles 660-800 Dh, petit déj compris. Bonne réduc pour les résas par Internet. Parking à proximité.* Une fois n'est pas coutume, cette enseigne *Ibis* reste l'une des adresses les plus recommandables de Guéliz dans cette catégorie. Stratégiquement placée à côté de la gare ferroviaire, elle réserve la bonne surprise d'un agréable jardin avec piscine (non chauffée en hiver). Côté chambres, la déco, certes standardisée, n'est pas vilaine non plus. Optez pour celles donnant sur le jardin. En général, elles ne sont pas très spacieuses. Petit déj servi jusqu'à 12h, pour les lève-tard. Bar et resto.

Hôtel Diwane *(plan détachable A2,* ***78****) :* *24, rue de Yougoslavie. ☎ 05-24-43-22-16. ● diwane-hotel.com ● Tarifs promotionnels autour de 560 Dh pour 2 (petit déj compris) appliqués la plupart du temps.* Un 4-étoiles de 5 étages avec une déco marocaine dans les parties communes, dotées d'un certain cachet (zelliges, *tadelakt*...). En revanche, la déco des chambres commence à vieillir doucement mais sûrement, tout comme le mobilier. Rapport qualité-prix acceptable avec le tarif promotionnel et si l'on choisit une chambre avec balcon qui donne sur la belle piscine, à l'arrière (même prix). Plus cher, ça ne vaut pas le coup. Joli spa. Dîner-spectacle tous les soirs. Très bon accueil.

Hôtel Akabar *(plan détachable C3,* ***93****) :* *30, av. Echouhada, Hivernage. ☎ 05-24-43-77-99. ● hotelakabar@gmail.com ● Double 530 Dh, familiale 630 Dh ; petit déj en sus. Repas 160 Dh.* Un hôtel moderne et fonctionnel. Une cinquantaine de chambres climatisées, avec ou sans balcon. Déco passe-partout dans des tons pastel (à chaque étage sa couleur) et boiseries vernies (un style gentiment désuet). Bar, resto et piscine. Bon accueil.

Très chic (plus de 1 000 Dh / 91 €)

Marrakech compte pléthore d'hôtels multi-étoilés bardés de piscines, restos, spa, bars *lounge*, voire boîte de nuit. La plupart s'adressent aux groupes, et les tarifs y jouent au yo-yo, selon l'affluence.

Kenzi Club Agdal *(hors plan détachable par C6,* ***79****) :* *av. Mohammed-VI, quartier de l'Agdal, à env 5 km au sud de Guéliz. ☎ 05-24-45-98-00. ● kenzi-hotels.com ● À partir de 1 600 Dh pour 2 en formule all inclusive. CB acceptées.* Ici, ce sont 314 chambres et suites luxueuses, réparties dans 9 bâtiments (appelés « riads »). Tout pour se relaxer : un *lounge bar gnaoua,* un spa, 3 piscines (dont une chauffée et une couverte), 2 restos (marocain et international), tennis, mini-foot, volley et même une discothèque.

Kenzi Menara Palace *(hors plan détachable par C6,* ***79****) :* *av. Mohammed-VI, quartier de l'Agdal, à env 4 km au sud de Guéliz. ☎ 05-24-45-99-00. ● kenzimenarapalace.com ● Doubles à partir de 1 400 Dh, petit déj compris. CB acceptées.* Là encore, chambres et suites vraiment spacieuses, bien arrangées et tout confort. Terrasse privée donnant sur le jardin ou les montagnes de l'Atlas. Côté équipement : piscine (de dimensions presque olympiques !), piscine chauffée, spa, boutiques, tennis... Restauration italienne et marocaine, ainsi que 2 bars. Personnel charmant.

MARRAKECH

Dans la médina

Bon marché (jusqu'à 250 Dh / 23 €)

Une petite myriade d'hôtels de cette catégorie essaime le ***secteur du derb Sidi-Bouloukate*** *(zoom détachable E4)*. On en a retenu une poignée. Ces hôtels se remplissant vite, réservez ou arrivez tôt. Pour les fauchés, on peut souvent coucher sur la terrasse, à la belle étoile.

Hôtel Médina *(zoom détachable E4,* ***81****)* **:** *1, derb Sidi-Bouloukate. ☎ 05-24-44-29-97. Ne pas confondre avec l'hôtel Médina & Spa, un 5-étoiles ! Doubles 120-150 Dh ; d'autres pour 3-4 pers 250-270 Dh ; terrasse 35 Dh/pers avec la douche. Pas de petit déj. Réduc de 10 % sur présentation du guide de l'année.* Établissement d'une quinzaine de chambres simples et petites mais bien tenues, avec lavabo. Douches sur le palier. Patio couvert de céramiques, portes joliment décorées. Terrasses. Consigne payante.

Hôtel Aday *(zoom détachable E4,* ***82****)* **:** *111, derb Sidi-Bouloukate. ☎ 05-24-44-19-20. • hotel-aday.com • Doubles avec ou sans sdb 130-330 Dh ; familiales (4-5 pers) 210-300 Dh ; terrasse 30-35 Dh/pers ; pas de petit déj. CB acceptées.* L'un des plus petits hôtels du quartier. Chambres propres, avec lavabo pour celles qui n'ont pas de salle de bains (et douche chaude gratuite). Céramiques et portes peintes. Éviter juste les chambres du rez-de-chaussée, sombres et bruyantes.

Hôtel El Amal *(zoom détachable E4,* ***83****)* **:** *93, derb Sidi-Bouloukate. ☎ 05-24-44-50-43. • elamalhotel2017@gmail.com • Double 140 Dh ; tente sur la terrasse 30 Dh ; pas de petit déj. CB refusées.* Sur 3 étages, une grosse vingtaine de chambres avec lavabo. Sanitaires communs bien tenus. Patio carrelé de céramique et 3 agréables terrasses sur le toit, dont une sous une tente. Accueil aimable et discret.

Hôtel Imouzzer *(zoom détachable E4,* ***85****)* **:** *74, derb Sidi-Bouloukate. ☎ 05-24-44-53-36. • hotel-imouzzer.com • Doubles avec ou sans sdb 140-300 Dh ; petit déj en sus. Également des triples. CB acceptées.* Sympa, familial, avec des chambres simples mais bien tenues. Elles donnent sur un joli patio central doté d'une fontaine et agrémenté de verdure. Préférer celles à l'étage, plus claires. Sanitaires communs pour la plupart. Terrasse panoramique, avec tente, plantes et canapés, où l'on peut prendre son petit déj, dîner (sur résa) ou boire un thé.

De prix moyens à un peu plus chic (250-600 Dh / 23-55 €)

Hôtel Essaouira *(zoom détachable E4,* ***80****)* **:** *3, derb Sidi-Bouloukate. ☎ 05-24-44-38-05. • essaouirahotelmarrakech.com • Résa très conseillée. Doubles avec sdb et ventilo 250-300 Dh ; petit déj en sus. Également des triples et quadruples. Repas possible.* C'est l'un des plus vieux hôtels de la ville (il accueillait déjà les hippies !), mais rassurez-vous, non seulement tout a été rénové, mais c'est même devenu l'un des meilleurs rapports qualité-prix dans cette gamme. Les chambres pour 1 à 4 personnes s'organisent autour d'un patio avec une fontaine très agréable (beaux plafonds et rambardes sculptés). Bonne literie. Grande terrasse pour bronzer, prendre un verre ou admirer la Koutoubia.

Hôtel Central Palace *(zoom détachable E4,* ***86****)* **:** *59, derb Sidi-Bouloukate. ☎ 05-24-44-02-35. • lecentralpalace.com • Doubles avec ou sans sdb et clim 150-350 Dh ; familiale 410 Dh ; petit déj compris pour les plus chères, en sus pour les autres.* Un hôtel aux parties communes abondamment carrelées, avec un joli patio calme et reposant. L'ensemble est de bonne tenue. Éviter les chambres côté rue, un peu bruyantes. Agréables terrasses.

Hôtel Jnane Mogador *(zoom détachable E4,* ***88****)* **:** *116, derb Sidi-Bouloukate, Riad-Zitoun-el-Kédim. ☎ 05-24-42-63-23 ou 24. • jnanemogador.com • Résa très conseillée. Doubles 500-610 Dh ; familiales (3-4 pers) 610-870 Dh ; petit déj compris. Restauration accessible* *aux non-résidents ; menus 130-190 Dh (pas d'alcool). Réduc de 10 % sauf vacs de Noël sur le prix de la chambre sur présentation du guide de l'année.* Belles chambres réparties autour d'un patio, avec lits en fer forgé et salle de bains en *tadelakt* bleu-vert, jaune ou saumon. Demandez-en une au 1er étage, elles ont la clim et ne sont pas plus chères. Un hôtel au charme certain, jouant la carte de l'artisanat marocain (portes et meubles en bois sculpté). Beau salon avec cheminée, ouvert sur une agréable terrasse, foisonnante de plantes vertes. Hammam, massages (payants). Personnel très pro et discret. Presque la vie de pacha !

Hôtel Wissam *(zoom détachable E3,* ***84****) : 51, rue Kennaria, Dabachi. ☎ 05-24-39-08-21. Double 400 Dh ; familiales 3-5 pers 600-800 Dh ; petit déj en sus. Réduc à partir de 3 nuits.* Une adresse à prix doux et au confort simple au cœur de la médina, tout près de la place Jemaa-el-Fna. L'hôtel, tout en brique, plutôt moderne, s'inspire de l'architecture locale, et les chambres sont traditionnellement distribuées sur 2 étages, autour d'un grand patio. Chambres simples mais nickel. Accueil assez inexistant.

Hôtel Sherazade *(zoom détachable E4,* ***89****) : 3, derb Djama, Riad-Zitoun-el-Kédim. ☎ 05-24-42-93-05. • hotelsherazade.com • Résa conseillée. Doubles avec ou sans sdb 230-600 Dh, petit déj-buffet compris. Plus une suite jusqu'à 4 pers. Repas sur demande. CB acceptées.* Un des plus anciens hôtels de la médina et ça commence à se voir. Autour des 2 patios bleu et blanc, des chambres un peu inégales. Préférer celles du 1er étage, un peu plus chères mais à la déco plus heureuse, ou carrément celles de la terrasse supérieure (sans salle de bains), plutôt mignonnes, dans les tons rouges, qui offrent un honnête rapport qualité-prix ; elles cohabitent avec les haut-parleurs de la mosquée toute proche (réveille-matin gratuit à 5h !)... Bon accueil. Pas mal de services.

Hôtel Le Gallia *(zoom détachable E4,* ***90****) : 30, rue de la Recette. ☎ 05-24-44-59-13. • hotellegallia.com • Double avec sdb 550 Dh ; petit déj en sus. CB acceptées. Réduc de 10 % sur présentation du guide de l'année.* Un 1-étoile planté là depuis... 1929. Une vingtaine de chambres bien tenues, avec chauffage et clim. On a un petit faible pour celles donnant sur la terrasse du toit. Celles du rez-de-chaussée sont sombres et donc moins agréables. Très beau patio avec des murs de céramique rose, un splendide palmier et tout un environnement de plantes vertes autour d'une petite fontaine. Salon marocain.

Très chic (plus de 1 000 Dh / 91 €)

La Maison Arabe *(plan détachable D3,* ***91****) : 1, derb Assehbe, Bâb-Doukkala. ☎ 05-24-38-70-10. • lamaison-arabe.com • Doubles 2 200-3 500 Dh.* Un hôtel historique qui a su conserver (et surtout réinventer) le charme d'une vraie maison de ville, avec un patio équipé d'une jolie piscine pour la détente et un jazz-bar très années 1930. Les artisans du pays ont donné ici toute la mesure de leur talent : plafonds en coffrage de cèdre, stuc, coupoles laissant filtrer la lumière. Vraiment superbe ! 26 chambres très confortables, au calme, donnant côté jardin ou côté patio, avec balcon pour certaines. Le spa comprend 2 hammams traditionnels d'un chic certain, délicieusement reposants. Sinon, autre piscine au country club, à 15 mn en navette de l'hôtel. Très bons restos (voir plus loin « Où manger ? Dans la médina. Beaucoup plus chic »).

Les Jardins de la Médina *(plan détachable E6,* ***92****) : 21, derb Chtouka, Kasbah. ☎ 05-24-38-18-51. • lesjardinsdelamedina.com • Au sud des tombeaux saadiens. Doubles 2 300-4 400 Dh (hors promo), petit déj compris. Resto ouv aux non-résidents sur résa ; plats 200-250 Dh (alcool servi).* Cet ancien palais du XIXe s a su préserver à la fois son architecture et ses éléments d'origine, conférant au lieu un caractère unique : passages, terrasses multiples, escaliers dérobés, salons, pavillons de repos avec canapés... Les chambres, à la déco élégante (certaines avec cheminée), donnent sur un vaste et magnifique jardin luxuriant. Excellent service hôtelier. Également un resto qui mêle les saveurs des cuisines marocaine et européenne. Piscine au cœur du jardin, chauffée l'hiver, et spa.

Dans la Palmeraie

Casa Gyla *(hors plan détachable par F1, **94**) : route des Jardins-de-la-Palmeraie. 212 (0)6-00-04-30-79. • casa-gyla.com • Doubles 85-140 €, petit déj compris ; également des suites.* On n'a pas l'habitude de vous indiquer des adresses dans ce secteur. Mais voici un établissement un peu unique. Le domaine, qui appartient à une famille marocaine depuis plusieurs décennies, possède de vrais atouts : un magnifique jardin aux arbres centenaires agrémenté d'une belle piscine ; plantée au milieu, une maison d'artiste des années 1960 aux chambres confortables décorées de matériaux et tissus traditionnels (elles sont plus spacieuses à l'étage). Certaines sont communicantes pour les familles. Bref, on a aimé le cadre verdoyant et intime, ainsi que l'accueil à la fois professionnel et charmant.

Location d'appartements

Cosimo Marrakech *(plan détachable C2, **95**) : rue Ibn-Atya, résidence Picasso. En France : 06-68-77-19-30. • cosimo@netcourrier.com • Apparts 50-70 € la nuit pour 2 ; loc à la sem possible. Parking. CB refusées. Réduc de 10 % sur présentation du guide de l'année.* Dans un quartier au calme, proche des commerces, cette résidence privée avec gardien abrite un beau choix d'appartements (jusqu'à 5 personnes) pour répondre à toutes les demandes. Ils ont en commun une agréable déco contemporaine et un bon niveau de confort (draps et linge de toilette fournis, clim réversible, TV sat', ménage régulier). Un bon plan quand on voyage en famille ou à plusieurs (apparts côte à côte possibles). Proprios très à l'écoute de leurs locataires.

Riads et Dar

C'est le rêve marrakchi par excellence : séjourner dans un riad ou un dar, une de ces maisons traditionnelles restaurées et reconverties dans l'accueil des voyageurs (voir les rubriques « Hébergement » dans « Maroc utile » en début de guide, et « Habitat » dans « Hommes, culture, environnement » en fin de guide). Une façon originale de découvrir la ville de l'intérieur, de savourer à l'ombre des orangers cet art de vivre qui fait la réputation de Marrakech.

Un art de vivre...

En flânant dans les ruelles de la médina, vous côtoierez forcément ces habitations, sans imaginer de l'extérieur que derrière de hauts murs banals, au fond de quelque étroit passage, se cachent de petites merveilles. Beaucoup de ces établissements appartiennent à des Français et autres expatriés. Car habiter la médina apparaît peu valorisant aux Marocains d'un certain niveau social. Insalubrité, vétusté des demeures, inaccessibilité, manque de place, cohabitation de plusieurs branches de la famille sous le même toit... Ils privilégient les nouveaux quartiers : artères modernes et aérées, impression de standing...
C'est ainsi que la médina fut redécouverte, dans les années 1990, par des Européens qui sentirent le potentiel immobilier et touristique qui se cachait là. C'est aussi en partie grâce à eux que des techniques presque oubliées, comme le *tadelakt* (un mortier à base de chaux qui sert de revêtement pour les murs, lavabos et baignoires), ont repris de la vigueur et que l'art des zelliges (mosaïques de carreaux d'argile vernissée) a refleuri. Résultat : de beaux articles dans la presse déco et people, et la mode était lancée !
Une mode qui perdure bon an mal an, des dizaines de nouvelles adresses naissant chaque année, sans compter celles qui changent de propriétaires. De nouveaux coups de cœur, chaque

année, continuent de donner envie de séjourner plus que jamais dans ces espaces préservés.

... qui ne convient pas à tout le monde

Même si vous craquez devant les sites internet, ce style d'hébergement a ses petits travers.

– Les claustrophobes peuvent craindre ces maisons entourées de hauts murs dont la seule percée sur l'extérieur est le patio à ciel ouvert (jusqu'à Pâques, ce dernier est souvent couvert). Les chambres du rez-de-chaussée, notamment, sont souvent assez sombres. En contrepartie, il y fait frais et les chambres sont assez bien isolés des rumeurs de la ville.

– Dans l'immense majorité des cas, on peut déjeuner et manger sur place de bons petits dîners mitonnés par la cuisinière maison. Un menu souvent unique, à réserver au minimum le matin même. Mais ce sont rarement de vraies tables d'hôtes conviviales avec les proprios.

– Les riads regroupent souvent plusieurs maisons, avec leur dédale d'escaliers pentus, parfois étroits, et de terrasses (souvent sans garde-fou ni rambardes !). Chouette, on s'y perd volontiers, mais les parents balisent aussi un chouia pour leurs marmousets, et les personnes à mobilité réduite pourront peiner à grimper et descendre des marches toute la journée.

Réservations : le bon choix !

N'imaginez pas faire du porte-à-porte sur place pour dégoter un hébergement à votre convenance. D'abord, trouver une adresse est une gageure dans l'écheveau des ruelles. Ensuite, rappelez-vous qu'une trace écrite de la réservation vous prémunit toujours en cas de litige.

Notez aussi que de nombreux riads mentionnés ci-dessous peuvent être privatisés sur demande...

À quel prix ?

Ce mode d'hébergement n'est pas bon marché, et d'ailleurs, les catégories reposent sur d'autres fourchettes de prix que les hôtels. À noter que les tarifs s'y affichent parfois en euros. Pour les familles, certaines demeures proposent des « suites » pour 4 (2 adultes et 2 enfants) à prix plus avantageux. À ce sujet, des adresses ont tendance à appeler « suite » ce qui n'est en réalité qu'une chambre un peu plus grande...

Les tarifs peuvent varier fortement selon la période : haute saison (vacances de Noël et de Pâques), moyenne saison (grosso modo, de mars à mai et de septembre à la Toussaint), basse saison (le reste de l'année, y compris juillet-août), ce qui n'empêche pas, en périodes plus creuses, des réductions bien croustillantes. Le petit déj est, en principe, toujours compris.

Sachez aussi que pour les familles et autres groupes de copains, il est généralement possible de louer l'ensemble de la demeure.

Réserver par une agence

Passer par une agence offre la garantie d'un contrôle régulier des prestations et entretien de la maison. De plus, en cas de litige, on peut se retourner vers un interlocuteur connu.

■ ***Marrakech Riads*** *(plan détachable E3,* ***33****) : 8, derb Cherfa-Lakbir, Mouassine. ☎ 05-24-42-64-63 ou 05-24-39-16-09. • marrakech-riads.com • Compter 740-1 100 Dh pour une double selon confort et saison ; également des suites. CB acceptées. Réduc de 10 % sur présentation du guide de l'année, à préciser au moment de la résa.* Abdelatif Aït ben Abdallah, qui a une longue pratique de la réhabilitation du patrimoine immobilier, propose à la location 7 riads admirablement restaurés dans le respect de la tradition. Chacun possède un charme particulier, mais tous portent la même griffe. Tarifs raisonnables, vu la qualité des lieux et des prestations. Accès wifi partout. Très bon service à tous niveaux.

Dar Sara *(plan détachable D3,* ***100****) : Arset Awsel, Bâb-Doukkala.* 9 chambres climatisées et très soignées, avec salle de bains en *tadelakt*, disposées autour d'un patio avec fontaine qui embaume la fleur d'oranger. Agréable salon et vaste bassin pour se rafraîchir.

Hammam sur la terrasse. Il y règne un grand calme et une atmosphère de bien-être. Communiquant avec le 1er, le ***Dar Sara Srira,*** un adorable petit riad de 3 chambres avec salle de bains.

☗ ***Dar Baraka*** *(plan détachable D2-3,* ***101****) : 11, derb El-Halfaoui, près de Bâb-Doukkala.* Votre « baraka », c'est d'abord celle d'être ici. 5 chambres dotées de salle de bains. Salon avec cheminée et plafond en bois peint, adorable *b'hou* (salon-alcôve) donnant sur le patio, différents niveaux de terrasses et hammam. Communicant avec le *Dar Baraka,* le **Dar Karam,** avec 4 doubles et 1 simple. Ensemble plus spacieux, à la déco plus épurée, plus raffinée.

☗ ***Riad Al Jazira*** *(plan détachable D2,* ***102****) : 7, derb Myiara, Sidi-ben-Slimane.* 18 chambres et suites réparties sur 4 patios admirables de luminosité, de simplicité et de classe. Le 1er avec une salle à manger donnant sur un beau bassin islamique dans lequel on peut se baigner. Le 2e, plus grand, datant du XVIIIe s, avec 4 galeries bordées de moucharabiehs. Le 3e avec 2 galeries, un *b'hou* et un grand salon avec cheminée. Quant au 4e, il abrite une chambre avec terrasse et le spa (voir plus haut les « Adresses utiles »). Plusieurs niveaux de terrasses.

☗ ***Terra Ababila*** *(hors plan détachable par C6)* **:** *km 6, route d'Amizmiz. Pour les coordonnées, se reporter aux « Adresses utiles. Sports et loisirs ». Compter à partir de 1 400 Dh la double, petit déj compris.* Pour ceux qui tomberaient amoureux du domaine, le pavillon se loue à la chambre ou en entier (2 chambres). Déco à la fois traditionnelle et épurée, grands volumes, tons couleur terre. Ce dépaysement offre aussi la possibilité de partager la vie de famille du propriétaire marocain, un des 1ers à avoir restauré les riads de la médina.

Réserver auprès d'un particulier

Maison d'hôtes ou hôtel ?

Une « maison d'hôtes » est habitée par son propriétaire, une grande partie de l'année du moins ; mais de plus en plus, les propriétaires ne vivent pas sur place et assurent une présence chaque matin pour rencontrer leurs hôtes. Souvent aussi, l'affaire est laissée en « gérance » à du personnel local plus ou moins bien formé.

Déclaré ou clandestin ?

Certains riads ne sont pas déclarés, et donc le plus souvent non assurés, en tout cas non soumis aux contrôles de normes de construction, d'hygiène et de respect du personnel. Autant dire que dans ces endroits, vous n'aurez aucun recours en cas d'accident ou de litige. Tout établissement patenté affiche à la réception un document mentionnant « décision de classement ».

Il existe, à Marrakech et dans les environs, 1 300 maisons d'hôtes officielles, dont plus de 200 regroupées au sein de l'*Association des maisons d'hôtes de Marrakech et du Sud (AMHMS),* qui a mis en place une charte de qualité : ● *maisondhotesmarrakech.com* ● Ce qui ne veut pas dire que les non-adhérents sont illégaux ou ne répondent pas à tous les critères de qualité.

– ***En projet*** **:** pour mieux s'y retrouver, les riads pourraient bientôt être classés selon un système d'étoiles.

Nos critères

Déterminants à nos yeux : le soin général apporté au lieu, les restaurations dans le respect du bâti, mais aussi le charme, le confort, la qualité de l'accueil et, bien sûr, le rapport qualité-prix. Ajoutons la conformité aux lois marocaines, notamment en termes de bientraitance du personnel.

Taxes et moyens de paiement

Attention, les prix sont souvent affichés hors taxes locales. Entre les taxes régionales et communales, compter environ 33 Dh à Marrakech par personne et par jour. Ça peut vite chiffrer sur un séjour.

La plupart acceptent le paiement par carte bancaire, parfois moyennant une commission... Bien se le faire préciser au moment de la réservation.

Bon marché (400-700 Dh / 36-64 €)

☗ ***Dar Fangui*** *(plan détachable E5,* ***96****) : 10, derb Rehala.*

212-(0)6-77-99-42-64 (aussi sur Whatsapp) ou, en France, 06-75-65-17-86. • dar-fangui-marrakech.com • Tt près de la mosquée El-Mansour, en face des tombeaux saadiens. Doubles 350-550 Dh, petit déj compris. Appart 2 chambres 700-1 000 Dh. Repas 120 Dh (sert de l'alcool). ½ pens possible. CB acceptées. Transfert aéroport payant. Cette belle maison traditionnelle au charme simple et authentique, la jolie déco marocaine, la piscine dans le patio et l'excellent rapport qualité-prix font toute la différence. Sans oublier la superbe terrasse d'où l'on peut profiter du soleil matinal et observer les cigognes perchées sur les hauts murs des tombeaux saadiens...

Riad La Fibule *(plan détachable E5,* ***120****) : 8, derb Kaid-Bouhou. ☎ 05-24-38-69-13. 212 (0)6-61-69-00-44. • riad-la-fibule.com • Doubles avec sdb et clim 400-500 Dh. Dîner 150-250 Dh (pas d'alcool). CB acceptées.* Au sud de la médina, un peu excentré. Mais ce petit inconvénient est vite gommé par la proximité du marché de la kasbah, populaire et animé le matin, ainsi que par la qualité du lieu : une belle maison abritant une poignée de chambres très soignées, certaines plus petites que d'autres, à la déco mi-marocaine mi-européenne. Bassin-jacuzzi chauffé dans le patio pour se prélasser sous un puits de lumière. Vous serez reçu par Abdou, qui s'occupe à merveille du lieu, y compris des succulents repas (il est bardé de diplômes de cuisine !) et des petits déj, différents chaque jour. Salle de massages, hammam et terrasse. Une adresse un peu à part (dans tous les sens du terme) et, surtout, d'un bon rapport qualité-prix.

Riad Alisma *(plan détachable F4,* ***109****) : 50, rue de la Bahia, Riad-Zitoun-el-Jdid. ☎ 05-24-37-89-35. En France : 06-11-64-05-27. • riadalisma.com • Double 550 Dh, plus des familiales. Repas 120 Dh (sans alcool). Pas de CB. Taxes de séjour offertes sur présentation du guide de l'année.* Ici, pour un prix abordable, on s'offre un beau riad aux murs ocre, aux jolies boiseries sculptées et sol en *bejmat*, s'organisant autour d'un patio avec fontaine. Chambres aux salles de bains de style marocain pur jus (l'une, certes privée, se trouve à l'extérieur de la chambre). Coin canapés et terrasse avec transats. Équipe sérieuse sur place (Chantal, la propriétaire, est prof en France et vient à Marrakech pendant les vacances scolaires). Bon rapport qualité-prix.

Riad Julia *(plan détachable D2,* ***110****) : 14, derb El-Halfaoui. ☎ 05-24-37-60-22. • riad-julia.net • Doubles 500-650 Dh. Repas 150 Dh (sert de l'alcool). CB acceptées. Réduc de 10 % sur la chambre sur présentation du guide de l'année.* Beaucoup d'attention dans la déco : une chambre privilégie le bois peint, l'autre le fer forgé, une 3e façon *Mille et Une Nuits* (mais vous pouvez rester moins longtemps !)... Bassin-piscine pour faire trempette. Terrasse chaleureusement aménagée où l'on peut se faire masser. Un bon rapport qualité-prix. S'ils sont complets, ils peuvent vous orienter vers leur 2de adresse, le *Riad Sofia* (en catégorie « Prix moyens »).

Dar Ihssane *(plan détachable E3,* ***111****) : 14, derb Chorfa-Lakbir, Mouassine. ☎ 05-24-38-78-26. 212 (0)6-61-66-48-65. • dar-ihssane.com • Doubles 250-660 Dh, familiales 450-800 Dh ; également des suites. Repas 100 Dh (pas d'alcool). CB acceptées. Réduc de 15 % sur la chambre si résa en direct sur présentation du guide de l'année.* Encore une adresse charmante. Du patio, abritant 2 colonnes en marbre de Carrare provenant de la destruction du palais Badi au XVIIe s, aux chambres ; des peintures rouge profond au vert pistache ; des salles de bains en *tadelakt* aux tabliers de cheminées décorés avec goût. On a un faible pour le beau salon, à l'étage. Beaux rêves en perspective dans les 5 chambres douillettes et confortables, à la décoration pleine de petits reliefs. Prix doux, bon accueil d'Abdallah et de son équipe, une adresse centrale aux sérieux atouts !

Riad Moulay *(plan détachable E4,* ***103****) : 4, Riad-Zitoun-el-Kédim, derb Jdid. 212 (0)6-61-18-14-12. • riadmoulay.com • Doubles 600-750 Dh selon le riad. Repas sur demande à partir de 120 Dh (sert de l'alcool). CB acceptées. Réduc de 10 %*

sur la chambre et possibilité d'un départ tardif sur présentation du guide de l'année. Une adresse composée de 2 riads situés l'un en face de l'autre, où l'on vous reçoit à la marocaine. Les chambres (confortables et climatisées) sont de belle taille (certaines sont carrément « suitesques ») et font honneur au savoir-faire des artisans locaux. Petit déj copieux et bon dîner... qu'on gomme dans une bonne suée au hammam maison ou par un massage. Piscine dans l'un des riads (d'où les prix un chouia plus élevés) et belle terrasse pour les heures de farniente. Accueil chaleureux de Moulay.

Riad Abaca Badra *(plan détachable D3,* ***106****) : 203, derb Arset-Aouzat, Bâb-Doukkala. ☎ 05-24-38-68-93. • riad-abaca.com • Doubles avec clim env 600-680 Dh ; également des suites pouvant accueillir jusqu'à 3-4 pers. Dîner sur résa.* À 2 pas des souks, dans un quartier tranquille, le riad propose 5 chambres et suites familiales à la déco marocaine, fort bien tenues. Bon rapport qualité-prix et accueil adorable du couple de propriétaires français.

De bon marché à prix moyens (550-900 Dh / 50-82 €)

Dar Khmissa *(plan détachable E4,* ***129****) : 166, derb Jamaa, Arset-Moussa. ☎ 05-24-44-37-07. 📱 212 (0)6-73-86-85-80. • dar-khmissa-marrakech.com • Doubles 650-850 Dh ; plus cher pdt les fêtes de fin d'année ; également une suite. Repas 160 Dh. CB acceptées. Réduc de 10 % sur la chambre sur présentation du guide de l'année.* Au sud de la place Jemaa-el-Fna, où les riads ne sont pas légion, Michel et Vincent ont très joliment rénové cet ancien *dar* et proposent 8 chambres arrangées avec goût et très bien tenues. Pas moins de 3 terrasses couvertes sur le toit, avec une belle vue sur la Koutoubia, un jacuzzi, un hammam, un coin bibliothèque avec jeux, et un agréable salon sous puits de lumière. L'ensemble possède un beau cachet. De plus, très bon confort pour le prix (clim réversible dans les chambres). Accueil souriant des proprios, qui peuvent vous accompagner dans les souks.

Riad Al Karama *(plan détachable F3,* ***105****) : 119, derb Jdid, derb Dabachi. 📱 212 (0)6-00-01-30-13. • riadalkarama.com • Fermé en août. Doubles 540-940 Dh ; familiale 4 pers env 1 200-1 400 Dh. Repas 165-245 Dh, avec ou sans boissons (sert de l'alcool), sur résa. CB acceptées. À partir de 2 nuits, réduc de 10 % sur l'hébergement sur présentation du guide de l'année.* Petit riad, avec vue sur la Koutoubia, qui arbore une décoration raffinée tant dans le patio que sur la terrasse surplombant les toits, où il est très agréable de prendre son petit déj. Chambres réalisées dans un esprit purement marocain, avec des matériaux traditionnels et souvent d'origine. Repas délicieux. Le proprio français, présent mais pas omniprésent, connaît bien son quartier, il peut être de bon conseil.

Dar Choumissa *(plan détachable E4,* ***104****) : 14, derb Labzioui. 📱 212 (0)6-61-32-91-51. • riad-marrakech-choumissa.com • De l'av. Houman-el-Fetouaki, passer sous la porte à 3 arches, puis 2 fois à gauche. Doubles 400-800 Dh selon taille ; 2 familiales 4-5 pers 800-1 200 Dh, dont 1 avec 2 chambres. Repas 165 Dh (pas d'alcool). CB acceptées. Réduc de 5 € par nuit sur présentation du guide de l'année.* Non loin de la place Jemaa-el-Fna, cette maison d'hôtes propose 6 chambres assez sobres mais bien nettes. Les familiales et les supérieures disposent d'une vaste salle de bains avec baignoire, de la clim et même d'un poêle à bois pour les fraîches soirées hivernales. Et le vrai plus : une belle piscine, idéalement située dans un recoin du patio, qui invite à la détente. Tente berbère sur la terrasse. Accueil tout à fait charmant de Rita et de Wadie. Une adresse où l'on se sent bien.

Dar El Calame *(plan détachable F3,* ***122****) : 15, derb Hidada, quartier Ben-Salah. Résas en Belgique : 📱 0475-83-63-85 (Marc). • darelcalame.com • Doubles 440-810 Dh selon confort et saison ; familiales 870-1 030 Dh. Repas 60-300 Dh. Calame* signifie « la plume », « la calligraphie » et par extension, « la poésie ». Un nom qui sied parfaitement à la douce atmosphère de cette ancienne maison restaurée de manière sobre et dans le respect de l'architecture traditionnelle. 4 chambres avec salle de bains et 1 suite superbe, baignée de lumière en fin d'après-midi. Déco apaisante, teintée de bordeaux et de gris clair. Au sein du patio, figuier et bananier apportent un peu de fraîcheur. 2 chambres communiquant par une terrasse, idéales en famille. Accueil discret et charmant de Hafsa, qui prépare petits déjeuners et repas. Terrasse avec vue sur la médina.

Riad Miski *(plan détachable F3,* **124**) **:** *6, derb Sidi-Abdelouassa, Ben-Salah. ☎ 05-24-39-16-29. • riadmiski.com • Doubles 610-720 Dh. Également une grande suite jusqu'à 3 pers. Repas, accessible aux non-résidents, 200-220 Dh (pas d'alcool). CB acceptées.* Riad au style à la fois contemporain et marocain, avec 6 chambres et suites bien agréables, portant chacune le nom d'une épice. De la terrasse, vue sur les montagnes. Emmanuel et Cécile, les charmants proprios fournissent un plan de la médina et plein de bons conseils pour en profiter. Hammam et massages.

Dar Al-Kounouz *(plan détachable E3,* **126**) **:** *54, derb Snane, Mouassine. ☎ 05-24-39-07-73. • riadalkounouz.com • Doubles 700-810 Dh. Repas 180 Dh. CB acceptées.* Pour les amateurs d'envolée architecturale arabo-andalouse (mais pas seulement). Notre préférée, pour une fois, est au rez-de-chaussée : la chambre « Ivoire », avec son lit à baldaquin de 160 cm. Avec ses 2 pièces communicantes, la suite « Jade » peut accueillir jusqu'à 6 personnes. Dominique (quand il est là) est en osmose avec son personnel, et ça se sent. Terrasse avec vue sur Dar-el-Bacha. Ambiance nocturne raffinée. Et si l'on ajoute à cela Yamna aux fourneaux et son tajine de poulet aux abricots, on tient là une adresse fort sympathique...

Riad Chamali *(plan détachable F5,* **107**) **:** *49, derb Zemrane, Berrima. ☎ 05-24-38-03-23. 📱 00-33 (0)6-14-90-24-14. • riad-chamali.com • Doubles avec sdb et clim réversible 530-660 Dh selon saison ; triples 790-940 Dh. Repas 165-220 Dh.* Un beau petit riad à la déco épurée, valorisant les matières naturelles et locales. Chambres impeccables, joliment meublées, autour d'un patio arabo-andalou agrémenté d'une piscine de poche. Sympathique terrasse sur le toit. Très bon accueil.

Prix moyens (700-1 000 Dh / 64-91 €)

Dar El Qadi *(plan détachable F3,* **113**) **:** *79, derb El-Qadi, Azbezt. Nadia, à Marrakech : 📱 212 (0)6-61-32-57-04 ou Christiane, en Belgique : 📱 32 (0)477-60-60-32. • christianethiry25@gmail.com • Doubles 850-950 Dh (+ 15 % en fin d'année). Pour la petite suite* (douiria), *compter 950 Dh pour 2 et 1 350 Dh pour 4. Dîner 190 Dh.* Une très belle adresse, au cachet historique exceptionnel, qui fut la demeure du Qadi, celui qui rendait la justice. Restaurée par Quentin Wilbaux, architecte belge de talent, qui fut l'un des tout 1ers à s'intéresser à la médina. Ici, rien de standard, rien de sophistiqué ni de faux. Les décors (stucs ciselés, admirables plafonds polychromes...) ont été simplement conservés, livrés à nous par le temps qui passe. Reposant patio entouré de galeries d'arcades, de moucharabiehs et de bougainvillées. 4 belles chambres sobres, agréables, fermées par de lourdes portes en bois d'origine, et une jolie *douiria* composée de 2 chambres. Clim réversible pour ne pas sacrifier le confort. Vaste et lumineuse terrasse sur le toit où peuvent être également servis les bons déjeuners ou dîners concoctés par Nadia. De là, n'hésitez pas à grimper dans l'envoûtante tourelle du Qadi, d'où le point de vue sur la médina et l'Atlas est exceptionnel. Hammam et massages sur demande. Une adresse qui a une âme.

Riad Ennafoura *(plan détachable E-F3,* **141**) **:** *5, derb Sidi-ben-Nacer, Kaat-Benahid. ☎ 05-24-38-12-31. 📱 212 (0)6-51-28-44-73 (Ingrid). • riadennafoura.com • Doubles 770-1 050 Dh. Dîner 190 Dh. CB refusées.* Autour d'un joli patio arboré et de sa fontaine s'organisent 3 belles chambres fraîches et spacieuses et une grande suite familiale climatisée (2 chambres). L'architecture arabo-andalouse est d'origine : galeries privatives, beaux plafonds *zouakés*, colonnes à chapiteaux sculptés... La grande terrasse fleurie, avec solarium et jacuzzi, s'ouvre sur l'Atlas. On peut d'ailleurs y servir le délicieux petit déj. L'adresse est gérée avec passion par l'accueillante Ingrid, qui s'occupe aussi du *Riad Berbère*.

Dar Aman *(plan détachable F3,* ***119****) :* *33, derb Abdelkader, Dabachi. 212 (0)6-62-66-98-87 ou, en France, 06-86-56-20-00. • riadaman.com • Doubles 825-990 Dh (plus cher à Noël), 165 Dh/pers supplémentaire. Également une suite. Repas 135-245 Dh. CB acceptées. Si résa en direct, réduc de 10 % sur l'hébergement à partir de 2 nuits sur présentation du guide de l'année.* Il règne ici une atmosphère à la fois intime et conviviale. Salon chaleureux, salle à manger lumineuse ouverte sur le patio. Au 1er étage, belle suite aux tonalités ethniques, avec cheminée orientable pour prendre son bain au coin du feu. Également un grand *b'hou* (salon-alcôve extérieur) avec vue sur le feuillage odorant des orangers. Belle terrasse aménagée et agrémentée de plantations exotiques. Vous apprécierez les mets délicats et savoureux concoctés par la discrète R'kia, avec un coup de cœur pour ses desserts.

Riad Berbère *(plan détachable F3,* ***115****) :* *23, derb Sidi-Ahmed-ben-Nasser, Kaat-ben-Nahied. 212 (0)6-51-28-44-73 (Ingrid). • leriadberbere.com • Doubles 935-1 210 Dh (+ 15 % en fin d'année). Dîner 190 Dh.* 4 jolies chambres et 1 suite distribuées autour d'un grand patio planté d'oliviers, d'orangers et de bananiers, et agrémenté d'un petit bassin où l'on peut barboter. Un riad dont le charme plein de sobriété envahit les chambres, les arcades et le superbe salon-cheminée au plafond en forme de carène de bateau renversée (comme dans le palais de la Bahia !). Si elle est libre, demander la chambre avec le petit balcon. Clim à l'étage. Un lieu adorable qui cultive l'authentique et respire la sérénité, aux bons soins d'Ingrid. Hammam traditionnel et massages possibles. Cours de cuisine sur demande.

Dar Mouassine *(plan détachable E3,* ***145****) :* *148, derb Snane, Mouassine. ☎ 05-24-44-52-87. • darmouassine.com • Fermé en juil. Doubles env 660-940 Dh ; également des suites. Repas avec vin marocain. CB acceptées.* Une magnifique maison du XIXe s, à 2 pas de la célèbre fontaine Mouassine. Tenue par l'accueillant David, elle a conservé le charme de la patine d'une authentique demeure marocaine. Suites et chambres au doux confort, certaines avec cheminée, voire un superbe plafond peint. Très beau patio planté de bananiers et d'orangers et, un peu à l'écart, un bassin pour faire trempette lors des fortes chaleurs. Salon-bibliothèque. Terrasse aux multiples recoins pour se poser en toute intimité.

Quara *(plan détachable E2,* ***117****) :* *27, derb el Hammam. 212 (0)6-24-67-67-69 ou 212 (0)6-07-88-25-22. • riadquara@gmail.com • Doubles 770-990 Dh.* Un ancien petit riad, entièrement reconstitué dans un style contemporain. Rien d'historique donc, mais une demeure aménagée sans faute de goût où tout est net et bien tenu par les jeunes proprios. Agréable terrasse.

Riad La Porte Rouge *(plan détachable F5,* ***135****) :* *48, derb Jamaa-Bâb-Hmar. ☎ 05-24-38-31-16. • riad-laporterouge.net • Doubles 880-1 160 Dh selon confort, mode de paiement et de résa (avec ou sans annulation possible). Repas 180 Dh. CB acceptées.* On aime bien ce riad chaleureux, qui s'agence autour d'un beau patio avec bassin et aux belles portes en bois sculpté. Çà et là, des touches de rouge, bien sûr. Jolies chambres à la déco marocaine, toutes avec salle de bains en *tadelakt*, coffre-fort, clim réversible et peignoirs. En fin d'après-midi, *open bar* (payant) histoire de faire connaissance avec les autres hôtes. Grande tente berbère sur la terrasse, jacuzzi en zelliges de Fès, hammam et massages. Bon accueil.

Riad Nomades *(plan détachable E2,* ***121****) :* *56, derb Chentouf, Riad-Laârouss. ☎ 05-24-38-47-23. • riad-nomades.com • Doubles 700-1 100 Dh et 1 suite pour 3. CB acceptées. Réduc de 10 % sur la chambre sur présentation du guide de l'année (hors fêtes de fin d'année). A ne pas confondre avec la magnifique Villa Nomade de Voyageurs du Monde (voir plus loin).* Un riad tenu par Pierre-Alain et Pascal, généralement à tour de rôle. 5 chambres soignées et tout en longueur, et 1 suite, avec clim réversible. La déco est un peu éclectique, sans véritable dominante. Terrasse panoramique. Resto indonésien sur place (voir « Où manger ? »). Très bon accueil.

Riad El Grably *(plan détachable F4, **128**) : 8, derb El-Arsa, Riad-Zitoun-el-Jdid. 212 (0)6-61-92-28-01. • riad-elgrably.com • Double env 720 Dh ; et 1 triple 880 Dh. Repas 200 Dh. CB acceptées. Réduc de 10 % sur présentation du guide de l'année pour tte résa en direct, hors tarifs promotionnels.* Situé dans un quartier calme, ce joli riad fut l'un des 1ers transformés en maison d'hôtes. Les claustrophobes n'ont rien à craindre : les 7 chambres, superbes, sont réparties autour de 2 patios (avec piscine chauffée et jardin). Françoise, la dynamique propriétaire (qui réside à Marrakech et passe tous les matins au riad), l'a d'ailleurs choisi pour ça. Jacuzzi en terrasse, salle de massages et hammam (prix très corrects). Très belle vue de la terrasse sur l'Atlas et les palais voisins.

Chambres d'Amis *(plan détachable F3, **130**) : 46-47, derb Moulay-Abdelkader, Dabachi. ☎ 05-24-42-69-65. • chambresdamis.com • Fermé juil-août. Prévoir env 940 Dh la double. Dîner sur résa.* Contrairement à ce que laisse penser le nom, la proprio est... néerlandaise. Pas de luxe ostentatoire, mais des chambres simples, lumineuses et soignées. Le blanc et le vert dominent, en harmonie avec la végétation qui rafraîchit l'ensemble. Grande tente sur l'agréable terrasse où l'on peut prendre son petit déj, comme son dîner. Bon niveau de service.

Maison Belbaraka *(plan détachable D2, **123**) : 242, derb Aasafrou-Sidi-Bouamer, Riad-Laârouss. ☎ 05-24-38-73-90. 212 (0)6-61-30-65-91. • maisonbelbaraka.com • Doubles 770-880 Dh (plus cher en fin d'année). Repas 165-220 Dh. CB acceptées.* Dans un quartier populaire, un joli riad avec 5 chambres confortables, dont la plus grande a sa salle de bains en mezzanine. Le tout est distribué autour d'un patio à balcons et arcades avec, au centre, une fontaine. Terrasse avec un agréable coin salon ombragé et une tente berbère. Accueil charmant de Rachid et Charlotte. Atmosphère un rien dépouillée dans le patio et théâtralisée dans les chambres à la belle déco marocaine mâtinée de touches indiennes. Rapport qualité-prix intéressant.

Riad Aguerzame *(plan détachable F4, **133**) : 66, derb Jdid, douar Graoua. 212 (0)6-66-67-17-59. • riadaguerzame.com • Facile d'accès en taxi. Doubles 880-1 050 Dh. Repas 220-275 Dh (alcool sur demande). CB refusées.* 4 chambres tout en longueur (avec coin canapé et la clim), fort bien tenues par Aziz. Déco soignée : orangers et tente dans le patio, zelliges, voilages, boiseries, et dans les chambres, moucharabiehs, *tadelakt* pour les salles de bains... Agréable terrasse équipée d'une tente caïdale avec vue sur la Koutoubia. B.D. dans le salon. Massages sur demande. Bon accueil de la jeune équipe.

MARRAKECH

De prix moyens à chic (800-1 200 Dh / 73-110 €)

Riad Houdou *(plan détachable F3, **138**) : 54, derb El-Hammam, rue Essebtiyne, quartier El-Moukef. ☎ 05-24-38-37-93. 212 (0)6-08-86-40-72. • riadhoudou.com • Double 760 Dh. Également des triples et quadruples. Repas 210 Dh. CB acceptées. Transfert aller gratuit de l'aéroport sur présentation du guide de l'année, à signaler lors de la résa (en direct et pour un min de 3 nuits).* Dans une maison du XVIIe s où vécut un astronome, c'est désormais Didier et Éric qui y habitent, 2 Parisiens joviaux. Autour du joli patio, des chambres nickel, confortables et originales : la « Tajine » est ornée de plats à tajine, la « Théière » de théières, la « Fès... » on vous laisse deviner. La « Chéchia », au rez-de-chaussée, possède un bassin privatif, la « Babouche », mignonne, profite d'une terrasse, sinon d'autres coins sont accessibles à tous. Hammam, massages et soins, terrasse sur le toit avec vue sur l'Atlas et une vraie table d'hôtes avec les proprios. Tout, quoi !

Ryad Zouina *(plan détachable D3, **144**) : 43, rue Sidi-El-Yamani, Mouassine. ☎ 05-24-44-07-77. • riad-zouina.com • Doubles 940-1 200 Dh. Également des suites. Promos régulières sur leur site. Min 5 nuits pdt les vac de Noël. Repas 220 Dh, sur résa. CB acceptées.*

Transfert aéroport gratuit pour 2 pers sur mention du guide de l'année si résa direct par mail. Superbe riad, tenu par un couple de Français vivant sur place. Ces 2 maisons remarquablement restaurées comptent 5 chambres chacune, certaines avec un plafond *zouaké* (en cèdre peint). Piscine (6 mois de l'année) et jacuzzi au centre du beau et vaste patio, planté d'arbres, de la maison principale. Mais notre partie préférée reste le toit, composé de plusieurs petites terrasses et recoins, avec bar-cuisine et vue panoramique sur l'Atlas. Salle de massage et autres soins, hammam.

Riad Zayane *(plan détachable D2,* ***139****) : 36, derb Nakhla, Bâb-Doukkala. ☎ 05-24-38-61-67. • riadzayane.com • Doubles 940-1 210 Dh ; également des suites. Dîner 220 Dh, sur résa (sert de l'alcool).* Dès l'entrée, on est séduit par le magnifique patio couleur sable de ce riad reconstruit. 5 chambres personnalisées à la déco raffinée, marocaine pur jus (comme la « Warda ») ou de style saharo-africain (comme la « Touareg »), toutes très réussies. Soin du détail, plein d'objets vintage... De plus, très bon petit déjeuner, différent chaque jour, et excellents dîners (cours de cuisine possibles), à prendre dans la magnifique petite salle à manger. Agréable terrasse aménagée sur le toit. Accueil et service charmants du personnel. Une adresse vraiment reposante et pleine de charme.

Riad First *(plan détachable D2,* ***152****) : 337, derb Jdid, Bâb-Doukkala. ☎ 05-24-39-07-04. 📱 212 (0)6-62-35-94-16. • riadfirst.com • Doubles 820-1 200 Dh ; également des suites et des triples. Repas 200 Dh (vin en sus). CB acceptées.* Dans cette ville où tout est rouge, même les ombres, ce riad joue une partition en noir et blanc. Son décorateur, Ludovic Petit, est coupable d'une jolie réussite. Tout respire ici le bon goût : les plus infimes détails décoratifs, l'aménagement des chambres et suites (salles de bains ouvertes, dressing en *tadelakt*...). Belle piscine chauffée l'hiver, allongée à même le patio. Salle de gym et transats sur le toit. Une adresse pleine de charme, aux bons soins de Fatima.

Riad Noos-Noos *(plan détachable F4,* ***118****) : 8, derb Jamâa-Lakbir, Hay-Essalam. ☎ 05-24-38-68-25. 📱 212 (0)6-60-12-40-01. • riadnoosnoos.com • Fermé en juil. Doubles 800-900 Dh ; également des suites familiales. Sur demande, repas 200 Dh (sert de l'alcool). CB acceptées. Réduc de 10 % sur la chambre sur présentation du guide de l'année.* Situé au cœur du quartier du mellah, à 2 pas de la Bahia, cet étonnant riad propose des chambres personnalisées, de grand confort et à la déco saharienne, africaine ou arabisante. Vaste terrasse fleurie dominant Marrakech et grands volumes réaménagés dans le respect de l'architecture islamique traditionnelle. De nombreux artistes ont superbement ciselé les plafonds et panneaux stuqués, utilisé au maximum les techniques de zelliges, *tadelakt, tataouis,* cuivres martelés. Le riad offre aussi de nombreuses prestations (hammam, jacuzzi, sauna, massages, salle TV en sous-sol, bibliothèque, jeux, cours de cuisine marocaine...).

Riad Mazaya *(plan détachable F4,* ***134****) : 17, derb El-Arsa, Riad-Zitoun-el-Jdid. ☎ 05-24-38-43-57. 📱 212 (0)6-61-46-01-86. • riadmazaya.com • Doubles 680-1 320 Dh selon confort et saison ; également des familiales. Repas 150 Dh. CB acceptées.* Chambres luxueuses et arrangées dans un très beau style marocain chic et moderne. Style que l'on retrouve dans le patio, percé d'un bassin bleu turquoise et surmonté d'un toit rétractable, le tout baignant dans une douce lumière. Pergola sur la terrasse, jacuzzi et massage possible. Frédérique, qui vit sur place, vous recevra avec beaucoup d'égards.

Riad Bayti *(plan détachable F4,* ***125****) : 35, derb Saka, Bâb-Mellah, Hay-Salam. ☎ 05-24-38-01-80. 📱 212 (0)6-23-71-41-72. • riad-bayti-marrakech.com • Selon saison, doubles 770-1 160 Dh, familiales 940-1 890 Dh. Repas 220 Dh. CB acceptées (+ 4 %).* Ce riad, à l'élégant métissage décoratif, offre pas mal d'espace, beaucoup de couleur et de chaleur, un petit bassin judicieusement aménagé pour faire trempette, un salon-bibliothèque-TV et une belle terrasse pour le petit déj. Toutes les chambres et suites ont la clim réversible et une salle de bains. Thé à la menthe et petits gâteaux offerts l'après-midi. Salle de massage.

Bliss-Riad *(plan détachable E3,* ***127****) : 182, rue Mouassine. ☎ 05-24-42-83-13. • bliss-riad.net • Doubles « comfort » 950-1 200 Dh (plus cher en fin d'année). Également des deluxe et des suites.* Belle situation face au *Jardin Secret*, dans un secteur animé et passant de la médina. Ce beau riad, entièrement reconstruit, opte pour une déco épurée, très contemporaine, qui met en valeur ici et là des meubles ou objets marocains. Chambres élégantes et tout confort. Sur la terrasse, ne pas manquer la balançoire installée sous une douche et l'agréable petit bassin. Fait également hammam et spa (voir plus haut « Adresses utiles »).

Riad Aladdin *(plan détachable E4-5,* ***131****) : 6-7, derb Touareg-Berrima. ☎ 05-24-38-64-25. • riadaladdin.com • À droite avt la porte du rempart. Doubles 800-1 310 Dh ; familiales 1 530-1 970 Dh. Repas 120-220 Dh (sert de l'alcool).* 3 riads en enfilade, adossés au palais El-Badi et joliment restaurés avec des matériaux traditionnels du sud du pays. Une bonne quinzaine de chambres climatisées, de bon confort. Toutes différentes, avec en commun une belle déco marocaine. De petits espaces pour respecter l'intimité de chacun. Piscine-jacuzzi. De la terrasse panoramique, on pourrait presque chatouiller les nids des cigognes !

Très chic (1 000-1 500 Dh / 91-136 €)

Riad Clémentine *(plan détachable D2,* ***143****) : 38, derb Sidi-Messaoud, Bâb-Boutouil. ☎ 05-24-38-22-94. 📱 212 (0)6-60-12-39-27. • riadclementine.com • Doubles 1 080-1 510 Dh ; et des triples. Repas 165-275 Dh. CB acceptées. 10 % de réduc sur l'hébergement sur présentation du guide de l'année, si résa en direct.* Dans une très belle maison blanche au patio à ciel ouvert planté notamment de clémentiniers, un riad moins confiné que beaucoup d'autres, tenu par Antoine et Angela. Il abrite 8 chambres classieuses et nickel, avec salle de bains en *tadelakt* et zelliges. Piscine extérieure chauffée à l'étage. Autre point fort du lieu : les repas, à commencer par le petit déj, avec des confitures maison. Une adresse un peu chère mais qui offre un service excellent et chaleureux.

Dar Kawa *(plan détachable E3,* ***132****) : 18, derb El-Ouali, quartier de Kaat-Benahid. 📱 212 (0)6-61-34-43-33. • darkawa.net • Une seule double 1 000-1 100 Dh ; suites jusqu'à 4 pers 1 650-2 000 Dh selon période. Repas sur demande 190-290 Dh. CB acceptées.* La créatrice de linge de maison Valérie Barkowski exprime tout son talent dans son riad design à la décoration aussi raffinée qu'originale. Les associations de couleurs et de matériaux, le style des salles de bains, les œuvres d'art accrochées aux murs, l'espace recréé rendent chacune des chambres unique. Un choix esthétique qui se marie parfaitement à l'architecture saadienne ordonnée autour de l'authentique patio planté de 4 orangers. Et pour compléter cette atmosphère apaisante, on se détend au spa maison. Ou comment ce bâtiment religieux du XVIIe s a basculé avec bonheur dans le XXIe s.

Riad Tchaikana *(plan détachable F3,* ***137****) : 25, derb El-Ferrane, Azbezt. ☎ 05-24-38-51-50. • tchaikana.com • Fermé en août. Doubles 1 000-1 100 Dh ; 2 suites 2-4 pers. Repas 220 Dh (sans alcool). CB refusées.* Un riad bien agréable et reposant qui tourne autour d'un large et vrai patio traditionnel planté de 4 orangers entourant la fontaine. Déco très élégante et moderne, où prédominent les tons clairs, avec quelques touches marocaines et d'Afrique noire (bogolans, batiks). Très belles portes en cèdre. 2 suites vraiment spacieuses, avec cheminée. Et les boissons non alcoolisées sont à volonté (normal, le nom signifie « la maison où l'on boit le thé » en afghan !).

Encore plus chic (plus de 1 500 Dh / 136 €)

La Villa Nomade *(plan détachable E2,* ***149****) : 7, derb El-Marstane, Bâb-Taghzout. En France :* ***Voyageurs du Monde,*** *☎ 01-84-17-21-68, • voyageursdumonde.fr • ; et* ***Comptoir du Maroc,*** *☎ 01-53-10-30-15, • comptoir.fr • Au Maroc : ☎ 05-24-38-50-10.*

• lavillanomade.com • À proximité de la mosquée Sidi-bel-Abbès. Doubles 960-3 310 Dh selon saison ; familiales 1 940-5 560 Dh. CB acceptées. Réduc de 10 % sur l'hébergement sur présentation du guide de l'année à l'arrivée. Ici encore, un magnifique riad de 12 chambres (dont 4 suites) dédiées à des explorateurs célèbres (Marco Polo, Théodore Monod, Saint-Exupéry et Alexandra David-Néel), réparties sur 2 niveaux, autour d'un vaste patio arboré aux grandes arcades à chapiteaux ouvragés. Les chambres, tout confort évidemment, sont superbes, avec de belles salles de bains aux murs rehaussés de *tadelakt*. Vaste terrasse pour profiter du soleil et de la vue. Jolie piscine ornée de zelliges, genre bains romains, centre de soins de grande qualité et hammam. Ateliers cuisine, danse et soins orientaux. Enfin, un restaurant accessible aux non-résidents (voir plus loin « Où manger ? Dans la médina »).

Riad Camilia *(plan détachable E3, **150**) : 9, derb El-Ouali, quartier de Kaat-Benahid. ☎ 05-24-44-30-81. 212 (0)6-69-28-34-92. • riadcamilia.com • Fermé de mi-juil à mi-août. Doubles et suites 1 600-2 600 Dh ; 1 familiale 1 800-2 800 Dh. CB acceptées. Privatisation du riad en entier possible.* Un lieu extraordinaire, niché au fond d'une impasse à l'éclairage improbable. Les 6 chambres (dont 4 suites) prennent l'espace de 4 maisons habilement réunies. Succession de salons, patios, alcôves, escaliers et terrasses, dont on découvre l'usage au fur et à mesure. Multiples bassins pour barboter. Les chambres sont vastes et aménagées avec un choix d'objets et d'œuvres d'art d'origines variées mais qui se marient à merveille. Mention spéciale pour l'accueil très pro du sympathique Nicolas, qui se mettra en 4 (et même en 8 !) pour que vous passiez un séjour de rêve. Possibilité (sur réservation) de profiter de la cuisine de Houria, servie au milieu des plantes, sur la terrasse, façon jardin suspendu. Hammam et massages sur demande.

Riad L'Orangeraie *(plan détachable E3, **147**) : 61, rue Sidi-el-Yamani, Mouassine. 212 (0)6-61-23-87-89 ou, en France, 06-23-92-40-05. • riadorangeraie.com • Double 1 650 Dh, plus des suites. Repas 350 Dh (alcool servi). CB acceptées. Réduc de 10 % en juil-août sur présentation du guide de l'année.* Grand et ravissant patio traditionnel. 3 suites et 4 chambres à la déco sobre et élégante. Superbe salon avec cheminée et piscine de poche dans le 2e patio où est projeté (en muet mais sous-titré) chaque soir le film *Casablanca*. Mais le joyau de cette maison est sans doute la terrasse, offrant une vue imprenable sur l'Atlas. Accueil chaleureux et ambiance raffinée.

Palais Riad Lamrani *(plan détachable D3, **108**) : 63, rue Sidi-el-Yamani. ☎ 05-24-38-50-51. • palaislamrani.com • À 5 mn à pied de Bâb-Laksour. Doubles 1 600-4 000 Dh selon confort et saison. CB acceptées. Réduc de 10 % sur l'hébergement sur présentation du guide de l'année.* Délicieux palais du XIXe s, organisé autour d'un patio à la végétation foisonnante. Ambiance feutrée, glouglous d'une fontaine, et chambres restaurées dans l'esprit de l'époque, avec tout le confort moderne et des meubles d'antan. L'idéal pour une escapade en amoureux. Belle et grande piscine, hammam, vastes terrasses pour apprécier les vues sur l'Atlas et toute la ville. Très bonne table également (voir « Où manger ? »).

Palais Donab *(plan détachable E3, **151**) : 53, rue Dar-el-Bacha. ☎ 05-24-44-18-97. • palaisdonab.com • 1 double et 4 suites 1 300-3 500 Dh selon confort et saison (promos sur Internet). Resto ouv midi et soir, accessible aux non-résidents (alcool servi) ; plats 70-200 Dh.* Il s'agit de l'ancienne résidence privée du Glaoui (offerte ensuite à son comptable), dont le hall et la magnifique fontaine donnent déjà une idée du faste d'antan. Pour mieux plonger dans l'atmosphère de l'époque, demandez à voir la chambre du pacha, aujourd'hui transformée en suite royale avec salle de bains en marbre, baignoire dans le sol, déco marocaine des années 1950 et une petite porte dérobée qui permettait au seigneur (ou à ses invités) d'accéder directement au jardin. Prestations à la hauteur : piscine dans le patio, très bon (et superbe) restaurant, bar, et pour couronner le tout : terrasses avec vue sur la Koutoubia.

Où dormir dans les environs ?

Chic (500-1 000 Dh / 45-91 €)

Tigmi Nomade *(hors plan détachable par E6)* : ***douar Ouarizen** – commune d'Aghouatim. 212 (0)6-62-10-56-00. • tigminomade.com • Aucun lien avec la* Villa Nomade *de* Voyageurs du Monde. *Juste avt le nouveau souk situé à l'entrée de Tahanaoute quand on vient de l'Ourika, prendre la piste à gauche au niveau d'un eucalyptus, puis quelques centaines de mètres encore à gauche, c'est ensuite tt droit sur un peu plus de 2 km. Doubles 700-850 Dh ; repas 130 Dh. Pas de wifi.* Au bout du monde, au pied de l'Atlas (enneigé au printemps), une maison traditionnelle aux chambres tout confort pour 2 à 4 personnes, une bonne literie et des meubles en noyer. Ici pas de clim, les murs sont épais. En hiver, on vous donne un petit chauffage d'appoint. Bonne cuisine du bled, servi dans le petit salon avec cheminée ou en terrasse, au bord de la piscine. Mohamed, le proprio, propose aussi des randos à la journée, à dos de mulet ou de dromadaire. Un bon plan pour des vacances en famille.

Dar Tafantant *(hors plan détachable par E6)* : ***douar Tafantant.** 212 (0)6-67-04-63-93. • dartafantant.com • Sur la route qui relie la vallée de l'Ourika à Tahanaoute, prendre à gauche quelques centaines de mètres avt le franchissement de l'oued Issil (c'est fléché), puis env 3,5 km de bonne piste. Doubles à partir de 750 Dh ; repas 220 Dh.* Plantée au beau milieu de la campagne face à l'Atlas, cette grande maison traditionnelle propose de jolies chambres distribuées autour d'un petit patio. Tout confort (clim, chauffage d'appoint ou poêle Godin, literie bien ferme), elles sont aussi très lumineuses et bien décorées (Si-Mohamed, le proprio exporte de l'artisanat). Salon commun avec cheminée. Petite piscine à débordement. Dans le jardin, 3 grandes tentes caïdales aménagées spécialement pour les familles, toutes avec salle de bains. Les repas, préparés avec les légumes du potager, sont servis sur la grande table commune en hiver ou dans le jardin aux beaux jours. Une excellente base pour se mettre au vert, d'autant que les environs recèlent de belles randos à faire à pied ou à dos d'âne.

Dar Zarraba *(hors plan détachable par E6)* : ***douar Akarra,** km 13, route de l'Ourika. 212 (0)6-68-99-92-35. • zarraba.com • Au km 13, prendre à gauche (en venant de Marrakech) juste après avoir passé le canal ; c'est fléché ensuite. Double env 800 Dh et « fermettes » pour 4-5 pers 310 Dh/pers. Dîner (sur résa) 210 Dh, préparé par les femmes du village. CB acceptées. Réduc de 10 % sur l'hébergement sur présentation du guide de l'année.* Michel a quitté son Sud-Ouest natal pour concevoir un très beau domaine de 1,5 ha au cœur d'une oliveraie face à l'Atlas, avec des constructions en pisé. Chambres spacieuses et nickel, climatisées, à la déco dépouillée mais très agréable. Elles disposent toutes d'un coin de terrasse et d'une belle salle de bains. Certaines donnent sur la piscine (chauffée), d'autres sur l'oliveraie. Également 3 « fermettes » (en fait, des chambres plus grandes avec un coin banquettes) pour 4 à 5 personnes, et même un appart tout équipé. Énergie solaire pour l'eau chaude et le mignon hammam. Nombreuses possibilités de balades dans les environs. Bon accueil.

Villa Tata Marie *(hors plan détachable par E6)* : ***douar Rhaa,** km 16,5, route de l'Ourika, fléché sur la gauche juste avt le garage de réparation de tracteurs ; continuer la piste sur 400 m. ☎ 05-24-37-50-37. 212 (0)6-62-49-36-02. • villatata-marie.com • Doubles 580-680 Dh ; également des familiales 3-4 pers et suites. Formule déj 130 Dh, dîner 190 Dh. 2 nuits min exigées. CB refusées.* Ceinte de hauts murs, une grande maison un peu ramassée sur elle-même offrant des chambres assez petites et basses de plafond, équipées d'une clim réversible. À l'étage, une grande chambre avec terrasse face à l'Atlas, idéale pour une famille, par exemple. Dans le jardin, une belle et profonde piscine

(2,20 m par endroits) mais un petit pont en béton interdit qu'on puisse y nager vraiment (c'est ballot). Juste à côté, il y a un grand jacuzzi. Salon avec cheminée pour les soirées plus fraîches. Le tout très bien entretenu par Saïda qui fait également la cuisine. Excellent accueil.

Boughdira *(hors plan détachable par C6)* **:** *à 11 km, sur la route d'Amizmiz. ☎ 05-24-45-73-13. 📱 212 (0)6-01-40-25-25. Sur la route 2009, au km 9, avt l'Eden Aqua Park, discrètement fléché à gauche. Double 800 Dh. Repas léger sur résa env 165 Dh. CB refusées.* À l'écart de la route d'Amizmiz, 4 très belles suites, bien fraîches, dans un vaste domaine planté d'oliviers centenaires tenu par une famille marocaine. Architecture traditionnelle en pisé et belle décoration. Petits salons charmants, plans d'eau et piscine autour de laquelle on se prélasse en écoutant le chant des oiseaux. Bon accueil. Un vrai havre de paix.

Domaine de Tameslohte *(hors plan détachable par C6)* **:** *à env 15 km, sur la route d'Amizmiz. ☎ 05-24-48-38-40. 📱 212 (0)6-66-64-45-80. • domainedetam.com • Ne pas prendre la bifurcation indiquant Tameslothe, mais tourner 100 m plus loin à droite (fléché). Fermé la dernière sem du ramadan. Double 600 Dh ; également des suites, env 1 100 Dh. Menu 160 Dh pour les résidents ; pour les extérieurs formule déj + piscine 200-250 Dh (sert de l'alcool) ; moins cher pour les enfants jusqu'à 8 ans. CB acceptées. Tarifs dégressifs selon le nombre de nuits. Réduc de 10 % sur la chambre sur présentation du guide de l'année, hors vac scol françaises.* Dans une belle oliveraie, on a le choix entre les chambres berbères (charmantes, sans clim mais avec murs en pisé pour l'isolation et sanitaires communs) idéales au printemps et à l'automne ou les suites de l'hôtel (climatisées). Le tout est très soigné et fait pour se détendre : la verdure, la piscine (superbe !), le jacuzzi, le bar ou le coin cheminée. Cuisine franco-marocaine, à base de légumes du potager. Organise des excursions. Excellent accueil.

Le Jardin Tougana *(hors plan détachable par C6)* **:** ***douar Touggana,*** *route de l'Ourika, à env 12 km au sud de Marrakech. ☎ 05-24-39-18-74. • le-jardin-tougana.com • Téléphoner pour se faire indiquer le chemin. Tentes 2 pers env 770-830 Dh. Tables d'hôtes sur résa 110-220 Dh.* Les proprios français ont adopté le *glamping* (contraction de glamour et camping) : 5 tentes, type *lodge* de safari en bâche de camion sur plateforme en bois, « tout confort » (salles de bains, clim... eh oui !), noyées dans un jardin luxuriant de près de 1 ha, bordé par une piscine. Peut constituer une surprise pour l'élu(e) de votre cœur si vous envisagez d'y passer la nuit pour jouer au « Daktari » avec lui (ou elle), car l'endroit, assez improbable, ne manque pas de charme. Cela dit, l'adresse est plus connue des expats marrakchis pour la qualité de sa table. Une bonne cuisine méditerranéenne à déguster sur la petite terrasse ombragée baignée du chant des oiseaux.

Très chic (plus de 1 000 Dh / 91 €)

Beldi Country Club *(hors plan détachable par C6)* **:** *à 6 km de Marrakech sur la route d'Amizmiz, prendre la piste à droite ; c'est indiqué. ☎ 05-24-38-39-50. • beldicountryclub.com • Doubles 2 000-2 250 Dh, familiales 3 200-3 800 Dh, petit déj inclus. Menu 290 Dh ou à la carte (sert de l'alcool). Formule déj et piscine (serviette, chapeau et transat fournis) 390 Dh/j. CB acceptées. Réduc de 10 % sur la chambre sur présentation du guide de l'année si précisé dès la résa.* Ce vaste domaine est agencé à la manière d'un petit village marocain. Il abrite des chambres (avec terrasse et petit jardin privatifs) dont le côté rustique fait le charme de ce lieu résolument authentique et charmant (bien que créé de toutes pièces !). 4 piscines (dont 2 chauffées), 3 restos, un superbe spa, 6 boutiques d'artisanat marocain, et partout des recoins, des tomettes, des arcades, des boiseries, des voilages... Bref, un très beau cadre pour goûter une cuisine méditerranéenne à base des légumes du vaste potager. D'ailleurs, le domaine essaie de fabriquer

sur place l'essentiel : des brodeuses tissent les nappes et serviettes, les potiers créent les assiettes, le pain est maison, une unité de recyclage du verre produit des articles originaux en vente dans la boutique attenante. Sans oublier les panneaux solaires qui actionnent le système d'arrosage. Les hôtes peuvent aussi participer à des ateliers et voir les artisans travailler dans le souk. Ne pas manquer la très belle serre dans le jardin, véritable invitation à la détente.
Dans la même gamme de prix, les proprios ont ouvert une autre adresse au bord du lac de Lalla-Takerkoust, la ***Kasbah Beldi*** (accès par la route d'Amizmiz, puis un bout de piste). Il s'agit d'une ancienne ferme qui abrite aujourd'hui de superbes chambres dans un environnement minéral et aride qui ne demande qu'à s'épanouir.

The Source *(hors plan détachable par E6)* **:** *km 10, route de l'Ourika. ☎ 05-29-80-21-09. 212 (0)6-23-23-00-61. • thesourcemarrakech.com • Au km 10, prendre à gauche juste avt l'Ourika Camp et suivre le fléchage. Doubles 1 900-2 400 Dh et suites.* Belle et grande réalisation hôtelière inspirée par le thème de la musique, la passion du proprio. Au total, une bonne quinzaine de grandes chambres, suites et villas, tout confort, avec terrasse privative et piscine privée pour les plus chères (mais était-ce bien nécessaire ?). Elles sont toutes aménagées dans un style baroque contemporain mêlant à la fois les éléments de l'architecture traditionnelle : carrelage *beldi, tadelakt,* vieux tapis noués, au bois flotté, au verre, aux voilages de coton écru. Le tout largement ouvert sur la nature grâce à de grandes baies vitrées. Les extérieurs sont de la même veine, avec plein de petits espaces de rocaille et d'essences aromatiques ou de pelouses, organisés pour se dorer la pilule, siroter un cocktail ou bouquiner autour d'une grande piscine et d'un bar-resto où se déroule un brunch musical tous les dimanches. Vaste spa particulièrement élégant avec hammam traditionnel et salles de massage. Une adresse de choix pour fêter une occasion.

OÙ MANGER ?

• **Dans la médina 113**
• **À Guéliz et dans les autres quartiers de la ville nouvelle 118**

Dans la médina

De très bon marché à bon marché (moins de 80 Dh / 7 €)

Pas d'alcool servi.

Les stands de la place Jemaa-el-Fna *(zoom détachable E3-4)* **:** *désormais fixes mais toujours ouv dès 17h-18h slt.* Le soir, la place devient un vaste resto en plein air où des dizaines de gargotes bâchées et flanquées de banquettes en bois hèlent le badaud pour caser soupes, salades, couscous, tajines, grillades, brochettes, méchoui, abats ou encore poissons et fruits de mer, le tout cuit devant vous. Pas toujours moins cher – ni meilleur – que les petits restos autour de la place, cela dit, mais l'ambiance est conviviale. Pas d'alcool non plus, plutôt des sodas ou, meilleur, du thé ginseng (aux chariots équipés d'une cuve en cuivre). L'ensemble forme un grand rectangle bruyant et baignant dans la fumée des braseros. Autrefois, les règles d'hygiène étaient ce qu'elles étaient... ; aujourd'hui, des canalisations ont été installées et chaque stand a désormais accès à l'eau, sans compter que la grande affluence (près de 12 000 repas servis chaque jour !) assure l'écoulement rapide des denrées. Bref, c'est de plus en plus sûr.

El Bahja, Chez Ahmed *(zoom détachable E4,* ***171****)* **:** *41, rue Bani-Marîn. Tlj.* Intérieur carrelé, grandes tablées, service efficace, sous l'œil attentif des anciens : l'adresse qui défie le temps.

On y sert non-stop toutes les spécialités marocaines. Bonnes grillades.

Restaurant Oscar Progrès *(zoom détachable E4,* ***171****) : rue Bani-Marîn, à côté de Chez Ahmed. Tlj sauf ven 12h-14h. Congés : 2e quinzaine du ramadan. Thé à la menthe offert sur présentation du guide de l'année.* Tables alignées dans une salle vraiment nickel, et cuisine populaire pas trop grasse. Un bon mélange de touristes et de locaux.

Chez Haj Brik *(zoom détachable E4,* ***171****) : rue Bani-Marîn. Fermé ven.* Bien connu des Marrakchis (le lieu existe depuis 1945). Uniquement des grillades (brochettes, merguez, *kefta*, côtelettes, abats...), facturées au poids, cuites en salle dans une cheminée et servies avec de la sauce piquante à la tomate ou aux oignons (sans frites). Serveurs sympathiques.

Chez Lamine *(hadj Mustapha ; zoom détachable E3,* ***172****) : souk Ablouh, entre la pl. Jemaa-el-Fna et les souks. Tlj 11h-22h. Fermé pdt le ramadan et pdt 10 j. après l'Aïd el-Adha.* Dans cette adresse historique, on prépare le méchoui et la *tanjia* de père en fils depuis 1910 ! D'ailleurs, hadj Mustapha était le cuisinier de Hassan II. Pas étonnant que le lieu soit aussi populaire. Jarres et têtes de mouton exposées en devanture. Salle carrelée en bas et terrasse à l'étage. Ça dépote. Une autre adresse à Guéliz, *Le Maître de Viande* (lire plus loin).

Tiznit *(zoom détachable E3,* ***173****) : au nord de la pl. Jemaa-el-Fna, en bordure de souks. Tlj 8h-22h.* Une enseigne, ouverte depuis des lustres, connue pour son tajine de lapin (entre autres), servi en 2 portions. On recommande aussi celui aux amandes et aux pruneaux (avec bœuf ou agneau). Également des brochettes. Cadre banal mais propre, et terrasse pour prendre de la hauteur.

Chez Mariama Berbère *(plan détachable E2,* ***208****) : Riad-Laârouss. Tlj 10h-minuit.* Resto avec terrasse sur le toit. Tout ici est simplissime et gentil, de l'accueil à la déco. Au menu : tajine d'agneau aux raisins, *kefta* aux œufs, couscous berbère... Ne pas être trop pressé quand il y a du monde.

Chez Yassine *(plan détachable D3,* ***176****) : 70, av. Fatima-Zohra. Tlj midi et soir.* Juste quelques tables réparties entre une petite salle et une mezzanine pour ce resto où officient uniquement des femmes. Dans leur cuisine ouverte, elles préparent de bonnes pizzas et des plats marocains, que l'on peut emporter.

Bakchich Café *(zoom détachable E3,* ***210****) : rue Riad-Zitoun-Jdid. Tlj midi et soir.* Sans prétention, juste une pause à 2 pas de la place, dans une ambiance jeune et internationale. Salle colorée, banquettes en gazon ou jeans. Le cadre est posé pour avaler sandwich, tajine ou couscous. Bon fond musical.

Henna Art Café *(zoom détachable E4,* ***34****) : Riad-Zitoun-el-Kedim. Tlj 11h-20h30.* À l'étage, dans une petite salle en longueur ou sur l'une des 2 terrasses de poche, on sert une cuisine traditionnelle et internationale avec quelques options végétariennes et sans gluten. Un lieu vivant au très bon accueil. Lire aussi plus haut la rubrique « Achats. Artisanat et coopératives » dans les « Adresses utiles ».

Snack Toubkal *(zoom détachable E4,* ***170****) : au sortir de la place, juste avt le Riad-Zitoun-el-Kedim. Tlj dès 6-7h.* Tenu depuis des générations par la même famille. On y mange correctement (sans plus) et surtout pas cher. Le couscous, par exemple, pas très différent de ceux qu'on trouve ailleurs, y est nettement meilleur marché. Idem pour les tajines et le reste. Goûtez au yaourt maison. D'ailleurs, il y a toujours du monde installé en terrasse, face à l'animation de la place. Service rapide et enjoué.

Prix moyens (80-150 Dh / 7-14 €)

Pas d'alcool servi non plus dans cette catégorie, sauf exception (on le précise dans ce cas).

Chez Brahim *(zoom détachable E3,* ***175****) : 38, rue Dabachi. ☎ 05-24-42-89-15. À 2 pas de la pl. Jemaa-el-Fna. Service tlj jusqu'à 23h env. Plats bon marché ; un peu plus cher le soir car 2 musiciens viennent jouer. Thé offert sur présentation du guide de l'année.*

Dans le souk des chaussures, on le repère à sa fontaine loufoque à l'entrée. La salle de resto est à l'étage, sur une agréable terrasse ombragée. Les menus sont basiques. Sinon, on peut manger à la carte des plats du genre couscous, tajine aux figues et une bonne pastilla au poulet, mais c'est plus cher. 2e adresse avec terrasse 100 m plus loin dans la même rue. Prix et carte kif-kif.

|●| **Kui-Zin** *(plan détachable E2, **198**) : 12, rue Amsefah, Sidi-Abdelaziz. ☎ 05-24-39-09-84. Tlj 11h-22h30. Musique andalouse ts les soirs. Fourchette haute. CB acceptées. Thé à la menthe offert sur présentation du guide de l'année.* En bordure des souks, on opte pour la salle coquette et reposante, avec des tables joliment dressées ou pour le toit-terrasse aménagé sur 2 niveaux. La cuisine est à l'avenant, soignée et bien tournée, avec un menu avantageux le midi. Sinon, à la carte, agneau à l'orange, poulet au safran, tajine de bœuf aux artichauts, moussaka et pâtes maison (la chef a vécu 14 ans en Italie !). Pour conclure, de vrais cafés. Excellent service. De plus, participation possible à un atelier cuisine (sur résa), suivi d'une dégustation.

|●| 🍸 **Un Déjeuner à Marrakech** *(zoom détachable E4, **177**) : angle rues Kennaria et douar Graoua, Riad-Zitoun-el-Jdid. ☎ 05-24-37-83-87. Tlj 11h-22h. CB acceptées.* On prend place dans une salle élégante au rez-de-chaussée ou, mieux, sur le toit. Et on sirote, on grignote quelques plats franco-marocains relevant avec audace et simplicité le pari du mélange des 2 gastronomies. Le poulet côtoie l'orange, et le bœuf est servi en tajine. Quelques plats aux accents asiatiques ou végétariens aussi, et même sans gluten. Le tout présenté avec soin. Gardez une place pour les bonnes pâtisseries. Attente parfois un peu longue.

|●| **Dar Tazi** *(plan détachable F2-3, **204**) : 44, rue Souk-Ahal-Fès. ☎ 05-24-37-83-82. Juste à côté de la Maison de la photographie. Fermé dim. À la carte le midi ; menu le soir 130 Dh. CB refusées. Thé offert sur présentation du guide de l'année.* Dans ce resto marocain familial, les femmes sont à la manœuvre. La maman et ses filles préparent une cuisine classique, et notamment des tajines dont le couvercle, une fois soulevé, libère toutes les senteurs et les saveurs. Goûteuses salades aussi. Très agréable terrasse avec l'une des plus belles vues sur la médina.

|●| 🍸 **Souk Kafé** *(plan détachable E3, **180**) : 11, derb Souk-Jdid, Sidi-Abdelaziz. 📱 212 (0)6-28-80-70-15. Tlj 11h-23h. Menus 135-185 Dh. CB refusées. Thé à la menthe offert sur présentation du guide de l'année.* Bien situé en bordure des souks. Un joli petit restaurant-salon de thé avec une cuisine sucrée-salée à déguster dans la salle du 1er étage (très sympa et chaleureuse) ou directement sur la terrasse, surplombée d'une théière géante en chanvre. Bien aussi pour boire un p'tit coup (sans alcool) avant de replonger dans les négociations du souk.

|●| 🍸 **Clock** *(plan détachable E5, **26**) : 224, derb Chtouka, Sidi-Mansour. ☎ 05-24-37-83-67. Tlj 9h-22h30.* En journée au milieu d'une expo ou en soirée à l'occasion d'un concert ou autre (lire plus haut la rubrique « Culture et patrimoine » dans les « Adresses utiles »), on s'installe dans le patio ou sur l'agréable terrasse pour un sandwich, une salade, un burger de chameau (spécialité maison). Ambiance cool.

|●| **La Table de la Kasbah** *(plan détachable E5, **189**) : 14, derb el Hajra, Bab Agnaou. ☎ 05-24-38-94-39. Tlj sauf lun 11h-22h30. Menus déj 95-120 Dh.* On aime bien ce quartier, à l'écart des grands flux, d'autant qu'ici, ça se passe à l'étage, dans une salle au style traditionnel dépoussiéré ou mieux, sur la terrasse verdoyante avec vue sur le minaret de la mosquée Moulay Yazid. On s'attable devant des plats classiques très corrects, type *tanjia, mourouzia,* tajines ou plus occidentaux (hamburgers) accompagnés de pain maison. Service à la fois pro et très agréable.

|●| ☂ **La Famille** *(plan détachable F4, **174**) : 42, Riad-Zitoun-el-Jdid. ☎ 05-24-38-52-95. Tlj 12h-16h. Résa obligatoire. Entrée discrète (repérer l'enseigne en bois).* Passé l'animation de la rue commerçante, on débouche sur un jardin aménagé de tables sur 2 niveaux. Plats exclusivement

MARRAKECH

végétariens et bio (pâtes, salades...), certes pas donnés et au choix (très) restreint, mais à la fraîcheur évidente. On peut aussi se contenter de boire un jus de citron dans ce cadre vraiment à part à Marrakech.

La Ferme (plan détachable E2, **209**) : 236, triq Jazouli, Riad-Laârouss. ☎ 05-24-38-77-68. Tlj 10h30-23h. Cette petite ambiance grecque n'est pas pour nous déplaire dans ce quartier un peu moins touristique de la médina. Murs blancs, bois brut partout et tables posées sur des estrades servent de décor à des plats de bonne facture, comme la *tanjia* qu'on ne trouve pas dans tous les restos. Seul bémol, les légumes en supplément, certes assez copieux pour 2 personnes, mais pas donnés. Bon accueil.

Café-terrasse Palais El-Badia (plan détachable E4, **181**) : 4, rue Touareg-Berrima, Bâb-Mellah. ☎ 05-24-38-99-75. Tlj 8h-23h. Venez-y pour la terrasse perchée au 2e étage et la vue sur la place des Ferblantiers et l'enceinte du palais ponctuée de nids de cigognes. Cuisine correcte (très bonne pastilla), copieuse et pas très chère. Pas mal de touristes le midi, plus calme le soir.

Terrasse Ben Youssef (plan détachable E2, **208**) : 98, Riad-Laârouss, rue Sidi-Abdelaziz. ☎ 05-24-38-66-73. Tlj jusqu'à 19h30. On est bien sûr attiré par la terrasse, une des plus hautes de la médina, mais il se trouve que la cuisine se révèle très honorable dans le genre classique. De là-haut, vue sur les toits de la ville, la Koutoubia au loin, et même l'Atlas.

La Cantine des Gazelles (zoom détachable E3, **210**) : rue Riad-Zitoun-Jdid. Tlj 12h-23h (cuisine fermée 17h-19h). Si en cuisine et au service on compte une grande majorité de gazous, c'est que le proprio français avait surtout l'intention de transformer son resto en repère de copines, histoire qu'elles se retrouvent en toute tranquillité. Pour attirer la gazelle, il y a mis la couleur (tout est rose), une cuisine fraîche et préparée à la commande (d'où un service parfois long : pour pouvoir papoter plus longtemps ?) et un menu au très bon rapport qualité-prix. Service aimable et discret, comme promis !

Bazaar Café (plan détachable E3, **183**) : 24 bis, rue Sidi-El-Yamani, Mouassine. ☎ 05-24-38-72-83. Tlj 12h-23h. Fermé de mi-juil à mi-août. CB acceptées. Sert de l'alcool. Thé et pâtisserie ou glace maison offerts sur présentation du guide de l'année. En hiver, on apprécie les petits salons du riad ; en été, on grimpe sur la terrasse pour « sirothé », boire une bière ou un mojito. Dans les 2 cas, pas de mauvaise surprise si l'on enchaîne sur des plats marocains classiques ou sur quelques incursions plus largement méditerranéennes. Et si certains choix se révèlent plus parfumés que d'autres, l'ensemble reste néanmoins agréable.

De chic à plus chic (150-400 Dh / 14-36 €)

Nomad (plan détachable E3, **182**) : 1, derb Aarjan. ☎ 05-24-38-16-09. Tlj 10h-23h. Résa obligatoire le soir. Pas d'alcool. CB acceptées. Attention, 17 % de taxes de service en plus. Surplombant la place aux Épices et faisant face au *Café des Épices* (mêmes proprios), une magnifique et romantique terrasse illuminée. On y savoure une cuisine marocaine contemporaine, riche en légumes et en couleurs. Des recettes créatives et originales, et des saveurs que l'on ne trouve pas ailleurs. Accueil jeune et souriant. Très touristique et cosmopolite, bien sûr. Avant de partir, jeter un œil à la boutique **Chaabichic** qui vend, entre autres, de la vaisselle aux motifs berbères. Original !

Zwin-Zwin Café (plan détachable E4, **203**) : 4, Riad-Zitoun-el-Kedim. ☎ 05-24-38-07-07. Tlj midi et soir (dernière commande 22h). Rubrique « Chic ». Sert de l'alcool. De la rue, on a un peu l'impression de grimper à l'assaut des ponts d'un bateau, déco stylisée en plus : intérieur blanc, escaliers turquoise et tons pastel, le tout réhaussé par les cartes de vœux qu'Yves Saint Laurent envoyait chaque année à ses collaborateurs (ici en version poster). Peu de choix à la carte, mais des plats de qualité : aubergines à la chermoula parfumées à souhait, tajine d'agneau aux abricots d'une belle finesse, pastilla aux pommes. Un régal ! Aux beaux jours, petite terrasse avec vue sur la Koutoubia. En prime, très bon accueil et service.

La Terrasse des Épices *(plan détachable E3,* ***178****) : 15, souk Cherifia, Sidi-Abdelaziz. ☎ 05-24-37-59-04. Le soir slt, 18h-minuit. Sert de l'alcool.* Au cœur des souks, sur le toit d'un ancien caravansérail, une très agréable terrasse de ciment noir, avec des compartiments agrémentés de canapés. Cuisine marocaine et plus largement méditerranéenne (pâtes), et de grosses salades. Une belle oasis au cœur des souks avec, qui plus est, un service très prévenant. Prix toutefois un peu musclés.

Le Foundouk *(plan détachable E3,* ***186****) : 55, souk Hal-Fassi, Kaat-Benahid. ☎ 05-24-37-81-90. Ouv ts les soirs sauf mer 19h-minuit. Résa impérative. CB acceptées. Sert de l'alcool.* Cet ancien caravansérail (*foundouk* en arabe), sans être le meilleur resto de sa catégorie, est une petite institution à Marrakech et, de fait, il ne désemplit pas ! On dîne autour d'un beau patio à colonnes blanches serti de balcons en bois sombre ou, mieux encore, sur la terrasse. À la carte, intéressant mélange de cuisine marocaine et internationale. Malgré ses 240 couverts, le lieu arrive à préserver une certaine intimité à force de coins, recoins et autres salles ouvertes. Des portiers vous raccompagneront à la lanterne jusqu'à la place des taxis (classe !).

Dar Chérifa *(plan détachable E3,* ***33****) : 8, derb Cherfa-Lakbir, quartier Mouassine. ☎ 05-24-42-64-63. Tlj 10h30-23h. CB acceptées. Pas d'alcool.* Dans le patio de ce vénérable riad du XVIe s ou en terrasse (sur résa), voici l'occasion de goûter des plats anciens et découvrir ainsi tout le patrimoine culinaire du Maroc. Entre les traditionnels couscous et pastilla délicatement parfumés, n'hésitez pas à commander la *mourouzia* de gigot d'agneau à la cannelle et aux raisins, qui mijote pendant des heures et qu'on sert habituellement pour la grande fête de l'Aïd el-Kebir, ou encore la *tanjia marrakchia,* du bœuf cuit avec moult épices. Ambiance feutrée le soir.

Naranj *(zoom détachable E4,* ***184****) : 84, Riad-Zitoun-el-Jdid. ☎ 05-24-38-68-05. Tlj sauf dim 11h30-22h30. Rubrique « chic ». CB acceptées. Thé offert sur présentation du guide de l'année. Pas d'alcool.* L'adorable couple syro-libanais a soigné aussi bien la cuisine que le cadre (tables hautes au rez-de-chaussée, arcades et voilages au 1er dans un espace aéré et apaisant, terrasse au 2e). Les recettes traditionnelles libanaises, comme le *chiche barak* (ravioli de bœuf), ou syriennes jouxtent des créations originales, tel que le *chermoula,* un plat végétarien particulièrement parfumé. Bon *mezze* également. Une petite incursion tout en saveurs dans la Méditerranée orientale.

Exotic Bali *(resto du* Riad Nomades *; plan détachable E2,* ***121****) : 56, derb Chentouf, Riad-Laârouss. 📱 212 (0)6-66-04-48-82. Pas facile à trouver, mais repérez les grands drapeaux sur le toit. Tlj sauf lun, plus mar midi, 12h-14h30, 18h30-21h30 (dernière commande). Rubrique « Chic ». Pas d'alcool. Thé ou café offert sur présentation du guide de l'année.* Les patrons vivent une partie de l'année en Indonésie, d'où leur tentative de fusion décorative dans le patio qui doit rappeler un *warung,* resto balinais ouvert sur la rue et très coloré. On peut aussi monter sur la terrasse. La cuisine, elle, est 100 % balinaise, tout comme le chef venu spécialement initier les papilles des Marocains et des voyageurs aux subtils parfums de l'archipel. Une échappée plutôt très agréable.

I Limoni *(plan détachable E2,* ***179****) : 40, rue Diour-Saboune. ☎ 05-24-38-30-30. Tlj midi et soir. Résa conseillée. Pas d'alcool.* Côté cour : tables dressées dans un beau patio noyé sous les orangers et les citronniers, conférant de la fraîcheur au lieu. En coulisse, le chef concocte, entre autres, une sélection de plats du jour d'origine aussi bien italienne que marocaine et de desserts fins et variés (rare). Accompagnements inégaux toutefois, mais l'ensemble reste agréable.

Voir aussi ***La Table du Palais,*** au *Palais Lamrani* (se reporter plus haut dans « Où dormir ? »). *☎ 05-24-38-50-51. Tlj sauf dim 12h-14h30, 18h30-21h. Menu 250 Dh. Alcool servi. CB acceptées.* Très bonne cuisine locale aux incursions européennes servie dans un patio luxuriant.

Beaucoup plus chic (plus de 400 Dh / 36 €)

Tous les restos de cette catégorie servent de l'alcool.

Le Tobsil *(plan détachable D3, **191**) : 22, derb Moulay-Abdallah, Ben-Hessaien-Ksour. ☎ 05-24-44-40-52. Ts les soirs sauf mar, 19h30-minuit. Fermé juil-août. Résa indispensable. Forfait soirée 650 Dh, boissons comprises. CB acceptées.* Un joli petit riad au cadre intime et raffiné : chandelles, musique traditionnelle, cuisine marocaine délicate. Le pantagruélique menu se compose uniquement de produits du marché. Il n'y a plus qu'à se lover dans une alcôve, le salon privé ou même le patio, et déguster...

La Maison Arabe *(plan détachable D3, **91**) : 1, derb Assehbe, Bâb-Doukkala. ☎ 05-24-38-70-10. Tlj, du mat au soir pour* Les 3 Saveurs *; le soir seulement pour* Le Restaurant. *Compter env 450 Dh.* Hemingway et Churchill avaient leurs habitudes dans cet hôtel qui accueille ses clients comme les hôtes privilégiés d'une grande maison (voir plus haut « Où dormir ? Dans la médina. Très chic »). 2 restos au choix : *Le Restaurant* joue la partition marocaine classique, *Les 3 Saveurs* mêle des saveurs franco-maroco-asiatiques. En terrasse, près de la piscine, c'est divin. Service très pro.

Le Dar Zellij *(plan détachable D-E2, **187**) : 1, Kaasour-Sidi-ben-Slimane. ☎ 05-24-38-26-27. Congés : début juil-début août. Tlj midi et soir sauf mar. Menus 200-240 Dh le midi, 350-600 Dh le soir, plus la carte. CB acceptées.* Le cadre de ce très beau riad du XVIIe s vaut à lui seul le détour : patio intime délicatement éclairé à la bougie, salons aux remarquables plafonds sculptés, effets de perspective, terrasses surplombant la médina (super pour l'apéro), et même une tente caïdale dressée sur l'une d'elles. La cuisine marocaine est variée et délicate. Service très pro. Musique arabo-andalouse tous les soirs et danse les jeudi et dimanche. Une adresse idéale pour une douce soirée en amoureux, avec une ambiance beaucoup plus magique qu'en journée.

Resto de La Villa Nomade *(plan détachable E2, **149**) : 7, derb El-Marstane, Bâb-Taghzout. ☎ 05-24-38-50-10. Tlj midi et soir. Résa obligatoire. Menus 250-350 Dh. Thé et pâtisseries marocaines offerts sur présentation du guide de l'année.* Le resto de *La Villa Nomade* (voir « Où dormir ? Les riads. Encore plus chic ») propose une cuisine marocaine et une cuisine du monde de haute volée, à la fois créative et traditionnelle. Les tables sont réparties sous une verrière traversée par une cheminée monumentale. Ambiance intimiste et bon accueil.

Ksar Essaoussan *(plan détachable D-E3, **190**) : 3, derb Cherfa-el-Mazzaoudième, rue des Ksour. ☎ 05-24-44-06-32. Ts les soirs sauf dim, dès 19h30. Menus 350-550 Dh, apéritif, ½ bouteille de vin, eau minérale et thé à la menthe inclus.* Un portier tout de rouge vêtu vous attendra à l'entrée de la rue des Ksour... Puis le dîner est servi soit dans le patio où glougloute une fontaine, soit dans de petits salons. Cuisine marocaine de grande qualité. Au choix, 3 menus, mais le 1er (pastilla, tajine ou couscous) suffit largement. L'ambiance est d'une élégante simplicité. Fond musical classique. Très bel accueil.

À Guéliz et dans les autres quartiers de la ville nouvelle

De très bon marché à bon marché (moins de 80 Dh / 7 €)

Snack-bar de l'Escale *(plan détachable B2, **192**) : 13, rue Mauritanie. Tlj 11h-23h. Fermé pdt le ramadan et les fêtes religieuses musulmanes. Sert de l'alcool.* Bon poulet grillé, brochettes, merguez, kefta, frites, le tout à petits prix... mais dans une atmosphère plutôt masculine déconseillée aux non-fumeurs et autres fervents défenseurs de la ligue antialcoolique. Sinon, petite terrasse en bord de rue. Accueil et service sans façon.

|●| ***Restaurants populaires*** *(plan détachable A1-2,* ***193****) :* *rue Ibn-Aïcha. En haut de l'av. Mohammed-V.* Une suite de gargotes avec des salles riquiqui et des tables sur le trottoir, sous des auvents. Principalement des grillades et salades à prix très doux. Assez bruyant à cause de la circulation (on ne vient pas là pour un tête-à-tête). L'ambiance décontractée n'empêche pas de vérifier son addition.

|●| ***Al Bahrya*** *(plan détachable B2,* ***202****) :* *angle rue Mauritanie et av. Moulay-Rachid. Tlj midi et soir.* Des serveurs affairés entre les tables où les clients se pressent comme des sardines. Ici, on déguste à la bonne franquette fruits de mer et poisson grillé (vous allez choisir votre proie, qui est pesée devant vous puis cuite). Très populaire et très apprécié des Marrakchis.

|●| ***Amal*** *(plan détachable B1,* ***206****) :* *angle rues Allal-ben-Ahmed et Ibn-Sina. ☎ 05-24-44-68-96. Tlj 8h-10h, 12h-15h30. Résa obligatoire.* Ce restaurant solidaire offre une formation à des femmes en difficulté, leur permettant de gagner en autonomie et de créer leur propre entreprise. Tout en soutenant cette cause, on déjeune, dans un cadre très agréable sur une terrasse ombragée, de plats d'inspiration française et marocaine (plus réussis selon nous). Pour terminer, bonnes cornes de gazelle et autres pâtisseries à consommer sur place ou à emporter.

|●| ***Le Maître de Viande*** *(boucherie Haj N'Guyer ; plan détachable B2,* ***195****) :* *rue Imam-Malik. ☎ 05-24-43-78-60. Tlj 12h-minuit.* Voilà l'occasion de goûter à la *tanjia* (bœuf mijoté pendant des heures dans les épices), plat marrakchi par excellence, toujours prêt, alors qu'il est la plupart du temps sur commande dans les quelques restos qui le servent. Sinon, grand choix de brochettes et viandes marinées. Un incontournable pour les viandards, très populaire. Une autre adresse près de la place Jemaa-el-Fna, *Chez Lamine* (voir plus haut).

|●| ***Top Ladid*** *(plan détachable B2,* ***199****) :* *86 bis, bd El-Mansour-Eddahbi. Tlj midi et soir.* Un petit snack de quartier pour manger sans se ruiner : paninis, sandwichs, pizzas, mais aussi d'excellents shawarmas et du poulet mariné au citron. Terrasse ombragée pour se poser, en bord de rue. Propre. Beaucoup d'habitués. Accueil sympa.

|●| 🍷 ***Winoo*** *(plan détachable B2,* ***212****) :* *à l'angle des av. Moulay-Rachid et Mauritanie. ☎ 05-24-43-04-00. Tlj midi et soir.* Grand resto sur plusieurs étages, très prisé des jeunes et des familles où l'on sert des pizzas, paninis, du poisson du jour grillé, frit ou à la plancha (plus cher), ainsi que d'excellents cocktails de fruits bien épais et vraiment pas chers.

Prix moyens (80-150 Dh / 7-14 €)

|●| ***Les Jardins de Guéliz*** *(plan détachable B3,* ***194****) :* *rue Oued-el-Makhazine, jardins du Harti. 📱 212 (0)6-65-97-48-62. Tlj sauf dim 12h-14h30, 19h30-23h. Fermé pdt le ramadan. Sert de l'alcool. Apéro maison offert sur présentation du guide de l'année.* Une carte basée sur des produits de qualité et un cadre plutôt classe pour les prix pratiqués ; riche buffet froid le midi, et plats bien servis (blanquette de lotte au safran, agneau confit, pâtes aux morilles...), sourire en prime. Le tout arrosé de vin pas cher. On mange dans la belle et grande salle ou sur l'agréable terrasse intérieure, en lisière du jardin.

|●| ***16 Kawa*** *(plan détachable C1,* ***207****) :* *rue Yves-Saint-Laurent. ☎ 05-24-31-00-16. Tlj 8h-20h. Menu 150 Dh.* Stratégiquement situé face au jardin Majorelle, la terrasse ne désemplit pas aux beaux jours. Mais l'adresse mise aussi sur la qualité pour retenir le visiteur : plats marocains, occidentaux ou asiatiques très parfumés, des salades et sandwichs, le tout présenté de façon originale (même les bons jus sont servis dans des ampoules). Un bon choix dans le secteur.

|●| ***La Crêperie de Marrakech*** *(hors plan détachable par A1,* ***196****) :* *14, Petit-Marché-de-Guéliz (route de Targa). ☎ 05-24-43-22-08. Tlj sauf dim 12h-15h, 18h-22h. Fermé en juil. CB refusées.* Convivial lieu de rencontre entre amoureux de la Bretagne. Accueil vraiment affable de Laurent, entouré d'une belle collection de boîtes de sardines. Soyez rebelle, osez la « Marocaine »

(galette à la viande *kefta* en tartare poêlé aux épices). Sinon, il y a la classique galette à l'andouille de Guémené... et bien d'autres à arroser d'une bonne bolée de cidre. Vous serez peut-être salué, en arrivant, par Captain Hook, la coqueluche de la maison !

La Cuisine de Mona *(plan détachable A1, **200**) : résidence Mamoune 5, nº 155b. 212 (0)6-18-13-79-59. Tlj sauf dim 10h-22h. Résa conseillée. CB refusées. Sert de l'alcool. Thé offert sur présentation du guide de l'année.* Petite salle fuchsia ou vert pomme en duplex, une terrasse colorée, une cuisine libanaise succulente, un accueil très sympa, et le tour est joué. La formule est originale le midi. Le soir, essayez le poulet *chawarma* (la fierté de Mona !) ou carrément le *mezze* (un assortiment de tout ce que la maison fait de mieux).

Katsura *(plan détachable C3, **185**) : rue Oum-Errabia. ☎ 05-24-43-43-58. Tlj 12h-14h30, 19h45-23h30. Sert de l'alcool.* Moins couleur locale, tu meurs ! Mais tel est aussi le caractère international de Marrakech. Resto asiatique à la déco contemporaine, où se mêlent touristes et Marocains plutôt aisés dans une gentille animation. Cuisine thaïe et japonaise de qualité. Service bien rodé. Section non-fumeurs. Parfait si vous rêviez d'autre chose que d'un tajine ou d'un couscous ! Également des plats à emporter.

Catanzaro *(plan détachable B2, **197**) : rue Tarik-ibn-Ziad. ☎ 05-24-43-37-31. Tlj sauf dim 12h-14h30, 19h30-23h. Fermé pdt le ramadan. Résa conseillée. Vin et bière servis. CB acceptées.* Un resto au cadre et à la cuisine sud-européenne assez classiques, qui ne désemplit pas, et ce, depuis bien longtemps ! À la carte, grand choix de pâtes et de pizzas cuites au feu de bois, mais aussi poissons et grillades. Pas de quoi affoler les papilles, on vient d'abord pour les prix très abordables et l'ambiance chaleureuse qui règne entre les murs.

Chic (150-250 Dh / 14-23 €)

Les restos de cette catégorie servent de l'alcool.

La Trattoria *(plan détachable, A2, **205**) : 179, rue Mohammed-el-Beqal. ☎ 05-24-43-26-41. Ts les soirs, à partir de 19h30 (18h30 pour le bar, voir plus loin « Où boire un verre ? »). Plats 120-180 Dh.* Il faut le savoir, ce quartier résidentiel abrite une enclave unique, mélange de style vénitien et d'atmosphère marocaine. Les tables sont installées autour de la grande piscine (seulement décorative), dans le patio inondé de plantes vertes. À moins qu'on opte pour la salle, élégante, ou le petit salon intime et sa belle fresque murale. Côté cuisine, on y sert des plats italiens classiques et de qualité, concoctés à base de produits frais. Service à la hauteur du lieu.

Le Studio *(plan détachable B2, **188**) : 87, av. Moulay-Rachid. ☎ 05-24-43-37-00. Fermé lun midi, sam midi et dim tte la journée, ainsi que 15 j. en août. Résa très conseillée. CB refusées. Thé offert sur présentation du guide de l'année.* Outre l'accueil extra de Steeve, le patron, la cuisine est vraiment bonne. Les plats sont inscrits à l'ardoise : tournedos Rossini (le must !), baron d'agneau, demi-langouste aux pâtes (hmm...), baba au rhum... le tout à prix bien étudiés. Clientèle d'habitués franco-française et ambiance rugissante dans un cadre chaleureux de néo-brasserie. Fait aussi bar à vins. N'oubliez pas de réserver !

Bagatelle *(plan détachable A2, **201**) : 103, rue de Yougoslavie ; à l'angle de Moulay-Rachid. ☎ 05-24-43-02-74. Tlj 12h-15h, 19h-23h. CB acceptées. Apéritif maison offert sur présentation du guide de l'année.* Bienvenue dans cette brasserie parisienne pur jus, tenue par la même famille depuis 3 générations. Adresse bistrotière, des nappes blanches aux banquettes de moleskine ; du nœud pap' au gilet noir des serveurs ; de la verrière rétroéclairée à la carte qui jacte titi parigot. Œufs mimosas, harengs pommes de terre, souris d'agneau... c'est bon comme là-bas, dis ! Agréable terrasse (avec brumisateur), noyée sous la verdure. Bon accueil. On ressort dans le brouhaha de l'avenue Hassan-II en chantonnant « Aux Champs-Élysées ».

Très chic (plus de 250 Dh / 23 €)

Les restos de cette catégorie servent de l'alcool.

|●| ***Al Fassia*** *(plan détachable B2, **37**) : 55, bd Mohammed-Zerktouni, résidence Taïeb-Ier (au fond de l'impasse). ☎ 05-24-43-40-60. Tlj sauf mar midi et soir. Fermé 18 juin-10 juil. Résa indispensable (et même 2 j. avt !). Compter env 280 Dh le repas. CB acceptées. Thé offert sur présentation du guide de l'année.* L'un des restos les plus courus de la ville. Pas étonnant, il s'appuie sur une valeur sûre : la cuisine « comme à la maison » concoctée par des femmes. Que ce soient les tajines, le couscous ou la pastilla, sans oublier l'épaule d'agneau dorée aux amandes pour 2 (à commander la veille), tout est parfumé, d'une grande finesse et réalisé avec des produits de choix. Cadre à la fois marocain et contemporain, avec un coin véranda au fond. Une belle adresse rehaussée par le service féminin toujours souriant.

|●| ***Cour des Lions*** *(plan détachable C4, **211**) : au Palace Es-Saadi, rue El-Qadissia, angle rue Ibrahim-el-Mazini, quartier de l'Hivernage. 📱 212 (0)6-14-05-63-89. Le soir seulement, tlj 19h30-23h. Plats 250-300 Dh.* Un endroit parfait pour un repas en amoureux ou entre amis gourmets. Fatema Hal est une des plus grandes chefs de la cuisine marocaine. Elle a repris en main les fourneaux du restaurant gastronomique de cette adresse de charme (hôtel, palace, casino). Dans un cadre majestueux, tout en stuc et zelliges, qui s'inspire de la cour des lions de l'Alhambra de Grenade, avec vue sur le parc arboré et la ville. Plats qui revisitent les classiques marocains : les couscous, tajines aux olives, d'agneau, de dorade, etc. mais aussi la pastilla de pigeon, exquise, craquante et fondante à la fois. Un régal ! D'autres plats signatures, qui reprennent les recettes d'antan, comme la mourouzia au *ras el hanout* ou encore une souris d'agneau avec son jus de dattes et les raisins secs. Gardez de la place pour les desserts, tous aussi savoureux !

MARRAKECH

Où manger dans les environs proches ?

|●| ***Al Fassia Aguedal*** *(hors plan détachable par C6, **55**) : 9 bis, zone touristique de l'Agdal (km 2 sur la route de l'Ourika, au niveau des jardins de l'Agdal). ☎ 05-24-38-11-38. Tlj seulement le soir, 19h30-23h. Repas env 400 Dh sans les vins, menu végétarien 280 Dh. Résa très conseillée. Thé offert sur présentation du guide de l'année.* Même équipe que l'*Al Fassia* « historique » et carte identique. Excellent accueil et déco marocaine classique. On dîne dans le jardin ou dans une belle salle décorée à l'orientale. Le personnel, très serviable, redouble de petites attentions. Et comme à l'autre *Al Fassia,* très bonne et copieuse cuisine, jouant dans les registres classiques marocains : de la pastilla de pigeon aux tajines les plus variés. L'établissement fait aussi hôtel de luxe, avec une trentaine de chambres.

|●| ***Le Blokk*** *(hors plan détachable par A1) : dans la Palmeraie, à env 9 km de Marrakech. ☎ 05-24-31-43-00. Pour y aller, prendre la route de Casablanca ; à env 7 km, tourner à droite vers la Palmeraie, puis encore à droite et suivre le fléchage. Ts les soirs sauf lun, 20h-1h. Résa obligatoire le w-e. Fermé pdt le ramadan. Plats 105-220 Dh. Alcool servi. Cocktail offert sur présentation du guide de l'année.* Un gros bloc (voir le nom du resto) noir et couleur sable. Pour ceux qui cherchent un resto chantant, ici on mange en écoutant des tubes célèbres entonnés par des chanteurs (et chanteuses) qui se succèdent sur la scène. Et le rythme s'accélère au fil de la soirée ! Spectacle particulièrement animé les mercredi et samedi. Cadre chic. Et bonne cuisine, internationale et asiatique.

|●| Voir aussi plus haut dans « Où dormir dans les environs ? » les restos du ***Beldi Country Club.***

MARRAKECH

OÙ PRENDRE LE PETIT DÉJ ? OÙ DÉGUSTER UNE PÂTISSERIE OU UNE GLACE ?

• Dans la médina 122
• À Guéliz et dans les autres quartiers de la ville nouvelle 122

Dans la médina

Pâtisserie des Princes (zoom détachable E4, **220**) : *32, rue Bâb-Agnaou. ☎ 05-24-44-30-33. À 2 pas de la pl. Jemaa-el-Fna. Tlj 6h-22h30.* Vaste choix de pâtisseries marocaines et européennes, ainsi que des petits-fours. Rien qu'en regardant la vitrine, on prend 2 kg ! Des glaces et du lait d'amande aussi. On peut consommer sur place.

Al Jawda (zoom détachable E3, **222**) : *rue Dabachi. Rien à voir avec l'enseigne de Guéliz. Tlj 7h-23h (fermé ven au moment de la grande prière).* Grand choix de pâtisseries marocaines à emporter ou à consommer sur place.

Oriental Legend (zoom détachable E4, **221**) : *52, rue Bâb-Agnaou. Tlj 8h-23h30. Une boule de glace supplémentaire offerte sur présentation du guide de l'année.* Sorbets et glaces déclinés en une large palette de parfums. Essayez donc la menthe, la poire, la pêche ou encore la *chebakia* (gâteau marocain), vous nous en direz des nouvelles !

À Guéliz et dans les autres quartiers de la ville nouvelle

Gatô (plan détachable B2, **225**) : *rue Jamaa. ☎ 05-24-43-47-23. Lun-sam 7h30-19h (20h en été), dim 8h-13h.* On recommande particulièrement les cornes de gazelle, excellentes et de qualité régulière. Mais profitez du salon de thé et de la terrasse pour goûter à d'autres petites merveilles... et en rapporter.

Amandine (plan détachable A2, **224**) : *117, rue Mohammed-el-Beqal. ☎ 05-24-44-96-12. Tlj 7h-21h.* Pâtisserie-glacier-salon de thé de qualité. Bonnes viennoiseries, succulentes pâtisseries marocaines et excellents chocolats (tout est fait maison). Très bien aussi pour un petit déj.

Al Jawda-Mme Alami (zoom détachable B2, **223**) : *11, rue de la Liberté. ☎ 05-24-43-38-97. Lun-sam 8h-20h30, dim 9h-18h. Ferme en principe quelques j. en août. Réduc de 5 % sur les pâtisseries traditionnelles sur présentation du guide de l'année.* Ici, personnel exclusivement féminin, et ça fait plus de 3 décennies que ça dure.

Dino (plan détachable B-C3, **226**) : *à l'angle de l'av. Mohammed-V et de la rue Sabou. Tlj 9h-minuit.* Grand café-glacier-pâtisserie-crêperie doté d'une vaste terrasse sur l'avenue. Excellentes glaces, avec notamment une pistache qui goûte vraiment la pistache. Sinon, noisette, mandarine, pastèque (selon la saison), *amlou*... et, en exclusivité, la corne de gazelle. Tout est fait maison.

Voir également le **Café Les Négociants** dans « Où boire un verre ? À Guéliz... ».

OÙ BOIRE UN VERRE ?

• Dans la médina 122
• À Guéliz et dans les autres quartiers de la ville nouvelle 124

Dans la médina

De nombreuses terrasses de café dominent la place Jemaa-el-Fna. Spectacle permanent. Citons celles de l'**Hôtel de France,** du **Grand Balcon du Café Glacier** (côté sud de la place), très fréquentée. Celle du **Taj'in Darna** (à l'angle sud-est de la place, face à l'hôtel *CTM*) offre en plus une belle vue sur les montagnes de l'Atlas par temps clair (on peut y boire jusqu'à 19h ensuite on y dîne). Sinon, laissez-vo tenter (au moins une fois) par les d'orange frais vendus aux chario la place, ils sont grands et ne c qu'une poignée de dirhams. At les marchands y ajoutent pa glaçons (en principe, pas d' éviter tout souci de transit, dez-le totalement pur, et *inch Allah* (

Dar Chérifa – Café littéraire *(plan détachable E3,* ***33****) :* *8, derb Cherfa-Lakbir, Mouassine. ☎ 05-24-42-64-63. Tlj 10h30-23h. Pas d'alcool.* Un superbe riad du XVIe s, réhabilité dans la tradition. Au cœur de la médina, on ne s'attend pas à une telle quiétude. Calme total pour prendre un thé dans les canapés bas de ce superbe patio à ciel ouvert, encadré d'arcades finement ouvragées, consulter des livres sur le Maroc ou simplement ne rien faire. Expos de photos, de peintures, et diverses soirées organisées (voir aussi plus haut, dans « Adresses utiles », la rubrique « Culture et patrimoine »). On peut aussi y manger (voir plus haut).

Le Café des Épices *(plan détachable E3,* ***230****) :* *75, pl. Rahba-Kedima (ou pl. des Épices), noyé dans les souks. Tlj 9h30-21h30 (pour la cuisine). Attention, 17 % de taxes de service en plus. Pas d'alcool.* Très agréable café faisant face, sur 3 étages, à la place des Épices. Un incontournable... Pas mal de touristes, évidemment, mais le lieu est tellement sympa ! Demandez le café aux épices, un nectar. Également des salades, sandwichs et tajines. Accueil jeune.

KosyBar *(plan détachable E-F4,* ***231****) :* *47, pl. des Ferblantiers. Tlj 11h-1h. Live music à partir de 21h30 jeu-dim. Sert de l'alcool.* Bar-resto aménagé dans un ancien et superbe riad et dont la terrasse, assez classe, surplombe la place des Ferblantiers. Belle déco : banquettes en moleskine vert pomme, murs en *tadelakt* ocre-brun, jolis luminaires... On apprécie le lieu ou pas. On peut y dîner ou pas. En fait, l'endroit – branchouille – propose une cuisine correcte mais sans âme. Et,

renu
yoga 8h-

Terrass *détachable E3, 23 sis, foundouk Lahbabi. Tlj* Pause particulièrement agréa terrasse qui côtoie les tuiles verte la médersa Ben-Youssef. On peut aussi y manger.

El-Andalusiya *(plan détachable E5,* ***238****) :* *88, derb el-Hammam, face à la mosquée Moulay-Yazid. Tlj 11h-23h.* Terrasse sur le trottoir ou, mieux, à l'étage pour siroter un cocktail de fruits avec une vue imprenable sur la mosquée et la place qui l'entoure. Fait aussi resto.

La Mamounia *(plan détachable D4,* ***232****) :* *av. Bâb-el-Jdid. ☎ 05-24-38-86-00. Attention, tenue correcte exigée (bras, jambes et pieds couverts). Verres de vin et cocktails 170-300 Dh. Résa conseillée, sinon selon le remplissage de l'hôtel, l'accès aux bars peut être limité (et les gorilles à l'entrée veillent !).* Un palace iconique ! Le plus cher de la ville... Ce mythe marrakchi fut construit pour les chemins de fer entre 1925 et 1929. Même si le lieu, redécoré par Jacques Garcia, n'est plus ce qu'il a été, les jardins (centenaires) méritent à eux seuls d'aller y boire un verre. Luxe, calme et volupté ont évidemment un prix qu'on ne regrette pas quand on apprécie ce genre d'endroit historique et élégant. Au bar de l'hôtel, on préfère celui du patio avec ses joueurs de *oûd* et ses fontaines glougloutantes... Sachez qu'il est possible de se contenter d'une visite de la Mamounia. Accès libre aux lobby, boutiques et jardin *(seulement 11h-16h).*

autres
e

ent, en particulier Mohammed-V (plan

du Livre (plan déta-3) : *44, rue Tarik-ibn-ée par la cour de l'Hôtel n. ☎ 05-24-43-21-49. Tlj 9h)-23h30. Alcool servi.* Loin du nondain marrakchi, ce café litté-est une bulle d'air à la fois simple ouillette. On s'y blottit pour lire la esse (*Le Monde* à dispo) en sirotant une petite pression ou un café. Possibilité de restauration avec quelques plats bien sentis, comme le cheeseburger et ses frites maison… Musique pop cool. Soirée quiz le lundi et guitariste(s) les vendredi et samedi.

🍷 ***Le Grand Café de la Poste*** *(plan détachable B2,* ***234****) : pl. du 16-Novembre, angle av. Mohammed-V et bd El-Mansour-Eddahbi. ☎ 05-24-43-30-38. Tlj 8h-1h. Soirée jazz le dim soir.* Construit dans les années 1920, le lieu fut tour à tour café, hôtel, relais postal, puis restaurant. Cette institution est désormais un bistrot-brasserie chic, dans un style d'inspiration mauresque et néocoloniale, avec un remarquable escalier à double volée menant au salon-bar. On le recommande plutôt pour y boire un verre. Carte fleuve d'alcools, cocktails et jus de fruits à siroter en mezzanine ou en terrasse sous la pergola. À quartier français, prix français !

🍷 ☕ ***Café Les Négociants*** *(plan détachable A2,* ***237****) : à l'angle des bd Mohammed-V et Mohammed-Zerktouni. Tlj 6h30-22h. Petits déj env 30-40 Dh. Pas d'alcool.* Grand café moderne, avec chaises en rotin. Terrasse sous des arcades, à l'intersection de 2 axes passants : ça circule !

🍷 ***La Trattoria*** *(plan détachable A2,* ***205****) : voir plus haut « Où manger ? ». Ouv ts les soirs à partir de 18h30. Musique live ven et sam soir. Alcool servi.* Que ce soit dans le jardin verdoyant ou dans les différents espaces du bar au cadre mi-Art déco mi-marocain, l'ambiance est assurément chic.

🍷 ***Bar de l'Hôtel Renaissance*** *(plan détachable A2,* ***76****) : angle av. Mohammed-V et bd Zerktouni. Tlj 7h-minuit (1h sur la terrasse). Alcool servi.* Le sommet de cet hôtel design et chic abrite la terrasse la plus haute de Marrakech. Le prix des boissons est à l'avenant (et on n'y sert pas de café), mais convenons qu'on y profite d'un panorama sympa sur Guéliz et, au loin, la Koutoubia.

🍷 🍽 🍦 ***Cafés-brasseries*** *(plan détachable B3,* ***236****) : bd Mohammed-VI, face au palais des congrès.* Les Marrakchis raffolent de leurs terrasses en soirée. Citons ***L'Hivernage,*** pour sa pizzeria et son café-snack, et ***L'Opéra,*** un café-glacier-resto plus intime.

OÙ SORTIR ?

- Bars et discothèques 124
- Casinos 125

Bars et discothèques

Les pôles de la vie nocturne se situent dans la ville nouvelle, en particulier dans l'Hivernage et sur le boulevard Mohammed-VI, au sud de la ville. Les boîtes, plutôt calmes en début de semaine, attirent une foule compacte le week-end, Marrakech étant une destination tendance auprès de la jeunesse aisée de Casa, Rabat et Agadir. Inutile d'arriver tôt, l'action ne démarre vraiment qu'après minuit, voire 1h. Prévoir aussi un budget : prix européens dans la plupart des lieux branchés. Enfin, sachez que dans bon nombre d'endroits, les rencontres sont souvent tarifées.

Azar *(plan détachable B3, **235**) : rue de Yougoslavie (côté av. Hassan-II), Guéliz. 212 (0)6-60-45-59-95. • azarmarrakech.com • Tlj 19h-1h. Happy hours en été, en terrasse, tlj 22h-minuit. Résa recommandée.* Plusieurs ambiances pour le bar comme pour le resto, le tout sur plusieurs étages... L'ambiance est tamisée et envoûtante comme en Orient, jeune et branchée comme à Ibiza ! Dans tous les cas, il vous faudra faire la queue. Cuisine surtout libanaise et marocaine, bar à chichas, à vins et à cocktails. Musique acoustique orientale en début de soirée, puis ça groove en fin de soirée au son du DJ.

Le Palais Jad Mahal *(plan détachable C4, **242**) : fontaine de la Mamounia, Bâb-Jdid. ☎ 05-24-43-69-84. Tlj à partir de 20h.* Grand classique des nuits marrakchies pour *happy few.* L'endroit, aux allures de palais classieux, est immense. À l'intérieur, un resto (très chic), mais surtout 3 bars (très chers) où l'on boit et l'on danse au rythme des concerts dès 22h ou 23h (accès 100 Dh le week-end), avant de poursuivre, par exemple au ***Silver*** *(à partir de minuit ; entrée env 200 Dh, 1 conso incluse),* la boîte attenante.

Le Théâtro *(plan détachable C4, **243**) : Hôtel Es-Saadi, av. Qadissia, Hivernage. ☎ 05-24-44-88-11. Tlj 23h30-6h. Entrée : 200 Dh (voire plus selon soirée) avec 1 conso.* Aménagée dans un ancien théâtre, c'est la plus ancienne boîte de la ville. Techno, house, soirées DJs et ambiance très festive.

555 *(hors plan détachable par C6, **39**) : bd Mohammed-VI. 212 (0)6-78-18-10-85. • beachclub555.com • À 4 km au sud de Guéliz, côté gauche. Tlj à partir de 23h. Entrée : 200 Dh, 1 conso incluse.* Cette grande discothèque draine les foules.

Bô-Zin *(hors plan détachable par C6, **35**) : route de l'Ourika. ☎ 05-24-38-80-12. À env 7 km au sud de la médina, par le bd Mohammed-VI. Tlj, à partir de 20h jusqu'au dernier client. Entrée libre (résa obligatoire pour le resto).* Un bar-resto branché avec une grande véranda, un jardin exotique et des salons d'été. On y dîne ou on y boit un verre.

MARRAKECH

Casinos

2 casinos : « *l'historique* » *(plan détachable C4, **243**),* situé dans le parc adossé au palace Es-Saadi rue El-Qadissia, angle rue Ibrahim-el-Mazini, à l'Hivernage *(212 (0)6-60-21-08-06 ; • essaadi.com • ; tlj 14h-5h, à partir de 18h30 pour le poker et 20h pour les autres jeux de tables).* Ce fut le 1er casino du Maroc, ouvert en 1952 ! Sinon, il y a l'incontournable et très chic ***La Mamounia*** *(plan détachable D4, **232**),* situé dans le palace du même nom. Pour les coordonnées, voir plus haut la rubrique « Où boire un verre ? Dans la médina ».

ACHATS

Naturelle d'Argan – Sawira Bazar *(plan détachable B2, **45**) : 5, rue Sourya. ☎ 05-24-44-87-61. Lun-sam 9h30-13h, 15h-18h30. Fermé en août. Réduc de 10 % sur présentation du guide de l'année.* Cette adresse accueillante est le showroom d'une marque distribuée en Europe dans les pharmacies et boutiques soins du corps. Alain Kerrien est le spécialiste de l'huile d'argan biologique, labellisée Ecocert, produits cosmétiques soin corps et visage et gamme gastronomique. Chez ce fabricant breton, les prix sont fixes et affichés, la qualité des produits irréprochable. De plus, soucieux d'établir un commerce équitable avec les femmes des coopératives d'État, en partenariat avec la Fondation royale Mohammed VI, il a créé la coop *Agdal* à Takoucht (voir à Essaouira « Achats. Huile d'argan. Sur la route de l'arganier »). Par ailleurs, un nouvel espace, *Sawira Bazar,* complète désormais le lieu, proposant une section savonnerie-huilerie (senteur du Maroc oblige), de l'huile de figues de Barbarie bio haut de gamme, ainsi qu'une sélection de *foutas* (serviette en coton utilisée au hammam), textiles, sacs, bijoux contemporains réalisés par de jeunes créateurs marocains. Idées cadeaux qui sortent de l'ordinaire (babouches en jean recyclé), le tout à prix très doux.

Place Vendôme *(plan détachable B2,* ***46****) : 141, bd Mohammed-V ; angle rue de la Liberté. ☎ 05-24-43-52-63. Tlj sauf dim 9h-13h, 15h-19h. Réduc de 10 % sur présentation du guide de l'année.* Boutique spécialisée non pas dans les bijoux mais dans les cuirs de qualité : portefeuilles, sacs de voyage, sacs à main, vestes, etc. Sans oublier de magnifiques maillots de bain pour hommes.

Galerie des Tanneurs *(plan détachable A2,* ***44****) : angle av. Moulay-Rachid et 4, rue Mohamed-el-Bequal ☎ 05-24-42-34-11. Réduc de 10 % sur présentation du guide de l'année.* Grand choix de chaussures aussi bien pour hommes que pour femmes. Sacs à main assez branchés. Vestes et pantalons sur mesure en 48h. Une nouvelle adresse qui est vite rentrée dans la cour des grands.

Atika *(plan détachable B2,* ***12****) : 34, rue de la Liberté. ☎ 05-24-43-64-09. Tlj sauf dim et j. fériés, 9h-13h, 16h-20h30 en été, 15h-19h30 le reste de l'année. CB acceptées. Réduc de 5 % sur présentation du guide de l'année.* Une boutique de chaussures pour hommes et femmes, courue des expats et touristes en goguette. Beaux modèles d'inspiration française ou italienne. La carte de paiement risque de chauffer !

L'Orientaliste *(plan détachable B2,* ***46****) : 11 et 15, rue de la Liberté. ☎ 05-24-43-40-74. Mêmes horaires que Place Vendôme. Réduc de 10 % sur présentation du guide de l'année.* Boutique de créations artisanales (poteries, verrerie émaillée) d'Emmanuelle, la proprio, sans oublier sa ligne de parfums et bougies aux senteurs envoûtantes (fleur d'oranger, rose de l'Atlas, musc, ambre...). Et dans la même rue, sur plus de 300 m², un loft abritant d'anciens meubles marocains, peintures, tissages et tapis. Également de belles reproductions de meubles de Bugatti et d'autres « esprit 1930 » en noyer massif. Une adresse pour ceux qui ont du flair !

Scènes de Lin *(plan détachable B2,* ***47****) : 70, rue de la Liberté. ☎ 05-24-43-61-08. Tlj sauf dim et j. fériés, 9h30-13h30, 15h30-19h30. Fermé en août.* Ligne orientale de linge de maison : serviettes de hammam, peignoirs, linge de table, etc. Du très haut de gamme.

Galerie Birkmeyer *(plan détachable A2,* ***58****) : 169-171, rue Mohammed-El-Beqal. ☎ 05-24-44-69-63. Lun-sam 8h30-12h30, 15h-19h30 ; dim 9h-12h30.* Une référence en matière d'articles de cuir, notamment les vestes et les sacs.

V. Barkowski *(plan détachable D3,* ***62****) : 142, rue Dar-el-Bacha. ☎ 05-24-37-50-13. 📱 212 (0)6-24-49-40-01. Tlj 10h-13h, 15h-19h.* Cette artiste, qui a vécu en Inde, confectionne du magnifique linge de maison (toutes les finitions sont réalisées au Maroc, à la main), conçoit des articles de décoration intérieure, des sacs en cuir retourné, etc. Un lieu apaisant, à la déco épurée, de bon goût.

33 Rue Majorelle *(plan détachable C1,* ***48****) : 33, rue Yves-Saint-Laurent. ☎ 05-24-31-41-95. Tlj 9h30-19h.* Une boutique qui expose les créations d'artistes locaux (marocains ou résidents) : accessoires de mode, vêtements, vaisselle, lampes, épices... Beaucoup de goût et d'originalité. Attenant à la boutique, un bar à jus *(tlj 8h-19h)* ; lire plus loin la rubrique correspondante.

Mustapha Blaoui *(plan détachable D3,* ***62****) : rue Dar-el-Bacha. Pas d'enseigne, repérer une grande porte en bois. ☎ 05-24-38-52-40. Tlj 10h-19h30.* Immense showroom bien connu des expats qui veulent décorer leurs riads. On trouve de tout, de partout. Marchandage de rigueur.

Boutiques de la rue Amesfah *(plan détachable E2,* ***63****) :* de jeunes créateurs ont investi cette rue, devenue mode et branchée, redynamisant ce quartier de la médina. Parmi les plus courus, les vêtements et accessoires de *Max & Jan* *(tlj 10h-19h)*, ainsi que la styliste marocaine *Sarah Maj.*

Chez Monsieur Michelin *(plan détachable E4,* ***59****) : 84, Riad-Zitoun-el-Kedim. 212 (0)6-56-18-41-29. Tlj 10h-20h.* Original : des colliers, bracelets, boucles d'oreilles, corsets, sacs, et même des fauteuils en caoutchouc de chambre à air recyclé !

Artisanat et coopératives

L'ensemble artisanal *(plan détachable D3) : av. Mohammed-V. Tlj 9h-19h (13h dim). Moins d'activité ven ap-m.* Voici un complexe où les prix fixes donnent des repères avant de se plonger dans les négociations éperdues avec les commerçants des souks ! Les petites boutiques, numérotées, regroupant souffletier, lanternier, ciseleur sur cuivre, graveur sur cuir, tourneur sur bois, dinandier, boisselier, feutrier, passementier, babouchier, relieur. Mais aussi : bijoutier, ébéniste, armurier, peintre, tisserand... Les produits sont de qualité. Prix fixes. Et si la fièvre acheteuse vous prend, sachez qu'on y trouve aussi une banque avec distributeur et guichet de change, *Western Union* pour un transfert d'argent. Également un petit café.

Al Kawtar *(plan détachable E2,* ***64****) : derb Zaouïa-Laftihia, 3, Mouassine. ☎ 05-24-38-56-95. • al-kawtar.com • Tlj 9h30-18h30.* Cette association aide à la réinsertion des femmes en situation de handicap (rééducation physique, transport adapté). Elle les forme à la broderie du lin, du coton pour confectionner des nappes et chemins de table. On trouve aussi des chemises et des sacs en tissus africains. Les bénéfices sont partagés entre les membres. Une initiative à soutenir. Dans le même esprit, voir aussi ***Al Nour*** (il s'agissait autrefois d'une seule et même association), qui a ouvert une boutique au 55, rue El-Ksour *(plan détachable E3 ; ☎ 05-24-39-03-23 ; • alnour-textiles.com • ; tlj 9h-14h, 15h-19h).*

Youssef Création et Passementerie *(plan détachable E3,* ***65****) : 92, souk Lakchabia. ☎ 05-24-44-04-98. • myyoussef.com •* Petits accessoires originaux et de qualité, vendus à des marques internationales. Sacs, ceintures, bijoux, tuniques... Youssef, le créateur, peut également fabriquer sur-mesure.

Henna Art Café *(zoom détachable E4,* ***34****) : Riad-Zitoun-el-Kedim. Entrée sur le côté, par une belle porte bleue. Tlj 11h-20h30.* Rachid et Lori, originaire des États-Unis, forment des artistes à l'utilisation artistique du henné, pas seulement sur la peau, mais sur papier, cuir, bois, bijoux. Les œuvres sont ensuite vendues, et les bénéfices permettent de financer des programmes destinés aux enfants : cours de photo, ateliers créatifs, etc. Un lieu à la fois intéressant par ses initiatives et agréable à visiter. On peut aussi y manger et boire un jus (lire plus haut), et bien sûr se faire tatouer au henné à base de produits de qualité.

MARRAKECH

Création contemporaine

Zone industrielle de Sidi-Ghanem : *route de Safi, à env 8 km du centre de Guéliz ; bus nº 15 au départ de la pl. Jemaa-el-Fna ou taxi à garder la matinée (ou les 2h que vous passerez là-bas).* Un quartier sans charme, où se succèdent boutiques et ateliers, avec, au milieu, quelques belles trouvailles à faire en matière de déco, accessoires, cosmétiques, design, ameublement, céramique, linge de maison, bougies, luminaires... À prix parfois intéressants. Vous pouvez même y casser une graine...

Le Zinc : *51, rue principale, Sidi-Ghanem. ☎ 05-24-33-59-69. Lun-ven le midi, parfois sam midi. Fermé dim. Formule env 190 Dh, plats autour de 100 Dh. CB refusées.* En « magasinant » à Sidi-Ghanem, voilà une bonne occasion de bien manger à des tarifs corrects. Plats bistrotiers (qui changent régulièrement) de belle facture avec une touche d'originalité, au gré d'un service agréable et pro.

À VOIR

- **La médina....................... 128**
  - Le minaret de la Koutoubia • La place Jemaa-el-Fna
  - Les souks • La médersa Ben-Youssef • Le musée de Marrakech • La koubba almoravide • La Fondation Dar Bellarj
  - La Maison de la photographie
  - Le musée de Mouassine
  - Le Musée Orientaliste
  - Le Jardin Secret • Dar el-Bacha – Le Musée des Confluences • Le musée du Parfum • La maison Denise-Masson – Maison du Dialogue de Marrakech
  - Dar Moulay Ali
  - Le musée Boucharouite
  - Heritage Museum
  - Musée de la Femme
  - La mosquée Moulay Yazid • Les tombeaux saadiens
  - Le palais El-Badi
  - Le mellah
  - La synagogue Laazama • Le palais de la Bahia • Dar Tiskiwin
  - Le Musée national du Tissage et du tapis
  - De la place Jemaa-el-Fna à la médersa Ben-Youssef • Vers la porte Sidi-bel-Abbès
  - Le quartier et la mosquée de Sidi-bel-Abbès
  - Vers les tombeaux de Sidi ben Slimane et Sidi Ahmed Soussi • Le pèlerinage des Sept-Saints
- **Guéliz et les autres quartiers de la ville nouvelle....................... 144**
  - Le jardin Majorelle
  - Le musée Yves Saint Laurent • Le musée d'Art et de Culture de Marrakech • Le tour des remparts • La Ménara
- **La Palmeraie.................. 146**
  - Le musée de la Palmeraie • Le musée Farid Belkahia
- **Un peu plus loin.............. 147**
  - Le musée Mohammed VI, pour la civilisation de l'eau au Maroc
  - Le musée d'Art africain Al Maaden • Le complexe de poterie Moujmar-el-Frara

S'il fallait visiter ce bijou en une seule journée (vous avez prévu plus, n'est-ce pas ?), on retiendrait avant tout la place Jemaa-el-Fna et les souks.

Ne croyez pas que Marrakech soit une ville facile qui séduit au 1er abord ; il faut savoir la mériter un peu, surmonter ses peurs diffuses, ses 1res impressions. Avant tout, oublier les sollicitations des rabatteurs en tout genre, qui se sont d'ailleurs assagis depuis la création de la redoutée « brigade touristique ». Malgré tout, on trouve encore des faux guides qui tentent parfois de diriger les touristes vers le coin des tanneurs, à l'est de la médina. Arnaque et racket assurés ! Si vous avez pris un guide officiel (voir « Infos touristiques » dans « Adresses utiles »), définissez bien le programme avant le départ.

– ***En projet,*** plusieurs musées devraient en principe ouvrir courant 2019 dans la médina : entre autres, le musée de la médersa Ben-Saleh sur le patrimoine religieux.

LA MÉDINA

La médina de Marrakech a été inscrite par l'Unesco au Patrimoine mondial de l'Humanité en 1985. Avec plus de 600 ha, c'est la plus étendue du Maghreb. Elle abrite environ 140 000 habitants, selon le recensement officiel, soit environ un 10e de la population de la ville, et compte pas loin de 28 000 maisons.

C'est dans son dédale que bat le vrai cœur de Marrakech : dans ses ruelles sinueuses, autour de ses patios, de ses fontaines, de ses jardins d'orangers, au cœur de ses maisons dont le calme offre le plus rafraîchissant contraste avec le tumultueux désordre des souks, ainsi que dans ses 135 anciens *foundouk* (caravansérails). Un programme gouvernemental veille à leur restauration, en améliorant les conditions de travail de leurs habitants au quotidien. Jetez, par exemple, un œil au ***foundouk Sarsar,*** situé 100 m après le *Café Arabe,* 184, rue Mouassine, en direction de Riad-Laârouss. Ou encore aux ***foundouk Al-Mizan*** et ***Al-Amri,*** rue Bâb-Doukkala *(plan détachable E3),* presque en face l'un de l'autre.

Dans certains d'entre eux, on voit encore l'ancienne balance qui servait à peser les marchandises.
Lors de votre balade, n'hésitez pas à passer la tête sous les grandes portes à arcades qui bordent certaines rues, à vous engager dans les ruelles... À Marrakech, il faut oser se perdre un peu, beaucoup, passionnément. De toute façon, vous vous perdrez !
Dernier point : **la médina se visite à pied !** Bien que ce soit possible, il est très déconseillé d'y pénétrer en voiture, car non seulement il est difficile de s'y garer (voir plus haut la rubrique « Circuler dans Marrakech. En voiture »), mais le trafic est pour le moins chaotique (piétons, charrettes, ânes, vélos et surtout mobylettes dont les gaz d'échappement s'évacuent mal dans la médina et contribuent à rendre l'air bien pollué).

***Le minaret de la Koutoubia** (plan détachable D4) : ne se visite pas, mais on peut se balader dans le jardin autour, joliment aménagé.*
Il sert de point de repère dans toute la ville. Datant du XIIe s, il servit de modèle à la Giralda de Séville et à la tour Hassan de Rabat. Lorsque les Almohades s'emparèrent de Marrakech en 1147, ils détruisirent les palais almoravides, ainsi que la mosquée centrale dont ils jugeaient l'orientation incorrecte. Autant dire que la décision était plutôt politique, car depuis l'arrivée des 1ers Arabes dans les régions du Maghreb, les prières étaient dirigées vers le sud (et non vers l'est, en direction de La Mecque). Cette orientation, choisie par l'Almoravide Ali ben Youssef, provoqua à l'époque un grand mécontentement populaire. Les Almohades surent en tirer parti pour rassembler autour d'eux les populations berbères. Sacré prétexte, en somme.
C'est donc sur l'emplacement d'un palais almoravide que Abd el-Moumen, le nouveau maître de l'empire, fit édifier la Koutoubia. Tournant le dos au luxe de l'art andalou, il opta pour la simplicité.
Restauré et illuminé le soir, le minaret apparaît plus que jamais dans toute sa splendeur. Le décor extérieur en est différent sur chaque face : réseaux d'entrelacs sculptés dans le stuc, ornements floraux, bandeaux de céramique, arcs et décor épigraphique. Par la simplicité de ses formes, l'équilibre de ses proportions, la Koutoubia est considérée comme l'un des plus beaux monuments d'Afrique du Nord. Une rampe permettait autrefois d'accéder à 6 salles superposées, avant d'atteindre la plateforme (pauvre mulet qui devait monter tout là-haut 5 fois par jour !).

LES SPHÈRES CÉLESTES

Cette tour (69 m jusqu'au sommet du lanternon, 77 m jusqu'au sommet de la flèche), aussi haute que celles de Notre-Dame de Paris, est couronnée d'un lanternon surmonté de 4 boules dorées. La légende, qui embellit tout, prétend qu'elles sont d'or pur et que l'influence des planètes leur permet de tenir en équilibre !

La mosquée de la Koutoubia ou « des Libraires » doit son nom aux bouquinistes (il y en aurait eu 200 !) qui se tenaient autour au XIIe s (un des plus grands marchés du livre au monde). Plus large que profonde, avec 17 nefs perpendiculaires à la *qibla* (le mur vers lequel les fidèles se dirigent pour la prière), elle ne se visite pas. Vers 1950, des fouilles effectuées dans les ruines de la 1re mosquée ont révélé un savant mécanisme qui servait à faire apparaître, puis à escamoter dans le sol, des parois qui créaient un espace réservé pour le sultan face au mihrab. Les traces des tranchées sont encore bien visibles.

***La place Jemaa-el-Fna** (zoom détachable E3-4) :* son nom signifierait « assemblée des Morts », en mémoire de l'époque où les criminels y étaient exécutés et leur tête exposée pour servir d'exemple. D'autres proposent « place du Néant » ou encore « place de la Mosquée-Anéantie », en référence à une mosquée de l'époque saadienne. Bref, c'est aujourd'hui le secteur piéton le plus vivant de

toute la ville ! Tout tourne autour d'elle. N'hésitez pas à monter à l'une des terrasses de bar ou restaurant qui offrent un bon point de vue d'ensemble.
Jusqu'au début des années 1980, la place était à la fois la gare routière et un marché aux puces permanent, installé dans des baraques en bois, qui faisaient de cet endroit une véritable extension des souks. Un incendie très opportun, suivi d'un décret, chassa les marchands du temple, vite remplacés par des « ambulants » en tout genre, attirant nombre de badauds.
On y trouve en vrac des diseuses de bonne aventure, des montreurs de serpents (lire aussi à ce sujet la rubrique « Faune et flore » dans « Hommes, culture, environnement » en fin de guide), dont il ne faut pas s'approcher – des personnes se sont déjà fait mordre alors que le venin avait été mal enlevé (et on ne s'en sort pas toujours !) –, des montreurs de singes, des femmes proposant des tatouages au henné (là encore, soyez très vigilant : lire le texte consacré aux tatouages au henné dans la rubrique « Santé » de « Maroc utile » en début de guide), mais aussi, plus réjouissants : des petits groupes de musiciens ou de théâtreux, des acrobates, des porteurs d'eau berbères, etc.

LE COBRA N'A PAS L'OREILLE MUSICALE !

Vous avez trop lu Tintin *! Les cobras ne se dressent pas au son de la musique. Tous les serpents sont sourds comme des pots. C'est un simple réflexe de défense. Désolé de casser ce conte digne des* Mille et Une Nuits*. Bon, maintenant, n'allez pas leur crier dans l'oreille pour vérifier !*

La place Jemaa-el-Fna est un immense théâtre en plein air. Dans la journée, le soleil écrase quelques vendeurs de jus d'orange et de fruits secs bercés par la trompette des charmeurs de serpents : il ne s'y passe pas grand-chose. Mais dès la fin d'après-midi, la fête commence. La magie opère plus que jamais au moment du soleil couchant. Les acteurs se mettent alors en place sur cette scène gigantesque. La soirée commence autour d'un verre sur l'une des terrasses, avant de plonger dans ce magma humain, cette animation riche, chaleureuse et amicale (attention quand même aux pickpockets !). Le soir, des dizaines de cambuses proposent une cuisine populaire, avec tables étroites et bancs pour un dîner sur le pouce (voir « Où manger ? Dans la médina »).
Au final, on comprend pourquoi, en 2001, grâce au travail de Juan Goytisolo, écrivain espagnol vivant à Marrakech, et au soutien de l'association *Les Amis de la place Jemaa-el-Fna,* elle a été déclarée par l'Unesco « chef-d'œuvre du Patrimoine oral de l'Humanité ». Car ce n'est pas son architecture, somme toute très banale, mais l'ambiance qui y règne qui confère à la place toute sa dimension.
Certes, tout cela se modernise : les vendeurs de jus d'orange sont sagement alignés, et les gargotes, numérotées, disposent – ô sacrilège ! – de l'eau courante et de l'électricité, et ne prennent même plus la peine de démonter leur structure dans la journée. Certains cafés obligent à commander la boisson avant de permettre l'accès à leur terrasse (!).
Quoi qu'il en soit, la place, toujours fréquentée par les autochtones, conserve indéniablement un grand pouvoir d'attraction. Finissons sur cette citation de Paul Bowles : « Sans la place Jemaa-el-Fna, Marrakech ne serait qu'une ville comme les autres. »

*Les souks*** *(plan détachable E3 et plan Les souks)* **:** *animation réduite ven 11h-16h en raison de la grande prière. De même, pas (ou peu) d'activité à l'occasion de certaines fêtes (Aïd el-Kebir et Aïd el-Fitr).*
Autrefois, s'aventurer seul dans les souks relevait de la hardiesse, mais depuis la mise en place d'une brigade touristique, le harcèlement a bien décru. En revanche, le trafic y est toujours aussi intense par endroits (charrettes, vélos et surtout mobylettes) ; les piétons n'ont qu'à bien se tenir et raser les murs.
Pour aider à s'y repérer, chacune des rues principales convergeant vers le centre des souks est commandée par une grande porte. **Attention, une grande partie des souks est bouclée à partir de 22h.** Passé cette heure, si vous deviez les

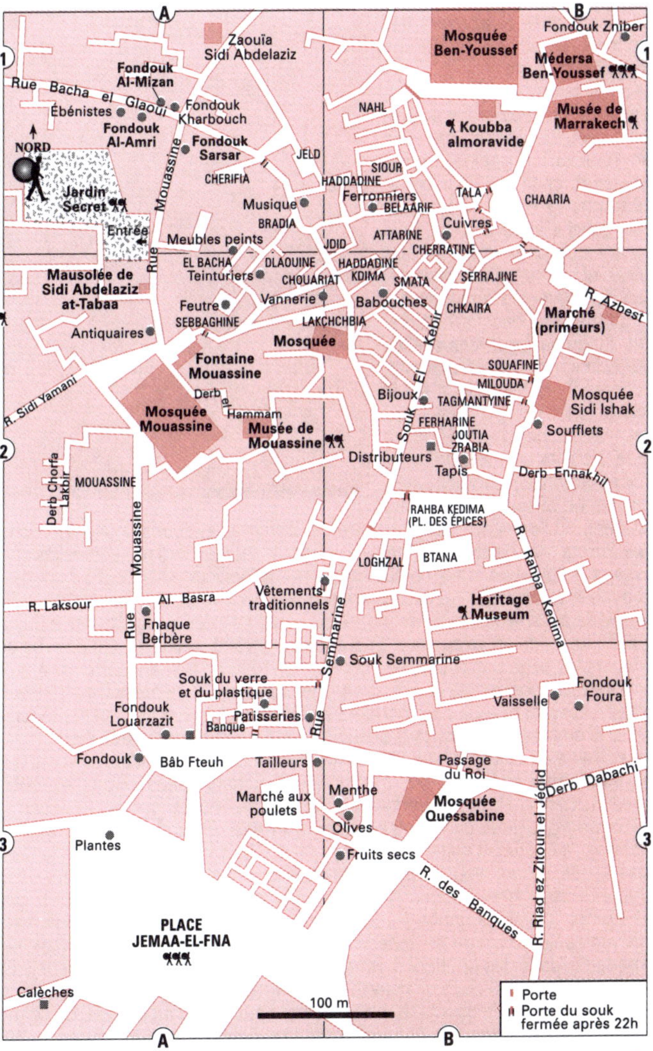

MARRAKECH – Les souks

traverser pour rejoindre votre hébergement par exemple, faites-vous indiquer un autre chemin. Se reporter au plan « Les souks » indiquant les portes que les gardiens ferment.

➢ ***Petite balade à travers les souks :*** au niveau de la fontaine Mouassine (derrière des grilles en fer forgé), en venant de la place Jemaa-el-Fna, continuer en direction de la médersa Ben-Youssef ; arrivé à la petite place, prendre à gauche et encore à gauche (fléché). Même s'il existe encore quelques ***teinturiers*** traditionnels, ce souk a perdu une grande partie de son activité avec les teintures industrielles. En revenant sur ses pas et en prenant à gauche, direction médersa Ben-Youssef, on atteint le ***souk Chouariat,*** celui des vanniers et des tourneurs sur bois. Toujours sur la gauche au niveau de la rue formant une patte d'oie, puis à gauche et tout de suite à droite, le ***souk Haddadine*** s'annonce par le martèlement des ferronniers. Allez jusqu'au bout des ruelles pour admirer ce travail d'artiste, notamment les têtes de lit faites avec du fer de récup' ! Au bout du souk Haddadine, prendre 2 fois à droite, pour trouver le ***souk des cuivres*** *(ennhaz),* constitué surtout de boutiques (plutôt que d'ateliers) où l'on vend plateaux, théières, lanternes et autres souvenirs. Dans le ***souk Smata*** (des babouches), parallèle au souk des cuivres (les 2 sont reliés par un passage), il flotte une odeur de cuir frais. Les cordonniers continuent à y coudre les babouches suivant des méthodes ancestrales. À côté, dans le ***souk Cherratine,*** on travaille aussi le cuir, mais les modèles se sont adaptés aux goûts des touristes. En continuant, on arrive au ***souk El-Kebir,*** ou « grand souk », en fait une rue couverte, la plus large des souks, où l'on vend de tout. En prenant cette rue à droite, on va vers la place Jemaa-el-Fna (à gauche, c'est vers la médersa Ben-Youssef) et on passe devant le souk des bijoutiers (dans un passage, côté gauche, repérer la pancarte en hauteur, avant celle de la *Banque Populaire,* et l'entrée surmontée de stucs). Vente au poids de bijoux en or et en argent. Pour un petit topo sur la question, se reporter en fin de guide à la rubrique « Achats » dans « Hommes, culture, environnement ». Puis, en prenant la 1re à gauche encore (suivre la pancarte de la *Banque Populaire*), on découvre le ***souk Zrabia,*** dit la ***Criée berbère*** *(tlj sauf ven, entre la 3e et la 4e prière, soit entre 16h et 18h30),* pour les tapis et les kilims (tapis tissés). Mieux vaut être accompagné d'un ami marocain si vous désirez acheter ! Passer ensuite sous l'arche pour se retrouver à l'air libre, sur la ***place des Épices*** (ou place Rahba-Kedima), ancien marché aux grains et aux épices. On y vend aujourd'hui de la vannerie et encore des épices (et plantes médicinales en bocaux), dans des boutiques. Profitez-en pour faire une halte à l'agréable *Café des Épices* (voir « Où boire un verre ? Dans la médina »). Dans le prolongement du café, une ruelle sur la gauche débouche sur la petite ***place Loghzal,*** où se tenait le marché aux esclaves. Ce dernier ne cessa son horrible commerce qu'en 1920. Elle est désormais occupée par des commerçantes. Vous avez bien lu, seules les femmes ont le droit de vendre ici, généralement du tissu et des accessoires de cuisine. Les touristes masculins sont, quant à eux, autorisés. Sympa ! À l'entrée, un herboriste vend des remèdes contre la magie noire !

Rejoindre ensuite la rue Semmarine. Si on la prend à gauche, on retourne vers la place Jemaa-el-Fna. Sur la droite s'ouvrent les ***kissaria*** (marchés couverts), réservées au commerce des étoffes. Ce sont les mieux conservées du Maroc avec celles, plus petites, de Meknès. Certains plafonds ont conservé leur charpente en bois de cèdre. Enfin, en poursuivant vers la place Jemaa-el-Fna et en tournant à gauche au bout de la rue Semmarine, on arrive, un peu plus loin sur la gauche, entre les cafés *Kessabine* et *Dabachi,* au « ***passage du Roi*** », ainsi surnommé en

AH, LES BONNES VIEILLES RECETTES !

En flânant parmi les boutiques d'herbes médicinales, vous apprendrez que si vous perdez vos cheveux, il faut prendre du ghassoul qui, dilué dans de l'eau tiède, forme une boue à étaler sur la tête. Vous pouvez aussi remplacer votre dentifrice habituel par des bâtonnets d'écorce de noyer avec lesquels vous frotterez vos petites quenottes. Le zoac, récipient de terre cuite enduit de poudre de coquelicot, tiendra lieu de fard et de rouge à lèvres pour les coquettes. Enfin, n'oublions pas les aphrodisiaques, comme la cantharide (coléoptère), dont la poudre se dilue dans le café et peut réveiller certains membres paresseux, surtout chez les hommes !

raison des multiples portraits de rois du Maroc placardés et décorés sur les pans de murs par des Marocains anonymes, comme autant d'hommages et de déclarations à leurs souverains. Étonnant !
Cet itinéraire indicatif vous aura également permis de vous paumer plusieurs fois pour faire des découvertes personnelles, du moins on l'espère !

Au nord de la médina

La médersa Ben-Youssef *(plan détachable E3)* : **attention, fermée pour travaux.** *Date de réouverture indéterminée. Si la médersa rouvrait lors de votre passage, voici les anciens horaires à titre indicatif : tlj 9h-16h30. Fermé le mat pour l'Aïd el-Kebir. Accès payant.*
C'est l'un des monuments les plus intéressants de la ville. Édifiée en 1572 par la dynastie saadienne, cette école coranique, université traditionnelle de Marrakech, était tout simplement la plus vaste du Maghreb. Elle pouvait accueillir 300 élèves, entassés dans quelque 132 cellules visibles au rez-de-chaussée et au 1er étage. Les cours se tenaient dans la grande mosquée voisine, voire dans la salle de prière, la cour, autour du bassin ou à l'ombre des galeries latérales.
Une riche bibliothèque se trouvait entre la médersa et la grande mosquée (les précieux manuscrits sont aujourd'hui conservés par le ministère de la Culture).
La médersa Ben-Youssef est un merveilleux exemple de l'architecture arabo-andalouse telle qu'elle s'est développée au Maroc dans toute sa maturité. Le plan et les volumes en sont simples, précieux et raffinés. Tout repose dans la justesse des proportions, l'harmonie entre les surfaces et le décor. En visitant la médersa, il faut regarder partout, sols, plafonds, détails des arcs, et débusquer les jeux de lumière dans les couloirs et les chambrettes. La grande cour : équilibre parfait et bassin central rafraîchissant (qui permettait notamment aux élèves de nettoyer leurs ardoises). Colonnes massives et courtes, soubassements carrelés en mosaïque de zelliges surmontés de versets du coran et de motifs floraux, linteaux de cèdre, stucs très ouvragés au-dessus. Au fond de cette cour, la salle de prière avec ses colonnes de marbre supportant les chapiteaux décorés et surmontés de murs de stuc, là encore. Au fond, le mihrab à l'arche outrepassée. Partout, le stuc ciselé anime les murs.
D'étroits couloirs autour de la cour, au rez-de-chaussée et surtout à l'étage, ouvrent sur les dizaines de petites cellules réservées aux étudiants, aux lourdes portes de bois. À l'étage encore, superbes poutres et balustrades ciselées, autour de puits de lumière. Admirez dans certains petits patios le travail du bois sculpté, sur lequel subsistent encore des traces de la peinture d'origine, ainsi que les tuiles vertes en avancée qui protégeaient ce même bois de la pluie. Au rez-de-chaussée, les toilettes au bout du couloir face à l'entrée sont l'ancien bassin aux ablutions. La coupole, très élégante, montre tout le soin des maîtres d'œuvre et des artisans traditionnels jusque dans des espaces qu'on pourrait juger secondaires, mais ô combien fondamentaux dans l'islam.

LES TALIBANS DE L'ÉCOLE CORANIQUE

La médersa Ben-Youssef accueillait des talibans. Pas de méprise, taliban signifie juste « étudiant », « celui qui cherche la connaissance », en arabe. Dans les médersas, il s'agissait d'étudiants en théologie. Jusqu'à 12 ans d'études pour les plus doués d'entre eux. Aujourd'hui, loin du Maroc, ce mot a pris une tout autre connotation : celle de fanatiques religieux qui baptisèrent de ce nom le mouvement intégriste que l'on connaît.

Le musée de Marrakech *(plan détachable E3)* : *à côté de la médersa Ben-Youssef. ☎ 05-24-44-18-01. • museedemarrakech.ma • Tlj 9h-18h. Fermé pour l'Aïd el-Kebir et l'Aïd el-Fitr. Entrée : 50 Dh.*

Le palais *Dar M'Nebhi,* l'un des plus beaux de la fin du XIXe s et des plus vastes (près de 2 000 m²), fut la demeure du ministre de la Défense du sultan puis, à l'indépendance, la 1re école de filles de la ville. Désormais transformé en musée, il accueille des expos temporaires d'art contemporain ou plus traditionnel (bijoux berbères, tapis, etc.), ainsi que des événements culturels de temps à autre.
Côté architecture, prenez le temps de découvrir la grande cour, agrémentée de 3 petites fontaines au milieu, rythmée par des niches, des alcôves et des arches, et couverte (ça gâche un peu !) par une toile en forme de dôme géant. Colonnes aux beaux chapiteaux ajourés, immense lustre en cuivre, sol en mosaïque de marbre blanc et en petits carreaux de céramique polychrome (zelliges), belles portes en bois peint... Le hammam du palais (au fond de la grande cour) offre de petites salles d'exposition supplémentaires. Superbes murs en *tadelakt,* zelliges et coupoles décorées de plâtre sculpté et peint.
Agréable café sur la place.

La koubba almoravide *(plan détachable E3) : à côté du musée ; mêmes horaires.* ***Actuellement fermée pour travaux,*** *date de réouverture indéterminée.* Édifié au XIIe s, ce bâtiment pourrait être le bassin aux ablutions d'une mosquée primitive, que le sultan fit détruire pour édifier l'actuelle mosquée Ben-Youssef, plus belle, plus grande. La koubba, quoique petite par la taille, est considérée, pour l'extraordinaire décor de sa coupole, comme l'un des sommets de l'art musulman. C'est aussi le seul témoignage de l'art des Almoravides dans leur capitale, Marrakech. Observer sa forme et sa structure très raffinée malgré la simplicité du décor extérieur. C'est l'intérieur de la coupole qui présente l'intérêt majeur de ce petit édifice. Bien restauré (d'aucuns affirment que certains décors ne sont pas d'origine), il fait partie d'un ensemble comprenant des latrines, une fontaine et une citerne, dont on peut voir les fouilles à l'arrière de la koubba. Noter que ce complexe était à demi enterré. L'eau était drainée par des canalisations de terre cuite, enfouies sous terre. À l'époque, le niveau de la rue était inférieur de 5 m environ par rapport à son niveau actuel.

La Fondation Dar Bellarj *(plan détachable E2-3) : à côté de la médersa. ☎ 05-24-44-45-55. • darbellarj.com • Tlj sauf dim 9h30-17h30 (9h-15h pdt le ramadan). GRATUIT.* Successivement *foundouk,* école et même dispensaire pour cigognes, ce lieu héberge désormais une fondation, à volet autant culturel que social, créée par des mécènes suisses. Autour du patio serti de très jolies colonnes d'architecture islamique se tiennent des expos temporaires à thème. On y organise aussi des concerts et autres manifestations pour perpétuer la culture marocaine.

PAS BÊTE

Selon une légende berbère, les humains prendraient l'apparence de cigognes pour pouvoir voyager (malin, non ?). L'ancien propriétaire connaissait cette histoire d'« hommes-cigognes », lui qui fit de sa maison un hôpital pour les majestueux volatiles, nombreux à Marrakech. Pas étonnant que la demeure s'appelle aujourd'hui « Dar Bellarj », littéralement « la maison des cigognes ».

La Maison de la photographie *(plan détachable F3) : 45, rue Souk-Ahal-Fès. ☎ 05-24-38-57-21. • maisondelaphotographie.ma • Tlj 9h30-19h. Fermé pour l'Aïd el-Kebir et l'Aïd el-Fitr. Entrée : 50 Dh ; gratuit jusqu'à 12 ans. Le billet est valable pour un nombre illimité de visites. Attention aux rabatteurs au début de la rue, qui affirment que l'endroit est fermé.* Un petit musée assez unique, qui détient la plus importante collection de photos anciennes (1870-1950) du Maroc. Plus de 5 000 clichés originaux, qui racontent, par roulement et par thème, près d'un siècle de vie marocaine. Au rez-de-chaussée, on admire les photos les plus anciennes avant de cheminer vers des clichés plus récents, ainsi que les 1ers films couleur sur les Berbères du Maroc, réalisés en 1957 par Daniel Chicault. Le tout est éclairé

par de riches explications. Au 2e étage, ne pas manquer les autochromes datant de 1907 situés dans la petite pièce (allumez l'interrupteur sur la droite). Il s'agit de diapositives en couleur sur une plaque de verre. Le procédé a été mis au point par les Frères Lumière en 1903, grâce à de la fécule de pomme de terre (efficace pour capter les colorants) teintée de couleurs primaires.
Ensuite, vous n'êtes plus très loin de la terrasse, qui offre peut-être la plus belle vue sur Marrakech et l'Atlas de la médina ! Un voyage dans le temps qui laisse rêveur.
Finissez la visite en prenant un jus ou, si vous n'avez pas mangé, le menu du jour (spécialité de poulet au citron) au café installé sur le toit-terrasse. Vue magnifique de là-haut. Bon plan : avec votre ticket, revenez le soir pour profiter du coucher du soleil sur la terrasse.

Le musée de Mouassine *(plan détachable E3)* **:** *fontaine Mouassine, 4-5, derb El-Hammam. ☎ 05-24-37-77-92. • museedemouassine.com • Dans une ruelle à droite de la fontaine Mouassine. Tlj 9h30-19h (18h nov-fév). Entrée : 40 Dh. Organise aussi des soirées musicales 3 fois/sem (sauf en été) ; voir plus haut la rubrique « Culture et patrimoine » dans « Adresses utiles ».*
Le musée occupe une *douiria,* un appartement de réception de la maison principale, datant des XVIIe et XVIIIe s, aujourd'hui coupée en 2 (on voit le mur de séparation dans le 1er patio). Un véritable joyau architectural, qui a conservé intégralement l'agencement de ses pièces, mais aussi son décor de bois peint, ses stucs et ses couleurs d'origine, mis au jour sous une épaisse couche de plâtre après de minutieux travaux de restauration (voir la vidéo).
Aujourd'hui, c'est un lieu dédié aux arts du Maroc, qu'ils soient décoratifs, du quotidien, en lien avec la musique ou l'image. Il présente peu d'objets pour une meilleure mise en valeur du cadre. Plusieurs salles sont aussi consacrées à des expos temporaires, dont l'une aménagée dans un rare ensemble de caves sur voûtes. Ne pas manquer de lever la tête vers les plafonds peints et les frises d'une grande finesse.
Cafétéria sur la terrasse panoramique.

Le Musée orientaliste *(plan détachable E3)* **:** *kaat Bennahid, 5, derb-el-Khamsi. ☎ 05-24-44-73-79. Tlj 9h-19h. Entrée : 60 Dh ; réduc étudiants ; gratuit moins de 12 ans. Billet combiné avec le MACMA (à Guéliz) : 100 Dh.* Cette maison, restaurée dans les règles de l'art, expose une collection privée de peintres orientalistes avant et pendant le protectorat français. À travers des salles thématiques : scènes de guerre, portraits d'hommes au rez-de-chaussée, de femmes à l'étage, les souks, les kasbahs et riads, on découvre des planches en phototypie de Delacroix (reproduction de l'époque sur une plaque de verre), à tirage limité, des toiles de Majorelle et Dufy... Remarquer également le beau mobilier dans le patio et ces babouches datant de la fin du XIXe s. Enfin, ne pas manquer de grimper jusqu'à l'agréable terrasse.

Le Jardin Secret (plan détachable E3) **:** *121, rue Mouassine. ☎ 05-24-39-00-40. • lejardinsecretmarrakech.com • Tlj à partir de 9h30 jusqu'au coucher du soleil (19h30 avr-sept, 17h30 nov-janv, 18h30 fév-mars, oct) ; fermeture des caisses 30 mn avt. Entrée : 50 Dh + 30 Dh pour grimper à la tour (montée interdite aux enfants de moins de 6 ans) ; réduc.*
Ce jardin porte bien son nom. Comment, en effet, imaginer espace si vaste, si harmonieux, caché derrière de hauts murs en plein cœur de la médina ? Il fait partie d'un des plus grands riads de la ville, construit au milieu du XIXe s à l'emplacement d'un ancien palais saadien du XVIe s. Il fut la propriété successive de hauts dignitaires marrakchis jusqu'à son abandon en 1934, à la mort de son dernier occupant. Il aura fallu attendre les années 2000 pour que démarre sa restauration, un travail de longue haleine, effectué dans le respect de l'architecture islamique de l'époque.

L'ensemble se compose de 2 parties : un jardin exotique planté d'essences du monde entier, habituées à des climats similaires, plus un jardin islamique répondant au plan classique et sacré des 4 parterres séparés par des allées. Il possède toujours son système d'irrigation original. Dominé par une tour, la plus haute de l'ancienne médina de Marrakech, elle est aussi haute que certains minarets, et témoigne de la puissance de son propriétaire. On y profite d'une vue imprenable sur la ville et l'Atlas, magnifique surtout en fin de journée. Au passage, admirez les beaux plafonds peints. Dans les bâtiments entourant les jardins, quelques panneaux sur l'architecture, des vidéos sur l'irrigation et la restauration.
Enfin, pour prolonger cette halte reposante, 2 snacks, dont un sur la terrasse qui surplombe le jardin islamique.

Dar el-Bacha - Le musée des Confluences *(plan détachable D3)* **:** *rue Dar-el-Bacha. Tlj sauf mar 10h-18h. Tarif : 30 Dh ; gratuit moins de 16 ans.*
Construit dans les années 1910 par le Glaoui, cet immense riad fut plus tard la propriété de Patti Birch, une milliardaire américaine, qui, à sa mort, en fit don à la Ville. On ne visite aujourd'hui que la partie « réception », ce qui donne une petite idée de la taille de l'ensemble. En écho au musée des Confluences de Lyon, il accueille des expos temporaires, mais le riad vaut déjà le détour, son architecture représentant à elle seule une confluence. Ici, pas de style arabo-andalou au sens strict, mais de multiples inspirations dans les éléments décoratifs et les techniques qui ont forgé l'identité du pays.
Du savoir-faire marocain, on admire le très beau jardin planté d'orangers, véritable havre de paix dans la médina, les magnifiques portes et plafonds peints en cèdre, les zelliges et stucs qui ornent toutes les pièces, l'ingénieux système de chauffage et d'évacuation des eaux dans le hammam (à ne pas manquer justement avec son sol et ses portes en marbre et les fours de la salle la plus chaude visibles sous une plaque de verre). D'Occident, ressortent les colonnes cannelées à la mode antique italienne, la forme des fenêtres en bois sculpté, ou encore l'influence Art déco sur quelques zelliges du hammam et boiseries.
Les puristes crient au kitsch (non dénué de finesse), d'autres y voient l'expression d'un occidentalisme (l'Occident vu par l'Orient), comme il existait un orientalisme. Quoi qu'il en soit, le lieu ne laisse pas indifférent et mérite qu'on s'y attarde.

Le musée du Parfum *(plan détachable E2)* **:** *2, derb Chérif, diour Saboun. 212 (0)6-61-09-53-52. Bien signalisé aux alentours. Tlj 9h-17h30. Entrée : 40 Dh ; réduc. Atelier création de parfum 400 Dh, flacon de 30 ml compris ; bar à parfums 120-240 Dh selon la contenance du flacon.* Œuvre d'Aberrazakk ben Châabane, parfumeur et artiste, ce petit musée, logé dans un riad joliment rénové, abrite une belle expo sur les senteurs du Maroc. Comment tout savoir ou presque sur les notes de tête, de cœur et de fond, indispensables à l'équilibre d'un parfum ; reconnaître les principaux effluves qui émanent des encensoirs suspendus le long de murs noirs, baignés par une lumière tamisée ; découvrir l'alliance de la bijouterie et de la parfumerie, ou comment les femmes berbères diffusaient leur parfum grâce à leurs colliers... Quelle subtilité ! Cette initiation s'effectue à travers une muséographie à la fois simple et esthétique, voire apaisante grâce aux différentes odeurs humées au fil de ce parcours, le sens olfactif étant rarement sollicité dans les musées.
On prolonge la visite par un atelier pour apprendre à créer sa propre fragrance. Et où l'on comprend qu'être nez, c'est un métier ! Une expérience enivrante et tout à fait originale.

La Maison Denise Masson – Maison du Dialogue de Marrakech *(plan détachable D2-3)* **:** *49, derb Zemrane, Bâb-Doukkala. ☎ 05-24-38-50-05. • maisondenisemasson.ma • Facebook. Lun-sam 10h-18h, fermé dimanche. GRATUIT.*
Née en 1901, Denise Masson fut une infirmière engagée qui se lança dans une étude comparée des 3 grandes religions monothéistes et traduisit le Coran pour la collection de La Pléiade, devenu une référence. Elle a légué son riad à l'État

français en stipulant qu'il devait devenir un lieu de dialogue entre les cultures et les religions. L'Institut français, qui en a la charge, y organise donc des événements culturels et accueille des artistes et des chercheurs en résidence. L'univers marrakchi de cette humaniste a été préservé. En plus d'un vaste jardin intérieur, quelques éléments d'époque subsistent dans le bâtiment : au rez-de-chaussée, un pianoforte et un orgue sous un très beau plafond de bois peint, ainsi que des bribes de sa bibliothèque au 1er étage. Sophia, Touria et Habiba font visiter les lieux avec plaisir.

RÉFUGIÉE DE GUERRE

En 1939, Mme Larochette passa ses vacances à Marrakech. Sa famille possédait le restaurant Sébillon, *qui existe toujours à Paris. Bloquée par la guerre, elle décida de créer* La Maison Arabe *(voir plus haut), dans le quartier de Bâb-Doukkala, qui devint le restaurant le plus célèbre du Maroc dans les années 1950. Dans ce riad sublime, on mangeait avec les doigts, ce qui comblait de plaisir Churchill, Jackie Kennedy et le Glaoui !*

Dar Moulay Ali *(plan détachable D4)* **:** *1, rue Ibn-Khaldoun, près de la Koutoubia. ☎ 05-24-42-85-48. • darmoulayali.ma • Mar-sam 10h-18h, fermé dim-lun. Entrée : 40 Dh ; réduc ; gratuit jusqu'à 12 ans.* Le palais historique Dar Moulay Ali, érigé au XIXe s, est aujourd'hui la résidence du consul général de France à Marrakech. Une petite partie de la demeure – l'ancien bureau des Consuls généraux, l'ancienne salle des mariages, ainsi que le patio – est accessible au public. Animé par l'Institut français de Marrakech, l'espace culturel « Dar Moulay Ali, Maison de la France à Marrakech » raconte la mémoire du palais, accueille rencontres et expositions, et offre un espace de convivialité-salon de thé dédié au voyage. Possibilité de visite privée de la Résidence consulaire.

Le musée Boucharouite *(plan détachable F3)* **:** *107, derb El-Qadi, Azbezt. ☎ 05-24-38-38-87. Tlj sf dim 9h30-18h. Fermé en août. Entrée : 40 Dh.* Un beau petit musée niché dans un *dar* du XIXe s très joliment restauré. On y découvre une belle collection de tapis « Boucharouite » et « Zindekh », confectionnés avec beaucoup de talent par des femmes à partir de bouts de tissu et autres effets personnels recyclés. Le résultat, toujours très coloré, est parfois surprenant, d'autant que les œuvres sont très bien mises en valeur. Accueil chaleureux de Patrick, créateur du lieu et passionné d'art contemporain. Petite boutique aussi, et salon de thé sur la terrasse fleurie.

Heritage Museum *(plan détachable E3)* **:** *rue Rahba. Tlj 9h-18h. Entrée : 30 Dh.* Petit musée simple dans sa présentation et ses explications, qui a le mérite d'exister. Dans cette maison du XVIIe s sont mises en avant les cultures berbère, juive et arabo-andalouse des différentes régions du Maroc. Autour du patio, on découvre une collection de jarres et d'amphores, des enluminures, meubles en marqueterie, anciens minbars... À l'étage, tapis, tissus, belle porte en cèdre et vêtements traditionnels. Pause thé sur la terrasse offerte en fin de visite. Fait aussi café-resto.

Musée de la Femme *(plan détachable E3)* **:** *19, rue sidi Abdel Azizi. ☎ 05-24-39-19-03. Entrée : 30 Dh.* Ce tout nouveau musée tente de présenter à travers des expositions temporaires et thématiques le rôle majeur qu'occupe la femme au Maroc dans son histoire, les domaines scientifiques, culturels, éducatifs et économiques. Un projet très ambitieux qui se peaufinera au fil du temps et pourquoi pas à travers des échanges et rencontres ?

Au sud de la médina

Partir de Bâb-Agnaou *(plan détachable E5)*, l'une des plus belles des remparts de la ville, avec sa pierre d'un séduisant gris bleuté. Son nom signifierait « porte

MARRAKECH

du bélier sans corne », et viendrait du fait qu'elle a perdu les 2 tours qui l'encadraient auparavant. Selon d'autres, l'étymologie renverrait à la traduction de « Guinéen » *(agnaw).*

La mosquée Moulay El Yazid (plan détachable E5) **:** dite aussi « mosquée de la *kasbah* ». Elle se repère aisément à son minaret aux entrelacs de couleur turquoise, qui se détache du ciel. Vous ne pourrez rien voir d'autre, puisque la mosquée, dont la salle de prière comprend pas moins de 11 nefs, est réservée aux musulmans.
Cette construction paraît toute neuve, mais elle est, en fait, aussi ancienne que la Koutoubia. Yacoub el-Mansour la fit édifier de 1185 à 1190 sur un plan peu habituel puisqu'elle est presque carrée et dispose de 5 cours intérieures. Elle fut reconstruite après une explosion en 1569. On lui donna alors aussi le nom de mosquée « aux pommes d'or », car les boules de sa lanterne auraient été réalisées avec l'or des bijoux de l'épouse de Yacoub el-Mansour pour expier sa faute d'avoir rompu trop tôt le jeûne du ramadan...

Les tombeaux saadiens (plan détachable E5) **:** *quartier de la Kasbah ; entrée au fond d'une petite impasse, après le mur de la mosquée. Tlj 9h-16h45 (15h pdt le ramadan). Entrée : 70 Dh.*
Ce jardin-cimetière fait partie de la mosquée El-Mansour, située juste derrière. Il fut récupéré au XVIe s par les Saadiens pour abriter les tombes de leurs rois et de leurs familles. Mais dans sa volonté de détruire toute trace des Saadiens, le sultan alaouite Moulay Ismaïl fit murer l'entrée de la nécropole au XVIIIe s. Les tombeaux ne furent découverts qu'en 1917 ! L'ensemble comporte 3 koubbas. Notez-en l'architecture : en bas, les colonnes de marbre ; au-dessus, les stucs, puis des panneaux de cèdre travaillés, et enfin des tuiles vernissées.
Sous les tombes de marbre et les coupoles dorées, c'est toute l'histoire d'une famille qui repose, une dynastie loin d'être paisible. Assassinats, empoisonnements, luttes fratricides, les Saadiens n'étaient pas des enfants de chœur ! 4 mois et 10 jours de deuil étaient le minimum décent : il fallait savoir si la femme était ou non enceinte à la mort du défunt !
Le jardin est un petit havre de paix le matin à l'ouverture ou en fin d'après-midi, quand il n'y a pas foule !
Le 1er mausolée, autrefois salle de prière, est composé de 3 salles, mais on ne peut en admirer que 2, depuis l'extérieur. La 1re, reposant sur 4 colonnes et proposant un opulent décor, possède un riche mihrab. La 2e, la salle centrale, abrite la tombe de Moulay Ahmed el-Mansour el-Bedi (le Victorieux, le Doré), mort de la peste à Fès en 1603, et qui repose, entouré de ses fils, sous une coupole de cèdre doré, ornementée de stucs très travaillés et que supportent 12 colonnes de marbre de Carrare. La 3e salle (qu'on ne peut pas voir), dite « des Trois Niches », abrite des tombes d'enfants et de femmes de rois. Dans le 2nd mausolée, au milieu du jardin, avec sa coupole à stalactites peintes, se trouve la tombe très vénérée de la mère de Moulay Ahmed el-Mansour et des femmes royales. Les mosaïques au sol indiquent la présence de tombes.
A découvrir : au fond des *tombeaux saadiens*, un accès vers le *palais El-Badi* devait prochainement être ouvert. Une déambulation unique entre 2 murailles de la vieille ville, comme hors du temps.

Le palais El-Badi (plan détachable E-F5) **:** *juste au sud de la pl. des Ferblantiers. ☎ 05-24-37-81-63. Tlj 9h-16h45. Entrée : 70 Dh. On peut aisément faire la visite seul, mais il n'est pas interdit non plus de faire appel à un guide. Attention, le palais accueille parfois de grands événements et ferme à la visite. Se renseigner avant.* Le véritable intérêt du site réside dans la visite du minbar. Car, soyons francs, il reste peu du palais, tout au plus le souvenir vaporeux des fastes du passé.
Sitôt arrivé sur le trône, après la bataille des Trois-Rois (1578), le Saadien Ahmed el-Mansour aurait lancé la construction d'un palais de réception gigantesque. *El-Badi,* l'une des 99 épithètes de Dieu, signifie « l'Incomparable » : c'est dire !

2 pavillons, couverts de coupoles et supportés de colonnes de marbre, s'y élevaient : le « pavillon d'or » et le « pavillon de cristal ». Les matériaux les plus précieux avaient été achetés jusqu'en Chine. De nombreux visiteurs ont conté les plafonds incrustés, les chapiteaux recouverts d'or, la profusion de marbres noir et blanc, des onyx de toutes les couleurs. Le sol décoré de mosaïques était creusé de petits bassins d'eau vive.
À droite de la cour, on peut parfois accéder aux terrasses : jolie vue sur la ville... et sur les cigognes en saison. C'est dans une salle du palais en ruine (de l'autre côté de la cour) qu'est conservé le clou de la visite, un chef-d'œuvre de menuiserie et de marqueterie : le ***minbar de la mosquée-cathédrale,*** datant du XIe s. Cette chaire à prêcher a longtemps servi dans la mosquée de la Koutoubia. Impressionnant par ses dimensions (plus de 3 m de hauteur et de profondeur), ce meuble vénérable, minutieusement rénové, est composé de bois précieux et d'ivoire finement ouvragés en de savantes arabesques, œuvre de maîtres ébénistes de Cordoue.

UN PALAIS PAS LAID

Lors de l'inauguration de son palais El-Badi, le sultan el-Mansour demanda fièrement à son bouffon : « Et toi, que penses-tu de ce palais ? » « Quand il sera démoli, il fera un gros tas de pierres », lui aurait répondu le fou. Quelques décennies plus tard, le sultan Moulay Ismaïl démembra le palais, récupéra les marbres et matériaux précieux. Et avec le « gros tas de pierres » restant, il se fit construire un palais à Meknès. Pas si fou, le fou !

MARRAKECH

Le mellah *(plan détachable E-F4-5) : entre le palais El-Badi et le palais de la Bahia. On y accède par la place des Ferblantiers (Bâb-Berrima) ou tt au bout du Riad-Zitoun-el-Jdid.*
L'ancien quartier juif de Marrakech. Il y eut, dit-on, jusqu'à 36 000 juifs dans la ville. De 1956 à 1967, la plupart partirent en Israël, en France et à Montréal. Il en resterait environ 200 à Marrakech, dont une vingtaine seulement habitent le mellah. Le quartier fait aujourd'hui l'objet d'une réhabilitation et a retrouvé les plaques de ses ruelles en hébreu.
La communauté juive était réputée jadis pour son sens de la récupération. À partir de vieux pneus, des artisans confectionnaient des savates. D'autres, à partir de vieux bidons, fabriquaient des objets domestiques en fer-blanc (d'où la place des Ferblantiers), mesures diverses, entonnoirs et, surtout, de belles lanternes ajourées et ornées de verres colorés. On trouvait aussi nombre de bijoutiers.
Le souk coloré, qui rassemble de nombreux grossistes (épices, tissus, etc.), mérite vraiment le détour. Beaucoup de ruelles et une vie locale encore très riche, avec les enfants jouant dans la rue et de vénérables échoppes de proximité...

La synagogue Laazama *(plan détachable F4) : rue Talmud-Thora. Tlj sauf sam 8h-19h (16h ven). Entrée : 70 Dh.*
Restaurée récemment, la synagogue du mellah est l'une des 2 seules qui existent encore à Marrakech (l'autre se trouve à Guéliz), alors qu'on en comptait 35 au XIXe s lorsque la ville recensait la plus forte communauté juive du pays. Les salles, qui entourent le patio tout en zelliges, abritent un petit musée relatant l'histoire des juifs de Marrakech, de la 1re implantation au Maroc, à l'époque du roi Salomon, aux différentes vagues d'immigration aux XIIIe, XVe, puis XIXe s. C'est au XVIe s, sur ordre du sultan de l'époque, qu'ils sont regroupés au sein d'un même quartier ; ils étaient alors 30 000.
La synagogue, elle, fut construite par les juifs expulsés d'Espagne en 1492. Elle servait de *yeshiva* (institut talmudique) et d'internat à 400 étudiants. Voir les vieilles photos de classe datant des années 1940-1950, celles de familles en costume traditionnel, réfugiées dans l'Atlas, prêtes à partir pour Israël. Les amateurs de photos se pencheront sur un tirage de 1915 représentant une jeune femme. Voir aussi un ancien rouleau de la Torah du début du XXe s.

À l'est du mellah, ***le cimetière juif*** mérite lui aussi un détour avec ses maisonnettes blanches ornées de niches où l'on faisait brûler des bougies. Il date du XVIe s.

Le palais de la Bahia *(plan détachable F4)* **:** *Riad-Zitoun-el-Jdid, près de la pl. des Ferblantiers. ☎ 05-24-38-91-79. Tlj (sf le mat de l'Aïd el-Kebir) 9h-16h30. Entrée : 10 Dh.*
Construite vers 1880, cette riche demeure de Ba Ahmed est un chef-d'œuvre de l'art marocain, comptant 166 salles au total, mais on n'en visite qu'une (petite) partie, rassurez-vous... Vizir, ministre, il a assuré la régence des souverains Moulay Hassan et Abdelaziz, et fut le véritable maître du Maroc entre 1894 et 1900. Il racheta cet ensemble de maisons au fur et à mesure, d'où l'absence de cohérence architecturale globale. 6 000 des meilleurs artisans et ouvriers du pays édifièrent ce palais. Sur plus de 8 ha, des appartements superbement décorés débouchent sur des patios fleuris (3 ha de jardins !). *Bahia* signifie « joli », « merveilleux », c'est tout dire... C'était aussi le surnom de la favorite.
À l'exception d'un appartement, toutes les pièces furent conçues de plain-pied, étant donné l'embonpoint du grand vizir (ce qui ne l'empêchait pas de posséder 4 épouses et 24 concubines ; quel tempérament !).
On visite un petit riad au riche décor (sol en zelliges, orangers, hauts panneaux de stucs, corniches et linteaux de porte à motifs en cèdre), la salle de réception, ainsi que la grande cour et le jardin du harem (salle d'ablutions et de prière). Le maréchal Lyautey, qui n'avait pas mauvais goût, avait fait de ce palais sa résidence.

LES MARBRIERS SE SONT SUCRÉS !

Tout le marbre des palais saadiens provient d'un incroyable troc avec l'Italie. À l'époque, 1 kg de marbre était échangé contre 1 kg de canne à sucre ! Il y a longtemps que le sucre est avalé, mais le marbre, lui, est resté. Belle transaction !

Dar Tiskiwin *(plan détachable F4)* **:** *8, rue de la Bahia. ☎ 05-24-38-91-92. • tiskiwin.com • En sortant du palais de la Bahia, remonter le Riad-Zitoun-Jdid ; au niveau du parking, passer sous la porte à droite ; c'est un peu plus loin. En principe, tlj 9h30-12h30, 14h30-18h. Entrée : 20 Dh ; réduc.* Bert Flint, un anthropologue néerlandais installé au Maroc depuis 1957, a fait du Sahara et de l'essaimage des populations anciennes de l'Afrique du Nord jusqu'à l'Afrique noire (Mali, Niger...) son grand sujet d'étude. Sa théorie : ces 2 zones géographiques constituent un continuum culturel, malgré l'impression de discontinuité due à la colonisation de l'Afrique du Nord par les Arabes. Il expose le fruit de ses recherches dans cette maison du début du XXe s. Ça va de la tente aux tapis, en passant par les textiles, les outils, les bijoux, la sellerie et mille autres choses encore. Une expo pointue mais accessible grâce au texte très bien rédigé que l'on vous remet en début de visite.

Le Musée national du Tissage et du Tapis (ex-Dar Si Saïd *; plan détachable F4)* **:** *Derb el Bahia, Riad-Zitoun-el-Idid • fnm.ma • Prendre la 1re rue à gauche après dar Tiskiwin ; c'est au bout. Tlj sauf mar 10h-18h. Entrée : 20 Dh ; réduc moins de 12 ans.* Cette ancienne maison du frère du vizir Ba Ahmed fut construite à la même époque et avec les mêmes artisans que le palais de la Bahia. Si Saïd profita des richesses de son frère, il fut aussi entraîné dans sa chute et mourut la même année que lui, dans des circonstances mystérieuses. Le riad abrita le siège de la 1re station radio de Marrakech, avant de devenir le très beau musée Dar Si Saïd, puis le Musée national du Tapis à partir de début 2018. Il devait exposer plusieurs centaines de pièces issues de différentes régions et représentatifs de ce savoir-faire, partie intégrante de la culture marocaine.

Flâner dans la médina

Il y a 2 sortes de rues dans la médina. D'abord, les rues principales, bordées de commerces et de boutiques. Elles mènent toujours quelque part, vers les portes des remparts ou vers la place. Puis il y a les *derb,* ruelles étroites qui desservent les quartiers. Presque toujours en impasse, elles correspondent à d'anciens campements de telle ou telle tribu. Elles sont numérotées de droite à gauche ; la 1re porte à gauche indique donc le nombre de maisons du *derb.* Accolés les uns aux autres, les fameux riads, centrés sur leurs cours intérieures, alignent leurs hauts murs et forment la médina comme un tissu horizontal quasi continu. Si vous êtes perdu au fond d'un *derb,* faites demi-tour, puis, à chaque embranchement, prenez la voie qui semble la plus fréquentée. Et *inch Allah !* Sinon, demander votre chemin de préférence à un commerçant ou à une femme, moins susceptibles de vous réclamer de l'argent pour un conseil ou un guidage aussi court soit-il.
Chaque quartier de la médina s'organise autour de sa mosquée, de sa fontaine, de son hammam et de son four.
Voici un itinéraire indicatif qui mène au nord de la médina, pour découvrir des sites peu fréquentés. Ignorez gentiment les mauvais augures de coins de rue qui vous apostrophent « Ça ne passe pas ici » ou « Non, c'est par là »... Ils ont forcément envie de vous vendre un bout de visite. Hardi les cœurs, *Routard* en main, laissez-vous guider en prenant tout votre temps. Sage proverbe marocain qui dit : « Un homme pressé est déjà mort ! »

MARRAKECH

De la place Jemaa-el-Fna à la médersa Ben-Youssef

Depuis la place Jemaa-el-Fna, rejoindre la place de Bâb-Fteuh, juste au nord. À droite s'ouvre le ***foundouk El-Fatmi.***
La grande cour qui suit le porche est une véritable caverne d'Ali Baba à ciel ouvert. On y trouve de tout : bijoux, poteries, cuir, boiseries et une multitude d'articles originaux, provenant en grande majorité du *bled.* Au 1er étage, au coin, ***Chez Ali*** (boutique 31) propose une belle collection de théières anciennes. Ressortir : sur la droite, caravansérail ***Ben Chaba,*** au n° 31 de la place. Revenir ensuite sur ses pas ; sous une arche de stuc, au n° 56, un 3e *foundouk* avec quelques fausses antiquités. Une exception, au 1er étage, au n° 33, ***Bel-Haj*** possède une belle collection de bijoux en argent.
En sortant, prendre à gauche dans la rue Mouassine et tourner tout de suite à gauche. Continuer cette rue qui aboutit au mausolée de l'un des 7 saints de Marrakech (rendez-vous des voyantes et diseuses de bonne aventure le jeudi après-midi). Juste au-delà, passer une arche et tourner à droite dans la rue El-Ksour. On a une belle perspective de la ***porte Mouassine,*** de style almohade, sous laquelle on va passer (vous suivez toujours ?). On aboutit alors à la rue Mouassine, face à la drolatique « ***Fnaque Berbère*** ». Tourner à gauche et remonter la rue jusqu'au croisement en T avec la rue Sidi-el-Yamani. Prendre à droite et, quelques pas plus loin, faire un aller-retour dans une impasse à droite pour admirer la très belle porte de la mosquée Mouassine. Reprendre le cheminement dans la rue principale, sur 50 m, pour admirer la belle fontaine datant des Saadiens. Juste derrière la ***fontaine Mouassine,*** on trouve les anciennes toilettes publiques reliées à la mosquée. Elles fonctionnent toujours (bien pratique). N'oubliez pas la pièce au gardien.
Puis reprendre la rue Mouassine qui pique plein nord. Au n° 192, le ***foundouk Sarsar*** au-delà de la massive porte cloutée, jolis plafonds de coursives en cèdre sculpté. Presque en face, au n° 145, une belle porte en fer à cheval (et vantaux également cloutés), encore un de ces caravansérails ne manquant pas de charme. Levez donc les yeux : les encadrements de fenêtres sur rue sont joliment ouvragés. Continuez la rue Mouassine, passez une arche qui marque un croisement. Faites un aller-retour de 50 m à droite : sous une arche, si la porte est ouverte, le trou de la « chaudière » d'un hammam de quartier (nourrie avec des restes de bois divers). Le soir venu, lorsque le feu est à son comble, c'est « enfer et damnation » !

Allez, on laisse Méphisto au hammam et on reprend la rue Mouassine jusqu'à une arche surmontée d'un mur crénelé. Le bâtiment à gauche est le tombeau de Sidi Abdelaziz : jeter un cil par l'une des 2 fenêtres grillagées de vert. Au croisement juste après, prendre à droite la rue du souk des Fassis pour rejoindre la *médersa Ben-Youssef.* Chemin faisant, sur la gauche au nº 21, noter l'entrée d'un hammam au linteau de cèdre superbement sculpté.

Vers la porte Sidi-bel-Abbès

En sortant de la ***médersa Ben-Youssef,*** tourner à gauche. Passer le musée de Marrakech, la koubba almoravide et suivre à droite le haut mur de la mosquée Ben-Youssef que l'on contourne. On s'engage dans la longue et sinueuse ***rue Amesfah*** (suivre les panneaux « Musée du Parfum »), pleine de vie et de superbes clins d'œil architecturaux. Rien ne semble avoir changé ici depuis des siècles. Au passage, à droite, un pittoresque et vénérable *foundouk* rempli de petites charrettes, linge séchant entre les élégantes arcades... Quelques dizaines de mètres plus bas, dans le coude de la rue à gauche, très belle porte ouvragée, hélas en partie ruinée, dont la finesse du décor s'efface. Enfin, en poursuivant dans la rue, on peut admirer sur la gauche la ***fontaine Chrob n'Chouf*** (monument historique), littéralement « Bois et regarde ». Elle présente un bel auvent à stalactites en bois de cèdre sculpté, avec inscriptions coufiques. Après la fontaine, tourner à gauche sous une voûte dans la ***rue Diour-Saboune,*** où se regroupaient les vendeurs de savon. On peut visiter, en aller-retour, le ***musée du Parfum.*** Au-delà, on débouche sur la place Bâb-Taghzout, tout en longueur, avec des arbres au milieu et une station de petits taxis. Ici, le flux touristique s'est nettement tari. Continuer tout droit pour atteindre la ***porte Sidi-bel-Abbès,*** qui date de l'ancienne enceinte almoravide. Quartier très populaire qui tient son nom de Sidi bel-Abbès (né à Ceuta en 1130, mort en 1205), le plus célèbre des 7 saints de la ville. Il avait la réputation de guérir les aveugles et d'être très généreux avec les pauvres. Plein de ruelles à parcourir dans le coin.

Le quartier et la mosquée de Sidi-bel-Abbès

Après la ***place Bâb-Taghzout*** *(plan détachable E2),* passer sous une arche, puis tourner à droite. On parvient à l'un des plus séduisants portails du quartier. En forme de fer à cheval, avec une façade en stuc ciselé, surmonté d'un auvent à stalactites. Il s'ouvre sur un passage à arcades livrant un remarquable jeu de portes en enfilade. Tout au fond, la ***mosquée de Sidi-bel-Abbès.*** Au fait, à droite de cette belle porte, au nº 26, un trou noir qui exhale une bonne odeur de pain chaud ; c'est l'entrée du boulanger local. Les habitants du quartier apportent leur pain à cuire dans des paniers d'osier recouverts d'un linge. Au sous-sol de la boulangerie, possibilité d'observer le savoir-faire millénaire de l'artisan (ne pas oublier la p'tite pièce à la fin !).

LES CROYANTS SUSPENDUS À LA POTENCE

Quelle est donc cette potence qui chapeaute les minarets marocains ? Autrefois, faute de haut-parleurs, le muezzin hissait un drapeau pour signifier à ses ouailles un peu lointaines le début de l'appel à la prière (voilà pourquoi les maisons devaient être plus basses que les minarets). Certaines mosquées perpétuent parfois cette tradition qui connaît ses codes de couleurs : le jeudi soir, le drapeau bleu annonce la grande prière du lendemain ; le drapeau blanc, ce n'est pas la reddition... c'est la prière habituelle !

Prendre le passage vers la mosquée de Sidi-bel-Abbès. Au débouché de ce dernier, un bout de rue avec l'alignement traditionnel des mendiants. Continuer tout droit. On arrive sur une petite place fermée. À l'entrée de la place, la zaouïa où se

réunissent les aveugles pour psalmodier les versets du Coran et recevoir dons et nourriture. Attention, ne pas prendre de photos ici. Magnifique façade ouvragée de cette mosquée du début du XVIIe s (interdite aux non-musulmans), avec auvent à stalactites polychromes. En dessous, décor de stucs ciselés, délicate et harmonieuse composition, faïences en bas pour finir. Toit de tuiles vertes vernissées. De chaque côté, colonnettes de marbre. En vis-à-vis, une belle fontaine arborant une grille ouvragée et un auvent couvert de zelliges colorés. Un passage, avec grille à gauche, mène à une nouvelle cour avec tombeau de marabout.
Prendre l'autre passage à droite de la mosquée (vers Bâb-el-Khemis). Il mène à une enfilade de voûtes débouchant sur une rue. Prendre ensuite la 1re à droite. Ruelle étroite en zigzag, voûtes en brique, portes cloutées cachant probablement de beaux riads, passages couverts au plafond de troncs d'arbres... Continuer. Tiens, sur la gauche, l'œil est attiré par une succession de voûtes très basses en arcs brisés (attention à la tête !). C'est le charme de cette ville que d'aspirer sans cesse le visiteur vers d'autres choses. Résister à cet appel (ou revenir sur ses pas après) et maintenir le cap tout droit vers une nouvelle succession de voûtes revenant à la voie menant à la mosquée (à noter, un pittoresque marché de quartier, non loin de là). La boucle est bouclée !
Dans le même secteur, on peut faire un tour au ***souk de Bâb-el-Khemis*** *(plan détachable E-F1).* La partie extérieure, genre de marché aux puces avec vieux vélos, pièces détachées et vêtements d'occase, ouvre seulement les jeudi (*khemis* en arabe), samedi, dimanche et lundi. La partie couverte est accessible toute la semaine. On y découvre, au hasard des passages, les rois de la récup' qui, parfois, façonnent de vraies œuvres d'art. Ici des lampes design *(C&K Lighting Design),* une boutique de meubles vintage *(Marrakech Design Galerie),* là des créations improbables réalisées à partir d'un assemblage de vieux objets par Akram, un véritable artiste. Un quartier à l'ambiance très locale et haute en couleur, où l'on peut faire de réelles découvertes.

Vers les tombeaux de Sidi ben Slimane et Sidi Ahmed Soussi

On s'y rend à travers un très intéressant quartier. Du temps du protectorat, c'était le coin des mauvais garçons et des plus célèbres chefs de bandes de la ville. Aujourd'hui, c'est un lieu populaire comme les autres, treillis invraisemblable de ruelles, avec pourtant toujours de petits reliquats de cette réputation sulfureuse.
Voici l'itinéraire le plus simple pour trouver les prestigieux tombeaux de Sidi ben Slimane et de Sidi Ahmed Soussi. Partir de la ***place Bâb-Taghzout*** *(plan détachable E2)* en prenant la ruelle perpendiculaire à la station des petits taxis (à gauche de la place donc, face à Bâb-Taghzout). Arrivée à un carrefour en T (au coin droit, une petite école avec des dessins colorés en façade). Tourner à gauche, passer sous une voûte, tourner à droite, repasser sous une voûte, aller tout droit jusqu'à un nouveau carrefour en T. Prendre à droite vers le ***tombeau de Sidi ben Slimane.*** Apparaît tout de suite un passage couvert en arc brisé présentant une délicieuse façade, vestige d'une ancienne médersa. Au milieu, fenêtre avec restes de faïences peintes et quelques tuiles vertes vernissées au-dessus.
Tiens, d'où vient donc cette bonne odeur de pain chaud ? De part et d'autre de ce passage couvert, côté gauche, une boulangerie traditionnelle avec son vénérable four. Sous le passage, à droite, l'entrée d'un hammam. Continuer, légère courbe vers la gauche, nouveau passage couvert qui débouche sur une charmante placette. À gauche, élégante porte en fer à cheval décorée. Juste à côté, vénérable fontaine avec auvent en bois sculpté. Enfin, au fond de la place, la ***zaouïa de Ben Slimane*** (on ne visite pas). Sidi Mohammed ben Slimane el-Jazouli fut le fondateur du soufisme marocain au XVe s, grand homme politique en son temps et pourfendeur des Portugais. Extrêmement vénéré par les fidèles. Mausolée datant de l'époque saadienne mais remanié à la fin du XVIIIe s.

Repartez en sens inverse vers l'intersection en T où vous avez pris la direction du tombeau de Ben Slimane. Vous arrivez sur une placette en triangle. Au fond à droite, jolie porte en fer à cheval ornée de stucs, avec auvent en tuiles vertes vernissées. Continuez la ruelle, prenez la 1re à droite. Après 2 coudes, arrivée à un passage couvert. Tournez à droite sous un autre passage couvert (re-boulanger en dessous) et allez tout droit. Vous y êtes ! Le ***tombeau de Sidi Ahmed Soussi*** se trouve dans une petite impasse à droite. On enjambe 3 belles colonnes de marbre servant de marchepied et provenant sans doute du pillage des palais saadiens. Si les portes sont ouvertes, admirez les superbes plafonds et murs de stuc (on n'y entre pas) ; les portes ne sont pas en reste, avec leurs merveilleux détails sculptés. Au-dessus, 3 petites baies ajourées. Revenez ensuite sur vos pas jusqu'à la ruelle principale et tournez à droite. Tout droit, vous pouvez rejoindre le centre-ville.
Des itinéraires comme celui-ci, vous pouvez vous en inventer un nouveau chaque jour, alors n'hésitez pas et perdez-vous, c'est le meilleur moyen de saisir tout le charme de cette ville si pudique et secrète.

Le pèlerinage des Sept-Saints

À moins d'être musulman, vous n'irez sans doute pas à Marrakech comme pèlerin. Pour beaucoup de Marocains, c'est, à sa manière, une ***ville sainte.*** Le pèlerinage obéit à un rituel précis : le pèlerin doit visiter 7 tombeaux (accès interdit aux non-musulmans), dont 5 sont situés dans la médina.
– On commence à l'extérieur des remparts par la zaouïa (marabout) de ***Sidi Youssef ben Ali*** *(plan détachable G4),* le saint des lépreux, consulté pour les problèmes médicaux.
– Le 2e lieu saint est celui consacré à ***Cadi Ayad,*** entre Bâb-Aylen et Bâb-ed-Debbagh *(plan détachable G3).*
– Le saint le plus populaire et le plus vénéré est le 3e : ***Sidi bel Abbès Sebti,*** grand mystique du XIIIe s. Son mausolée, situé au nord de la médina *(plan détachable E1-2),* contient le sanctuaire proprement dit. On vient y faire des dons et des offrandes ; les étrangers peuvent en faire autant. Une personne se charge de distribuer les donations aux personnes les plus nécessiteuses.
– ***Ibn Souleyman el-Jazouli,*** organisateur de la résistance contre les chrétiens à la fin du XVIe s, et ***Sidi Abdelaziz at-Tabbaa*** sont l'objet des 4e et 5e visites : le 1er a son mausolée à Sidi-ben-Slimane *(plan détachable E2),* le 2d au bout de la rue Mouassine *(plan Les souks, A2).*
– ***Abdallah al-Ghazouani*** (le patron des palais, connu sous le nom de moulay Ksour), dont le mausolée se trouve près de la place Bâb-Fteuh *(zoom détachable E3),* et ***Imam Assouhaïly*** (appelé *Sidi es-Soheyli*), érudit andalou dont le mausolée se situe à l'extérieur de Bâb-Agnaou *(plan détachable D5).* Ce sont les 2 derniers marabouts de ce que Tahar Ben Jelloun a appelé « la Ronde sacrée ».
À défaut de pouvoir visiter les tombeaux, rien ne vous empêche d'aller « admirer » les 7 tours (représentant les 7 saints) coiffées chacune de leur olivier (en bien piteux état !). Elles sont situées en bordure du boulevard du 11-Janvier, au nord de la gare routière de Bâb-Doukkala.

GUÉLIZ ET LES AUTRES QUARTIERS DE LA VILLE NOUVELLE

Le Jbel Gueliz est le mont qui surplombe le nord-ouest de ville. À son arrivée, en 1912, le maréchal Lyautey saisit rapidement les avantages stratégiques de cette position et le couronne d'une citadelle, les canons pointés vers le sud-est pour contrer les éventuelles tentatives d'insurrection dans la médina. Puis, toujours à distance des remparts, il développe une ville au pied du mont pour surveiller l'ancienne cité.

Ses larges avenues permettent de circuler facilement et de rejoindre rapidement la médina par l'avenue Mohammed-V, longue de 3 km. La ville de Guéliz s'étend peu à peu pour atteindre les fortifications et se retrouver finalement englobée dans Marrakech. C'est aujourd'hui là que se trouvent les sièges des compagnies, les principales administrations, les agences de voyages, tous les commerces de luxe, les grands cafés et la poste principale. Par facilité, on a tendance à appeler Guéliz tout ce qui est extérieur à la médina, mais la ville ne cesse en fait de s'agrandir de nouveaux quartiers autour de Guéliz. Il n'y a pas grand-chose à y voir, mais il ne faut cependant pas manquer ce qui suit.

Le jardin Majorelle *(plan détachable C1)* **:** *☎ 05-24-31-30-47. • jardinmajorelle.com • Bus nº 1 depuis le square Foucault ou bus nº 4 (arrêt devant l'Hôtel Majorelle). Tlj 8h-17h30 (18h mai-sept ; 9h-17h pdt le ramadan). Entrée : 70 Dh ; réduc étudiant ; gratuit moins de 12 ans. Dans l'atelier de Majorelle,* ***musée de l'Art berbère*** *(entrée en sus : 30 Dh). Billet combiné avec le musée Yves Saint Laurent et le musée berbère : 180 Dh. Dans ce cas, le jardin et le musée étant côte à côte, repérer la billetterie avec le moins d'attente. On attend, en principe, moins au musée, et après 14h. Sinon, commencer par le jardin Majorelle qui ouvre plus tôt et y acheter le billet combiné pour éviter ensuite la file au musée.*

Ce magnifique jardin abrite l'atelier du peintre Jacques Majorelle, qui vécut ici à partir de 1924 pour soigner sa tuberculose. En 1980, Yves Saint Laurent et Pierre Bergé acquirent et restaurèrent l'endroit. Le grand couturier aimait d'ailleurs tant le lieu qu'il a choisi d'en faire sa dernière demeure. Ses cendres y furent dispersées en juin 2008, et une stèle commémorative en son souvenir y fut érigée.

C'est aujourd'hui un endroit plein de poésie, avec une composition de l'espace à partir de cactus, plantes grasses, bougainvillées, bambou, dont maintes essences issues des 5 continents. Des bassins, fontaines, treilles et d'immenses jarres aux couleurs tranchées ponctuent cet univers végétal. Prenez votre temps pour savourer ce bijou, au gré d'agréables bancs ombragés.

Majorelle eut l'idée audacieuse de peindre son atelier d'un bleu-mauve (le fameux « bleu Majorelle »), qui contraste violemment avec la végétation luxuriante. Ce dernier a été transformé en un petit mais passionnant ***musée de l'Art berbère*** mettant en valeur le savoir-faire de cette culture unique à travers des objets de la vie courante et d'artisanat : parures féminines présentées dans une salle reproduisant superbement le firmament étoilé grâce à des miroirs, vêtements traditionnels, coffres en bois incisé et peint, jarre en terre cuite vernissée, jolis marteaux à sucre et autres enfumoirs pour l'apiculture, serrures en bois, bâtonnets gravés « pour faciliter la mémorisation d'un texte », chaussons, sacoches, flacons à *khôl* (poudre noire pour les yeux), peignes à carder, piquets de palanquin, tissus et, pour finir, quelques jolis instruments de musique.

On sort par la ***librairie,*** qui vend des livres et de vieilles photos d'époque (à prix d'or...). En face, la boutique, qui propose des vêtements et des bijoux de toute beauté (mais là encore, hors de prix) ; juste à côté, la ***galerie Love,*** qui expose les cartes de vœux dessinées chaque année par Yves Saint Laurent pour ses proches comme autant de déclarations d'amour ou d'amitié... On peut acheter les reproductions en carte postale, bien plus abordables !

Pour se rafraîchir ou se restaurer tout en profitant de ce cadre d'exception, le ***Café Bousafsaf.*** Très touristique, forcément, mais idéal pour un déjeuner léger en terrasse ou dans une jolie salle fraîche et reposante. Pas donné *(snacks et plats 95-110 Dh)* mais très correct.

Le musée Yves Saint Laurent *(plan détachable C1)* **:** *à côté du jardin Majorelle. ☎ 05-24-29-86-86. • museeyslmarrakech.com • Tlj sauf mer 10h-18h (17h pdt le ramadan). Fermeture des caisses 30 mn avt. Entrée : 100 Dh. Billet combiné possible avec le musée de l'Art berbère et le jardin de Majorelle : 180 Dh. Voir plus haut les conseils pour éviter trop d'attente au jardin et au musée.*

Un musée à 2 têtes : celui de Paris, plus axé sur la vie de Saint Laurent, peut constituer une bonne introduction à celui de Marrakech qui évoque son arrivée dans le pays, ses influences, son travail de la couleur... L'architecture, superbe, s'en inspire d'ailleurs largement. En façade, le bâtiment est constitué d'un assemblage de cubes, de lignes droites et courbes, habillé d'une dentelle de briques en terre cuite rappelant la trame d'un tissu. L'intérieur, au contraire, apparaît lisse comme la doublure d'un vêtement. C'est ainsi que le musée enveloppe et met en lumière le travail du couturier. Les œuvres originales sont réunies dans un écrin visuel et sonore, autour de thèmes : Masculin/Féminin, Le Noir, l'Afrique et le Maroc, etc. Croquis, photos, accessoires composent l'exposition permanente, tandis que les vêtements du créateur (une soixantaine) tournent 2 fois par an. La section, au final un peu trop courte, dédiée à Yves Saint Laurent est complétée par une exposition temporaire qui présente le travail d'un artiste. Souvent très original.
On termine la visite dans le foyer où l'on découvre les collaborations du couturier avec d'autres mondes artistiques et l'auditorium où est diffusé un film de 15 mn sur sa vie à travers plusieurs témoignages.
Petit café-resto bien agréable avec son jardinet et son bassin rafraîchissant.

***Le musée d'Art et de Culture de Marrakech** (**MACMA** ; plan détachable A2)* **:** *passage el-Ghandouri. ☎ 05-24-44-83-26. Tlj sauf dim 10h (14h lun)-19h. Entrée : 80 Dh (vraiment cher, même avec un café et des pâtisseries inclus dans le prix !) ; réduc.* Ce petit musée (plus proche de la galerie) présente des objets et peintures orientalistes des XIXe et XXe s, ainsi que des expos contemporaines (même propriétaire que la galerie Matisse à côté). Lorsque le directeur est là, il guide lui-même les visiteurs en un parcours rendu passionnant par sa connaissance des objets et œuvres exposés. Le reste du temps, et malgré son intérêt, la visite peut paraître bien chère pour les quelques salles à voir.

Le tour des remparts : il faut un véhicule pour longer les 19 km de murailles couronnées de 200 tours carrées et percées d'une quinzaine de portes. Les parties les plus intéressantes de cette ceinture de pisé rose-ocre sont situées au niveau du quartier de l'Hivernage (surtout le soir, car les remparts sont orientés face au soleil couchant) et du souk de Bâb-el-Khémis. Le circuit conduit ensuite au ***jardin de l'Agdal*** *(plan détachable F-G6 ; ven et dim 7h30-17h).* Vaste verger planté d'oliviers et d'arbres fruitiers. Il est percé de 2 réservoirs qui recueillent les eaux de l'Atlas. Lieu de promenade prisé des familles.

La Ménara *(plan détachable B5)* **:** *à env 3 km au sud-ouest de la pl. Jemaa-el-Fna. Bus n° 11, derrière la Koutoubia, ou taxi. Accès gratuit aux jardins tlj de 8h30 au coucher du soleil. Entrée du pavillon : 70 Dh.* La balade dominicale et familiale par excellence. Il s'agit d'une vaste oliveraie au cœur de laquelle s'étend un grand bassin avec un petit pavillon. Il servait aux rendez-vous galants du sultan qui, selon la légende, noyait l'élue d'un soir au petit matin dans les eaux du bassin.
L'endroit a été entièrement réaménagé, au détriment de dizaines d'oliviers pluriséculaires. De plus, des tribunes dénaturent un peu l'unité du bassin ! Malgré tout, la Ménara est le lieu de promenade des amoureux en fin d'après-midi. Le vendredi et le dimanche, c'est même noir de monde. La promenade consiste à emprunter la large allée qui mène au plan d'eau, à faire un tour dans un sens, un tour dans l'autre et puis voilà. Quant au « Pavillon de plaisir », il mérite un coup d'œil pour son côté romantique, ses plafonds et voûtes peintes.

LA PALMERAIE

Plantée sous les Almoravides, cette immense palmeraie de 13 000 ha a du mal à survivre à l'époque moderne. On estimait à environ 150 000 le nombre de palmiers irrigués par un réseau de canalisations souterraines, dites *khettaras*. Ce système très ancien permettait de capter l'eau des nappes phréatiques et de l'amener en surface. Il ne fonctionne plus. De plus, une bonne partie de cette palmeraie a été livrée par tranches aux promoteurs pour édifier de grands hôtels et de luxueuses villas. Enfin, victimes d'un virus et faute de soins, les palmiers sont déplumés (certes, ceux des villas et hôtels pètent la forme, eux) ! Bref, on ne voit plus vraiment l'intérêt de traîner ses babouches à l'ombre pitoyable de ces palmiers. Le secteur recèle toutefois des musées intéressants.

Le musée de la Palmeraie *(hors plan détachable par F1) : Dar Tounssi, route de Fès, à l'est de la Palmeraie. 212 (0)6-61-09-53-52. À 6 km env des remparts (bien signalisé). Bus n°s 17 et 261 depuis Bâb-Doukkala. Tlj 9h-18h (17h en hiver). Entrée : 40 Dh ; réduc ; gratuit moins de 9 ans.*
Aberrazakk ben Châabane, le créateur du musée du Parfum, botaniste, qui a longtemps travaillé au jardin Majorelle, artiste lui-même et auteur de plusieurs ouvrages, a investi l'ancienne conserverie d'une ferme coloniale pour en faire un bel espace dédié à l'art contemporain marocain, autour de 2 bâtiments principaux (noter la jolie koubba au plafond de la 1re salle). On y voit principalement des œuvres peintes, des photographies et quelques sculptures à l'extérieur. À noter, entre autres, dans la 1re salle, des œuvres peintes sur peau de chèvre par Souad Aâtabi, les tableaux en terre d'Abderrahim Yamou, la galerie de portraits dans les grands pots en verre réalisée par Aberrazakk ben Châabane (repérez les quelques acteurs français). Dans la 2e pièce, les collages de Raja Atlassi, un disque solaire en fil de laiton de Yahya Rouach et les assemblages d'Abderrahim Harabida dans la 3e...
Dehors, le long du bassin, multiples fleurs aux senteurs enivrantes, agréables et impressionnants jardins de cactées où l'on peut boire un thé. Un vrai havre de paix. Les ventes de la boutique sont partiellement reversées à une association pour les enfants déshérités du quartier populaire voisin.

Le musée Farid Belkahia *(hors plan détachable par F1) : suivre la même direction que le musée de la Palmeraie, c'est quelques mètres plus loin (fléché). ☎ 05-24-32-89-59. • fondationfaridbelkahia.com • Tlj 9h-18h. Entrée : 50 Dh ; réduc.*
Voici l'occasion de découvrir un artiste marocain de renom, marrakchi de naissance et disparu en 2014. Atout majeur du lieu : le musée a été aménagé dans l'atelier de l'artiste, tel qu'il l'a laissé : sa veste repose encore sur la chaise, un travail est en cours. Cette impression de temps suspendu apporte un vrai supplément d'âme à la visite.
Le parcours déroule les œuvres influencées par ses voyages à Paris et à Prague, le conduisant du figuratif à l'expressionnisme. Dans les années 1960, il abandonne la peinture et s'adonne à d'autres supports : le cuivre, puis la peau d'agneau tel un parchemin. Peintre, sculpteur, plasticien, il livre un travail moderne qu'il revendique comme un acte de liberté. En plus des œuvres de l'artiste qui changent régulièrement (le fonds est assez large), des expos temporaires viennent compléter l'ensemble. Une salle est également consacrée à des artistes dont les œuvres résonnent avec celles de Farid Belkahia. Un prix est même décerné chaque année à un jeune peintre ou à un artisan traditionnel afin de poursuivre la transmission culturelle.
Dans le jardin, admirer la verrière Art déco dans laquelle est suspendu un ancien lustre de mosquée. Et une étrange dune minérale. On peut aussi se poser dans ce bel endroit, le temps de boire un thé.

UN PEU PLUS LOIN

Le musée Mohammed VI pour la civilisation de l'eau au Maroc *(hors plan détachable par A1) : à près de 8 km au nord de la pl. du 16-Novembre, sur la route de Casablanca, près du grand rond-point de la Palmeraie. ☎ 05-24-05-53-51. • museeaman.ma • Avr-sept, tlj 9h30-19h30 ; oct-mars, tlj 9h-19h. Entrée : 45 Dh ;*

réduc étudiants ; gratuit moins de 12 ans. Ce bâtiment neuf et imposant abrite le savoir-faire millénaire des Marocains dans la gestion de l'eau. Il s'agit de préserver la mémoire et la dimension sacrée de l'eau, ainsi que ses rituels. On explique les *khettaras,* ces incroyables réseaux souterrains qui fonctionnent encore, notamment dans les palmeraies. On apprend les règles du partage de l'eau, les seguias (canaux traditionnels) ou les norias. Selon le Coran, les ablutions se font avec l'eau, le sable, ou même les cailloux. L'eau était tellement sacrée qu'elle était gérée, pendant des siècles, par les Habous, associations religieuses. On termine par les barrages et les grands projets actuels d'irrigation. Visite intéressante même si elle peut paraître parfois trop scolaire.
Projet d'un grand parc de 3 ha qui servira d'exemple à la revitalisation de la Palmeraie.

***Le musée d'Art africain Al Maaden (MACAAL ;** hors plan détachable par G4) : Al Maaden, Sidi Youssef Ben Ali, à env 5,5 km à l'est de la ville. 212 (0)6-76-92-44-92. • macaal.org • Tlj sauf lun 9h-18h. Entrée : 40 Dh ; réduc. Y aller en taxi.* Les lieux sont superbes et présentent de l'art moderne africain au rez-de-chaussée, contemporain à l'étage. Hyper lumineux, mais surtout terriblement design ! Les collections tournantes font la part belle aux grands noms de l'art africain, marocain d'hier et d'aujourd'hui, comme les grandes toiles colorées de Mahi Binebine ou les vidéos entraînantes de Zoulikha Bouabdallah. Café et boutique très sympas. En sortant, parc de sculptures à explorer.

Le complexe de poterie Moujmar-el-Frara (hors plan détachable par A3) **:** *douar Iziki, route d'Agadir-Essaouira, à env 8 km de la sortie de la ville, juste après la Sicofam, indiqué sur la gauche ; prendre le chemin qui longe l'établissement occupé par des artisans vanniers, c'est 100 m plus loin.* Plusieurs dizaines de potiers se sont installés là. Ils fabriquent et vendent leurs pièces. Prix moins élevés qu'aux souks... après négociation, évidemment. Intéressera surtout ceux qui veulent acheter en nombre et qui sont véhiculés.

Fêtes et manifestations

– ***On Marche :*** *en mars.* Festival international de danse contemporaine.
– ***Madjazz :*** *3 j. en avr, au théâtre de plein air de l'Institut français.* Accueille essentiellement des groupes locaux de jazz classique, fusion ou beat.
– ***Race of Morroco :*** *3 j. en avr. • marrakechgrandprix.com •* Course automobile internationale mettant en compétition une centaine de bolides. Essais libres le vendredi, essais qualificatifs le samedi, et enfin, course le dimanche, en plus de nombreuses animations. Le circuit empiétant sur la route, prévoir de nombreuses déviations dans le sud du centre-ville à cette occasion.
– ***Festival du livre de Marrakech :*** *2 j. en avr. • festivaldulivredemarrakech.com •* Débats, ateliers, rencontres avec les auteurs.
– ***Awaln'Art – Rencontres internationales des arts de la rue :*** *fin avr-début mai, sur 10 j. env. • awalnart.com •* Danse, cirque, théâtre, spectacles gratuits dans toute la ville.
– ***Festival international Marrakech du rire :*** *5 j. fin juin-début juil. • marrakech durire.com •* Jamel Debbouze, à l'initiative de ce festival, fait se tordre de rire la ville pendant 5 jours. Programme éclectique.
– ***Moussems :*** *à **Setti-Fatma** (vallée de l'Ourika), début août, et à **Moulay-Brahim,** 10 j. après la date d'anniversaire de la naissance du prophète Mahomet.*
– ***Festival international du film :*** *10 j. en principe en déc. • festivalmarrakech.info •* Le grand rendez-vous cinématographique au Maghreb. De plus en plus de stars et de paillettes.

QUITTER MARRAKECH

Attention : éviter les déplacements terrestres (train, bus, grands taxis...) durant les grandes fêtes religieuses musulmanes. Tout est archicomplet à ces périodes.

En bus

Les 2 compagnies principales, la *CTM* et *Supratours,* conseillées pour les liaisons entre les grandes villes, ont chacune leur terminal. Mieux vaut prendre son billet la veille et vérifier les horaires. Pensez au supplément pour les bagages en soute (env 5 Dh).

Lignes de la CTM

Gare routière CTM *(hors plan détachable par A3,* ***2****) :* *à côté de Bâb-Doukkala. ☎ 05-22-54-10-10. ● ctm.ma ●* Tous les bus de la compagnie passent par ici. La fréquence des bus varie selon la saison, l'été étant celle où il y a le plus de départs. Penser à venir 30 mn avt pour enregistrer ses bagages.

➢ ***Pour Fès (via Beni-Mellal, Khénifra et Azrou) :*** 3 bus/j., 7h-2h45. Trajet : env 8h.
➢ ***Pour Casablanca et Rabat :*** ttes les 1h30 env, de jour comme de nuit. Trajet : env 3h30.
➢ ***Pour Agadir :*** env 12 bus/j., 6h15-22h30. Trajet : 3h.
➢ ***Pour Essaouira :*** 2 bus/j., le mat et vers midi. Ligne souvent chargée, mais places numérotées. Trajet : 3h. Nombreuses autres liaisons assurées par d'autres compagnies depuis la gare routière de Bâb-Doukkala.
➢ ***Pour Ouarzazate :*** 6 bus/j., 7h-2h45. Trajet : 4h30. Partir tôt pour éviter la chaleur. La superbe route passe le plus haut col du Maroc, le Tizi-n-Tichka, à 2 260 m d'altitude (essayer d'avoir une place à gauche).

Lignes Supratours

Gare routière Supratours *(hors plan détachable par A3,* ***3****) :* *av. Hassan-II, à 100 m de la gare ferroviaire (avec les quais de laquelle elle communique). ☎ 05-24-43-55-25. ● oncf.ma ● (cliquer sur « Billets normaux » dans « Prix et réservations »).* Excellente compagnie privée en termes de confort, de qualité et de régularité. Arriver 20 mn avt le départ pour enregistrer ses bagages.

➢ ***Pour Essaouira :*** 5 bus/j., 8h30-19h. Durée : 2h30.
➢ ***Pour Agadir :*** 10 bus/j., ttes les 2h env, 5h-0h30. Trajet : 3h30 env.
➢ ***Pour Tiznit :*** 1 direct l'ap-m. Durée : 6h. Continuité sur ***Guelmim*** (arrivée 3h plus tard) et ***Tan-Tan*** (1h30 de plus).
➢ Également 3 bus/j. pour ***Laâyoune*** et 1 bus/j. pour ***Dakhla*** (ou ***Addakhla***), via ***Guelmim*** et ***Tan-Tan.***
➢ ***Pour Ouarzazate*** et ***Tineghir :*** 2 bus/j., mat et ap-m. Trajet : 5h. Celui du mat va jusqu'à ***Errachidia*** et ***Merzouga*** (respectivement 10h et 12h30 de trajet) et celui de l'ap-m jusqu'à ***Agdz*** et ***Zagora*** (8h de trajet).
➢ ***Pour Beni Mellal, Khenifra, Meknès, Fès :*** 1 bus de nuit. Durée : de 3h pour Beni Mellal à 9h pour Fès.

Gare routière principale *(plan détachable C-D2,* ***1****) :* *pl. El-Mourabitin à Bâb-Doukkala, à l'extérieur des remparts. ☎ 05-24-43-39-33.* Elle ne vous sera pas d'un immense intérêt : les compagnies secondaires et les bus locaux partent d'ici.

En taxi collectif

Derrière la gare routière principale *(plan détachable C-D2,* ***1****),* nombreux taxis collectifs pour ***Essaouira, Agadir*** (mais préférer le bus, prix similaires)... Pour ***Lalla-Takerkoust, Amizmiz, Asni, Imlil*** (le mat), ils partent de la rue Oqba-ben-Nafaa *(plan détachable E4).* Enfin, pour la ***vallée de l'Ourika,*** les départs se font de la rue Ibn-Rochd *(plan détachable E4).* Attention aux rabatteurs, qui prennent forcément une commission.

En train

Gare ferroviaire *(plan détachable A3) :* *à l'angle du bd Mohammed-VI et de l'av. Hassan-II. ☎ 22-55. ● oncf.ma ● (excellent site, avec ts les horaires et tarifs).* Une gare récente pour laquelle l'architecte s'est inspiré des portes monumentales de l'ancienne médina de Marrakech. À l'intérieur, comptoir d'infos *(tlj 8h-20h),* bureau de poste et de tabac, boutiques *Meditel* et *Maroc Télécom,* distributeurs et bureaux de change, agence de location de voitures, et même un *McDo* et un *KFC*...

➢ ***Pour Casablanca ou Rabat :*** ttes les 2h, 4h45-20h45. Un peu plus de 3h de trajet pour Casa et 4h pour Rabat. Moyen de transport idéal entre Marrakech et la capitale. Interconnexion possible vers l'aéroport de Casablanca.

➢ ***Pour Tanger :*** seulement 1 train direct, de nuit (env 10h). Sinon, via Casablanca, ttes les 2h, 4h45-12h45 ; même durée.

➢ ***Pour Meknès et Fès :*** ttes les 2h, 4h45-18h45. Trajet : 6h45 pour Meknès, 7h45 pour Fès.

En avion

✈ ***Aéroport Marrakech Menara*** *(hors plan détachable par C6) : à 4 km au sud-ouest.* ☎ *05-24-44-79-10.* • *onda.ma* • Pour rejoindre l'aéroport, voir en début de chapitre « Arrivée à l'aéroport ».

- Petite précision : au *duty free,* les dirhams ne sont pas acceptés. Possibilité de récupérer les taxes locales, sous réserve d'avoir fait ses emplettes dans des boutiques « Tax free » et de pouvoir présenter ses tickets.

➢ *RAM* (*Royal Air Maroc* ; voir « Adresses utiles ») assure des liaisons intérieures avec ***Casablanca,*** ainsi que des vols à destination des principales ***villes françaises.***

LES MONTAGNES DU HAUT ATLAS OCCIDENTAL

- **La vallée de l'Ourika....152**
- **L'Oukaïmeden..............157**
- **Sur la route d'Imlil........159**
  - Imlil : l'ascension du djebel Toubkal et la haute vallée de Tachdirt
- **La route d'Amizmiz......164**
  - Le lac de Lalla-Takerkoust • Amizmiz
- **La route du Tizi-N-Test..167**
  - Ouirgane • Ijoukak
  - Tin-Mel

• Pour le plan des environs de Marrakech, se reporter au plan détachable en fin de guide.

Elles forment une barrière naturelle au sud de la ville impériale. Il est difficile d'imaginer plus beau diadème que les sommets enneigés sur lesquels la lumière joue selon les heures du jour. Mais c'est au soleil couchant que cette parure devient particulièrement belle, lorsque les montagnes du Haut Atlas se transforment en une immense palette de toutes les teintes de rose et de rouge.

RANDONNÉES

Les vallées de l'Atlas permettent de superbes virées pédestres (ascension du *djebel Toubkal,* haute vallée de *Tachdirt,* etc.). Certaines randonnées nécessitent les services d'un guide et sont à organiser avec soin. D'autres peuvent se faire seul(s) si l'on a un peu d'expérience, accompagné(s) ou non d'un muletier.

Il y a quelques années, un orage catastrophique s'est abattu sur le versant nord de l'Atlas, entre le Tizi-n-Tichka et le Tizi-n-Test, faisant 5 000 morts. La déforestation massive pratiquée depuis des lustres explique en partie l'ampleur de ce désastre. La plupart des victimes étaient des vacanciers qui campaient au fond de la vallée, au plus près de l'oued. Or, en cas d'orage, l'eau monte tellement vite (jusqu'à 6 m en 2 ou 3 mn !) qu'il est impossible de s'échapper. Pas fous, les Berbères ont d'ailleurs toujours bâti leurs maisons sur les hauteurs, à l'abri. Évitez de passer la nuit au fond de la vallée de l'Ourika, au bord de l'eau, et même de vous engager dans ces vallées lorsque le temps est orageux et menaçant.

Guides

D'abord, si vous devez partir accompagné, adressez-vous aux ***guides de Setti-Fatma*** (vallée de l'Ourika) et ***d'Imlil*** (au pied du Toubkal). Fuyez les faux guides, pas forcément honnêtes, « traçables » ni compétents (voir la rubrique « Guides » dans « Maroc utile » en début de guide) : si les guides de montagne officiels (désormais appelés « guides des espaces naturels » et munis de cartes professionnelles) suivent une formation spéciale, ce n'est pas pour rien !

Quant aux pseudo agences de la médina qui cassent les prix, les prestations sont à l'avenant, sans recours en cas de problème. Autant le savoir !

Pour le tarif, reportez-vous en début d'ouvrage à la rubrique « Guides » dans « Maroc utile ».

IMPORTANT : pour les balades muletières reliant 2 vallées ou les 2 versants de l'Atlas, les journées de retour pour les guides et muletiers sont facturées, c'est normal. Bien sûr, cela ne s'applique pas aux randonnées en boucle.
Enfin, si vous avez un sérieux litige avec un guide, contactez la gendarmerie d'Imlil ou celle de Tnine-l'Ourika (voir coordonnées plus loin).

Cartes

Si vous décidez de randonner sans guide, une carte topographique s'impose. Le bureau des guides d'Imlil vend une bonne photocopie couleur de la carte du Toubkal (et environs) au 1/50 000. Quoi qu'il en soit, vérifiez bien l'âge des cartes : le terrain évolue, même en montagne ! Pour un plus grand choix de cartes (non photocopiées), vous pouvez toujours tenter l'*Agence nationale de la conservation foncière du cadastre et de la cartographie* à Marrakech *(rue Ibnou-Khafaja, quartier de l'Hivernage ; ☎ 05-24-44-73-02, mais on a rarement quelqu'un),* ou les librairies spécialisées dans votre pays d'origine.

LA VALLÉE DE L'OURIKA

Au sud de Marrakech et facile d'accès, la vallée de l'Ourika est la plus fréquentée des vallées du Haut Atlas. Nombre de Marrakchis viennent s'y réfugier dans leurs résidences secondaires lorsque la température de la ville rouge devient difficilement supportable (il fait 10 à 15 °C de moins à Setti-Fatma). Cette escapade d'une journée (en partant tôt le matin) permet un bol d'air dans l'Atlas, au contact de la vie rurale berbère. Pour y randonner ou se donner un peu de temps, on peut séjourner dans l'un des nombreux et bons hébergements de la vallée.

Arriver – Quitter

➢ ***En bus :*** depuis Marrakech (en haut de la rue Sidi-Mimoun, près de la pl. Youssef-Ben-Tachfine), prendre le bus n° 25 jusqu'à Tnine-l'Ourika. Trajet en moins de 1h. Ensuite, nombreux taxis collectifs vers Setti-Fatma (prévoir 10-15 Dh).
➢ ***En grand taxi :*** ils partent de la rue Ibn-Rochd *(plan détachable de Marrakech, E4).* Compter 30-40 Dh pour une place ou env 180 Dh pour le taxi en entier jusqu'à Setti-Fatma.
➢ ***En voiture :*** enfantin, sur une route très correcte. Compter 1h30 jusqu'à Setti-Fatma.

Adresses et infos utiles

ℹ ***Centre d'infos touristiques :*** *km 34, côté droit de la route, juste après la bifurcation pour Aït-Ourir. 📱 212 (0)6-68-56-17-84. Tlj 9h-18h (13h dim).* Bien que non officiel, il donne des renseignements sur la vallée et vend une carte au 1/100 000 (précise mais pas très lisible) pour 20 Dh. Bon accueil. **Pour les excursions, adressez-vous aux guides officiels référencés plus loin : c'est la seule façon d'éviter les faux guides.**
– Attention, des excursions d'agences se contentent d'une courte halte dans une auberge, le temps de déjeuner, sans aller au-delà d'Aghbalou, ce qui est dommage.
■ ***Gendarmerie :*** *à* ***Tnine-l'Ourika,*** *face à la piste qui conduit aux jardins*

bioaromatiques. ☎ *05-24-48-24-08 (24h/24).* En cas de problème...

■ ***Guides et accompagnateurs de la vallée de l'Ourika :*** *plus de bureau pour l'instant, mais vous pouvez les contacter par tél ou email.* 📱 *212 (0)6-68-56-23-40.* • *abdoumandili@yahoo.fr* • *abdoumandili.com* • *Résa à l'avance.* Ne vous laissez pas alpaguer par les faux guides qui vous arrêtent à l'entrée du village, ou sont en cheville avec les restos ou les chauffeurs de taxi (commissionnés). Une petite mafia ! Excédés par leur insistance, certains touristes n'ont qu'une idée en tête : repartir. On n'a qu'un conseil à vous donner : contactez les guides officiels en direct. Ils vous proposeront des balades en dehors des sentiers battus dans les montagnes du Haut-Atlas, et plus au sud, dans les régions du Siroua, Sagho, la vallée des Roses, le M'Goun ou encore le désert. Le tout réalisé avec le maximum de sécurité et de compétence. Balade à dos de mule également.

– Attention, passé Tnine-l'Ourika, on ne trouve ***ni distributeur ni station-service dans la vallée.***

Où dormir ? Où manger ?

Nous référençons les adresses selon leur distance depuis Marrakech (indiquée sur les bornes kilométriques).

Dans les petits restos sans carte, faites-vous préciser les prix avant de passer commande, et contrôlez l'addition. Attention aussi à la fraîcheur des aliments : les frigos ne sont pas toujours bien branchés.

🏠 🍽 ***Auberge Le Maquis*** *(plan détachable Les environs de Marrakech)* **:** *km 45, env 500 m après la bifurcation pour l'Oukaïmeden.* ☎ *05-24-48-45-31.* • *le-maquis.com* • *Fermé pdt le ramadan. Double avec sdb 630 Dh, petit déj compris. Voir les fréquentes promos sur leur site. ½ pens proposée. Plats 20-95 Dh ; menu 150 Dh. CB acceptées. Sert de l'alcool.* Un couple franco-marocain adorable, Saïda et Jean-Pierre, gère cette affaire bien située. La décoration présente un petit côté suranné, de la salle de resto jusqu'aux chambres. Du coup, les prix sont un peu surévalués, mais l'adresse a ses atouts : une jolie piscine, un hammam et surtout un bon restaurant de cuisine marocaine (ouvert à tous).

🏠 🍽 ***Ourika Garden Mountain Villa*** *(plan détachable Les environs de Marrakech)* **:** *km 50, sur la droite (parking privé un peu avt, à gauche).* ☎ *05-24-48-44-41.* • *ourikagarden.com* • *Doubles 600-800 Dh selon taille, petit déj inclus. Menu sur résa 150 Dh (sans alcool). CB refusées.* D'architecture complexe, une bâtisse construite en pierre locale rouge avec jardinet, paillotes, piscine... Cette belle adresse, tout à la fois originale et authentique, ressemble assez à un riad fortifié ou à une *kasbah* d'opérette. Elle propose 6 suites très confortables (et spacieuses !) de style berbère-marocain, dont une avec 2 chambres. Beaux meubles, salles de bains en pierre ou *tadelakt,* cheminée (bois fourni), clim et TV sat'. L'une des suites possède une terrasse avec vue sur la montagne. Côté repas, bonne cuisine à base de produits bio du potager. Le tout géré par un jovial patron marocain et son personnel.

🏠 🍽 ***La Perle d'Ourika*** *(plan détachable Les environs de Marrakech)* **:** *km 59, sur la gauche.* 📱 *212 (0)6-82-62-82-50.* • *la-perle-d-ourika-guesthouse-ma.book.direct* • *Si vous venez en taxi, insistez : le propriétaire ne donnant pas de bakchich, certains prétendent que l'adresse est fermée ! Résa min 2 j. avt. Double 300 Dh, petit déj inclus. Forfait 2 nuits en ½ pens + randonnée jusqu'aux cascades de Setti-Fatma 700 Dh/pers. Sur résa au moins 2h avt, menu complet 120-160 Dh, ou à la carte, plats env 60 Dh.* Après avoir officié des années, la généreuse Ammaria, une ancienne prof de français, a pris sa retraite et cédé les rênes à son fils Issam. Il continue de proposer 5 chambres (dont une avec une grande baie vitrée), avec une bonne literie, certaines avec salle de bains. Terrasse ombragée dominant l'oued ou petite salle de resto très colorée. Au menu, excellente cuisine marocaine.

🏠 🍽 ***Au Bord de l'Eau*** *(plan détachable Les environs de Marrakech)* **:** *km 59,* *sur la gauche. 212 (0)6-61-22-97-55. • obordelo.com • Doubles avec ou sans sdb 270-450 Dh, petit déj inclus. Menu sur résa 150 Dh. CB refusées, mais prépaiement possible (avec supplément) par Paypal.* Un escalier qui descend vers la maison d'hôtes, aménagée par Martine et Poulou. Chambres aux couleurs acidulées : une petite avec salle de bains extérieur, qui ravira les marcheurs et leur porte-monnaie, 3 autres vraiment agréables avec cheminée et terrasse. De plus, le couple propose une table d'hôtes à base de bons produits locaux. Service sur une grande table conviviale en terrasse ou au bord de l'oued d'où s'étend un superbe jardin. Bref, un vrai petit coin de paradis avec un accueil extra.

Hôtel Evasion : *à l'entrée de* ***Setti-Fatma,*** *sur la droite. 212 (0)6-61-09-41-94. Doubles avec sdb env 250-300 Dh.* Hôtel tout en hauteur, il vous faudra donc encore crapahuter au retour de la rando ! 2 bâtiments : l'un a ses fenêtres recouvertes de film bleu, d'où des chambres un peu sombres, mais elles possèdent un balcon face à la rivière ; dans l'autre, pièces et balcons un tantinet plus petits. L'ensemble est bien tenu et relativement décoré, ce qui est assez rare dans cette catégorie. Un bon rapport qualité-prix dans cette gamme, en plus d'un accueil jeune et sympa.

Gîte de Tizi-Noucheg : *un village à 1h30 de marche de Oulmès, perché à 1 600 m d'alt. 212 (0)6-67-35-70-95. • gite-tizinoucheg.com • Résa à l'avance obligatoire pour qu'on vienne vous chercher dans la vallée avec des mules pour porter enfants et bagages. Chambres 4-5 lits 200 Dh/pers. Sdb communes.* Lieu enchanteur tenu par Rachid et Saadia, qui prodiguent un accueil extra aux randonneurs et amoureux de la nature. Rachid s'évertue à sortir son village de l'isolement. Il a attiré des investisseurs et a permis l'installation de l'électricité et de l'eau courante. Les eaux usées sont aujourd'hui récupérées pour servir à l'irrigation des parcelles. Tout le village participe aux différents projets. Dans leur gîte, la famille propose des chambres toutes simples avec matelas posés sur des tapis au sol et un agréable salon ouvert sur la vallée : comme une invitation à de magnifiques balades à faire dans la région. Un lieu à découvrir.

Restaurant Azilal : *au bout du village de* ***Setti-Fatma,*** *à côté de l'*Hôtel Asgaour. *Tlj 7h-minuit. Menu 60 Dh. Pas d'alcool.* À l'écart des restos pour les groupes, sympathique petite adresse familiale à l'accueil chaleureux. Bons tajines et couscous, préparés avec soin par maman et sa fille, à base de produits de la ferme. Les plats sont servis avec attention par le fils en terrasse au bord de l'eau, sous l'œil attentif du papa. Bon rapport qualité-prix.

À voir. À faire

Anima : *km 27, soit 1 km après la station* Total *; fléché. ☎ 05-24-48-20-22. • anima-garden.com • Navette gratuite du parking de la Koutoubia, à Marrakech ; 3-4 départs/j. selon saison, à réserver au moment de l'achat des billets en ligne. Présenter son e-ticket imprimé. Possible sans résa, mais selon dispo et moyennant 20 Dh). Attention, pas de navette en juil-août. Tlj 9h-17h (18h mai-oct, 9h-15h pdt le ramadan). Fermé pdt les fêtes de l'Aïd. Résa obligatoire. Entrée : 120 Dh ; réduc, gratuit jusqu'à 11 ans. CB acceptées.*

L'artiste autrichien André Heller a puisé dans ses multiples vies antérieures (fondateur du Cirque national de Chine, d'une radio en Autriche, chanteur à textes dans les années 1970, romancier...) pour créer un jardin merveilleux peuplé de sculptures géantes et colorées. Un univers onirique où se mêlent nature et art. L'endroit n'a rien d'un musée, il vit, évolue et interagit avec le promeneur-rêveur qui peut toucher les œuvres (surtout si elles le touchent), y compris les 3 assiettes suspendues de Picasso. On fait confiance. Le jardin interagit aussi avec son environnement. Cet amoureux du Maroc a voulu jouer avec les matériaux locaux : la *Tête,* immense, à la Niki de Saint Phalle, est composée de 30 000 carreaux de zelliges. Il a aussi intégré ici et là des objets de sa collection personnelle, comme dans l'arbre à masques.

Ne pas manquer non plus le bateau *L'Espoir,* une œuvre engagée. Un caractère que l'on retrouve à plusieurs niveaux : environnemental, avec l'arrosage des 2 ha au goutte-à-goutte, social et économique, puisque les villageois des alentours ont été associés au projet. Beaucoup ont été formés et travaillent désormais dans le jardin. Anima soutient également une association de villages qui a créé plusieurs écoles. La boutique s'approvisionne en partie auprès de la fondation Al-Nour, une association qui aide à l'insertion des femmes en difficulté (on en parle plus haut dans la rubrique « Achats » des « Adresses utiles » de Marrakech). Enfin, au niveau culturel, une exposition temporaire promeut de jeunes artistes marocains. Ce qui ne doit pas faire oublier l'exposition permanente sur le peintre marrakchi d'origine allemande Hans Werner Geerdts.
Anima signifie « âme » en grec et en latin : le lieu n'en manque pas.
Café sur place.

Au km 29, la route passe à 3 km de ***Jemaa-d'Rhmat*** (sur la gauche quand on vient de Marrakech), qui abrite un ancien mausolée et où se tient un souk le vendredi. Au km 34, on peut faire encore 2 km sur une route à gauche (celle qui va vers Aït-Ourir) pour trouver, au bord de l'oued, le ***souk de Tnine-l'Ourika*** (le lundi à partir de 6h), alignant ses fruits et légumes, ainsi qu'un peu d'artisanat. L'un des plus intéressants des environs de Marrakech. S'y rendre tôt le matin pour profiter de l'ambiance.

La Safranière de l'Ourika *(Le Jardin du safran)* **:** *dans le village de* ***Tnine-l'Ourika*** *(à 35 km de Marrakech) ; fléché à gauche sur la route d'Aït-Ourir. ☎ 05-22-48-44-76. • safran-ourika.com • Tlj 9h-18h (7h-19h pdt la floraison, de fin oct à mi-nov). Entrée : 20 Dh ; 15 Dh sur présentation du guide de l'année ; gratuit pour les moins de 12 ans. Visite guidée.*
Une ferme artisanale pour tout savoir sur le *Crocus sativus,* probablement originaire de Grèce, dont la jolie fleur mauve donne le safran. De la mise en terre du bulbe à la cueillette, de l'émondage (tri des stigmates) au séchage des filaments, un travail patient et minutieux. D'où le prix exorbitant du produit fini : environ 100 Dh le gramme pour un safran de bonne qualité ! Petit truc : ce qui fait la qualité du safran, c'est le soin apporté au tri des filaments (seul le rouge du pistil doit être retenu, mais on trouve aussi souvent de façon abusive le pollen, la partie jaune, plus lourde) et au séchage (le pistil doit perdre les 4 cinquièmes de son poids, ni plus, ni moins, pour pouvoir se conserver 3 ans).
En période de récolte (novembre), visite fort agréable et très instructive dans les 2 ha de jardins... où s'activent de 60 à 80 personnes pour produire 4 kg de safran (on estime la production mondiale à environ 200 t par an) ; les visiteurs peuvent même participer à la récolte dans une ambiance festive. Le reste du temps, une exposition, éclairée par les commentaires de Miloud ou de Mohamed, retrace les étapes de la production, chacune étant motivée par un souci d'améliorer la qualité du safran (il faut dire qu'ici le climat est idéal, très froid en hiver, chaud en été). On poursuit par un petit tour dans le magnifique jardin, qui regorge d'arbres fruitiers : oranges amères, citrons, kakis, clémentines, kumquats... ça embaume ! On ne visite qu'une partie des 5 ha du domaine. Thé aux herbes aromatiques offert à la fin.

PRENEZ-EN DE LA GRAINE

Autrefois connu pour ses vertus médicinales et tinctoriales, le crocus produit aujourd'hui l'épice la plus chère au monde ! Pourquoi la plus chère ? Tout simplement parce que cette petite fleur ne se reproduit pas seule et que l'intervention de l'homme est indispensable. Sa récolte ne supporte aucune mécanisation et nécessite des doigts de fée ; le crocus ne fleurit que 20 jours par an (grosso modo, les 3 premières semaines de novembre), et il faut environ 200 fleurs (ou 600 stigmates) pour récolter un seul gramme de safran !

Les jardins bioaromatiques d'Ourika : *à* ***Tnine-l'Ourika*** *(35 km de Marrakech). En direction d'Aït-Ourir, avt le pont, prendre à gauche ; c'est à 700 m env sur la gauche (grand portail vert fermé, sonner). ☎ 05-24-48-21-49. 📱 212 (0)6-50-96-36-61. • nectarome.com • Tlj 9h-17h (18h30 juin-août). Fermé 3 sem en août. Entrée : 20 Dh en visite libre ; 70 Dh pour la visite guidée (45 mn), infusion à base de plantes du jardin comprise. Sur résa 24h à l'avance : différents soins (bains et massages des pieds) 80-250 Dh. Ateliers de cuisine, de fabrication d'huile d'argan, de pain, etc. (résa 24-48h avt) 50-300 Dh/pers. Restauration sur place possible, là encore sur résa (plat env 70 Dh).* Un beau jardin avec les montagnes de l'Atlas en toile de fond. Si la meilleure période, celle de la floraison, court de mars à juin, on peut venir humer ou admirer toute l'année la cinquantaine de plantes aromatiques ou ornementales, comme la lavande, le thym-citron, la sarriette, plusieurs variétés de sauge, etc., le lieu étant aussi tourné vers la recherche et le développement. À partir des plantes sont réalisés des huiles essentielles, produits de beauté et épices culinaires (qu'on peut acheter à la boutique).
Des aires de relaxation sont aménagées pour des bains de pieds au sel marin (dans des trous creusés dans le sol) et des massages aux huiles essentielles.

L'Écomusée berbère : *km 37, à 3 km après Tnine-l'Ourika en direction de Setti-Fatma (fléché dans le hameau de Tafza). ☎ 05-24-38-57-21 (Maison de la photographie à Marrakech). 📱 212 (0)6-10-25-67-34. • museeberbere.com • Tlj 9h30-19h. Entrée : 40 Dh ; visite guidée (gratuite) conseillée. Petite restauration possible (sur commande) sur la terrasse (formules 50-70 Dh). Organise aussi des randos découverte d'une journée dans la vallée de l'Ourika ; compter 400 Dh/j. le groupe de 12 pers max.*
Au cœur d'un hameau typiquement berbère, petit musée très bien aménagé dans l'ancienne maison du caïd du village. On découvre ainsi le lieu de vie avec ses murs en pisé, linteau gravé à l'entrée, reconstitution du salon du caïd. Mais également de nombreux objets liés à la culture berbère, dont certains intriguants : des cadenas en bois, une perceuse à cordes, des « sardines » de tente, jarres à dattes ou cocottes-minute berbères. La visite se fait avec le dynamique Khalid, passé maître dans l'art de décrypter les symboles contenus dans les tapis et les voiles de mariage... On peut aussi y voir des photos de la collection de la Maison de la photographie de Marrakech, et comme à cette dernière, l'un des films réalisés dans les années 1950 par Daniel Chicault, sur les Berbères.
Les revenus générés par le musée servent à financer des actions sociales et éducatives dans les villages alentour, sous la houlette de l'association *Action-Autonomie-Avenir* (*• aaa-asso.fr •*). Elle recherche d'ailleurs régulièrement des bénévoles diplômés pour enseigner le français (minimum 3 mois).

Juste après la plaine du Haouz débute la vallée, succession de points de vue exceptionnels et de petits ***douars*** (villages) aux maisons en pisé. En contrebas, l'oued Ourika serpente entre une mosaïque de vergers, de jardins et de champs.

Après ***Asguine,*** on laisse à droite la route qui monte à l'Oukaïmeden (on y reviendra plus loin) pour continuer tout droit vers ***Aghbalou*** (appelé également *Khemis*), un village bordé de belles maisons en pierre (souk modeste le jeudi). À partir de là, la route continue sur 16 km, surplombant l'Ourika.

Tout au long de la rivière ***entre Oulmès et Setti-Fatma,*** des ***caboulots*** ont pris l'habitude d'installer des tables aux toiles cirées multicolores, des chaises et des canapés sur les berges, voire directement les pieds dans l'eau ! On y accède par des passerelles flottantes et branlantes. Kitsch, cocasse et pittoresque ! La clientèle est essentiellement locale, et c'est un vrai bonheur d'y manger ou d'y boire un verre. Évidemment, ce n'est pas toujours très propre, mais ce n'est vraiment pas cher. Le plus dur sera de se garer et de résister aux rabatteurs. Le week-end, on roule au pas...

➢ Ceux qui ont un peu de temps en profiteront pour explorer les villages de la vallée à pied. Excursions d'une journée ou d'une semaine qui donnent l'occasion de découvrir, après quelques heures de marche, un Maroc encore authentique, aux portes de Marrakech.

Une petite dizaine de kilomètres plus loin, on aboutit à ***Setti-Fatma,*** à 1 500 m d'altitude, qui accueille un important *moussem* mi-août. La route asphaltée continue encore sur 3 km, puis une piste (pour 4x4 ou VTT) rejoint au bout de 7 km le village de Timichi. Setti-Fatma est un village agréable, mais le stationnement y est parfois pénible (arriver tôt). On part d'ici pour de nombreuses balades.

➢ La plus classique (hélas trop fréquentée en saison !) est celle qui conduit aux ***7 cascades,*** un des hauts lieux du tourisme local. Beaucoup de vendeurs de souvenirs tout le long de la balade. L'idéal est de faire la promenade de 1h30 qui mène aux 3 premières cascades. Du fait des inondations fréquentes, l'accès peut s'avérer difficile dès la 1re cascade, surtout en famille, et il peut être préférable de se faire accompagner par un guide officiel. Ensuite, ça se corse vraiment (passages glissants et très pentus). Environ 5h de marche aller-retour. Prévoir de bonnes chaussures de marche et de l'eau. Baignade possible dans les cascades. On peut pousser jusqu'aux villages berbères...

➢ Autre randonnée possible vers le plateau de Timenkar, avec retour par le col de Tizi'n'Chiker (2 800 m). Compter 2 jours et 900-1 000 Dh par personne, tout compris, pour faire la boucle à partir de Setti-Fatma.

➢ Depuis Setti-Fatma, on peut également rejoindre Imlil en 2-3 jours, via les cols de Tachdirt et de Tamatert, et même poursuivre vers le Toubkal (pour ceux qui disposent d'assez de temps).

➢ Pour une rando de 6 à 8 jours incluant l'ascension du mont Toubkal, le circuit classique est Setti-Fatma – Timichi – Tachdirt – Tamatert – Imlil – Armed – refuges du mont Toubkal – refuge de Tazaghart – Imi Ourhlad. En réalisant le circuit dans ce sens (certaines agences proposent l'inverse), on évite la montée très dure entre les refuges de Tazaghart et ceux du mont Toubkal (mais du coup, il faut prévoir une nuit supplémentaire à l'un des refuges du mont Toubkal pour s'économiser un peu). Compter 5 jours pour le seul Toubkal.

L'OUKAÏMEDEN

À 75 km au sud de Marrakech. La route qui monte à l'Oukaïmeden est grandiose, surtout lorsqu'elle quitte la vallée de l'Ourika. D'abord bordée par des agaves et des figuiers de Barbarie, qui cèdent vite la place à des bouquets d'arbustes, forêts de cèdres et champs de pierres ocre, elle permet de découvrir, en surplomb, des villages en pisé à flanc de montagne. Des femmes berbères aux vêtements colorés, des enfants surgissant de nulle part quémandent un dirham ou un stylo dès qu'on s'arrête pour prendre une photo. Suivent de jolies gorges aux couleurs minérales rouge profond et vert, des éboulis de cailloux gris et de petites bergeries en pierre.
L'Oukaïmeden est la plus haute station de ski d'Afrique, et aussi la mieux équipée du Maroc (télésiège et 6 téléskis) pour un petit domaine skiable de 300 ha avec des pistes de tous les niveaux (noires, rouges, bleues et vertes). L'enneigement, variable selon les années, dure de 60 à 90 jours entre mi-décembre et mi-avril. L'altitude varie entre 2 600 m à la station et 3 270 m au sommet, qu'on atteint en télésiège. De là-haut, vue splendide

sur l'Atlas et le Toubkal. En été, le climat, très agréable en raison de l'altitude, attire beaucoup de Marrakchis. La montagne accueille alors les troupeaux de moutons tandis que les bergers investissent les bergeries traditionnelles. Superbe, même si le plaisir est quelque peu gâché par les – trop – nombreux vendeurs à la sauvette.
– ***Moussem :*** *3 j. à partir du 11 août.*

Arriver – Quitter

➢ Pas de bus. Si vous n'êtes pas motorisé, le ***grand taxi*** reste le seul moyen. Ils partent de la rue Ibn-Rochd à Marrakech *(plan détachable E4).* Les trajets sont directs en saison (déc-mars env). Hors saison, il faut négocier avec les grands taxis qui font les liaisons avec la vallée de l'Ourika (compter 100 Dh/pers sur une base de 6 pers). Sinon, changer à Tnine-l'Ourika et monter dans un autre grand taxi pour l'Oukaïmeden.

➢ ***En voiture :*** depuis Marrakech, prendre la route de la vallée de l'Ourika. À 45 km env, bifurquer à droite (fléché). Trajet : env 1h30. Déc-avr : droit d'accès 15-20 Dh/véhicule.
– De la route du Tizi-n-Test, rejoindre Tahanaoute. De là, une route bitumée débouche sur la vallée de l'Ourika.

Où dormir ? Où manger ?

Hors saison, éviter les petits restos, où la faible fréquentation ne garantit pas la fraîcheur des aliments. ***Le Café du Grand Atlas*** sort du lot pour sa propreté et l'accueil de Fatima. Tajine autour de 50 Dh.

🏠 🍽 ***Chalet-refuge du Club alpin français*** (alt. : 2 600 m) **:** *à droite en arrivant à la station. ☎ 05-24-31-90-36. 📱 212 (0)6-15-19-48-55. • rachid chalouka@gmail.com • Env 300 Dh/pers en ½ pens. Env 100 Dh le repas. CB acceptées. Réduc pour les membres CAF. Réduc de 10 % sur l'hébergement sur présentation du guide de l'année.* Tenu par l'accueillant Rachid. Environ 80 places en chambres de 4 à 8 lits superposés. Douches (eau chaude, payante) et toilettes en suffisance. Bar avec alcool et repas sur commande. La meilleure adresse où dormir dans la station et la seule à pratiquer des tarifs corrects.

🏠 🍽 ***Chez Juju :*** *au centre de la station. ☎ 05-24-31-90-05. • hotelchez juju.com • Doubles 600-1 500 Dh selon taille et saison, petit déj en sus ; familiales 900-1 700 Dh. Plats 120-140 Dh. CB refusées. Alcool servi.* Hôtel de montagne avec une agréable terrasse pourvue de grosses tables en bois donnant sur les pistes de ski. Au resto : confit, tartiflette et autre choucroute... Les moins aventuriers opteront pour un bon tajine. On peut aussi y prendre un vin chaud. L'hôtel propose des chambres douillettes et très bien tenues mais petites, à des prix assez délirants, tout particulièrement en hiver.

À faire

➢ ***Randonnées :*** de mai à novembre, nombreuses possibilités de balades avec pour thème, par exemple, la découverte de gravures rupestres sur le plateau (qui ressemble malheureusement, çà et là, à une décharge sauvage). Renseignements au *Chalet-refuge du Club alpin français* (voir « Où dormir ? Où manger ? »). N'oubliez pas que vous êtes en haute montagne, et partir en randonnée dans le secteur nécessite une bonne condition physique et un guide.
Pour toutes les activités du secteur (escalade, parapente, ski, VTT...), se renseigner à l'avance auprès du bureau des guides d'Imlil.

SUR LA ROUTE D'IMLIL

Situé au cœur d'une magnifique zone de montagne, Imlil offre des excursions parmi les plus belles à faire dans les environs de Marrakech. C'est aussi le départ de l'ascension du toit du Maroc (et d'Afrique du Nord), le Toubkal, et de randonnées dans le parc national du même nom. Cet afflux touristique engendre, certes, un accueil de plus en plus mercantile (voire collant par endroits).

Arriver – Quitter

➢ ***En voiture :*** la route est bitumée jusqu'à Imlil, situé à 64 km au sud de Marrakech. On bifurque à Asni depuis l'axe qui relie Marrakech et Taroudant. De Marrakech, compter 1h pour rejoindre Asni, 1h30 pour Imlil. Entre Asni et Imlil, les orages peuvent entraîner des coulées de boue et des chutes de pierres.

➢ ***En taxi collectif :*** la solution la plus simple et la plus rapide si vous n'êtes pas véhiculé. Ils partent de la place Youssef-Ben-Tachfine, à Marrakech *(plan détachable D4).* Certains font le trajet direct jusqu'à Imlil. Compter alors 30 Dh/pers, et même 40 Dh en saison, ou 200-250 Dh pour le taxi en entier. Pour le retour, des grands taxis collectifs attendent jusqu'à 17h env, au niveau du parking du village. Se renseigner pour éviter de rester en rade (ou de devoir louer un taxi en entier).

➢ ***En minibus :*** on peut aussi prendre un minibus pour Asni depuis la gare routière de Marrakech, à Bâb-Doukkala (départ presque toutes les heures en saison, 8h-18h), et d'Asni un grand taxi jusqu'à Imlil (compter 15 Dh/pers), voire un minibus (il y en a 3 ou 4 tous les jours). Moins cher mais nettement moins pratique qu'un grand taxi direct de Marrakech à Imlil...

Où dormir ? Où manger à Asni ?

Prix moyens (250-500 Dh / 23-45 €)

Villa de l'Atlas *(plan détachable Les environs de Marrakech)* **:** *à Asni, prendre la route d'Imlil ; la maison est à 1,2 km sur la gauche. 212 (0)6-61-64-77-36. • ramoun_1945@hotmail.com • Fermé les 3 dernières sem du ramadan. Doubles avec sdb env 400-450 Dh, petit déj compris ; 600 Dh en ½ pens. Possibilité de planter sa tente : env 100 Dh pour 2 avec une voiture. Repas (ouv aux non-résidents sur résa) 125-150 Dh (pas d'alcool). CB refusées. Réduc de 10 % sur la chambre sur présentation du guide de l'année.* Maison classique, impeccable et tenue avec grande gentillesse par la famille d'Abdelghani. Un endroit où l'on se sent vraiment bien. 5 chambres, particulièrement sympas (de style marocain soigné et aux couleurs vives), occupent l'étage, dont 2 avec une vue imprenable sur la vallée. Agréable terrasse aussi, donnant sur les vergers (charmant au printemps quand les arbres fleurissent) et l'Atlas en toile de fond. Autre atout fort du lieu : la délicieuse cuisine marocaine. La famille propose également des randonnées avec guide.

Spécial folies

Kasbah Tamadot *(plan détachable Les environs de Marrakech)* **:** *sur la route d'Imlil, env 3 km après la bifurcation. ☎ 05-24-36-82-00. • virginlimitededition.com • Fermé 3 sem en janv. Doubles supérieures à partir de 6 500 Dh, petit déj compris.* Sir Richard Branson, ex-disquaire chez *Virgin,* n'a pas froid aux yeux ! Il a racheté le palais d'un décorateur californien, une sorte de *kasbah* dominant la vallée avec le Toubkal en toile de fond, pour en faire un hôtel super chic. Chambres magnifiques à la déco d'inspiration marocaine et revisitée par les plus grands décorateurs, absolument tout confort, toutes avec balcon ou terrasse et vue sur les sommets enneigés. Succession de petits jardins en terrasses, spa des plus raffiné, piscine intérieure et une autre extérieure à débordement, là encore avec vue incroyable sur la vallée. 2 restos (pas vraiment bon marché...), *high tea* l'après-midi. Vraiment la toute grande classe !

À voir

Souks : *le mar à **Tahanaoute,** à 34 km de Marrakech. Très touristique. Le sam mat à **Asni,** où le troc est très prisé.* Y aller tôt, car les touristes sont nombreux en saison. Mais attention, sur la place du souk, des vendeurs de bijoux (de pacotille !), soi-disant berbères, proposent une balade ou un repas dans une famille du coin. Le scénario, très au point, finit au *douar* Larab : un coin sans intérêt, et le risque de se faire sérieusement arnaquer ! Certains opèrent également à Imlil. Refusez ! Et en cas de souci, n'hésitez pas à vous rendre à la gendarmerie d'Imlil (ou au bureau du caïd situé à la sortie d'Asni, au niveau de la bifurcation vers Imlil).

Moulay-Brahim : *bifurquer à l'entrée d'Asni, sur la droite en venant de Marrakech.* C'est un lieu de pèlerinage réputé pour les femmes stériles. Elles viennent accrocher aux branches des arbres de petits rubans. La légende veut que lorsque ceux-ci se détachent, la femme peut espérer devenir mère. Moulay-Brahim est également célèbre pour son *moussem,* qui a lieu 1 ou 2 semaines après l'anniversaire de la naissance du Prophète *(mouloud).*

En continuant vers le barrage de Lalla-Takerkoust (par la P 2024), on traverse un superbe plateau peu habité. Douces collines arides et cultivées à la fois, petits patelins perdus, strates géologiques à fleur de coteaux, se confondant avec les sillons des champs, l'horizon prend ici des airs de Toscane. Même si la route est assez périlleuse par endroits, n'hésitez pas, c'est, mine de rien, un très (très) beau coin ! Peut-être encore plus dans l'autre sens, de Lalla-Takerkoust vers Asni, lorsqu'on roule avec les cimes enneigées en ligne de mire.

IMLIL

À partir d'Asni, la route s'enfonce dans une magnifique vallée pour rejoindre Imlil, 17 km plus loin, perché à 1 740 m d'altitude.

Adresses et infos utiles

■ ***Bureau des guides de montagne d'Imlil :*** *au centre du village, à côté du parking. ☎ 05-24-48-56-26. • bureaudesguidesimlil.com • Tlj 9h-18h. Conseillé de téléphoner avt.* On peut y prendre des infos sur les randonnées à faire dans le coin, se renseigner sur la météo et s'y procurer la carte du parc national du Toubkal au 1/50 000. C'est ici aussi qu'il faut chercher un guide officiel (la liste – avec photos – y est affichée), à côté pourtant de la nuée de faux guides qui vous alpaguent dès la sortie du parking. Ces guides officiels sont une petite cinquantaine en tout et sont sollicités à tour de rôle pour que chacun puisse bénéficier des retombées du tourisme.

■ ***Gendarmerie :*** *au centre du village. ☎ 05-24-48-55-49.* À contacter en cas d'urgence (24h/24).

– Info pratique : il n'existe ***ni distributeur, ni bureau de change*** à Imlil. La banque la plus proche se trouve à Asni.

– Petit ***parking*** payant au centre du village (10 Dh/j., 20 Dh en comptant la nuit).

Où dormir à Imlil et dans les environs ?

Certains établissements pratiquent des prix haute saison, qui ici est à l'inverse de Marrakech : haute saison d'avril à octobre, mais surtout de juin à septembre. Normal : en hiver, vu les températures, il n'y a pas foule dans le parc du Toubkal !

De très bon marché à bon marché (jusqu'à 250 Dh / 23 €)

Chez Imi N'Ouassif : *à Imlil. Prendre le sentier sur la droite 50 m au-dessus du parking ; c'est 150 m plus loin. ☎ 05-24-48-51-26. • iminouassif@gmail.com • Fermé pdt les fêtes religieuses. Doubles avec ou sans sdb 160-200 Dh, petit déj compris. ½ pens possible.* À peine à l'orée du village, mais on a presque l'impression d'être en pleine nature. Rudimentaire, mais un petit effort au niveau de la déco dans certaines chambres (murs en *tadelakt*). Lits fermes et pièces un peu sombres pour les chambres du rez-de-chaussée avec salle de bains. Mais c'est propre, et on y est bien reçu.

Gîte Le Toubkal, chez Hadj Omar : *à* ***Aremd,*** *à env 5 km d'Imlil en direction du Toubkal, à 1 945 m d'altitude. 212 (0)6-70-41-26-75. • id_mansour@yahoo.fr • Dans Imlil, prendre la rue à droite, qui devient piste : autant dire qu'il faut arriver de jour ! Seuls les plus à l'aise iront jusqu'au gîte en voiture ; les autres se gareront à l'entrée du village (avt de franchir le pont) et grimperont le km restant à pied (avec éventuellement les bagages à dos d'âne ; compter env 20 mn). Résa à l'avance, on n'arrive pas à l'improviste. Env 200 Dh/pers en pens complète.* La plupart du temps, c'est le neveu d'Omar, Mohammed, qui accueille les visiteurs et fait la cuisine dans cette vieille maison traditionnelle restaurée et décorée avec goût. Plusieurs espaces salon très agréables et sanitaires impeccables, eau chaude... en majorité, des chambres de 2 à 7 lits, certains minuscules. Bonne literie. Agréable terrasse fleurie et arborée au 1er niveau. Depuis le toit, panorama grandiose sur les montagnes et toute la vallée. Organise des excursions.

Maison d'hôtes Dar Ait Souka : *dans le hameau d'***Ait-Souka.** *212 (0)6-68-04-53-10. • dar-aitsouka.com • Au bout d'Imlil, franchir le pont, puis suivre la route sur env 1 km jusqu'au panneau sur la gauche ; il faut alors traverser l'oued à pied pour rejoindre (en 5 mn) la maison située à l'entrée du hameau. Compter 85 Dh/pers en dortoir et 200-260 Dh la double, petit déj compris. ½ pens proposée.* Ahmed a aménagé dans ce petit *dar* un gîte avec 6 dortoirs de 4-5 lits et 3 chambres privées, dont une avec salle de bains. C'est propre et bien tenu, avec çà et là de la pierre, du *tadelakt* et du bois. Ahmed étant guide patenté, vous pouvez faire plein de balades en bonne compagnie. Très bonne cuisine le soir. Hammam sur résa (payant). De la terrasse qui domine la vallée, la vue sur les montagnes d'en face, au petit matin, est tout simplement éblouissante.

Prix moyens (250-500 Dh / 23-45 €)

Hôtel-restaurant Soleil Imlil : *dans le centre d'Imlil, à côté du parking. ☎ 05-24-48-56-22. • hotelsoleilimlil.com • Doubles avec ou sans sdb 200-250 Dh avec petit déj ; ½ pens possible ; 30 Dh/pers pour dormir sur la terrasse. Repas 60-80 Dh (pas d'alcool). Hébergement et restauration gratuits pour les moins de 6 ans. Thé offert au resto sur présentation du guide de l'année.* Édifice en béton bien placé au bord de l'oued. 2 types de chambres : les anciennes, bon marché, à l'hygiène très aléatoire (voire limite) et aux salles de bains rudimentaires ; et les récentes, plus confortables, plus jolies et... plus chères. Demandez-en une côté rivière, plus lumineuses. Quelques problèmes d'humidité toutefois, malgré le chauffage (quand il fonctionne). Déguster un bon tajine sur la terrasse est un vrai plaisir.

Camping-auberge Atlas-Toubkal, chez Omar le Rouge : *à Aremd. ☎ 05-24-48-57-50. 212 (0)6-78-45-79-14. • trekaumaroc.ch • À 4 km d'Imlil en suivant – prudemment – la piste en direction du Toubkal. Une fois à Aremd, ne pas traverser le pont, continuer tt droit en longeant la rivière sur env 250 m. Double avec sdb 200 Dh en ½ pens. Déj sur résa.* Ne vous trompez pas ! À croire qu'à Imlil, toutes les auberges s'appellent *Toubkal,* que tous les gérants s'appellent « Omar » et leur descendant « Mohammed »... Cet Omar-là est roux (et de plus en plus... blanc), on l'a donc surnommé « le Rouge » ! Son gîte, situé au-dessus de la rivière, accueille les touristes et randonneurs de passage. Le confort est simple mais les chambres sont propres (chauffage d'appoint possible l'hiver). On peut garer sa voiture devant l'auberge. Campeurs et camping-cars bienvenus. Organise aussi des randos.

Dar Adrar : *douar **Achayn** (à 15 mn à pied du centre d'Imlil) ; laisser la voiture au parking et prendre la rue qui monte à droite à la sortie du village (fléché, et ça grimpe !). 212 (0)6-68-76-01-65. • daradrar.com • Doubles avec sdb 300-350 Dh, familiale (4 pers) 500 Dh, petit déj inclus. Repas 80 Dh. CB acceptées.* À l'écart du village, une maison rose à flanc de coteau avec une superbe vue sur la vallée et les montagnes. À l'intérieur, outre un salon-cheminée douillet, des chambres claires et agréables (excellente literie), toutes avec chauffage ou cheminée. Très belle terrasse aménagée, avec une perspective renversante sur la vallée et le Toubkal. Hammam. Bon rapport qualité-prix-charme. Eau filtrée gratuite pour remplir sa gourde. *Pack lunch* proposé. Mohammed, le sympathique proprio, tient aussi l'*Atlas Trekking Equipment,* dans le village (voir plus loin « Randonnées au départ d'Imlil »). Possibilité de louer les services d'un guide et une mule.

Auberge-restaurant-café Zaratoustra : *au bout du village, franchir le pont sur la gauche ; c'est 700 m plus loin, sur la droite. 212 (0)6-61-74-09-68. • zaratoustra.com • Double 400 Dh, petit déj inclus ; également une familiale 6 pers. Repas 150-180 Dh. CB acceptées.* Tenu par un couple belgo-marocain qui propose plusieurs types d'hébergement : chambre-salon, chambres avec salle de bains (certaines de style berbère), suite... L'ensemble, assez vaste (pas moins de 7 terrasses, plus un jardin) et joliment décoré, dans les tons chauds, est parfaitement tenu. Petit déj copieux et varié, avec du vrai café, et dîners (à base de produits bio) que vous aurez peu de chance de manger ailleurs à Imlil, comme le tajine de châtaignes. Salon TV avec les chaînes françaises, hammam, parking moto sécurisé. N'hésitez pas à demander au couple des conseils pour vos balades, ils connaissent bien le coin (madame est même la 1re Marocaine à avoir gravi le Toubkal !).

Riad Dar Ouassaggou : *à **Aït-Souka.** 212 (0)6-67-49-13-52. • guesthouseouassaggou.com • Au bout du village d'Imlil, franchir le pont sur la gauche ; c'est 800-900 m plus loin, sur la gauche. Doubles 200-300 Dh, petit déj compris. Repas 80 Dh.* Une auberge abritant une grosse poignée de chambres confortables et de caractère, avec tapis au sol, bonne literie, cheminée (pour certaines), sanitaires rutilants et clim réversible. Djellabas et babouches à dispo. Terrasse panoramique. Très bon accueil de Hussein et sa famille. Un bon choix.

Riad Atlas Toubkal : *au bout du village, après le pont, continuer à pied en direction de l'association des femmes, puis suivre le fléchage et monter l'escalier. 212 (0)6-62-05-82-51. • riadatlastoubkal.com • Doubles avec sdb 300-500 Dh selon taille et vue, plus une familiale, petit déj inclus. Dîner env 100 Dh.* La maison est assez banale mais, passé la porte, on découvre un intérieur soigné et coloré, façon marocaine mais sans excès. Une demi-douzaine de chambres nickel et bien arrangées avec clim réversible. Terrasse et salon vitré donnant sur la vallée. Une bonne affaire. La piscine du *Riad Dar Imlil,* situé en contrebas, est accessible aux clients de l'hôtel (même proprio ; bien aussi mais beaucoup plus cher).

Dar Assarou : *à la sortie du village, sur la droite en montant. ☎ 05-24-48-48-53. • dar-assarou.com •*

Doubles avec sdb 300-350 Dh, petit déj inclus. Les belles portes en bois peint s'ouvrent sur des chambres bien arrangées, certaines avec un balcon permettant d'admirer la vue sur les montagnes. Chaleureux salon pour se poser, équipé d'un poêle à bois. Bon rapport qualité-prix.

Où manger ?

Notez que la plupart des hébergements proposent la demi-pension. Pas d'alcool à Imlil, qu'on se le dise...

|●| ***Les gargotes du centre :*** *le long de la rue principale, juste avt le pont qui enjambe la rivière et mène vers Tamatert. Bon marché.* Le principe est simple : on achète la viande à la boucherie, qu'on va faire griller à la gargote pour une poignée de dirhams supplémentaires ! Très bon. Ils préparent aussi d'autres plats très simples. Mais évitez, par précaution, les salades.

|●| ***Aït Mizane :*** *au-dessus du parking principal, côté gauche en montant. Bon marché.* On s'installe sur des tables basses dans le petit jardin gravillonné pour un tajine et une soupe très corrects, surtout pour le prix. Bon accueil.

|●| ***Atlas Toubkal :*** *enseigne rouge, juste après le pont, sur la droite. Tlj. Prix moyens.* Par beau temps, on grimpe tout en haut de la tour pour admirer le Toubkal, tout en savourant un délicieux tajine. On a aimé celui au bœuf et aux légumes, très parfumé, tout comme les grillades.

Randonnées au départ d'Imlil

Pour les randonnées, se renseigner au ***bureau des guides de montagne*** (voir « Adresse et infos utiles »).

Voici les randos les plus courantes au départ d'Imlil, les guides pouvant en proposer d'autres, également intéressantes. Pour un complément de matos de rando, il y a une boutique de location de matériel dans la rue qui part sur la droite à la sortie du village en direction d'Aremd : ***Atlas Trekking Equipment*** *(📱 212 (0)6-68-76-01-65. ● atlastrekshop.com ●).* Elle n'est pas extrêmement bien fournie, mais ça peut dépanner !

L'ascension du djebel Toubkal (4 167 m)

➢ Le plus haut sommet d'Afrique du Nord. Guide recommandé. Le Toubkal est plus facile à gravir que la Tazaghart ; de plus, on y est rarement seul sur la voie classique. Attention, toutefois, l'ascension présente en condition neigeuse (rares au cœur de l'été) de réels dangers (chaque année, on recense des accidents, faute d'équipement adéquat ou par manque d'infos sur les conditions météo). Le choix d'un guide compétent est donc primordial. Si vous êtes chargé, un mulet peut s'avérer utile pour le portage des affaires entre Imlil et le refuge au pied du Toubkal. Prévoyez aussi des sacs-poubelle pour remporter vos déchets. Si vous montez votre canette de soda pleine... vous pouvez bien la redescendre vide, non ?

Voici un bref descriptif de cette excursion de 2 jours : chemin muletier jusqu'aux refuges du Toubkal (à 3 200 m ; 5 ou 6h de marche depuis Imlil), en passant par le hameau d'*Aremd* et le sanctuaire de Sidi-Chamarouch (interdit aux non-musulmans).

Il existe 2 refuges au pied du Toubkal : celui de ***Toubkal,*** géré par le Club alpin français *(📱 212 (0)6-64-72-17-49 ; env 170-195 Dh/pers selon saison, petit déj en plus ; réduc membres CAF ; dîner 70 Dh).* Gîte ancien et basique de 80 places. Douche pas toujours chaude et prévoir un duvet ou un sac à viande. Et ***Les Mouflons*** *(📱 212 (0)6-61-21-33-45 ; ● refugetoubkal.com ● ; env 280 Dh/pers en ½ pens).* Plus grand (210 lits !) et confortable, avec même des chambres privées, mais bien plus cher.

Le lendemain, très tôt, on entame les 3h d'ascension vers le sommet du Toubkal. De là-haut, superbe vue sur l'ensemble du massif et sur le Siroua. Redescente en 2h vers le refuge, où l'on déjeune (chouette !). Puis retour à Imlil en fin d'après-midi, par le même sentier qu'à l'aller. Ascension, on l'a dit, pas trop difficile, et au cours de laquelle on découvre des panoramas exceptionnels sur tout le Haut Atlas.

La haute vallée de Tachdirt

➢ À 17 km d'Imlil par une route goudronnée, on accède au village de Tachdirt, le plus haut du Maroc (2 400 m d'altitude), au cœur d'un cirque de montagnes grandioses. Un site à ne pas manquer, qui offre de nombreuses possibilités de randonnées. Quelques minibus s'y rendent tous les jours depuis Asni et Imlil. Sur place, gîte et couvert possibles au ***Tigni Tachdirt*** *(☎ 05-26-88-20-99 ; compter 70-100 Dh/pers en dortoir ou 360 Dh la double avec sdb ; ½ pens env 100 Dh/pers),* superbement situé face à la vallée. De là, possibilité de balades donc, notamment vers Asni (à 6 bonnes heures de marche) par les hameaux d'Oua-neskra, Ikiss, Amskere et Arg. Chemin assez facile à suivre (guide pas vraiment nécessaire pour ceux qui ont l'habitude de randonner mais conseillé en raison des conditions qui peuvent changer à tout moment) et paysages magnifiques, hors des sentiers battus. On peut aussi rejoindre l'Oukaïmeden (de préférence avec un guide), mais BIEN s'informer des conditions météo, car les jours et lendemains de pluie, les sentiers muletiers peuvent être très dangereux.

➢ ***Le plateau de la Tazaghart,*** sauvage et superbe là encore. Le plus courant est d'en combiner l'ascension avec celle du Toubkal (avis aux sportifs !), en 4 jours depuis Imlil. Si ça vous tente, marche d'Imlil, le 1er jour, jusqu'au ***refuge de Tazaghart,*** géré par le Club alpin français *(☎ 05-24-31-90-36. 📱 212 (0)6-15-19-48-55 ; résa obligatoire car le refuge peut être fermé ; env 95 Dh/pers).* Très sommaire, pas de douche. Restauration sur place possible. Plus bas dans la vallée, à 2 250 m d'altitude, le ***refuge de Tamsoult*** est construit dans un style traditionnel *(📱 212 (0)6-61-69-54-63 ; • refugetamsoult.com •).* Dortoirs aménagés uniquement de lits doubles superposés. Courte nuit au refuge, et le lendemain, ascension du plateau et du *Talat n'Ifri* (3 980 m), puis retour au refuge. Le 3e jour, marche jusqu'aux refuges du Toubkal (*Neltner* ou *Les Mouflons,* voir plus haut), où l'on passe la 3e nuit. Le 4e jour, ascension du Toubkal (selon les mêmes modalités que ci-dessus) et retour à Imlil. Ouf !

➢ ***La vallée de l'Azzadene*** (à l'ouest d'Imlil, très verte, pleine de genévriers), à faire en 3 jours ; ou encore le ***grand tour du Toubkal*** en 6 jours par Tachdirt, avec franchissement de plusieurs cols, dont un à 3 680 m, baignades, pêche à la truite et logement en tente, chez l'habitant et en refuge. Tout un programme.

LA ROUTE D'AMIZMIZ

Une excursion très agréable et facilement réalisable dans la journée au départ de Marrakech. Passé les derniers faubourgs de Marrakech, on traverse un paysage de douces collines arides avec, en toile de fond, lorsque le temps est clair, les montagnes du Haut Atlas. Un itinéraire riche en contrastes, qui réserve quelques haltes fort plaisantes : des vendeurs de poteries au départ de la route vers Tameslohte, d'intéressantes *kasbah* au-dessus du village d'*Oumnas,* le barrage et le lac de Lalla-Takerkoust aux eaux émeraude et, surtout, la route entre Lalla-Takerkoust et Asni, qui traverse un magnifique plateau vallonné. On peut aussi, du barrage, poursuivre vers Amizmiz. L'état

de la route entre Amizmiz et Ouirgane s'améliore, mais il subsiste quelques tronçons redoutables sur la 2de moitié. À n'emprunter donc qu'en plein jour, par temps sec et avec une extrême prudence (et patience !).

Arriver – Quitter

➢ ***En voiture :*** c'est en gros l'unique moyen de suivre cette route. Sortir de Marrakech par la R 203 (route du Tizi-n-Test et de Taroudant) ; après 5 km, prendre la direction d'Amizmiz, à droite ; on arrive alors au barrage de Lalla-Takerkoust, d'où l'on peut soit continuer vers Amizmiz (prendre à droite au niveau du village de Takerkoust), soit rejoindre Asni (prendre à gauche), par une route qui traverse un superbe plateau.

LE LAC DE LALLA-TAKERKOUST

Le barrage de Lalla-Takerkoust (à 33 km de Marrakech), jadis barrage Cavagnac, fut édifié sous le protectorat. Sa digue de 357 m de long sur 62 m de haut retient les eaux d'un lac artificiel de 7 km de long. À seulement 30 mn de Marrakech, le dépaysement est total au bord de cette magnifique étendue d'eau (baignade interdite).

Où dormir ? Où manger sur la rive ouest du lac ?

Au village de Lalla-Takerkoust, prendre à droite vers Amizmiz et, après le pont, la route à gauche qui longe la rive ouest du lac.

IOI ***Chez Amaghousse*** *(plan détachable Les environs de Marrakech) : fléché depuis la route. ☎ 05-24-48-49-65. 📱 212 (0)6-70-01-77-33. Tlj jusqu'à 18h. Menu 80 Dh. Vin et bière servis.* Un très bel endroit isolé surplombant le lac. Au choix : déjeuner en terrasse ou sous une tente nomade (avec vue sur le barrage). Tajine et couscous sur commande ou menu grillades avec de succulentes brochettes pour un agréable moment de détente. Pour digérer, on peut même louer des embarcations à pédales... Bon accueil familial et clientèle essentiellement marocaine.

IOI ⛺ ***Le Relais du Lac*** *(plan détachable Les environs de Marrakech) : à env 3 km de Lalla-Takerkoust ; fléché. ☎ 05-24-48-49-43. Tentes équipées 2-8 places 420 Dh/pers en ½ pens. Resto tlj 11h-17h. Plats 120-160 Dh (alcool servi). CB acceptées.* Après avoir baroudé à travers le monde, Daniel, un Breton, a jeté l'ancre sur les rives du lac dans les années 1990. L'établissement, détendu et convivial, pieds dans l'eau, aménagé en plein air sous les palmiers avec des paons qui se baladent, est un endroit bien apprécié de la région. Célèbre pour ses côtes de bœuf, tajines de lapin et autres plats de cochonnailles. Propose aussi des activités de loisirs (quad notamment, mais on n'est pas fan...) et de l'hébergement sous tente, à des prix jouant un peu sur la beauté du lac.

🏠 IOI ***Le Petit Hôtel du Flouka*** *(plan détachable Les environs de Marrakech) : juste à côté du Relais du Lac. 📱 212 (0)6-64-49-26-60. • leflouka-marrakech.com • Doubles 500-700 Dh selon vue et taille ; familiales autour de 850-1 000 Dh et des suites. Au resto (ouv le midi ; le soir sur résa), menu 180 Dh, plats 110-180 Dh (avec alcool). CB acceptées. Réduc de 10 % sur l'hébergement et thé offert au resto sur présentation du guide de l'année.* Jean-Charles Puech, un Lyonnais, a quelques années de métier derrière les fourneaux. Dans son restaurant en plein air, avec un étonnant bar en forme de bateau donnant sur le lac, à l'ombre des oliviers, il propose une cuisine raffinée. Les épicuriens prolongeront leur plaisir par un petit plongeon dans une des 2 piscines (dont 1 chauffée) avant de reprendre la route. Pour ceux qui auraient du mal à décoller, il est possible de loger sur place, dans de jolies cases en pisé traditionnel, à la déco d'une belle sobriété, confortables, dotées de cheminée et de mobilier élégant, aménagées en cascade autour du jardin.

Jnane Tihihit *(plan détachable Les environs de Marrakech) : douar Makhfamane. 212 (0)6-70-96-59-70. • jnane-tihihit.com • Suivre la rive ouest du lac sur env 5 km (soit 2 km après le* Petit Hôtel du Flouka*), puis la piste à droite sur env 1 km (fléché et assez cahoteux !). Double env 900 Dh (+ 15 % pdt les vac scol), petit déj compris. ½ pens et pens complète possibles. Repas 120-200 Dh. Formule déj + piscine + visite du domaine 250 Dh (réduc moins de 12 ans).* Le lieu ne manque pas d'attraits : une vraie ferme active, peuplée d'animaux (les enfants adorent), avec un splendide verger et une piscine à l'eau de source... donnant sur les sommets enneigés de l'Atlas. Pour dormir, 4 *douaria* (maisonnettes 2-6 personnes), décorées de façon à la fois contemporaine et marocaine, avec salles de bains en *tadelakt.* Ce sont Robert et Carole qui tiennent ce domaine. On peut, bien sûr, y manger : menu généralement marocain, parfois belge (lapin à la bière, waterzoï...), mais toujours bio, en provenance directe du verger ! Hammam. Vente des produits de la ferme. Une bonne adresse pour déconnecter ! Bref, on adore.

Où dormir ? Où manger en direction d'Asni ?

Dar Zitoune *(plan détachable Les environs de Marrakech)* **: douar Zii.** *212 (0)6-61-40-83-86. • dar-zitoune.fr • Prendre la route d'Asni à gauche dans le village de Lalla-Takerkoust ; l'auberge est 12 km plus loin, douar Zii, à droite de la route. Doubles avec sdb 510-1 000 Dh selon confort et saison, petit déj inclus. Dîner 150 Dh.* Dans un petit village haut perché sur le plateau du lac de Lalla-Takerkoust. Le panorama sur celui-ci est éblouissant ! L'auberge abrite 7 chambres coquettes (déco dans de beaux matériaux), avec, pour la plupart, la fameuse vue. Les suites ouvrent sur la belle terrasse ocre rose donnant sur la plaine. Couchers de soleil inoubliables garantis ! Les prix tiennent d'ailleurs compte de cette belle situation et de la tranquillité absolue. Piscine et petit hammam. Bonne cuisine. Le proprio, marocain, possède un club de parapente sur place, mais il habite la moitié du temps en France. Quand il n'est pas là, la communication avec le personnel est plus compliquée.

AMIZMIZ

À 54 km de Marrakech. Amizmiz est une grosse bourgade formée d'un gros centre (dont le mellah a été rénové) et de plusieurs *douars* (hameaux). Le *douar* de *Regraga,* sur la droite, est entièrement consacré à la poterie. On verra les pièces sécher devant les ateliers et les maisons regroupées au pied d'une ancienne *kasbah.* Mais Amizmiz est surtout remarquable pour son site, avec son manteau d'oliviers couvrant les flancs du djebel Erdouz. Le souk du mardi rassemble tous les paysans de cette partie de l'Atlas et permet d'admirer les productions locales. Léon l'Africain vantait déjà dans ses écrits, en 1525, le blé d'Amizmiz, qui donnait une farine parfaite.

Où dormir ? Où manger ?

Dar Achorafa *(plan détachable Les environs de Marrakech) : route 2022, douar Tizefrite. 212 (0)6-72-02-68-29. • achorafa.com • À l'entrée d'Amizmiz, tourner à droite au 1er rond-point, continuer sur 3 km, puis fléché à droite sur la route en direction de Majjatte, après une maison rouge brique. Résa très conseillée en saison. Double env 510 Dh, petit déj en sus. Loc maison en entier possible. Repas sur commande 100 Dh. CB refusées.* Laurence et Hicham, très actifs socialement dans le coin, louent des chambres dans 3 maisons près de la leur. Elles sont fraîches et bien tenues, avec des salles de bains en dehors des chambres mais privées. Chaque maison possède aussi un beau salon avec un réfrigérateur et une cheminée. La déco claire, les 2 piscines, les animaux, le charmant accueil et les prix plutôt doux en font un bon point de chute. Sans oublier les nombreux services : agréable hammam, salle de massages, location de vélos et randos guidées possibles.

LA ROUTE DU TIZI-N-TEST

Au-delà d'Asni (région décrite plus haut dans l'itinéraire « Sur la route d'Imlil »), la R 203 s'enfonce dans l'Atlas. Elle constitue l'une des plus belles et des plus impressionnantes routes de montagne du Maroc. Elle monte à l'assaut du col du Tizi-n-Test avant de redescendre vers Taroudant. On y découvre de beaux paysages déchirés, minéraux et colorés, peuplés de quelques bergers berbères, troupeaux d'ânes, hameaux et *kasbah* agrippés aux collines avec lesquels ils se confondent. Ici, foin de béton, le pisé est roi, reprenant les couleurs de la terre. La route, peu pratiquée (tant mieux !), est parfois étroite, sans garde-fou et avec quelques camions et taxis un peu fadas... Gare, donc.

Comment y aller depuis Marrakech ?

➢ Très peu de transports collectifs sur cette route, les bus entre Marrakech et Taroudant empruntant la N 8 qui contourne l'Atlas. Il faut donc avoir son propre véhicule. Reste quand même 2 bus/j. (s'arrêtant un peu partout) entre la gare routière de Marrakech (départs le mat et le soir) et Taroudant (qui passent par le col du Tizi-n-Test), mais cette solution est peu pratique. En revanche, on peut prendre un ***grand taxi*** de Marrakech jusqu'à Ouirgane (au-delà, le manque de passagers commence à se faire cruellement sentir).

OUIRGANE

À 60 km environ de Marrakech, au cœur d'un paysage de piémont, Ouirgane s'étire sur plusieurs kilomètres le long de la route du Tizi-n-Test. Elle est sortie de sa torpeur à la construction d'un barrage et d'un lac de retenue. Pour le coup, le site est très prisé l'été par les Marrakchis pour sa fraîcheur et ses superbes environs propices à la randonnée pédestre : notamment les *gorges du N'Fis.*

Où dormir ? Où manger ?

Pour chaque adresse, on indique la distance par rapport à Marrakech, même si les chiffres des bornes kilométriques ne sont pas toujours très lisibles...

Bon marché (jusqu'à 250 Dh / 23 €)

⛺ 🏠 🍽 ***Le Mouflon*** *(chez Farid et Rachida)* **:** *km 63, à la sortie de Ouirgane, sur la route qui part à droite en direction d'Amizmiz (c'est à env 100 m). ☎ 05-24-48-43-71. 📱 212 (0)6-67-93-82-06. Double avec sdb 250 Dh, petit déj inclus. On peut planter sa tente dans le jardin pour 30 Dh/pers (douche comprise). Repas 60-80 Dh, sur résa pour les non-résidents.* En face du lac, une petite auberge toute simple et bien tenue. 2 chambres seulement, dans le style local et à la déco un peu chargée. L'une d'elles possède une cheminée.

On plante la tente à l'arrière, sur un terrain ombragé. À table, Rachida prépare des plats familiaux. Agréable terrasse fleurie. Accueil charmant du couple. Une bonne petite adresse.

De prix moyens à chic (250-1 000 Dh / 23-91 €)

Sel d'Ailleurs : *dans le village de **Marigha,** un peu avt le km 58, fléché sur la droite. 212 (0)6-66-57-14-77. • seldailleurs.com • Double 750 Dh en ½ pens (un peu plus cher pour les fêtes de fin d'année). Resto ouv aux non-résidents sur résa ; menu 130 Dh, avec accès à la piscine. Sert de l'alcool. CB acceptées.* Maison d'hôtes dans un domaine de 2 ha joliment planté d'oliviers, de poivriers, d'acacias et de géraniums. Elle offre une dizaine de belles et vastes chambres traditionnelles de style marocain dans des pavillons, réalisées à l'aide de techniques et de matériaux locaux. Nombreux objets chinés dans les brocantes alentour. Piscine à l'écart, cernée par les montagnes en toile de fond. Vraiment une situation de choix ! Le patron, Bouhcine, est passionné de sel, denrée que, d'ailleurs, il collectionne (si vous voulez lui faire un petit cadeau...). Il propose aussi la visite des salines du coin et peut vous organiser des balades. Cuisine créative. Salon avec cheminée. Accueil très aimable, une belle adresse de charme.

Tatfi de l'Atlas : *à la sortie du village de **Marigha,** sur le côté droit, km 59. ☎ 05-24-48-59-94. • tatfi.ma • Doubles 450-530 Dh, petit déj compris. Menu env 150 Dh. Sert de l'alcool. CB acceptées.* Cette « ferme d'hôtes » jouit d'une situation assez exceptionnelle, au cœur d'une large vallée cernée par les montagnes. Le jardin et la piscine manquent un peu d'ombre, mais la maison, en bois et en pierre, offre un frais refuge par forte chaleur. 6 jolies chambres et 3 bungalows équipés d'une cheminée. Climatisation. Le potager et le verger fournissent l'essentiel des produits servis au restaurant. Un bel endroit pour se poser.

Chez Momo II : *km 64 ; à la sortie d'Ouirgane, fléché sur la gauche. 212 (0)6-61-58-22-95. • aubergemomo.com • Double 750 Dh, petit déj compris ; également des suites (pour 2-3 pers). Resto ouv aux non-résidents ; menu 140 Dh. Sert de l'alcool. Bar ouv aussi le soir. CB acceptées. Réduc de 10 % sur l'hébergement et thé offert au resto sur présentation du guide de l'année. Momo I* ayant été englouti dans les eaux du lac du barrage, Momo a fait construire cette auberge constituée de plusieurs petits bâtiments en pisé ocre noyés sous les bougainvillées et distribués autour d'une jolie piscine. Belles chambres et suites, avec mobilier en bois ouvragé, lits en fer forgé, plafond traditionnel et salle de bains en *tadelakt*. Cuisine correcte sans plus mais servie le soir à la lueur des bougies dans une très agréable salle. Bar sympa et terrasse sur le toit avec belle vue panoramique sur les montagnes et le lac. Service et accueil un peu dilettantes.

IJOUKAK

Après Ouirgane, la route pénètre dans les gorges de l'oued N'Fis avant de franchir, une trentaine de kilomètres plus loin, l'oued Agoundis à Ijoukak. Dans toute cette région, on voit des *kasbah* qui appartenaient aux Goundafa, puissante tribu qui contrôlait le col et toute la région au XIXe s. À 3 km environ d'Ijoukak, le village de *Talat Nia Koub* accueille un souk authentique le mercredi. Juste après, on aperçoit la *kasbah d'Agadir-n-Gouf,* perchée sur un promontoire de plus de 100 m (sur le côté gauche de la route).

En poursuivant la route, on est frappé par le contraste entre le vert de la vallée et l'austérité désertique des montagnes, allant du rose au mauve. Superbe !

➢ Pour rejoindre Ijoukak depuis Marrakech, prendre un grand taxi jusqu'à Asni d'où partent ensuite des grands taxis pour Ijoukak.

– ***Attention :*** à Ijoukak, vous trouverez la dernière ***station-service*** avant de franchir le Tizi-n-Test *(CB refusées).*

Où dormir ? Où manger ?

Ces 2 adresses sont voisines : à l'entrée d'Ijoukak, au km 94, juste avant le pont qui enjambe l'oued, prendre la route sur la gauche et rouler sur 1,5 km. La 1re adresse se trouve dans le *douar,* de l'autre côté de l'oued ; la 2de est 100 m plus loin, sur le côté gauche de la route. Environnement sauvage offrant une paix royale.

Gîte d'étape Chez El-Mahjoub : *accès à pied par un pont qui enjambe l'oued. 212 (0)6-67-59-23-90. • elmahjoub.ijoukak@gmail.com • Compter 160 Dh/pers en ½ pens, draps et couvertures compris.* Dans un hameau berbère authentique, au bord de la rivière, ce gîte simplissime est tenu par une famille adorable. Dortoirs pour 4 à 6 personnes avec des lits ou simples banquettes, ainsi que 4 chambres doubles dont 1 sans fenêtre. Sanitaires communs propres. Cuisine correcte (fruits et légumes désinfectés !). Une adresse pour ceux qui recherchent avant tout la simplicité et l'isolement.

Gîte Tigmmi N'Tmazirte : *212 (0)6-68-25-34-21 et 212 (0)6-33-55-21-29. • tigmmi-ntmazirte.com • Double env 260 Dh. Possibilité de dormir dans le salon pour 80 Dh/pers (douche chaude payante) ou de planter la tente pour 25-30 Dh/pers. Repas sur commande env 60-90 Dh (pas d'alcool). CB refusées.* Ce gîte, tranquille et correctement tenu, propose des chambres basiques mais convenables (bons matelas), certaines en *tadelakt,* toutes avec salle de bains. Hammam rustique. Très bon accueil, à la bonne franquette. Il faut dire que le proprio, Elhousseine, a vécu 10 ans chez les Ch'tis. Il organise des stages de poterie et des randos dans le coin. L'endroit est très prisé par l'UCPA ; en présence de groupes, vous ne serez pas seul !

TIN-MEL

À 40 km environ de Ouirgane. Le petit village de Tin-Mel est célèbre pour sa mosquée, contemporaine de la Koutoubia de Marrakech et construite en hommage à Ibn Toumert, fondateur de la dynastie des Almohades, au début du XIIe s.

Où dormir ? Où manger dans les environs ?

Chez Abdou : *100 m avt la mosquée sur la droite. 212 (0)6-68-56-08-66. Tlj 8h30-17h. Plats 30-40 Dh.* Si vous avez un p'tit creux, n'hésitez pas à vous arrêter dans ce petit café-resto (et magasin de tapis à l'occase) dont l'omelette berbère fait l'unanimité. La préparation prenant un peu de temps, le mieux est toutefois de commander, d'aller visiter la mosquée, puis de revenir s'installer. Merveilleux accueil d'Abdou, qui laisse, tout comme son omelette, un souvenir impérissable.

La Haute Vue : *au col même, à 34 km de Tin-Mel. 212 (0)6-61-40-01-91. • lahautevue@yahoo.fr • Doubles avec ou sans sdb 350-500 Dh en ½ pens. Possibilité de planter sa tente pour 60 Dh. Menus 80-120 Dh. CB refusées.* Située à 2 100 m d'altitude, cette auberge est plus confortable que *La Belle Vue,* mais la vue y est moins dégagée. Chambres simples mais nettes. Eau chaude. Au resto, omelette berbère, tajine, *kefta* et (en saison) légumes du potager. Bon accueil (tactile) de Mustapha.

La Belle Vue : *1 km après le col du Tizi-n-Test (à 35 km de Tin-Mel). 212 (0)6-67-59-57-58. Menus 70-90 Dh.* Bâtisse rouge posée à 2 000 m d'altitude face à la plaine du Sous, offrant sur celle-ci une vue époustouflante ! Impeccable pour une pause déjeuner, avant d'attaquer la descente en lacets enlacés. Loue également des chambres très simples avec sanitaires communs (en dépannage).

À voir

La mosquée de Tin-Mel : *sur les hauteurs du village, on la repère depuis la route. Tlj, en principe tte la journée. Accès : 70 Dh.* Une des rares mosquées marocaines que les non-musulmans peuvent visiter, car elle n'est plus consacrée. Construite au XIIe s, puis abandonnée pendant des siècles. Classée Monument historique, elle fut en partie restaurée. On découvre l'intérieur, à ciel ouvert, d'une grande sobriété (dans sa 1re version, la mosquée n'avait aucun décor en raison de l'austérité des Almohades), avec de beaux arcs lobés. Le minaret est détruit à mi-hauteur et, chose rarissime, situé au-dessus du mihrab et du minbar.

➢ Au-delà de Tin-Mel, la route grimpe vers le col de Tizi-n-Test pour redescendre ensuite à travers les arganiers vers la région du Sous, longeant sur la gauche les flancs du *djebel Siroua* : 30 km assez impressionnants jusqu'à la plaine.

ESSAOUIRA ET SES ENVIRONS

• **Essaouira 171**
• Le grand marché de Had-Drâa
• Le village solaire en Arganeraie à Ounagha
• Le domaine du Val d'Argan à Ounagha
• **La plage de Sidi-Kaouki 197**

ESSAOUIRA

78 000 hab.

• Pour le plan d'Essaouira, se reporter au plan détachable en fin de guide.

Avec son corset de murs fortifiés, son port de chalutiers et ses envols de mouettes, comment ne pas évoquer Saint-Malo ? Mais les maisons blanches aux toits plats, les volets bleus et les minarets rappellent vite qu'on est loin de la Bretagne. Essaouira est bien une ville à part, une charmeuse qui envoûte ses hôtes pour mieux les retenir. Mais qui s'en plaindrait ? Oubliez Marrakech la trépidante ; il règne ici comme un je-ne-sais-quoi de nonchalance qui vous pousse à rester. Un esprit de tolérance ? Peut-être... En tout cas cela ne date pas d'hier : Juifs, Arabes et Berbères y ont tissé des liens depuis des lustres. La ville est d'ailleurs un modèle du genre. Aujourd'hui, hippies de la 1re à la 4e génération, surfeurs, windsurfers, kitesurfers, touristes des 4 coins du monde (ou presque)... tous semblent s'être donné rendez-vous pour découvrir l'une des plus authentiques médinas du Maroc, surfer sur la puissante houle atlantique, arpenter la plage à dos de chameau ou laisser filer les heures devant un verre de thé. Car à Essaouira (prononcer « Swira »), non seulement le temps s'est arrêté mais en plus, le thermomètre est resté bloqué à 25 °C toute l'année !

CARREFOUR CULTUREL ET CITÉ DES ARTS

« **Toute grande civilisation est métissage.** »
Léopold Sédar Senghor.

La tradition, source de l'art contemporain

Essaouira se situe au carrefour de 2 tribus : au nord, les Chiadma (arabophones), et au sud, les Haha (berbérophones), sans parler des Juifs, dont l'activité fut prépondérante dans le développement de la ville, et des Gnaoua originaires d'Afrique de l'Ouest, dont l'influence est encore très présente aujourd'hui. Le brassage de ces cultures en a fait un lieu privilégié pour artistes de tous horizons, venus profiter de la « muse supplémentaire » qui plane au-dessus de cette cité dans des domaines aussi variés que la musique ou les arts plastiques, la littérature ou la poésie. Grâce à son riche héritage et à sa tradition, Essaouira a aussi vu fleurir l'art contemporain depuis les années 1950.

UN PEU D'HISTOIRE

Ce mouillage, riche en eau potable, déjà utilisé par le navigateur carthaginois Hannon en 500 av. J.-C., va servir des siècles durant de poste de ravitaillement pour les navigateurs au long cours. Le site est ensuite conquis par les Romains, lors de la 3e guerre punique en 146 av. J.-C. Puis, à l'époque de l'empereur Auguste, Juba II – alors roi de Maurétanie et vassal des Romains –, y développe ***l'industrie des salaisons et de la pourpre*** (la couleur pourpre, qui servait à teindre les habits des dignitaires de haut rang est extraite à partir d'un coquillage : le murex).

MOGADOR, PALME D'OR...

Essaouira a séduit les réalisateurs américains comme Oliver Stone avec Alexandre *ou Ridley Scott et son* Kingdom of Heaven. *À une autre époque, Orson Welles a tourné ici l'un de ses plus célèbres films :* Othello. *Jimi Hendrix, dans les années 1960, y a attiré une partie de la communauté hippie, tout comme Cat Stevens. Sans parler de la série* Game of Thrones, *qui a choisi, entre autres, Essaouira pour sa 3e saison.*

Au début du XVe s, les marins portugais entreprennent leur long périple qui les mènera jusqu'en Asie, bâtissant des ports sur toute la côte africaine. C'est donc tout naturellement qu'ils s'intéressent à cette baie protégée des brisants. Ils la baptisent « Mogador », déformation probable du nom de sidi Mogdoul, un saint local. Peu après, chassés d'Espagne par Isabelle de Castille, les Juifs s'y installent, eux aussi. ***La ville s'enrichira notamment grâce au commerce de la canne à sucre*** jusqu'à la mise en place de la traite négrière qui déplacera cette industrie outre-Atlantique.

En 1764, le sultan Mohammed ben Abdellah, bien décidé à faire de Mogador un port de 1re importance, fait appel à un disciple de Vauban, ***l'ingénieur militaire français Théodore Cornut*** et lui confie la réalisation de la nouvelle ville. « Swira », « la bien dessinée » en berbère, est née.

L'importance d'Essaouira ne cessera de croître jusqu'au milieu du XIXe s. Désormais pièce maîtresse des échanges atlantiques entre l'Afrique et l'Europe, la ville connaît la prospérité grâce au commerce de la gomme arabique dont nos sociétés en voie d'industrialisation faisaient grand usage. À cette époque, ***la communauté juive est très présente en ville.*** Elle bénéficie même d'un statut spécial : celui de *tujjar-as-sultan,* littéralement « les commerçants du roi ». L'élite est privilégiée, elle contrôle le commerce du sucre, des métaux, de la poudre à canon et du tabac mais aussi des peaux, des céréales et de la laine... Des denrées qui étaient monopoles d'État à l'époque.

ES-SAOUIRA ET ÇA IRA !

Cornut l'Avignonnais, l'architecte français à la solde des Anglais de Gibraltar, et qui avait été employé par Louis XV à la construction des fortifications du Roussillon, travailla 3 ans à édifier le port et la kasbah. Mais finalement, reprochant au Français d'être trop cher et d'avoir travaillé pour l'ennemi anglais, le sultan de l'époque préféra le congédier. Et pourtant, avec son plan très régulier, la ville mérite bien son nom actuel d'Es-Saouira, qui signifie « la Bien-Dessinée ».

Longtemps seul port marocain ouvert au commerce extérieur, son déclin s'amorce avec la mise en place du ***protectorat par la France*** et le développement d'autres ports (Casablanca, Tanger, Agadir). Handicapée par ses eaux peu profondes, Essaouira se tourne alors vers la pêche, non sans succès d'ailleurs ; ***quant aux Juifs, la plupart d'entre eux quitteront la ville après la guerre des Six Jours, en 1967.***

Meilleure période

On l'a dit, la température est quasi la même toute l'année. Mais Essaouira bénéficie d'un régime météo très particulier. Dès que le thermomètre grimpe dans l'arrière-pays et que l'anticyclone des Açores s'est installé, la ville est soumise à un ***puissant vent*** thermique en provenance de la mer, le taros. Autant le savoir pour ne pas être surpris. Ceux qui veulent profiter de la plage et de la douceur du climat privilégieront octobre-novembre, saison la plus agréable. En revanche, ceux qui préfèrent le vent viendront plutôt entre juin et septembre. L'été, donc, il fait même un peu frisquet et humide à Essaouira ; n'oubliez pas votre petite laine !

Arriver – Quitter

En voiture

➢ ***Marrakech*** est à 177 km à l'est. Trajet en 2h30 par la nationale (dont 115 km de voie rapide entre Essaouira et Chichaoua).
➢ ***Casablanca*** est à 360 km au nord. D'Essaouira, compter 5h par la côte, un peu moins par l'autoroute.
➢ ***Agadir*** est à 175 km au sud. Trajet : env 3h.

En bus

La compagnie *Supratours* bénéficie d'une bonne réputation en termes de sécurité, de rapidité, de confort et de ponctualité.
Plateforme de résa pour les trajets en bus : ● *lagare.ma* ●
Un conseil : si vous êtes plusieurs et que vous devez reprendre l'avion tôt le lendemain au départ de Marrakech, la solution qui consiste à prendre un grand taxi qui vous dépose directement à l'aéroport peut s'avérer un bon choix à condition de se lever aux aurores. Compter environ 600-700 Dh la course, ce qui vous économise, en plus du trajet en bus, une nuit à Marrakech et le transfert à l'aéroport en petit taxi le lendemain matin !

🚌 ***Gare routière*** *(hors plan détachable par D2,* ***1****) : av. du 2-Mars, à 500 m de l'entrée de la médina (Bab Doukkâla).* Compter 7-8 Dh en petit taxi depuis ou vers la médina. Cette gare accueille notamment la compagnie *SATAS* (☎ *05-24-78-57-84*). Les bus *Supratours, CTM* et *Pullman du Sud* partent d'ailleurs (voir ci-après). Par mesure de sécurité, mieux vaut réserver sa place au plus tard la veille. Liaisons avec :
➢ ***Marrakech :*** env 1 bus/h, 4h-19h. Également 1 départ avec *SATAS,* en début de soirée. Trajet : env 3h.
➢ ***Safi*** et ***Casablanca :*** nombreux bus. Trajet : 6h30 min pour Casa.
➢ ***Agadir :*** nombreux bus. Trajet : env 3h.
➢ ***Tanger :*** 1 bus de nuit, départ en soirée.
➢ Plusieurs départs également, tlj, pour ***El-Jadida, Taroudant, Tiznit, Guelmim*** et ***Tan-Tan.***

🚌 ***Gare routière Supratours*** *(plan détachable C3,* ***2****) : départs de Bâb-Marrakech.* ☎ *05-24-47-53-17. En principe, tlj 8h30-18h.* La compagnie relie la ville à :
➢ ***Marrakech :*** 6 bus/j., 6h45-18h. Celui de 17h est plus cher mais plus confortable. Trajet : env 2h45. Très pratique pour les correspondances avec les trains en direction de *Casablanca, Rabat, Fès...*
➢ ***Safi :*** 1 bus/j. en fin de mat. Durée : 2h.
➢ ***Agadir :*** 1 bus/j., en début d'ap-m. À Agadir, correspondance par bus de nuit vers *Tan-Tan, Laâyoune* et *Dakhla.*

🚌 ***Gare routière CTM*** *(hors plan détachable par D4,* ***3****) : pl. du 11-Janvier, quartier Azlef, à env 1,5 km de la médina (7-8 Dh en petit taxi).* ☎ *05-24-47-68-47. Tlj 6h-21h. On peut réserver et acheter les billets à la boutique Internet située à droite de l'office de tourisme (plan détachable B3,* ***5****), tlj 9h-22h.*
➢ ***Marrakech :*** 2 bus/j., en tout début et en fin d'ap-m.

ESSAOUIRA ET SES ENVIRONS

➢ ***Agadir :*** 3 bus/j., le 1er en début d'ap-m et les 2 autres en début de soirée.
➢ ***Casablanca (via Safi*** et ***El-Jadida) :*** 4 bus/j., 7h45-17h15.
➢ ***Tiznit, Guelmim, Tan-Tan, Laâyoune*** et ***Dakhla :*** 1 bus/j., départ en soirée. Trajet : 6h pour Tiznit, 7h pour Guelmim et 14h pour Laâyoune.

Station Pullman du Sud *(hors plan détachable par D2)* ***:*** *av. Allal-el-Fassi ; à env 150 m à l'est de la gare routière (traverser l'av. El-Akkaba), une simple boutique. ☎ 05-24-78-49-04.*

➢ Assure une liaison en pleine nuit tlj pour ***Casablanca*** et ***Agadir.***

En avion

✈ ***Aéroport*** *(hors plan détachable par D4)* ***:*** *à 15 km au sud de la ville sur la route d'Agadir.*
➢ L'aéroport d'Essaouira accueille 3-4 vols/sem depuis **Paris** toute l'année avec la compagnie *Transavia*, 1 vol depuis **Lyon** avec *EasyJet* en saison. *Tui Fly* assure 2 liaisons/sem avec ***Charleroi.***

Adresses utiles

Infos touristiques

Délégation du tourisme *(plan détachable B3)* ***:*** *10, rue du Caire. ☎ 05-24-78-35-32. • essaouira.com • En principe, lun-ven 8h30-16h30 (15h pdt le ramadan).* Pour des infos générales (et quelques brochures) sur la ville et les environs. On y trouve aussi une liste des hébergements et restos. Bon accueil.

Argent

■ ***Banques et distributeurs :*** on en trouve plusieurs dans et aux abords de la médina, notamment la ***BMCE*** *(plan détachable A-B2, **7**)*, le ***Crédit du Maroc*** *(plan détachable A3, **8**)* et la ***Société Générale*** *(plan détachable B3, **9**)*.
■ ***Bureaux de change : Gold Change*** *(plan détachable C2, **133**), pl. du Marché-aux-Grains. Tlj 9h-21h.* ***Pro-change*** *(plan détachable B2, **11**), 2, av. de l'Istiqlal. Tlj 8h30-22h. Également* ***Essaouira Change*** *(plan détachable A2, **10**), 12 bis, rue de la Sqala. Tlj 8h30 (9h30 dim)-21h.* Taux de change un peu plus intéressant que dans les banques et horaires plus larges.

Urgences, santé

■ ***Commissariat de police*** *(plan détachable B2, **12**)* ***:*** *pl. Chefchaouni (dite pl. de l'Horloge). ☎ 05-24-47-54-80. Lun-ven 8h-16h30. Urgence 24h/24 : ☎ 05-24-78-51-99.*
■ ***Médecins : Dr Saïd El-Haddad*** *(plan détachable B2, **6**), 5, av. de l'Istiqlal ; ☎ 05-24-47-69-10 ; 📱 212 (0)6-61-19-19-98 ; sur rdv.* Médecin alliant compétence et accueil. *Également* ***Dr Mohammed Taddrarat*** *(plan détachable C3, **13**), face à la poste ; ☎ 05-24-47-59-54.* ***Dr Aziz Essaidi*** *(hors plan détachable par D4, **14**), 1, rue de la Princesse-Lalla-Amina ; ☎ 05-24-47-43-48 ; 📱 212 (0)6-63-24-43-66. Ou encore* ***Dr Céline Casals,*** *à Ounagha (à 20 km d'Essaouira) ☎ 05-24-47-53-28.* Une Française qui consulte lun, mar, jeu et ven 9h-13h.
■ ***Kiné : Mohamed Zaïri*** *(hors plan détachable par D4, **14**), 2, rue de la Princesse-Lalla-Amina ; ☎ 05-24-47-65-75. 📱 212 (0)6-62-84-73-62.* Si vous avez besoin d'un kiné (après une séance de surf, par exemple !).
■ ***Dentistes : Dr Sayegh*** *(plan détachable B2, **15**), 4, pl. Chefchaouni (dite pl. de l'Horloge), 1er étage. ☎ 05-24-47-55-69.* Très compétent. Cabinet d'une propreté exemplaire. ***Dr Abdelbaki El Acham*** *(hors plan détachable par D4), bd de Fès, appt n° 1. ☎ 05-24-47-47-27.* Soins de qualité et professionnalisme.
■ ***Pharmacie Hamad Ismail*** *(plan détachable B2, **12**)* ***:*** *pl. Chefchaouni (dite pl. de l'Horloge). ☎ 05-24-47-51-63. Lun-ven 9h-13h, 15h-20h30 et sam mat.* Les pharmacies de garde (de jour comme de nuit) sont affichées.
✚ ***Clinique Abulcassis*** *(hors plan détachable par D4, **16**)* ***:*** *rue Koufa,*

quartier Azlef. ☎ 05-24-47-48-61. 📱 212 (0)6-61-55-35-58. Clinique privée avec médecins, pédiatres et autres spécialistes sur rendez-vous.

Transports

Petits taxis : on en trouve devant les 4 portes principales de la médina. Les petits taxis sont bleus et n'ont pas le droit de sortir de la ville. Tarif forfaitaire quelle que soit la distance parcourue : 7 Dh le jour et 8 Dh la nuit. Si on vous demande plus, refusez !

Taxi Mogador : *📱 212 (0)6-61-20-71-68.* Très fiable, pour un transfert à l'aéroport par exemple.

■ ***Location de VTT et de vélos :*** ***chez Bounar Saïd*** *(plan détachable C2, **17**), 131, rue Mohammed-el-Qorry. ☎ 05-24-47-37-38. 📱 212 (0)6-62-29-77-71. Tlj sauf dim 9h-20h. Prévoir env 70 Dh/j.*

■ ***Location de voitures :***

– ***Essaouira Travel Car*** *(Essaouira Tours ; plan détachable D2, **19**) : 4, rue Oued-el-Makhazine, dans le quartier de Bâb-Marrakech (extra-muros). ☎ 05-24-78-31-66. 📱 212 (0)6-68-58-73-97. • essaouiratravelcar.net • À partir de 300 Dh/j.* Propose une gamme de véhicules récents assurés tous risques, de la catégorie A au 4x4.

– ***Essaouira Wind Car*** *(hors plan détachable par D4, **18**) : quartier des Dunes, rue Princesse-Lalla-Amina (ruelle juste après que l'av. Al-Mouqawama a rejoint le bord littoral). ☎ 05-24-47-28-04.* Prix raisonnables, bonnes voitures et accueil sympa.

P ***Parkings :*** à côté de la place Moulay-el-Hassan, devant la Bâb-El-Menzah *(plan détachable A3).* Le plus central mais le plus prisé (donc souvent complet). Également aux environs de Bâb-Marrakech, ainsi que dans les rues environnantes *(plan détachable C-D3).* Pas de tarifs officiels, c'est un peu à la tête... du touriste ! Tâchez de négocier un forfait de 20 Dh pour toute la journée et de 25-30 Dh pour la nuit... mais beaucoup de gardiens demandent un peu plus. Quoi qu'il en soit, si vous logez dans la médina, il n'y a guère d'autre endroit où laisser son véhicule la nuit. Ailleurs, on peut stationner le long des bordures bleues, pas celles peintes en rouge et blanc ! Faites-y attention, la police réagit vite !

Sports

■ ***Base nautique de l'Océan Vagabond (Ion Club*** *; hors plan détachable par D4, **20**) : au bout du bd Mohammed-V, à l'embranchement de la route d'Agadir (au niveau du grand rond-point), sur la plage. ☎ 05-24-78-39-34. • oceanvagabond.com •* L'adresse la plus sympa pour s'adonner aux sports nautiques. Location de surfs, planches à voile, *paddleboards* et kitesurfs, à l'heure, à la journée ou à la semaine. Également des cours. Matériel neuf, équipe jeune et très compétente, ambiance décontractée. Également un bon endroit pour grignoter un morceau (voir « Où manger ? De bon marché à prix moyens »).

■ ***Essaouira Gliss City*** *(plan détachable C4, **21**) : 20, bd Mohammed-V, à 200 m de Bâb-es-Sebaa, sur la plage. ☎ 05-24-47-43-54. 📱 212 (0)6-61-34-33-02. Tlj 9h-18h.* Location et cours de surf, kayak, *paddleboard* et planche à voile. Également des cours de kitesurf.

■ ***Gipsysurfer*** *(plan détachable B2, **22**) : 14, rue de Tétouan. ☎ 05-24-78-32-68. Tlj 10h-20h.* Une boutique branchée surf, avec aussi tous les vêtements de plage, au cas où vous auriez oublié quelque chose. Revendeur exclusif de la marque *Ripcurl.* Équipe super sympa et passionnée, qui connaît très bien la région. N'hésitez pas à vous renseigner auprès d'eux.

■ ***Bleu Kite*** *(hors plan détachable par D4, **23**) : rue Princesse-Lalla-Hassna, quartier des Dunes. 📱 212 (0)6-78-35-20-31. • bleukite.com • Boutique bleue à gauche après l'hôtel Château Mogador.* Une petite école de kitesurf tenue par une bande de jeunes Marocains dynamiques. Bon matériel, bon esprit et prix abordables.

Hammams, massages et thalasso

Plusieurs hammams populaires dans la médina. Demandez conseil à votre hôte. Sachez que leurs prestations n'ont rien à voir avec les soins pratiqués dans les spas des hôtels.

■ ***Hammam Pabst*** *(plan détachable C1,* ***25****) : juste derrière le marché aux poissons. Tlj ; pour les femmes 7h-21h30 ; pour les hommes 22h-minuit (mais les plages horaires peuvent varier un peu). Entrée : env 10 Dh en journée, 15 Dh le soir.* Hammam traditionnel et propre, dans lequel Orson Welles tourna une scène du film *Othello.* Ambiance assurée, mais pour les massages et gommages allez plutôt ailleurs !

■ ***Le Bolisi*** *(plan détachable C1,* ***24****) : à 2 pas du hammam Pabst, mêmes horaires et conditions que ce dernier.* Populaire et simple.

■ ***Hammam du Riad Al Madina*** *(plan détachable B2,* ***27****) : 9, rue El-Attarine. ☎ 05-24-47-59-07. Tlj ; accès mixte 9h-12h, 15h-19h. Hammam (30 mn) 70 Dh ; massage (30 mn) à partir de 150 Dh.* Hammam privé et non public, propre et agréable mais pas donné.

■ ***Azur Art & Spa*** *(plan détachable A2,* ***26****) : 15, rue Khalid-ben-Walid. ☎ 05-24-78-57-94. • azur-spa-essaouira.com • Hammam 120-400 Dh (shampooing et savonnage compris) ; massages 180-700 Dh.* Un véritable spa, privé bien sûr, l'un des plus beaux et luxueux de la ville. Diverses formules pour le hammam, en plus d'un grand choix de massages et de soins. À la fin, demander à boire son thé sur la terrasse avec transats. Très bon rapport qualité-prix.

Culture

■ ***Institut français du Maroc*** *(plan détachable A2,* ***33****) : 9, rue Mohammed-Diouri, à l'angle de derb Laâlouj (repérer les kakémonos bleus et blancs). ☎ 05-24-47-61-97. • if-maroc.org/essaouira • Mar-sam 9h-12h30, 14h30-19h (médiathèque fermée le ven mat). Fermé en août et la dernière sem de déc.* Organise des spectacles, conférences, expositions et séances de ciné.

Divers

■ ***Coiffeur-barbier Hamdoune*** *(plan détachable B2,* ***30****) : rue El-Hajalli, juste dans l'axe de la rue Sidi-Mohammed-ben-Abdellah.* Le plus ancien d'Essaouira. Très propre. Ses instruments sont désinfectés après chaque coupe. Salon hommes au rez-de-chaussée et salon femmes à l'étage. Bon accueil.

Où dormir ?

Beaucoup de riads et de maisons d'hôtes de charme à Essaouira. Les tarifs varient énormément suivant la saison et le taux d'occupation. Ils acceptent quasi tous les cartes de paiement (dans le cas contraire, on le précise). Si certains riads de la médina, exposés aux embruns, peuvent être un peu froids et humides quand le vent souffle fort en plein été, ils sont en revanche très agréables à l'automne et au printemps quand il faiblit un peu. Mais dans tous les cas, il vous faudra prendre un « carrossa » (une carriole) pour vous rendre à votre hôtel. Compter 20-25 Dh depuis le parking.

En été, l'idéal est de loger dans la campagne alentour, le climat y est nettement plus sec et le vent souffle moins fort. Enfin pour celles et ceux qui veulent vivre des vacances différentes, ***l'association féminine de bienfaisance El Khir,*** qui œuvre depuis des années en faveur des femmes en difficulté (célibataires, veuves, divorcées, avec ou sans enfants), peut vous trouver un logement chez l'habitant dans le cadre d'un tourisme solidaire. *Rens :* ***Association féminine de Bienfaisance El Khir*** *(plan détachable D2,* ***34****), 3, rue Regraga, ☎ 05-24-47-65-33 ; 📱 212 (0)6-62-68-35-19 ; • infoafbk@gmail.com • elkhir.ma • ou* ***Essaouira chez l'habitant*** *: • essaouirachezlhabitant@gmail.com •*

Campings

⛺ ***Camping Sidi Magdoul*** *(hors plan détachable par C4,* ***40****) : à 3 km sur la route d'Agadir, sur la gauche au rond-point, derrière le phare. ☎ 05-24-47-21-96. Compter env 70 Dh pour 2 avec tente et voiture ; douche chaude.* Pas génial du tout (terrain dur et sans attrait, délimité par un mur de béton), on vous l'indique uniquement parce qu'il est aux portes de la ville.

Camping Le Calme *(hors plan détachable par D4) : à env 18 km d'Essaouira.* ☎ *05-24-47-61-96.* 📱 *212 (0)6-61-53-04-13.* • *campinglecalme.com* • *Prendre la direction d'Agadir ; à El-Ghazoua (km 10), suivre la direction de Marrakech puis, 4 km plus loin, celle d'Ida Ougourd, et continuer sur 4 km (fléché). En bus :* Lima Bus *depuis Bâb-Doukkala, en direction d'Ida-Ougourd (demander au chauffeur de s'arrêter devant). Env 100 Dh pour 2 avec tente et voiture, douche chaude comprise. Doubles avec ou sans sdb 300-350 Dh ; petit déj en sus. Repas sur résa env 70 Dh.* Un camping qui n'a pas volé son nom. Dans un lieu très tranquille en pleine nature, où gazouillent les oiseaux, on installe sa tente à l'ombre d'un arganier (le sol est un peu caillouteux, comme souvent). Sanitaires nickel. Belle piscine avec transats et le resto de cuisine locale. Pour les réfractaires au camping, quelques chambres simples, propres et paisibles. Pour de vraies vacances au bled. Accueil vraiment charmant.

Camping Esprit Nature *(hors plan détachable par D4) : La Kouach, Ounagha, à 18 km ; route de Marrakech jusqu'à la coopérative* Tiguemine, *puis à gauche la piste sur 3,5 km.* 📱 *212 (0)6-53-05-17-55 ou 212 (0)6-50-80-63-92. Tte l'année. Compter 120 Dh pour 2 avec tente, voiture et électricité (dégressif au-delà de 3 nuits). Pas de wifi.* Dans un environnement forestier et calme de 4 ha, de grands espaces arborés et des sanitaires impeccables pour campeurs et camping-caristes. Lave-linge, aire de jeux pour les enfants, tir à l'arc... Resto avec bonne carte franco-marocaine (spécialités de ragoût de sanglier et tajine de dromadaire). Belle piscine, minigolf 18 trous... Et en prime, l'accueil affable de Séverine et de Patrice.

Dans la médina

Pour vivre Essaouira de l'intérieur, c'est assurément dans la médina qu'il faut résider. Du parking, quelques porteurs vous proposeront leurs services. Laissez-vous guider. En ce qui concerne l'hébergement, sauf mention contraire, les prix indiqués incluent le petit déj.

Bon marché (jusqu'à 250 Dh / 23 €)

Chillart Hostel *(plan détachable B1,* **42***) : 21, rue Eddakhil (de l'av. Sidi-Mohamed-Ben-Abdallah, prendre la rue Eddakhil, puis 1re à gauche sous le porche après être passé devant la Villa Garance).* ☎ *05-24-47-37-24.* 📱 *212 (0)6-00-15-01-38.* • *thechillart@gmail.com* • *Lit en dortoir 75-100 Dh ; doubles 250-300 Dh ; Appart pour 4 pers 350-400 Dh. Petit déj en sus.* Entièrement non-fumeurs et sans alcool, cette petite adresse, menée tambour battant par Pilou, offre quelques dortoirs de 4 à 8 lits, des petites doubles avec lits superposés ou non (pas bien grandes) et 1 bel appartement à partager entre potes sur la terrasse. Sanitaires nickel (3 douches et 2 w-c par étage). Cuisine pour faire sa tambouille. Ambiance très cool et plein d'activités inscrites au tableau noir : surf, yoga, cours de cuisine. Cinoche le mercredi. *Good vibes man* !

Chez Brahim *(plan détachable C-D2,* **50***) : 41, rue El-Morabitin (porte bleue, pas d'enseigne).* ☎ *05-24-47-25-99.* 📱 *212 (0)6-76-20-43-40.* • *chezbrahim.com* • *Doubles avec sdb 240-280 Dh ; également des triples. Resto accessible à ts ; repas 70-80 Dh. Réduc de 10 % sur la chambre sur présentation du guide de l'année.* Dans une maison traditionnelle centrée sur un patio coloré de zelliges, des chambres sans fioriture, un tantinet kitchouilles mais pas désagréables et bien tenues, sur 3 niveaux. Il se dégage une atmosphère tranquille. Terrasse sur le toit pour le petit déj. On peut aussi y manger le soir. Accueil tout en douceur de Fatima.

Pension Smara *(plan détachable A2,* **41***) : 26 bis, rue de la Sqala.* ☎ *05-24-47-56-55. Le long des remparts. Confirmez bien votre résa. Doubles sans sdb env 110-200 Dh, quadruple 250 Dh mais sans petit déj ; petit déj compris pour les chambres avec vue seulement.* Une adresse franchement vieillotte mais qu'on aime bien, et qui vaut néanmoins le coup pour sa terrasse où se prend le petit déj. Pour le reste, c'est lavabo dans la chambre mais commodités sur le palier, matelas mou, et draps mille fois lavés mais qui sentent le propre. Particulièrement intéressant pour les budgets serrés qui voyagent à plusieurs.

Atlantic Hostel *(plan détachable C1,* ***49****) : 34, rue El-Abbana. ☎ 05-24-78-32-60. 📱 212 (0)6-38-51-85-38. • atlantichostel@hotmail.fr • Lit en dortoir 65-100 Dh ; doubles 220-250 Dh ; petit déj en sus.* Ambiance *roots* de chez *roots*, version Woodstock un peu déglinguée, avec des dortoirs entretenus à la va-comme-j'te-pousse et quelques chambres privatives qu'on aurait intérêt à oublier au plus vite. Cuisine commune pour faire chauffer des pâtes. Dîner à prix plancher certains soirs. Accueil décontracté.

Prix moyens (250-500 Dh / 23-45 €)

Riad Étoile d'Essaouira *(plan détachable B2,* ***43****) : 2, rue Kadissiya (angle Sidi-Mohamed-Ben-Abdallah). ☎ 05-24-47-20-07. • riadetoiledessaouira.com • Doubles avec sdb 280-390 Dh, 170 Dh/pers supplémentaire ; on paie en arrivant.* Très agréable maison d'hôtes aux chambres simples, aménagées sobrement avec salles de bains « tout carrelage », réparties autour d'un patio vieux rose d'où cascadent des guirlandes de plantes vertes. Petit salon-bibliothèque, terrasse avec vue sur la médina, protégée du soleil par une structure bois. C'est là qu'est servi le petit déj « à la marocaine ». Un bon choix, car très central.

Hôtel Souiri *(plan détachable B2,* ***78****) : 37, rue El-Attarine. ☎ 05-24-47-53-39. • hotelsouiri.com • Doubles avec sdb 320-360 Dh ; aussi des triples et des quadruples.* Chambres carrelées et garnies de fenêtres en verre coloré et de dessus-de-lit rouges, dans un riad de 3 étages. Particulièrement bien placé pour partir à la découverte de la médina, cet hôtel, remis au goût du jour côté déco, affiche un rapport qualité-prix des plus intéressant. Une valeur sûre, donc, particulièrement adapté à ceux qui voyagent en famille. Et puis vous aurez la chance de profiter d'un réveil matinal si vous optez pour une chambre donnant sur la mosquée.

Hôtel Cap Sim *(plan détachable A2,* ***47****) : 11, rue Ibn-Rochd. ☎ 05-24-78-58-34. • hotelcapsim.com • Doubles avec ou sans sdb 220-350 Dh. Chambres familiales également.* Beau patio marocain au rez-de-chaussée, garni de plantes et divans. Aux étages, les chambres ont été refaites dans un style contemporain avec 2 petits lits ou 1 lit de 160 cm (bonne literie), mais certaines (pas forcément plus chères) sont plus agréables que d'autres (n'hésitez pas à en voir plusieurs). Terrasse sur le toit. Rapport qualité-prix fort convenable.

Hôtel Riad Nakhla *(plan détachable B2,* ***48****) : 12, rue d'Agadir. ☎ 05-24-47-49-40. • riadnakhla.com • Double 400 Dh, plus une minisuite ; familiale 600 Dh. Remise de 10 % si résa directe à l'hôtel sur présentation du guide de l'année.* Petit hôtel agencé autour d'un patio fermé, façon riad. Les chambres, sobrement marocaines, sont plaisantes et équipées de belles petites salles d'eau en *tadelakt*, de TV et de bons matelas. Certaines ont un bout de vue sur la mer. Terrasse sur le toit. Et pour couronner le tout, accueil très cordial de Rachid, le gérant.

Hôtel Riad Gnaoua *(plan détachable C1,* ***45****) : 89, av. Mohammed-Zerktouni. ☎ 05-24-47-52-34. • gnaouahotel.com • Doubles avec sdb 450-500 Dh.* Dans la rue commerçante principale de la médina, un hôtel rénové qui réserve quelques belles surprises : des chambres joliment arrangées, avec d'harmonieuses touches de couleur vive tranchant sur le blanc des murs. L'ensemble est bien tenu. Comme souvent, plus de lumière mais plus de bruit côté rue.... Et si vous aimez la marqueterie de thuya, vous serez servi car El Baze, le proprio, maître en la matière, en a casé un peu partout. Terrasse sur le toit, offrant une vue sur la médina.

De prix moyens à chic (400-800 Dh / 36-73 €)

Les Matins Bleus *(plan détachable B2,* ***51****) : 22, rue du Drâa.*

☎ 05-24-78-53-63. • les-matins-bleus.com • Double 450 Dh ; familiale 4 pers 860 Dh. Repas sur résa 95 Dh (ouvert aux non-résidents ; pas d'alcool). Au fond d'une impasse paisible, un petit riad du XVIIIe s, rénové avec goût. Les chambres, à la déco simple mais agréable, donnent soit sur le patio peint de couleurs fraîches, soit sur la terrasse, pour le même prix. Plusieurs salons au rez-de-chaussée, des plantes et de la musique douce. Coquette terrasse sur le toit pour le petit déj. Excellent accueil de Myriam et de Samir.

Hôtel Emeraude *(plan détachable D2,* ***53****) : 228, rue Chbanat. ☎ 05-24-47-34-94. • essaouira-hotel.com • Doubles 400-470 Dh. Dîner sur demande.* Voici une belle demeure du XVIIIe s, avec tommettes et vieux zelliges, qui n'a rien à envier à certains riads. Ici, on découvre des chambres coquettes, toutes différentes, qui s'organisent autour du traditionnel patio central. La plupart d'entre elles, pas bien grandes, dégagent une atmosphère plaisante avec leurs portes en bois peint et leurs salles de bains résolument modernes. Sur le toit, terrasse pour prendre le petit déj ou un thé dans la journée. Accueil charmant.

Riad Asmitou *(plan détachable C1,* ***59****) : 32, rue de Bagdad. ☎ 05-24-47-37-26. • riadasmitou.com • Doubles à partir de 420 Dh. Repas 180 Dh. CB refusées.* Un riad rénové avec des éléments et matériaux traditionnels (arcades et piliers de pierre autour du patio, sols recouverts de *bejmat,* salles de bains en *tadelakt*). Chambres coquettes, plus ou moins grandes à la déco épurée. Certaines donnent sur l'une des terrasses. Belle vue d'en haut, sur les toits. Excellent petit déj. Une bonne affaire.

Dar Darek *(plan détachable D2,* ***60****) : 86, rue Moulay-Ismail (porte bleue, frapper fort). 📱 212 (0)6-58-30-05-20. • dar-darek.com • Doubles 430-610 Dh. CB refusées. 10 % de remise sur présentation du guide de l'année si résa en direct.* Bien cachée dans une étroite ruelle d'un gentil quartier populaire, voici une adresse qui plaira à qui recherche le charme, le calme et l'intimité. Ça tombe bien, c'est un petit *dar* avec seulement 4 toutes petites chambres (2 par étage). Superbement rénové à l'aide de matériaux traditionnels (*tadelakt,* thuya). Terrasse sur le toit. Tenu par un charmant couple franc-comtois qui habite sur place.

Dar Ness *(plan détachable A2,* ***61****) : 1, rue Khalid-ben-Oualid. ☎ 05-24-47-68-04. • darness-essaouira.com • Dans le passage qui part de la pl. Moulay-el-Hassan. Doubles 460-660 Dh ; familiale 990 Dh. Dîner sur résa.* Riad du XVIIIe s avec, autour d'un joli patio traditionnel, une dizaine de chambres, pas bien grandes pour la plupart mais hautes de plafond, décorées avec élégance et sobriété. Atmosphère reposante à 2 pas de l'animation (la musique du *Taros,* tout proche, vous tend les bras). Le petit déj peut être servi sur la terrasse du toit ou dans l'agréable salon commun avec cheminée.

La Maison du Vent *(plan détachable C2,* ***55****) : 25, rue Mourrabbitine. ☎ 05-24-47-38-19. 📱 212 (0)6-10-01-37-94. • maisonduvent.com • Doubles à partir de 500 Dh (+ 110 Dh/pers supplémentaire). Repas 130 Dh.* Dans un coin peu touristique. Passé la ravissante porte ciselée, on découvre ce joli riad tenu par Carole et Rachid. Plafond en treillis de thuya, carreaux de céramique à l'ancienne, atrium de charme sur arcades de pierre. Chambres et suites spacieuses dans les tons rose, bleu ou orange, plaisantes et tout confort, certaines avec lavabo en pierre incrustée de fossiles. Terrasse.

Riad Al Zahia *(plan détachable A2,* ***62****) : 4, rue Mohammed-Diouri. ☎ 05-24-47-35-81. • riadzahia.com • Doubles 440-550 Dh ; familiales 4-5 pers 840-1 100 Dh. Dîner 165 Dh (min 3 pers).* Belle maison d'hôtes tenue par Clemente, le sympathique propriétaire espagnol, qui vit sur place. Chambres et suites élégantes, toutes différentes (les musiciens apprécieront la *Leila,* la suite *Zahia* est très agréable en fin de journée). On y trouve tout le confort (belles salles de bains avec chauffage) et divers éléments qui confèrent à chacun un cachet personnel. Petits salons douillets (dont l'un avec une belle cheminée) s'organisant autour du patio central. Grande terrasse aménagée sur le toit.

Hôtel Palazzo Desdemona *(plan détachable B3,* ***68****) : 12-14, rue Youssef-el-Fassi. ☎ 05-24-47-22-27. • palazzodesdemona.com • Doubles 540-760 Dh ; suites plus chères.* Remarquable et spacieuse demeure du XVIIIe s, dont les escaliers filent en tous sens. Chambres agréablement épurées où domine le blanc, avec ou sans vue et balcon, dotées d'une bonne literie, de carrelage ancien ou de lourds planchers et de hauts plafonds pour la plupart. 2 suites occupent également le toit, dont une avec une grande baie vitrée. Un accueil très pro et un emplacement particulièrement bien situé font de cette adresse un choix intéressant.

Riad Lunétoile *(plan détachable C1,* ***57****) : 191, rue Sidi-Mohammed-ben-Abdellah. 212 (0)6-61-88-03-40. • riad-lunetoile.com • Doubles 550-880 Dh ; également 1 appart 4-5 pers 1 650 Dh.* Joli riad de près de 200 ans qui abrite 4 chambres à la déco très soignée. Celles du 1er étage, les moins chères, partagent la même salle de bains (il faut traverser le salon commun pour y accéder) ; l'une d'elles est peu spacieuse. Aux étages supérieurs, on respire davantage. Le lieu dispose aussi d'un charmant appartement avec cuisine équipée, terrasse privée et une chambre en annexe qu'apprécient les enfants. Mignonne terrasse sur le toit avec vue sur la médina. Sue, la propriétaire est originaire du Zimbabwe.

De chic à très chic (600-1 900 Dh / 54-173 €)

Riad La Fontaine Bleue *(plan détachable B1,* ***58****) : 45, rue Oujda. ☎ 05-24-78-52-07. 212 (0)6-73-96-66-79. • fontaine-bleue.com • Doubles 660-880 Dh.* Un mot pour décrire ce beau riad : la sobriété. Mais une sobriété de bon goût, à l'image de l'élégant patio à colonnes. 7 chambres impeccables se répartissent sur 3 étages, le dernier donnant sur la terrasse, très plaisante, dans les tons bleu et blanc, avec vue sur un bout de mer. Literie de bonne facture et salles de bains en *tadelakt* ou zelliges, ça dépend. Mobilier peu abondant mais bien choisi, double vitrage appréciable pour les fenêtres livrées aux embruns. Très calme. Petit déjeuner servi avec des produits de la maison. Accueil gentil.

Villa Garance *(plan détachable B1,* ***63****) : 10, rue Eddakhil. 212 (0)6-77-54-15-63. • essaouira-garance.com • Doubles env 650-900 Dh, plus des suites. Dîner 165 Dh sur résa. Réduc de 10 % sur la chambre si résa via le site internet en précisant « Guide du routard » (non cumulable avec d'autres offres).* Ancienne demeure d'un rabbin, très élégamment décorée à la marocaine avec force carrelages anciens dans les escaliers et autres recoins. Les chambres sont spacieuses, avec des portes et fenêtres en verre et en ferronnerie donnant sur l'intérieur, et 2 sont perchées sur la terrasse. Ensemble très soigné. Vue sur la médina depuis le toit-terrasse, bien aménagé sur plusieurs niveaux avec coins et recoins pour se reposer. On y prend d'ailleurs le petit déj, délicieux. Dîner avec des produits bio du souk. Excellent accueil de Rabia.

Dar Adul *(plan détachable A1,* ***66****) : 63, rue Touahen. ☎ 05-24-47-39-10. • daradul.ma • Doubles 610-1 100 Dh ; également 1 grande suite. Table d'hôtes réputée.* Didier, le proprio de ce riad, est artiste de talent, hôtelier de métier, restaurateur de cœur. Après avoir bourlingué dans les Antilles, il a mis ici toute son inspiration pour exalter ce lieu. Bien situé, tout près des remparts, il propose des chambres et suites très confortables qui s'ouvrent sur un patio coloré et décoré de ses toiles aux couleurs chatoyantes. 2 disposent d'un salon et d'une cheminée, une (la no 6) possède sa propre terrasse, sinon, pour profiter de la vue, il faudra monter tout en haut. Une bonne adresse.

Riad Mumtaz Mahal *(plan détachable B3,* ***71****) : 5, rue Youssef-el-Fassi. Même entrée que Madada Mogador. ☎ 05-24-78-53-00. • riadmumtazmahal.com • Double 650 Dh.* Vous rêviez d'une nuit avec Shéhérazade ou d'un câlin avec un prince arabe ? Venez donc faire un tour ici. Ce n'est pas le palais des *Milles et une nuits*, mais ça y ressemble ! En épousant la structure d'un riad traditionnel (avec fontaine au centre), l'architecte a laissé monter en lui son délire d'Orient : chambres très grandes aux sols saturés de zelliges, plafonds en bois de cèdre peint et angles à *muqarnas* (ornements d'architecture islamique). Évidemment, des copies de tableaux orientalistes, des lampes alambiquées, des lustres à pampilles et des couvre-lits molletonnés. Le délire se poursuit dans les salles de bains, avec douche en marbre, lavabo en maillechort ciselé... Ça en jette. Sinon, belle terrasse avec vue sur la baie (on y sert le petit déj) et pour couronner le tout, un resto libanais et un accueil souriant.

Dar Loulema *(plan détachable A2,* ***69****) : 2, rue Souss. ☎ 05-24-47-53-46. • riadloulema.net • Au bout d'une impasse prenant sous un passage voûté. Doubles 680-950 Dh ; également 1 suite. Dîner sur résa 165 Dh.* Élégante et lumineuse demeure à la blancheur éclatante, avec des chambres toutes différentes, fort bien décorées dans un style évoquant la ville dont elles portent le nom *(Marrakech, Agadir, Zagora, Mogador...)*. Également une superbe suite recréant une cabine de bateau, avec mezzanine et terrasse-solarium privée donnant sur le port, la mer et les rochers. Si l'ensemble a un peu vécu, l'ambiance qui y règne n'en demeure pas moins agréable et cosy. Bon accueil de Nathalie.

Riad Mimouna *(plan détachable B1,* ***70****) : 62, rue d'Oujda. ☎ 05-24-78-57-50. • riad-mimouna.com • Doubles 650-950 Dh ; également des minisuites et des suites.* Une décoration traditionnelle très soignée pour cet hôtel d'une trentaine de chambres. Les moins chères ont vue sur la médina. En mettant un peu plus, vous pourrez entendre et admirer les vagues se fracasser sur les rochers presque depuis votre lit ! Terrasse où l'on prend le petit déj, surplombant la ville. Une adresse qu'on conseille surtout pour les chambres donnant directement sur la mer.

Riad Malaïka *(plan détachable B2,* ***46****) : 17, rue Zayan. ☎ 05-24-78-49-08. • riad-essaouira-malaika.com • Doubles 760-980 Dh ; également 1 suite. Table d'hôtes sur résa.* 2 lourdes portes ouvrent sur le patio de cette maison d'hôtes qui fut jadis une ancienne demeure de marchands. De ce glorieux passé, demeure une architecture de pierre et de bois de thuya qui abrite désormais des chambres au style oriental. Carrelage *beldi,* mobilier vieilli, salles d'eau en *tadelakt* et murs immaculés. Très belle suite en terrasse. Ici, plein de petites attentions, pour une ambiance bien pensée, avec photophores, cheminée et fleurs coupées. Excellente table d'hôtes (voir « Où manger ? »). On sent que la proprio est aux petits soins pour ses hôtes.

La Maison des Artistes *(plan détachable A1-2,* ***65****) : 19, rue Laâlouj. ☎ 05-24-47-57-99. • lamaisondesartistes.com • Doubles 880-1 650 Dh ; également 1 suite. Tables d'hôtes sur résa.* Au 2e étage de cette maison classée, on monte, on monte jusqu'à la jolie surprise de chambres spacieuses et originales, héritières de l'histoire des murs. Personnalisées par Isabelle, l'énergique propriétaire, elles sont vraiment agréables, presque bidouillées parfois, mais avec brio. Mention spéciale pour la suite, un loft dont la baie vitrée offre une vue remarquable sur l'océan. Le charme opère dans ce lieu résolument atypique même si les prix nous ont paru un petit peu exagérés. Terrasse-solarium et, cerise sur le gâteau, petit déj gastronomique !

Riad Dar Maya *(plan détachable B1,* ***75****) : 33, rue Oujda. ☎ 05-24-78-56-87. • riaddarmaya.com • Doubles 1 210-1 600 Dh. Table d'hôtes pour 2 pers 440 Dh (sur résa).* Un riad d'exception, assez atypique car ici, les proprios ont préféré jouer la déco contemporaine plutôt que de puiser dans le savoir-faire local. Dès l'entrée, on est séduit par le magnifique espace salon à ciel ouvert, aux tonalités claires et apaisantes. Le reste est à l'avenant, tout en *tadelakt* gris, beige ou brun... du plus bel effet ! Chambres très classe, avec salle de bains en travertin, cheminée et literie de grande qualité (draps de coton égyptien). Sur le toit, une terrasse protégée du vent, avec vue sur un bout de mer et un jacuzzi. Salon-bibliothèque doté de canapés moelleux, hammam. Bonne atmosphère et excellent accueil.

Madada Mogador *(plan détachable B3,* ***71****) : 5, rue Youssef-el-Fassi,* *au dernier étage, même entrée que Mumtaz Mahal. ☎ 05-24-47-55-12. • madada.com • Doubles 1 270-1 870 Dh. Remise de 10 % sur le prix de la chambre sur présentation du guide de l'année.* Des chambres et des suites dans un style moderno-marocain, épuré et décoratif, très chic, avec salles de bains dotées de baignoires pour la plupart (une seule d'entre elles possède une douche). Certaines offrent une vue sur la mer et disposent d'un balcon-terrasse. Bien au calme, idéal pour ceux qui veulent rester plusieurs jours (à condition d'en avoir les moyens...). Service attentionné et discret. Pour couronner le tout, très agréable terrasse qui donne sur le large et où l'on savoure un excellent petit déj. Restaurant (*La Table de Madada* ; voir « Où manger ? De chic à très chic »). Massages.

Villa Maroc (*plan détachable B3,* **72**) **:** *10, rue Abdellah-ben-Yassin. ☎ 05-24-47-61-47. • villa-maroc.com • Doubles 1 400-1 900 Dh ; également des suites. Dîner 250 Dh ; ½ pens obligatoire pdt le Festival gnaoua et les fêtes de fin d'année.* Un dédale d'escaliers, de terrasses, de patios et de salons ravissants caractérise ces 4 riads du XVIIIe s reliés les uns aux autres, sobrement mais joliment restaurés. Chambres et minisuites impeccables, d'une blancheur immaculée et garnies de mobilier ancien, bref, pleines de charme. En demander une sur le toit. Excellent accueil pro. Une des valeurs sûres de la scène hôtelière chic d'Essaouira.

Spécial folies

Salut Maroc ! (*plan détachable A2,* **44**) **:** *32, rue Ibn-Rochd. ☎ 05-24-47-55-60 ou 61. • salutmaroc.com • Doubles 1 400-3 300 Dh ; plus des familiales.* Pas de sonnette, frappez à la lourde porte bleue ! Ensuite, on se demande où on est tombé, car ce boutique-hôtel est une véritable œuvre d'art ! Imaginez Gaudí qui reviendrait de vacances au Mexique avec Basquiat, le tout revisité à la sauce marocaine sur fond de références vintage... Résultat : des chambres assez dingues, tant dans le choix des matières que des couleurs : profusion de céramiques, patchworks, tissages, baignoires en cuivre... À se demander si cet hôtel n'a pas été conçu uniquement dans le but de faire des selfies ! Petits salons cosy, belle terrasse avec vue sur le large, où est servi le petit déj. Hammam. Certains soirs, à l'heure de l'apéro, un groupe vient réchauffer les cœurs. Bref, ce repère de hipsters vous en met plein les mirettes. Juste un bémol : l'accueil un peu trop guindé.

Près de la plage

Prix moyens (250-500 Dh / 23-45 €)

Hôtel Vent des Dunes (*hors plan détachable par D4,* **74**) **:** *villa nº 20, quartier des Dunes. ☎ 05-24-47-53-91. • ventdesdunes.com • Au bout du bd Mohammed-V ; fléché à gauche juste avt la bifurcation Agadir-Marrakech (grand rond-point). Doubles 390-490 Dh ; familiale 720 Dh. ½ pens possible 90 Dh/pers (sur résa la veille). Remise de 10 % sur le prix de la chambre (hors vac scol des Français) sur présentation du guide de l'année.* Un petit hôtel blanc et bleu aussi abordable que calme, et dont la façade est joliment recouverte de végétation. À 2 mn à pied de la plage, sans vue sur la mer mais avec des chambres nettes et plaisantes, aux meubles et couvre-lits rouge, bleu, rose... ça dépend. Presque toutes bénéficient d'une mini-terrasse ou d'un balcon pour poser les pieds en éventail. Les repas se prennent sur le toit-terrasse. Quant à l'accueil de Juliette et au confort : c'est tout bon !

Chic (500-1 000 Dh / 45-91 €)

Riad Zahra (*hors plan détachable par D4,* **74**) **:** *90, quartier des Dunes. ☎ 05-24-47-48-22. 📱 212 (0)6-61-90-57-22. • riadzahra.com • Au bout du bd Mohammed-V ; fléché à gauche juste avt la bifurcation Agadir-Marrakech (grand rond-point). Double 580 Dh ; familiales 830-1 000 Dh.*

Repas env 130-180 Dh (alcool servi). Réduc de 10 % sur les chambres, hors taxes, sur présentation du guide de l'année. Un hôtel d'une vingtaine de chambres aménagé façon riad, avec le traditionnel patio, ici assez exubérant. Chambres très soignées, à la déco marocaine. L'ensemble est confortable et bénéficie d'une belle piscine (non chauffée). Côté restos, on se régale de petits plats marocains, de tapas, ou même de plats asiatiques au rez-de-chaussée aux *Délices de Zahra,* et en saison, de paellas, poissons et fruits de mer au *Zahra's Grill,* tout en haut (belle vue sur l'océan). Excellent accueil aux accents conjugués de Toulouse et d'Espagne.

Hotel Miramar *(hors plan détachable par C4,* ***56****) : 20, bd Mohamed V. ☎ 05-24-47-58-52. • miramaressaouira.com • Doubles 550-740 Dh avec ou sans vue mer. Également des suites.* Un hôtel en front de mer (seulement la route à traverser pour aller à la plage) avec des chambres à la déco standard mais bien finies et disposant d'une bonne literie. Beaucoup donnent sur l'arrière, au calme, les plus sympas ont une petite terrasse qui fait face à la mer. Côté confort, une belle piscine couverte et un hammam traditionnel. Excellent buffet de petit déj. Plage privée. Garage pour motos. Accueil professionnel. Une bonne adresse.

LOCATION D'APPARTEMENTS

Si vous voyagez à plusieurs ou si vous décidez de rester quelques jours à Essaouira, cette formule est intéressante financièrement.

Jack's Apartments *(plan détachable A2,* ***76****) : 1, pl. Moulay-el-Hassan. ☎ 05-24-47-55-38. 📱 212 (0)6-61-09-63-71. • jackapartments.com • Apparts à partir de 860 Dh pour 2 et 1 100 Dh pour 4 ; également des chambres doubles à partir de 500 Dh avec petit déj.* Grand choix d'appartements très confortables pour 2 à 8 personnes (TV, coin cuisine...), nickel et à la déco épurée et reposante. La plupart avec vue imprenable sur l'océan (ils sont situés rue de la Sqala, face aux remparts). Le ménage et les lits sont faits chaque jour, et on peut même avoir recours aux services d'une cuisinière. Également d'agréables chambres sans la vue mais avec accès à une terrasse commune dominant les flots. Une très bonne affaire !

Riad Essalam *(plan détachable A2-3,* ***77****) : s'adresser au resto du même nom, pl. Moulay-el-Hassan. ☎ 05-24-47-55-48. • m.eloujibi@menara.ma • Compter 400-500 Dh pour 2-4 pers ; moins cher si plus de 1 sem.* Dans une authentique maison souirie à 2 pas du resto du même nom, 3 appartements (1 par niveau) bien au calme. Ils sont simples mais propres et pourvus d'une minicuisine. Sur demande, la femme de ménage se fera cuisinière et pourra même vous dévoiler les secrets des recettes marocaines. Les apparts des 2e et 3e étages possèdent chacun leur petite terrasse privée. Sinon, la terrasse commune, sur le toit, domine les remparts et offre une belle vue.

Où dormir dans les environs ?

De prix moyens à chic (400-1 000 Dh / 36-91 €)

Dar Kenavo : *prendre la route d'Agadir jusqu'à* ***El-Ghazoua*** *(km 10), puis suivre la direction de Casablanca-Marrakech sur 5 km. 📱 212 (0)6-61-20-70-69. • darkenavo.com • ♿ En bus, ligne n° 4* Lima Bus *(arrêt Dar Kenavo). Doubles sans ou avec sdb 350-550 Dh, familiales et suites un peu plus chères. Possibilité de dormir sous une tente berbère (15-20 pers) pour 120 Dh/pers. Déj 90 Dh, dîner 140 Dh (sert de l'alcool). 10 % de remise sur présentation du guide de l'année.* Perdue dans une campagne riante en surplomb d'un oued asséché la plupart du temps, cette grande maison fleurie propose des chambres climatisées, coquettes et très bien tenues, avec lits sur structure en fer, en bois ou en *tadelakt,* réparties autour d'un large patio. Hammam et petite piscine chauffée au bord d'un verger. Billard, pétanque, ping-pong. Excellent accueil. Une adresse familiale qui offre un cadre idéal pour se ressourcer, pratiquer le yoga ou la peinture. Repas préparés avec les légumes et les fruits bio du jardin. Cette adresse est aussi parfaitement adaptée aux personnes à mobilité réduite.

Villa Daba *(hors plan détachable par D4)* **:** *prendre la route d'Agadir jusqu'à* ***El-Ghazoua*** *(km 8), puis à droite, emprunter la piste sur env 2 km. ☎ 05-24-79-29-56. 212 (0)6-50-02-20-05. • villadaba.com • Compter 830 Dh pour 2 pers, accès au hammam de la maison compris. Dîner 210 Dh (licence d'alcool). CB refusées.* Dans un joli coin de campagne, au milieu d'un beau jardin arboré, voilà une maison d'hôtes bien dans la tradition ! Au total 7 chambres, dont 5 exposées plein sud. Intéressantes suites familiales (avec 2 chambres). Au moins ici, on n'est pas les uns sur les autres. On apprécie également les nombreux espaces pour se poser : le salon-bibliothèque avec cheminée, les petits coins du jardin, les bords de la piscine (chauffée à 28 °C). Pour agrémenter le séjour, hammam et spa, pétanque et une excellente table d'hôtes que Bernadette concocte avec les produits de son potager.

Très chic (plus de 1 000 Dh / 91 €)

Baoussala : *prendre la route d'Agadir jusqu'à* ***El-Ghazoua*** *(km 8), puis à droite la piste sur env 3,5 km. 212 (0)6-06-06-88-85. • baoussala.com • Fermé dernière sem de nov et les 2 premières sem de déc. Doubles et cottages 920 Dh. Tte l'année, 3 nuits min exigées. Dîner 220 Dh (sert de l'alcool). Un massage d'une ½ heure offert sur présentation du guide de l'année.* Cette ravissante maison d'hôtes, tenue par Dominique et Léah, possède une architecture qui rappelle un peu les demeures en adobe du Nouveau-Mexique. Ici, on profite d'une ambiance de maison d'amis mais avec un vrai service hôtelier et ce, toute la journée. Les chambres sont certes simples, mais d'un goût exquis, avec coin salon et vaste salle de bains en *tadelakt*. Certaines sont assez grandes. On aime aussi le toit-terrasse doté de plusieurs espaces avec coussins. Vaste jardin clos, grande et belle piscine chauffée à 28 °C, hammam traditionnel (gratuit), et même un petit théâtre à ciel ouvert où l'on peut projeter des films le soir (super pour les enfants !). Sans oublier le salon-bibliothèque. Bref, une vraie adresse pour décompresser.

Dar Caravane : *sur la route d'Agadir, env 1 km après la sortie d'Essaouira, côté droit, face à l'océan. ☎ 05-24-78-48-04. • darcaravane.com • Doubles 830-1 320 Dh. Resto accessible aux non-résidents ; plats 100-150 Dh.* Étonnant petit domaine avec piscine, dernière création en date du propriétaire du *Dar Adul* (lire plus haut). On y retrouve la même explosion de couleurs et la même exubérance. En tout, 5 chambres immenses, décorées des toiles de Didier qui, s'il ne s'arrête jamais vraiment de bosser, sait aussi prendre le temps d'accueillir ses hôtes. Restaurant en terrasse au bord de la piscine, proposant de bons plats de cuisine du monde préparés avec des produits livrés le matin même. Une vraie adresse pour se la couler douce.

Le Ryad des Vignes (domaine du Val d'Argan) : *à la sortie d'****Ounagha****, à 24 km d'Essaouira, sur la route de Casablanca, à 400 m du carrefour principal du village, sur la droite. ☎ 05-24-78-34-67. 212 (0)6-60-24-18-93. • valdargan.com • Double 900 Dh. ½ pens possible 165 Dh/pers (sans les vins). Sinon menu 330 Dh, verres de vin compris (blanc, rouge, rosé et gris) en accord avec les plats. Une bouteille de vin offerte à l'apéro sur présentation du guide de l'année pour ceux qui logent en chambre d'hôtes.* Dans le domaine du *Val d'Argan* (se reporter plus loin « À voir dans les environs d'Essaouira »), 5 chambres d'hôtes très confortables, décorées dans le style local mais plutôt épuré. Elles sont aménagées dans un édifice de plain-pied au cœur du vignoble, tout en pierre et donnent sur la piscine entourée de transats. Les amateurs de bonne chère se feront un plaisir d'aller prendre leurs repas au resto panoramique pour siroter quelques bons crus du domaine.

🏠 ***Le Jardin des Douars :*** *depuis la route d'Agadir, à partir d'El-Ghazoua (km 10), suivre la direction de Marrakech sur 3 km, puis fléché à gauche. ☎ 05-24-47-40-03. 📱 212 (0)7-00-08-32-33. • jardindesdouars.com • Doubles et familiales 1 360 et 1 980 Dh. Également des suites et 3 villas 8-10 pers. Min 4 nuits demandées une bonne partie de l'année ; acompte de 50 %. Repas 190-220 Dh.* L'architecture marocaine traditionnelle a été respectée avec minutie dans la construction de ce lieu de rêve majoritairement fréquenté par une clientèle britannique. Chambres de caractère pourvues d'un mobilier savamment choisi, d'un sol en *bejmat,* de salles de bains en zelliges et d'un subtil éclairage. La grande salle de resto, couplée à un salon cosy, est vraiment très plaisante avec ses grandes baies vitrées donnant sur la campagne. Le tout noyé dans un luxuriant jardin botanique de 3 ha, qui accueille 2 piscines chauffées (une pour les adultes, l'autre pour les familles). Chaque villa possède sa propre piscine ainsi que les services d'une gouvernante. Délicieux repas (barbecue le dimanche midi). Spa et hammam (avec massages et soins). Un lieu magique pour celles et ceux qui en ont les moyens.

Où manger ?

De très bon marché à bon marché (moins de 80 Dh / 7 €)

Pas d'alcool servi dans cette catégorie.

🍽 On trouve encore à Essaouira des ***cafés berbères*** qui perpétuent une tradition très peu connue, presque confidentielle. Le principe : vous achetez les ingrédients, et les cafés font votre popote pour quelques dirhams. Un bon plan pour bien manger pour 3 fois rien, et surtout faire des rencontres sympas. Ces cafés se situent derrière la place du marché aux grains *(plan détachable C2).*

🍽 ***La Mouette Gourmande – Restaurant pédagogique*** *(plan détachable C1,* ***106****) :* *maison de quartier, dans le mellah, à env 200 m de Bâb Doukkâla. 📱 212 (0)6-62-68-35-19. Tlj 12h-15h, mais sur résa uniquement la veille ou avt 10h le jour même. Menu unique 2 plats 50-70 Dh (affiché sur leur page Facebook).* Il s'agit du restaurant pédagogique de l'association *El Khir,* qui œuvre en faveur des femmes en difficulté. Situé dans le mellah (en cours de démolition), ce resto très simple mais avec vue sur mer, propose une nourriture saine et abondante préparée avec amour par les femmes de l'association. C'est l'occasion d'apporter votre pierre à ce généreux édifice et de faire des rencontres sincères et inoubliables.

🍽 ***Superbe Pastilla*** *(plan détachable C2,* ***95****) :* *rue Mohammed-el-Qorry, angle rue d'Irak. Tlj sauf dim, jusqu'à 20h env ; pastilla à partir de 12h.* Une petite échoppe qui, comme son nom l'indique, vend des pastillas : au poulet, au pigeon, aux fruits de mer, aux légumes, particulièrement bien garnies et vraiment pas chères. Le matin, la dame prépare des *msemmen* (crêpes marocaines) et des *harcha* (galettes de semoule fine) à la demande et à emporter. Pour les budgets serrés qui veulent grignoter en flânant dans les rues.

🍽 ***Chez El Ouazzani*** *(plan détachable C2,* ***96****) :* *88, rue Mohammed-el-Qorry. Pas d'enseigne, c'est le boui-boui à côté de la Casa Lila. Tlj 9h-17h ou 18h.* Une cantine de poche fréquentée par des Marocains qui viennent manger ici « comme à la maison » chez Mohamed Ouazzani, un ancien militaire à la retraite. Prix plancher : *harira* à 4 Dh, galettes de pomme de terre à 2 Dh, tajines à 25 Dh... et le vendredi midi, c'est couscous (attention, à 30 Dh !). Qui dit mieux ?

🍽 ***Chez Miloud*** *(plan détachable C2,* ***97****) :* *av. de l'Istiqlal, à 2 pas du souk. Pas d'enseigne, c'est à 5 m du snack Mogador. Tlj 7h-11h, 17h30-20h30.* Le petit resto marocain par excellence, qui sert exclusivement des soupes (3 Dh !) et des crêpes *(msemmen)* au miel

(2 Dh...), le tout vite avalé autour d'une table basse. Et en plus, c'est bon ! Ne désemplit pas.

Vague Bleue *(plan détachable C2, **91**) : 2, rue Sidi-Ali-Ben-Abdellah. 212 (0)6-11-28-37-91. Tlj sauf ven 12h30-15h, 18h30-21h. Fermé pdt le ramadan. Plat unique 50-60 Dh. Entrée offerte sur présentation du guide de l'année.* Dissimulé au coin de la rue, un resto de 5 tables (pour 2 personnes chacune) qu'on remarque à peine. Aux commandes, Brahim, un homme discret et de cœur. Il propose 3 ou 4 plats du jour, écrits au tableau (pâtes, poisson du marché, légumes farcis, etc.). C'est simple, bon, et sans prétention.

Miyam *(plan détachable C1, **101**) : 26, rue Jbala. 212 (0)6-55-58-79-61 ou 212 (0)6-73-59-11-48. Tlj sauf dim, midi et soir.* Petite salle marocaine où les convives sont vite un peu les uns sur les autres, mais l'ambiance n'en est que plus chaleureuse ! Accueil familial souriant. Dans l'assiette, d'excellents couscous et tajines, mais aussi des plats un peu différents comme les sardines farcies à la *charmoula* (marinade à base de coriandre) ou le poisson au beurre d'orange, le tout servi généreusement. Miam !

Restaurant El Baraka – Chez Youssef *(plan détachable B2, **92**) : 4, rue Zayan. 212 (0)6-70-41-99-70. Dans une ruelle cachée derrière la pl. Chrib-Attay. Tlj sauf dim 12h-15h, 17h-21h. CB refusées.* Dans son resto de poche et derrière ses fourneaux, Youssef prépare chaque matin quelques succulents tajines, prêts à être servis lorsque le client arrive. On n'attend pas, c'est pratique. Le vendredi, le couscous est à l'honneur. Salle avec tables basses au 1er étage et terrasse aussi grande qu'un confetti. Accueil avec le sourire.

Shyadma's *(plan détachable B2, **94**) : pl. El-Khaima. Tlj midi et soir.* Accueil d'une grande gentillesse sur une miniterrasse aux tables et chaises colorées. Ici, on sert des tajines végétaliens, au potiron, aux légumes, aux coings, aux lentilles, aux pois chiches ou aux haricots verts et pruneaux, à accompagner d'un bon jus frais. Bien pour un repas sain, léger et bon marché. Prévoir un peu d'attente, tout est préparé à la demande...

Essalam *(plan détachable A2-3, **77**) : pl. Moulay-el-Hassan. Tlj midi et soir.* Une de nos plus vieilles adresses, dont la cuisine ne vous laissera pas un souvenir impérissable, mais c'est correct et les prix sont stables depuis des années. Petite terrasse ombragée donnant sur la place.

De bon marché à prix moyens (jusqu'à 150 Dh / 14 €)

Dans les restos qui ne servent pas d'alcool, on peut généralement apporter sa bouteille.

Safran *(plan détachable C2, **133**) : pl. du Marché-aux-Grains. 212 (0)6-00-60-50-31. Tlj sauf ven 9h-19h (23h en pleine saison). Service en continu. Pas d'alcool. Thé offert sur présentation du guide de l'année.* Petit resto de cuisine méditerranéo-marocaine bien dans la tradition, spécialisé dans les grillades de poisson (le marché aux poissons est juste en face). Du très frais, donc. Pour un bon repas « basses calories » à déguster sur les quelques tables qui surplombent la place (vite prises d'assaut) ou sous les grands parasols tout en bas.

Restaurant Adwak *(plan détachable B2, **93**) : 2, rue de Tétouan. 212 (0)6-04-12-79-05. Tlj sauf dim. Pas d'alcool. Thé offert sur présentation du guide de l'année.* Leïla œuvre aussi bien au service qu'à la préparation des plats, avec son sourire et son amour des choses bien faites. *Adwak* signifie les « goûts », l'idée étant de faire découvrir le vrai goût de la cuisine marocaine. Pari gagné ! Ses tajines, pour ne citer qu'eux, sont excellents. Belle déco aux murs rougeoyants, sympathique musique traditionnelle. Une adresse pour le plaisir des yeux, des papilles gustatives et des oreilles.

Restaurant Keltoum *(plan détachable B2, **99**) : 2, rue Hammane El-Fataouaki. 212 (0)6-71-37-54-30. Tlj midi et soir. Pas d'alcool.* Petit resto tenu en famille, avec juste ce qu'il faut de tables dedans et dehors. Tajine de boulettes, de calamar à la tomate ou de crevettes pilpil. Prix corrects. De temps à autre, quelques troubadours viennent vous casser les oreilles, alors Ahmed hausse les épaules.

|●| ***D'Orient et d'Ailleurs*** *(plan détachable A1,* ***66****) : 67 bis, rue Touahen. ☎ 05-24-47-59-77. Ts les soirs sauf mar. Sert de l'alcool.* Cadre reposant et intime, avec des expos photo toute l'année. Spécialités marocaines et françaises à la carte, avec des suggestions, genre couscous de la mer. Rien à redire, la qualité est au rendez-vous et l'atmosphère très romantique !

|●| ***Restaurant Silvestro*** *(plan détachable A2,* ***107****) : 70, derb Laâlouj. ☎ 05-24-47-35-55. Tlj midi et soir. Fermé de mi-mai à mi-juin. Sert de l'alcool. CB refusées.* Tenu par un Italien fort sympathique, présent sur les lieux. Salle patinée au 1er étage, agrémentée de carrelage ancien au sol, de zellige sur les murs et de tapisserie à grosses fleurs rouges. Terrasse au-dessus. Carte transalpine essentiellement, avec pizzas au feu de bois, toutes sortes de pâtes, mais aussi risotto et escalope de veau. Une adresse constante.

|●| ***Océan Vagabond*** *(hors plan détachable par D4,* ***20****) : au bout du bd Mohammed-V, sur la plage. ☎ 05-24-78-43-67. Tlj 9h-19h (18h nov-mars), plus le soir ven-sam tte l'année (mer-sam pdt les vac scol des Européens). Sert de l'alcool.* Un bar-resto très sympa pour boire un verre (bons cocktails de fruits), prendre un petit déj ou manger un morceau, sur une terrasse avec tables et banquettes les pieds dans le sable face à la plage. Burgers, pizzas, appétissantes salades composées ou très bons plats cuisinés (poisson du jour à l'ardoise), et desserts du jour selon l'humeur du chef. Ambiance jeune et décontractée.

|●| ***Le Restaurant Café des Arts*** *(plan détachable B-C2,* ***127****) : 56, av. Istiqlal. 212 (0)6-06-12-27-09. Tlj 11h-minuit.* Petit et cosy, sur 2 étages (avec une terrasse sur le toit). Cuisine traditionnelle du bled. Les plats mettent un peu de temps à venir alors ça permet d'apprécier avec quelle maestria la bande de joyeux drilles enflamme la salle de ses percussions endiablées. Ça chante et ça tape des mains : *Allah Allah ya Baba, Salamalik ya Baba, Sidi Mansour ya Baba...*

|●| ***La Clé de Voûte*** *(plan détachable A1-2,* ***100****) : 76, rue Laâlouj. ☎ 05-24-78-46-76. Tlj sauf lun 12h30-15h30, 18h30-minuit. Fermé 10 j. fin nov. CB acceptées. Sert de l'alcool.* Blottie au fond d'une impasse, cette belle salle voûtée blanche est pimpante comme une mariée. Musique relaxante et service feutré donnent au lieu un côté très intime. La cuisine, qui pioche dans le répertoire français et marocain, n'est pas très chère, joliment tournée et fort bien présentée, avec des plats végétariens pour les moins viandards.

|●| ***M'Riste Jouhar*** *(plan détachable A2,* ***62****) : 6, rue Mohammed-Diouri, derb Laâlouj. ☎ 05-24-78-58-54. Tlj. Menus 80-120 Dh. Pas d'alcool.* Bonne petite adresse familiale, pas spécialement bon marché mais constante. Au programme, de savoureux tajines (dont un au congre !) et pastillas. Et pour les becs sucrés, des crêpes à l'*amlou* (miel, huile d'argan et amandes).

|●| ***Beldy*** *(plan détachable B2,* ***105****) : 6, rue Ibn-Toumert. ☎ 05-24-47-67-12. Tlj midi et soir. Pas d'alcool.* Cette belle maison aux multiples salons et décor traditionnel sert une authentique cuisine berbère. Près d'une vingtaine de tajines différents. Le soir, l'éclairage à la bougie rend l'atmosphère très romantique. Accueil et service aimables.

|●| ***Les Alizés Mogador*** *(plan détachable A2,* ***41****) : 26, rue de la Sqala. ☎ 05-24-47-68-19. Tlj midi et soir. Sert de l'alcool.* Tenu par un couple marocain charmant et plein de bonne humeur, qui a décoré cette ancienne maison à arcades du XIXe s (belles voûtes de pierre tranchant sur le blanc). Le soir, dîner aux chandelles. Cuisine marocaine de très bonne tenue (goûtez aux boulettes de sardine et au couscous « Saffa »). Pastillas sur commande. Une adresse appréciée tant des Marocains que des touristes, mais dont les prix ont tendance à grimper et c'est dommage.

|●| ***Pasta Baladin*** *(plan détachable A1,* ***108****) : 50, bab Sqala. Tlj sauf lun 12h-16h, 18h-22h. Pas d'alcool.* Dans ce resto stratégiquement placé d'un point de vue touristique, la formule est simple : 4 sortes de pâtes et une dizaine de sauces différentes. Vous faites votre choix, et quelques minutes plus tard,

on vous apporte une assiette fumante. Ça change du tajine.

Petits restos de poisson grillé (plan détachable A3, **98**) : *en plein air, à côté de la Maison des douanes et de la halle aux poissons. Tlj 10h-22h (en saison du moins). Poisson au poids env 80-160 Dh/kg. Pas d'alcool.* Une série de petits restos en terrasse arborant des étals de poissons et fruits de mer, supposés frais. Franchement, on vous les déconseille car ce sont de vrais attrape-touristes. Vous auriez aussi vite fait d'aller acheter vous-même votre poisson au souk et de l'apporter à un des grilleurs qui se trouve à proximité du marché.

De prix moyens à chic (jusqu'à 250 Dh / 23 €)

Les restos qui suivent servent tous de l'alcool sauf un (on le précise).

La Licorne (plan détachable A2, **116**) : *26, rue de la Sqala. 212 (0)6-61-74-72-88. Ts les soirs sauf dim 19h-22h. Thé ou café offert sur présentation du guide de l'année. CB avec connexion aléatoire (prévoir des espèces).* Avant de vous concentrer sur la carte, jetez un œil à cette superbe salle aux murs ocre rehaussée de piliers et d'arcades en pierre, et dont le mobilier a été créé par Frédéric (pas moins de 5 ans de boulot, chapeau !). On a beaucoup apprécié la cuisine marocaine contemporaine, préparée avec finesse, comme l'agneau aux pommes, le bœuf au miel ou encore cette surprenante choucroute de la mer. Repas à la lueur des chandelles et service exclusivement féminin, ce qui est rare à Essaouira. Une adresse constante depuis des années.

Le Sirocco (plan détachable A2, **110**) : *15, rue Ibn-Rochd. ☎ 05-24-47-23-96. Tlj 18h30-23h. Résa conseillée. CB refusées. Thé ou rhum arrangé offert sur présentation du guide de l'année.* Un resto tout en arcades, avec 3 petites salles chaleureuses aux tons colorés. Cuisine marocaine sérieuse et bien ficelée de qualité régulière. Goûtez donc au fondant au chocolat noir ! De plus, bonne musique marocaine et arabo-andalouse du lundi au samedi (en principe). Parfois aussi, du bon rock et du reggae ! Bonne ambiance et bonne chère !

O' Jardin (plan détachable B3, **103**) : *complexe Bin Al-Laswar. ☎ 05-24-78-31-33. Tlj sauf dim 12h-16h (15h30 mer).* Bien à l'abri du vent, dans un petit jardin arboré face aux remparts (prenez un chapeau de paille si ça cogne trop fort). Serge (en cuisine) et Bernadette (au service), vous accueillent avec le sourire et vous proposent une cuisine d'inspiration « bistrot à la française » élaborée avec des produits livrés en cuisine le jour même. Pour passer un bon moment...

Le Patio (plan détachable B2, **112**) : *28 bis, rue Moulay-Rachid. ☎ 05-24-47-41-66. Tlj 17h30-23h.* Une ambiance *lounge* où l'éclairage à la bougie magnifie la salle avec de romantiques petits salons séparés du patio par de délicats voilages. Les plats sont inscrits quotidiennement au tableau noir. Bonne cuisine, de la mer surtout (Saint-Jacques au beurre citronné, dorade aux amandes, spaghettis aux palourdes...). Sinon, le tajine d'agneau aux figues fraîches est vraiment fondant. Musique orientale certains soirs.

Triskala Café (plan détachable B1, **90**) : *58, rue Touahen. 212 (0)6-43-40-55-49. Tlj midi et soir. Pas d'alcool.* Comment faire d'une microchapelle anglicane une cathédrale à la gloire des années 1960 ? Le pari est réussi. La rénovation a su préserver la beauté des voûtes et murs épais en les agrémentant de petites mezzanines avec minisalons en contrebas, où l'on s'avachit dans des fauteuils ou parmi les coussins. Dans l'assiette, de bons petits plats (végétariens surtout) préparés à la demande. Prévoir un peu d'attente devant votre infusion ou votre jus d'orange...

Très chic (plus de 250 Dh / 23 €)

La Table de Madada (plan détachable B3, **71**) : *5, rue Youssef-el-Fassi. ☎ 05-24-47-21-06. Tlj sauf mar 19h30-22h. Thé offert sur présentation du guide de l'année.* Dans un ancien entrepôt où l'on stockait les amandes et, surtout, la caroube, la graine du caroubier. Salle à manger de charme, avec ses grandes arches de pierre, ses lumières douces, ses tableaux bien choisis. Cuisine fine et créative à partir de beaux produits régionaux sélectionnés avec rigueur : pastilla du pêcheur, araignée de mer à l'huile d'argan, saint-pierre au beurre de citronnelle... Le choix peut s'avérer cornélien ! Fait également bar à tapas.

Table d'hôtes du riad Malaïka *(plan détachable B2,* ***46****) : 17, rue Zayan. ☎ 05-24-78-49-08. 212 (0)6-00-05-56-96. Ts les soirs sur résa (la commande est à passer avt 15h le jour même).* Au rez-de-chaussée d'un riad traditionnel, parmi les effluves de cuisine, l'odeur d'une bonne flambée en hiver et le parfum des roses fraîchement coupées au printemps. Quelques tables dressées avec le souci du beau et une envie sincère de satisfaire son hôte. L'assiette ici est au diapason du décor, avec des plats travaillés avec joliesse par la jeune cheffe marocaine Mina : ravioles d'araignée de mer, pastilla au foie gras frais poêlé et autres desserts tout aussi élaborés. Belle sélection de vins à prix raisonnable.

Caravane Café *(plan détachable B2,* ***109****) : 2 bis, rue Qadi-Ayard. ☎ 05-24-78-31-11. Dans une ruelle partant de l'av. Istiqlal. Tlj sauf lun, midi et soir.* Un lieu habité par Didier, l'artisan, l'artiste, le créateur de ce resto coloré, fréquenté par des néo-Souiris habitués. La carte fusion et fraîche s'ouvre sur le vaste monde, comme la cuisine s'ouvre sur le patio du riad où sont dressées les tables. Envie d'intimité ? On choisit un salon ou la terrasse. Envie de musique ? Des groupes viennent ajouter leurs notes à cette partition déjà enlevée...

O'Bleu Mogador *(plan détachable C2,* ***111****) : 23, rue Bouchentouf. ☎ 05-24-78-31-33. Tlj sauf mer 12h30-14h30, 19h30-21h30. Menu 280 Dh ; à la carte, compter env 300 Dh. CB acceptées. Résa conseillée.* Serge Peuzin a longtemps mené son affaire dans le sud de la France. Il a installé sa nouvelle table dans ce riad patiné par le temps et prépare une cuisine à base de produits provenant exclusivement d'Essaouira (à part les huîtres !). Des plats à la croisée des influences méditerranéennes et marocaines, à l'image de ces tajines revisités façon gastronomique. C'est aussi un chef soucieux du contact avec ses hôtes. D'ailleurs, c'est lui qui passe de table en table pour noter les commandes. Une adresse qui se mérite, car ce coin de la médina est franchement retiré.

Où déguster une pâtisserie ou une glace ?
Où prendre le petit déj ? Où boire un verre ?

Nombreuses ***terrasses de cafés*** sur la place Moulay-el-Hassan *(plan détachable A3),* toujours très animées. Ne pas rater le ***Café de France*** à l'heure du PMU. C'est l'un des plus vieux de la ville (1917), fréquenté par les beatniks dans les années 1960. Sinon, le ***Dolce Freddo*** (tenu par une Italienne) sert de vraies glaces (italiennes !) en terrasse.

Les petites terrasses de la place du Marché aux Grains *(plan détachable C2,* ***121****) : av. de l'Istiqlal (entre la rue Mohamed-El-Qorry et la rue Moulay-Ismail).* Un endroit sympa pour boire un thé au soleil. Petits cafés où l'on peut manger les traditionnels beignets. Parmi eux, ***Au Bonheur des Dames*** *(tlj 8h-19h env),* qui propose une bonne pêche du jour et des assiettes joliment présentées, plus une vingtaine de thés de différents horizons, à siroter avec quelques pâtisseries. Également de très bons cocktails de fruits et légumes, sorbets et glaces.

L'Atelier *(plan détachable B3,* ***124****) : rue Mohamed-Ben-Masoud. Tlj 10h-18h30.* Café, cookies, brownies, muffins, jus de fruits *detox,* produits bio pour quelques plats uniques au déjeuner... S'il n'y avait pas ces petites théières et toute cette huile d'argan, on se croirait presque aux États-Unis. Pourtant ce concept-store, à la déco néo-industrielle, baigné par un délicieux éclairage zénithal, n'est pas prêt de renier sa berbérité. Cours de cuisine (voir plus loin « À faire ») et boutique de linge de maison et d'accessoires.

Il Mare *(plan détachable A1,* ***123****) :* *43, rue de la Sqala. Au dernier étage du resto. Tlj 11h-minuit. Sert de l'alcool.* On le signale pour sa terrasse qui surplombe les remparts de la *sqala* et la mer (sympa au coucher du soleil) et parce qu'on peut y prendre une bière ou un verre de vin (pas donné). En revanche, nourriture moyenne. Attention, les jours de grand vent, ça décoiffe.

Caravane Café *(plan détachable B2,* ***109****) : voir « Où manger ? ». Sert de l'alcool.* Atmosphère *lounge* sur la terrasse. Parfait pour un verre en soirée sous la voûte étoilée.

Pâtisserie Chez Driss *(plan détachable A-B2,* ***7****) : 10, rue El-Hajalli. 212 (0)6-22-61-80-99. Au fond de la pl. Moulay-el-Hassan. Tlj 7h-20h env (jusqu'au dernier gâteau, en fait !).* Une institution tenue depuis 1928 par la même famille. Arrivages de viennoiseries chaudes dès 7h. Quelques tables dans un minipatio, pour le petit déj ou pour le goûter.

Beach & Friends *(hors plan détachable par C4,* ***122****) : au bout du bd Mohammed-V, là où commence la route d'Agadir, sur la droite du grand rond-point, au bord de la plage. Tlj 11h-minuit (au moins). Sert de l'alcool.* Une bâtisse en bois aux couleurs de *beach bar* californien, avec terrasse montée sur planches, parasols et transats. Très bien pour l'apéro du couchant. On peut aussi y manger (salades, burgers, pizzas, tapas...), mais les prix sont un peu élevés. Musique live tous les soirs (*gnaoua*, latino...) à partir de 20h30, et même un DJ en journée en saison. Également des *beach parties* jusqu'à 3h du mat' certains week-ends.

Où sortir ?

Essaouira est loin de pouvoir rivaliser avec Marrakech pour ce qui est de la vie nocturne, même si certaines adresses sortent du lot comme le ***Mega Loft*** *(plan détachable B2,* ***128****)*, un mégarade bien dans l'air du temps, mené tambour battant par le très dynamique Othman Chic. Avec sa déco délirante, façon design contemporain tendance vintage revisitée à la mode berbère, ses grands volumes, sa belle terrasse et la qualité de sa programmation musicale.

Quant au ***Taros Café*** *(plan détachable A2,* ***125****)*, qui fut le café littéraire historique de la ville, il propose aujourd'hui des petits concerts à partir de 19h suivis d'un DJ vers 22h30, jusqu'à 1h environ. N'hésitez pas à y passer, la terrasse est sympa, même si les cocktails ne sont pas du meilleur rapport qualité-prix ! Et si les verres ne réchauffent pas assez, on vous prête des ponchos pour affronter le vent.

Sinon, ***Le Restaurant Café des Arts*** *(plan détachable B2,* ***127*** *;* voir « Où manger ? ») sert du live local tous les soirs vers 20h dans une ambiance très bon enfant ; ou encore le ***Chrysalis*** *(plan détachable B3,* ***126****)*, juste en dehors de la médina, près de Bâb-es-Sebaa, dans le complexe Bin Al-Aswar. Là aussi, musique live tous les soirs, de 23h à 2h30. Et on y danse ! À côté, le grand bar-discothèque ***Loubou's*** propose tout comme lui de la live et un DJ.

Enfin, n'oubliez pas le ***Caravane Café*** (*plan détachable B2,* ***109*** ; voir « Où manger ? »), dans la médina, ni le ***Beach & Friends*** (*hors plan détachable par C4,* ***122*** ; voir « Où boire un verre ? »), face à la plage. Souvent une chaude ambiance le soir !

Achats

Marqueterie en bois de thuya

Essaouira est célèbre pour son artisanat unique : la marqueterie, sur loupe de thuya. La loupe est une excroissance de l'arbre, une sorte de grosse verrue. Non seulement le travail est doux au toucher lorsqu'il a été poli et verni, mais il dégage aussi une odeur très caractéristique qui embaume les ateliers. L'activité a toutefois du plomb dans l'aile depuis quelque temps. En cause : la restriction sur l'utilisation de cette matière première, mais aussi le manque de relève de la part des jeunes, qui aspirent à des métiers plus « glamour » ou tout simplement plus rentables (il est en effet plus difficile de vivre de ce travail qu'avant, notamment en raison – semble-t-il – de la hausse du prix de la matière première et de la multiplication des boutiques regorgeant de pacotille et marchandise bas de gamme faisant concurrence aux artisans). Mais il reste quand même de vrais ateliers, en particulier du côté de la rue de la Sqala.

Coopérative artisanale des marqueteurs *(plan détachable A2,* ***130****) : 6, rue Khalid-ibn-Walid. ☎ 05-24-47-56-76. • cooparthuya.com • Depuis la pl. Moulay-el-Hassan, prendre la ruelle couverte sur la gauche (dos au port), c'est indiqué. Tlj 9h30-20h. Prix affichés et fixes.* Dans plusieurs salles autour d'une cour, toutes sortes de pièces produites par d'authentiques artisans. Bon choix, de la minuscule boîte à bijoux à la table.

Artisans de la sqala *(plan détachable A1-2,* ***131****) : le long de la rue de la Sqala.* Si de nombreux anciens entrepôts maritimes sont désormais occupés par des boutiques pour touristes, certains accueillent encore des ateliers de marqueterie. N'hésitez pas à fouiner et à engager la discussion avec les artisans, qui vous apprendront à distinguer les différentes essences.

Huile d'argan

Pour plus d'informations sur cette huile unique et pour quelques conseils d'achats, se reporter en fin de guide à la rubrique « Faune et flore. Flore. L'arganier » dans le chapitre « Hommes, culture, environnement ». Si vous voulez faire un cadeau, voici quelques adresses :

À Essaouira

Côté Oriental *(plan détachable A2,* ***134****) : 24, rue de la Sqala. ☎ 05-24-78-47-38. Tlj 9h30-20h. Sur présentation du guide de l'année, remise de 10 % sur les produits à base d'huile d'argan.* Une belle boutique stratégiquement placée et tenue par Aïcha. Elle propose, outre une excellente huile d'argan gastronomique et cosmétique, des créations de bijoux originaux, de la poterie fine et contemporaine, ainsi que quelques vêtements, des tissages et des sacs à main en cuir. On y trouve la gamme *Naturelle d'Argan.*

Hippie Chic *(plan détachable C2,* ***133****) : pl. du Marché-aux-Grains. ☎ 05-24-47-43-35. Tlj 8h-19h. Sur présentation du guide de l'année, remise de 10 % sur les produits à base d'huile d'argan.* L'autre boutique d'Aïcha. Belle poterie ornée de motifs berbères traditionnels, bijoux, prêt-à-porter et quelques objets bien choisis, en plus bien sûr des mêmes huiles d'argan qu'au *Côté Oriental.*

Chez Makki *(plan détachable C1-2,* ***138****) : pl. du Marché-aux-Grains. ☎ 05-24-47-30-90. Tlj 9h-20h.* Les 5 frères, qui ont repris l'herboristerie du papa avec passion, vous expliqueront tout sur l'huile d'argan (ici de bonne qualité), le vrai ou le faux safran (avec démonstration éloquente), les différentes épices et leurs vertus... tout en sirotant une délicieuse infusion maison gentiment offerte. Prix honnêtes.

La Coopérative Tiguemine : *km 15, route de Marrakech. ☎ 05-24-78-49-70. Tlj 8h-19h, mais moins d'activité dim.* Une vraie coopérative féminine, qui a l'avantage de ne pas se trouver trop loin d'Essaouira. Huile alimentaire, produits de beauté...

Sur « la route de l'arganier »

Les adresses suivantes peuvent faire l'objet d'une belle balade, à condition d'être motorisé. Cette « route de l'arganier » emprunte un joli itinéraire montagneux (goudronné et en bon état) qui suit, par endroits, un oued à travers les champs d'arganiers et de thuyas. L'ensemble de ce circuit fait environ 70 km aller, et autant pour revenir à Essaouira.

– ***Avertissement :*** les environs d'Essaouira ont vu éclore ces dernières années plusieurs dizaines de « coopératives de femmes en milieu rural produisant de l'huile d'argan bio ». La juxtaposition de ces simples mots (coopérative, femme, rural, argan, berbère et bio) suscite en général la compassion des touristes, qui s'arrêtent, visitent... et paient les produits au prix fort. Mais il faut savoir que les VRAIES coopératives, où les femmes des villages sont impliquées dans les processus de décisions et reçoivent véritablement les bénéfices de leur travail (et ne sont pas seulement salariées), sont en fait assez rares. Ces fausses coopératives sont tout simplement de vraies entreprises, avec un patron qui profite de l'ambiguïté de l'appellation, et où les employées ne sont là que pour le décor (les femmes se lèvent pour se mettre à l'œuvre dès qu'une voiture déboule sur le parking). Et on ne produit dans ces lieux qu'une petite partie de ce qui est vendu sur place (le reste est acheté ailleurs). Rien d'illégal (mis à part l'appellation), mais autant le savoir avant de vous arrêter n'importe où. Les quelques adresses que nous indiquons (liste non exhaustive, évidemment) sont de véritables coopératives certifiées.

Coopérative Ajddigue : *à* ***Tidzi,*** *sur la droite dans le centre du « village » (un simple bouquet de maisons), à env 27 km d'Essaouira, sur la route d'Agadir. ☎ 05-24-47-23-58. • ajddigue.com • Lun-ven 8h30-17h ; fermé sam-dim. Label Écocert.* Toute 1re coopérative de femmes créée dans la région au milieu des années 1990, elle reste le symbole de la réussite dans ce domaine. Le savoir-faire des grands-mères a pu se transmettre aux jeunes générations, créer des emplois et, surtout, permettre de faire considérablement évoluer le statut social des femmes et leurs conditions de vie. En plus, ce n'est pas très loin d'Essaouira.

Coopérative Tamounte : *à* ***Imi'N'Tlit,*** *à 57 km env au sud-est d'Essaouira. 📱 212 (0)6-77-15-72-37. • tamounte-imintlit.com • De Tidzi, poursuivre la route d'Agadir jusqu'au village de Smimou (13 km après Tidzi et donc à 40 km d'Essaouira), puis bifurquer à gauche vers Imi'N'Tlit et Aït-Daoud (fléché) ; le village d'Imi'N'Tlit est 17 km plus loin. La coopérative est à l'entrée du village, sur la droite env 100 m après avoir passé la petite arche. Mar-sam 8h-18h ; fermé dim-lun.* Une coopérative de femmes, créée en 2003, qui mérite vraiment une visite. On vous reçoit avec beaucoup de gentillesse. Explications pédagogiques replaçant bien le travail des femmes au cœur d'un projet global : d'où vient l'idée, à quoi ça sert, vers quoi la coopérative se dirige. Prix très convenables et huile de qualité.

Coopérative Agdal : *à* ***Takoucht,*** *à 10 km env d'Imi'N'Tlit, toujours en direction d'Aït-Daoud, soit à env 65 km d'Essaouira. 📱 212 (0)6-14-14-35-60. La coopérative se situe tt au fond du village (sur la gauche de la route). Tlj 8h-18h30. Label Écocert.* Un projet pilote financé par les cosmétiques *Naturelle d'Argan* dans le cadre d'un partenariat socio-économique avec les femmes de l'arganeraie, où 50 % des bénéfices reviennent aux femmes elles-mêmes. On visite les salles de production où travaillent 62 femmes en tout, avec explications détaillées. On ne vend ici que de l'huile. Les produits *Naturelle d'Argan* peuvent s'acheter aux boutiques *Côté Oriental* et *Hippie Chic* à Essaouira (voir plus haut).

Artisanat

Atelier de tissage – Chez Elahri *(plan détachable C2,* ***135****)* **:** *boutique nº 181, près du marché aux poissons, dans le souk. Tlj 9h-21h.* Magnifiques haïks traditionnels et de qualité, couvertures (en poil de chameau notamment), etc. Les prix sont fixes et vraiment abordables.

Antiquités

Galerie Aïda *(plan détachable A2,* ***136****)* **:** *2, rue de la Sqala. ☎ 05-24-47-62-90. Tlj 10h30-19h30. Pas d'enseigne ; boutique sur la gauche de l'entrée du Taros Café.* Une véritable caverne d'Ali Baba. Joseph Sebag est à la fois brocanteur, libraire et collectionneur. Il propose un choix surprenant d'ouvrages sur Essaouira et le Maroc, ainsi que des parures et bijoux berbères et judéo-arabes, des statues et masques africains et de la vaisselle variée.

Galerie La Kasbah *(plan détachable B2,* ***137****)* **:** *4, rue de Tétouan. 📱 212 (0)6-61-20-71-45. • galerielakasbah.com • Tlj 9h-21h.* Tout autour d'une cour, expos de peintures et sculptures d'artistes d'Essaouira au rez-de-chaussée et mobilier, objets de brocante et de décoration à l'étage. Faites votre marché !

Les tapis-tableaux

Les tapis-tableaux sont l'une des formes d'art les plus originales d'Essaouira. Comme leur nom l'indique, il s'agit de tapis (de laine ou de coton, parfois les 2 : trame en coton et broderies en laine) ayant l'aspect d'un tableau, et qu'on peut accrocher au mur. Ce qu'ils illustrent est éminemment variable, des simples motifs géométriques aux animaux et personnages s'entremêlant dans des décors extravagants. Ils sont tissés et noués par les femmes. Quoique devenus rares, on en trouve encore, en particulier à la ***Maison Berbère,*** le plus gros magasin et entrepôt de tapis de la ville, situé au nº 6 de la rue de Marrakech *(plan détachable B2,* ***132****).*

Et encore

Au P'tit Bonhomme La Chance *(plan détachable B2,* ***139****)* **:** *30, derb Laâlouj. 212 (0)6-66-01-45-02. Dans la ruelle qui part face au musée. Tlj 9h-19h.* Boutique d'épices, de parfums, de plantes médicinales et tout pour le hammam. Également de l'huile de pépins de figue de barbarie. Mais ce qui fait son plus grand charme, ce sont les tatouages au henné 100 % naturel de Habiba.

Histoire de Filles *(plan détachable B3,* ***141****)* **:** *1, rue Mohammed-ben-Messaoud. ☎ 05-24-78-51-93. Tlj 10h-19h30.* Un beau magasin présentant la production variée d'une sélection de créateurs marocains. Prêt-à-porter, bijoux, accessoires, parfums d'intérieur, bougies, nombreux objets de déco, et même de la photo (tirages originaux numérotés). Il y en a un peu pour tous les budgets.

– Au ***marché,*** vous trouverez toutes les épices, de la vannerie, des vêtements, des poteries. Jetez un œil aux ***« puces » locales*** situées juste à côté de la place du Marché-aux-Grains. Tout autour, des femmes s'installent pour vendre des plantes aromatiques, des écorces, etc., servant à la préparation de remèdes ou de potions magiques. On trouve aussi de beaux kilims, des tapis originaux et des bijoux plus ou moins authentiques.

À voir

La médina, enserrée dans ses remparts, est un ensemble architectural de toute beauté, remis en état en 2017-2018. Elle se visite à pied et se déguste à petites gorgées, à l'une des nombreuses terrasses de cafés, par exemple... Pas de doute, le charme opère bien vite. C'est un véritable réseau de ruelles. Il n'y a pas d'itinéraire précis. Perdez-vous dans leur lacis entre les hauts murs blancs des maisons aux fenêtres souvent peintes en bleu. On dit qu'elles sont peintes ainsi afin de chasser les mouches. Admirer au passage les magnifiques portes de certaines demeures, souvent dotées d'une clé de voûte particulièrement bien ouvragée.

Le port *(plan détachable A3-4)* **:** essentiellement consacré à la pêche, c'est un lieu très animé, carrément magique au retour des bateaux ; le poisson est alors vendu à la criée, avec ricanements de goélands et miaulements de chats en fond sonore. Allez-y sur le coup de 15h. On y accède par le poste de douane situé en haut de la plage (ne pas tenir compte des barrières) ou par la porte de la Marine (voir ci-après). Les quais font office de chantiers navals. Vous y verrez un intéressant travail d'entretien, de réparation et de construction des chalutiers, tout en bois, comme on n'en fabrique plus guère ailleurs. Leur forme n'est pas sans évoquer celle des anciens boutres.

La porte de la Marine *(plan détachable A3)* ***et la sqala du port*** *(hors plan détachable par A4)* **:** la *porte de la Marine* fut édifiée en l'an 1184 de l'hégire (1770) pour relier la ville au port. Orné de 2 colonnes et d'un fronton triangulaire très classique, l'ensemble a beaucoup d'allure. Sur le côté droit, un escalier permet de grimper au sommet de la muraille de la *sqala du port* (tlj 9h-17h30 ; accès 60 Dh ; gratuit ven). De là-haut, très belle vue panoramique sur les îles Purpuraires, la plage et Essaouira. Si vous le souhaitez, le gardien se fera un plaisir de vous guider. Très intéressant. Les canons sont ornés de blasons portugais, espagnols et flamands. C'est dans cet étonnant décor qu'Orson Welles a tourné certaines scènes de son *Othello,* qui devait remporter le Grand Prix au Festival de Cannes en 1952 (la Palme d'or fut créée 3 ans plus tard...). Plus récemment, la série *Game of Thrones* y a planté ses caméras pour des scènes de la saison 3.

La sqala de la Ville *(plan détachable A1)* **:** *accès par la rampe du bastion nord. Entrée : 50 Dh.* Au niveau du bastion nord, une rampe conduit à la plateforme de près de 100 m de long, protégée de l'océan par un mur crénelé formé de blocs de roche sciés. Vu d'en haut, on distingue encore les traces de scie et le trou, vestige de la manœuvre qui servit à déplacer ces roches. Belle collection de canons de bronze braqués sur l'océan. En dessous de la *sqala,* dans les anciens entrepôts de munitions, se trouvent des boutiques pour touristes et encore quelques ateliers d'artisans marqueteurs. Leurs œuvres sont en loupe de thuya, incrustées de bois de citronnier, d'ébène, de nacre et parfois de fil de cuivre (voir « Marqueterie en bois de thuya » dans « Achats »).

Le musée Sidi-Mohammed-ben-Abdellah *(plan détachable A-B2)* **:** *derb Laâlouj. ☎ 05-24-47-53-00. Tlj sauf lun 8h30-17h30. Entrée : 70 Dh.* Installé dans un ancien riad, transformé en mairie sous le protectorat français (la traditionnelle fontaine du patio a été remplacée par un escalier), ce musée présente la région d'Essaouira sous ses différents aspects. Au rez-de-chaussée, petite section historique et archéologique (poteries, pièces de monnaie frappées à Essaouira au XVIIIe s, intéressant plan de *Mogodor* de 1767), de même qu'une vitrine sur l'arganier (dont l'exploitation figure au Patrimoine immatériel de l'Humanité depuis 2014). Le gros des collections, ethnographiques surtout, se trouve à l'étage, avec une section sur les arts et les traditions populaires. On peut par exemple admirer d'anciens objets en bois marqueté et en bois peint, des bijoux traditionnels qui firent jadis la renommée des artisans de la cité, des photos anciennes, une belle collection d'instruments de musique andalous, berbères et de *malhoum,* ainsi que des objets de différentes confréries de transe : *gnaoua, hamadcha* et *aissaoua.* Planchettes coraniques et vieux manuscrits aussi. En poursuivant la visite, quelques costumes, armes, tapis et tissages de la région. Également des expos temporaires.

Le souk jdid *(plan détachable C2)* **:** *des 2 côtés de l'av. Mohammed-Zerktouni. Grande animation mat et soir.*

Les commerces sont groupés par spécialités : les 1ers, en venant de Bâb-Doukkala, sont, dans l'ordre, ceux des fruits secs, des légumes et de la viande. Après avoir franchi la porte, sur le côté droit, derrière la rangée d'échoppes qui bordent la rue, se cache le souk du poisson, tout carrelé, entouré par les échoppes d'épices (y venir le matin, l'après-midi le poisson fait un peu la tête). Sur le côté gauche, quelques échoppes, dont un véritable tisserand. De l'autre côté de l'avenue Mohammed-Zerktouni, on découvre l'agréable place du Marché-aux-Grains, qui ne fonctionne plus comme tel mais accueille de charmantes terrasses de café, où il fait bon prendre le soleil à l'abri du vent. Juste derrière (à droite en arrivant sur la place), vente à la criée (à partir de 15h). On y vend de tout, selon des règles précises qui n'ont guère changé depuis au moins 1 ou 2 siècles. Ça tient plus des puces que de l'hôtel Drouot.

En retournant dans la grand-rue, en direction du port, le souk des bijoux. Ces commerces étaient très prospères à l'époque où la ville comptait une importante communauté juive. Mais bien peu maintenant sont de véritables artisans qui fabriquent encore eux-mêmes. L'avenue Mohammed-Zerktouni continue et change de

nom pour s'appeler avenue de l'Istiqlal. Observer les portes de la grande mosquée sur la gauche *(plan détachable B2).* Les 2 porches sont complètement décentrés pour respecter l'alignement avec La Mecque. Un sacré travail d'architecture !
L'avenue de l'Istiqlal conduit jusqu'aux remparts, d'une belle couleur ocre. La porte sur la droite donne accès à la place de l'Horloge. C'était autrefois l'une des plus importantes de la *kasbah,* car elle permettait d'accéder à la grande mosquée de l'époque.

Le mellah *(plan détachable C1)* **:** *rejoindre la rue Sidi-Mohammed-ben-Abdellah qui aboutit à l'ancien mellah, au nord.* Ce quartier juif qui a hébergé jusqu'à 17 000 âmes au XIXe s (contre seulement 10 000 musulmans), va être complètement démoli et refait à l'identique suivant les plans de l'époque. En attendant, pas grand-chose à voir dans le quartier à part quelques vieilles synagogues, dont celle de ***Rabbi Haïm Pinto,*** vieille de plus de 200 ans.

Galeries

– ***Galerie des arts Frédéric-Damgaard*** *(plan détachable B3,* ***9****)* **:** *av. Oqba-ben-Nafi. ☎ 05-24-78-44-46. Tlj 9h-13h, 15h-19h.* Pour les amateurs de peinture abstraite, cubiste et naïve, cette galerie, qui a fêté ses 30 ans en 2018, est consacrée à des peintres 100 % souiris. Les œuvres de ces artistes singuliers sont fortement imprégnées des influences africaines de la culture souirie. Elles relèvent de l'art naïf, de l'art primitif et d'un art populaire très particulier.

– ***Espace Othello Galerie d'art*** *(plan détachable B3,* ***31****)* **:** *9, rue Mohammed-Layachi. ☎ 05-24-47-50-95. Tlj 9h30-13h, 15h-19h30.* Cet ancien entrepôt de marchandises, un peu en retrait, mérite une visite, ne serait-ce que pour sa belle architecture intérieure. On peut y admirer des œuvres de nombreux artistes qui montent.

– ***Association Attilal des arts plastiques*** *(plan détachable B3,* ***32****)* **:** *4, rue du Caire. ☎ 05-24-47-54-24. Tlj 10h-13h, 16h-20h.* Dans une ancienne église, vaste espace abritant l'expo d'un collectif d'artistes de talent, dans des styles très variés. On aime beaucoup, entre autres, la *Joconde berbère.* Accueil sympa de Hamid Bouhali, le président de l'association.

À faire

La plage *(plan détachable B-C4)* **:** magnifique, elle s'étend presque à perte de vue. La municipalité fait de gros efforts pour son entretien. Moins de monde en allant vers les dunes, tout au bout du boulevard Mohammed-V. Cependant, il n'est pas toujours aisé de s'y baigner et de bronzer : les vagues peuvent être violentes et il y souffle un vent à « décorner les dromadaires », en été. En revanche, on peut y faire du surf, du *paddleboard,* de la planche à voile et du kitesurf (voir la rubrique « Adresses utiles. Sports ») ainsi que de savoureuses promenades à cheval et à dos de dromadaire. Le rocher que l'on voit dans l'eau, en face de l'île, est un ancien fort portugais en ruine.

– ***Cours de cuisine, Association féminine de bienfaisance El Khir*** *(plan détachable D2,* ***34****)* **:** *3, rue Regraga. ☎ 05-24-47-65-33. • elkhir.ma • Tlj sauf dim. Résa nécessaire. Compter 200 Dh/pers pour le salé et 180 Dh/pers pour le sucré, déj inclus (tarif dégressif à partir de 2 pers).* Cette dynamique petite association ouvre ses compétences culinaires aux touristes de passage. Excellent pour, de retour au pays, se taper la cloche autour d'une pastilla et d'une poignée de baklavas...

– ***Cours de cuisine, L'Atelier*** *(plan détachable B3,* ***124****)* **:** *rue Mohamed-Ben-Masoud. 📱 212 (0)7-00-18-90-17. Tlj sauf dim 10h30 (cuisine traditionnelle), 15h30 (pâtisseries orientales). Résa indispensable (places limitées). Compter 500 Dh/*

pers pour le cours et le déj ; 220 Dh/pers pour le cours de pâtisserie. On peut même déguster sa propre production à la fin de la séance ! Ambiance amicale et chaleureuse.

➢ ***Écotourisme et randonnées :*** *212 (0)6-15-76-21-31. • essaouira-randonnees.com • Par pers, compter 200-220 Dh la ½ journée, 450 Dh/j., transport compris. Catalogue à dispo et inscriptions chez Habiba, Au P'tit Bonhomme La Chance (plan détachable B2,* ***139****) : 30, derb Laâlouj.* Balades pédestres à thème, de 12 personnes maximum, pour s'initier aux milieux naturels des environs d'Essaouira (forêts d'arganiers, milieux dunaires, cascades) en compagnie d'Édouard, ancien forestier français.

➢ ***Le ranch de Diabat :*** *à* ***Diabat,*** *à 3 km d'Essaouira ; prendre la route d'Agadir, puis, au 2ᵉ rond-point, bifurquer à droite ; le ranch avoisine la mosquée. ☎ 05-24-47-63-82. • ranchdediabat.com • Prix selon la durée des randonnées : de 200 Dh (1h) à 8 800 Dh (8 j.), avec prise en charge à l'aéroport d'Agadir ou d'Essaouira.* Au programme : oasis, *kasbah,* désert, palmeraie, villages berbères (et leurs douches municipales !), bivouac ou nuits en hôtel... Une équipe qui connaît bien la région et qui vous fera partager son amour du cheval de race barbe.

➢ ***Equiévasion :*** *à* ***Diabat,*** *à 3 km d'Essaouira ; se reporter aux indications concernant le ranch de Diabat ci-avt. 212 (0)6-66-78-05-61. • equi-evasion.com • Compter 150 Dh pour 1h de balade ; randos 2-8 j. 2 200-9 000 Dh.* Un autre centre équestre sérieux, avec plusieurs types de balades pour découvrir différents aspects de la région, voire du désert. Propose aussi des balades à dromadaire.

Fêtes et manifestations

- ***Achoura :*** *pdt 10 j. à partir du Nouvel An musulman. Lire également la rubrique « Fêtes et jours fériés » dans « Maroc utile » en début de guide.* Toute la ville vibre au son des *tarrija,* petits tambours de céramique en forme de vase et recouverts de peau. Le soir, des ensembles se créent pour donner la *dakka* (la frappe) entrecoupée de chants, et perpétuent jusqu'à une heure tardive ces antiques traditions. Un spectacle à ne pas manquer.
- ***Fête de la confrérie des Regraga :*** *en général, 2 j. en avr.* Des milliers de pèlerins *regraga* venus de la campagne environnante visitent à pied, 40 jours durant, 44 marabouts de la région. La tradition des *Regraga,* une confrérie religieuse fidèle à la dynastie alaouite actuellement au pouvoir, commémore l'islamisation et l'arabisation de la région. Ils tournent ainsi chaque année depuis des siècles. L'arrivée à Essaouira, par la porte Bâb-Doukkala, de ces hommes saints porteurs de la baraka (la bénédiction de Dieu) donne lieu à de grandes festivités. Ils se promènent sous les « youyous » et les applaudissements d'une foule frénétique qui les asperge d'eau de rose. Un gigantesque couscous est offert par la population dans le village de Diabat. Les étrangers peuvent assister à ces manifestations mais pas aux prières à l'intérieur des zaouïas et des mosquées.
- ***Festival Les Océanes :*** *1 sem vers la mi-avr.* Un festival dédié à la culture surf, associée aux arts et à l'environnement. Ateliers divers, expos, projection de films, nettoyage des plages. En collaboration avec l'Institut français d'Essaouira.
- ***Printemps musical des alizés :*** *pdt 4 j., fin avr ou début mai en principe.* Un festival de musique de chambre de haute qualité et éclectique. Une bonne raison de visiter la ville à cette période de l'année.
- 2 ***moussem*** attirent les juifs du Maroc et d'ailleurs, rappelant l'importance des traditions séfarades. Le 1ᵉʳ, en mai, commémore le saint Rabbi Nassim ben Nassim, qui a son sanctuaire dans le village d'Aït-Biyoud, à 40 km d'Essaouira. Le 2ⁿᵈ, en septembre, célèbre le rabbin Haim Pinto, enterré dans le cimetière de la ville et dont la synagogue située dans le mellah se visite.

– ***Festival de musique gnaoua et de musiques du monde :*** *en principe, pdt 4 j., l'avt-dernier ou le dernier w-e de juin.* • *festival-gnaoua.net* • Il rassemble les meilleures troupes nationales. Gnaoua à l'origine, ce festival, le plus important d'Essaouira, s'apparente désormais à une rencontre de world music. Inutile d'espérer trouver une chambre au dernier moment, car tout est réservé plusieurs mois à l'avance. Le festival peut attirer plus de 300 000 personnes !
– ***Festival des Andalousies atlantiques :*** *pdt 3 j. fin oct-début nov.* Un festival de musiques arabe, andalouse et de flamenco.
– ***Jazz sous l'arganier :*** *3-4 j. entre Noël et le Nouvel An.* Concerts à différents endroits de la ville. L'occasion de découvrir le jazz marocain.

DANS LES ENVIRONS D'ESSAOUIRA

Le grand marché de Had-Drâa : *à 30 km env d'Essaouira. Prendre la route de Marrakech, puis, à Ounara (25 km), bifurquer à gauche (direction « Casablanca ») pour Had-Drâa (à env 5 km). Bus depuis Essaouira vers 6h30 et 9h, sur la pl. Bâb-Doukkala.* Le marché a lieu tous les dimanches depuis fort longtemps, d'où le nom hérité par le village : *Had* (dimanche) *Drâa* (marché). L'un des plus importants du Sud marocain. Immense et divisé en 2 parties : le grand marché proprement dit et celui des bestiaux. Pour ce dernier, grosse négociation de dromadaires, de vaches et d'ânes. Un conseil : venir de bonne heure (les marchands commencent à s'installer dès 4h).

Le village solaire en Arganeraie : *douar Idmajhid, sur la commune d'**Ounagha**, à 24 km d'Essaouira.* Les cosmétiques *Naturelle d'Argan,* en partenariat notamment avec la Fondation Mohammed VI pour la recherche et la sauvegarde de l'arganier, développe un projet de village alimenté en énergie solaire qui fournira électricité et eau chaude à 10-15 familles et accueillera une association autonome de femmes dédiée à la fabrication d'huile d'argan, certifiée « Écocert ». L'énergie renouvelable limitera les besoins en bois, en gaz, assurera un gain de temps (grâce au pompage solaire de l'eau) tout en permettant au village de se développer. Cette opération, initiée dans le cadre de la COP 22, se veut le laboratoire d'un chantier de plus grande envergure dans le but de désenclaver, transformer et rendre autonome des villages ruraux isolés. Une initiative qui a de l'avenir !

Le domaine du Val d'Argan : *à la sortie d'**Ounagha,** à 24 km d'Essaouira, sur la route de Casablanca, à 400 m du carrefour principal du village, sur la droite.* ☎ *05-24-78-34-67.* *212 (0)6-60-24-18-93.* • *valdargan.com* • *Visite gratuite tlj 11h-17h, avec dégustation possible en sus.* Le *Val d'Argan* est un vignoble d'une cinquantaine d'hectares créé en 1994 à partir de cépages de la vallée du Rhône par Charles Melia, un Français originaire du Maroc, ancien vigneron à Châteauneuf-du-Pape. Visite guidée intéressante, qui s'achève toujours par une dégustation des différents vins du domaine certifié agriculture bio (labourage par dromadaire).

LA PLAGE DE SIDI-KAOUKI

À 27 km d'Essaouira. Suivre la direction d'Agadir, c'est fléché à droite à 15 km. Gare aux chèvres qui traversent en dehors des clous (sans rire, les accidents sont fréquents !). Village paisible, avec une vraie plage devenue l'un des spots de surf de la région, qui se pratique ici de septembre à mars ; mais on peut aussi y pratiquer la planche à voile et le kitesurf d'avril à septembre (la meilleure période étant juin-juillet). Sur la plage, est enterré le marabout qui a donné son nom à l'endroit.

Infos utiles

➢ **Bus :** d'Essaouira, bus (*Lima Bus, ligne n° 2*) ttes les 1h30-2h env, 7h-18h (8h30-19h dans le sens Sidi-Kaouki/Essaouira). Horaires souvent fantaisistes. À Essaouira, les bus se prennent à côté de Bâb-Doukkala, bd Moulay-Youssef *(plan détachable Essaouira, D1)*.

➢ **Taxi :** compter 100 Dh depuis Essaouira.

– **Baignade à risque** en raison des courants, même s'il y a des maîtres-nageurs en été. Aucun panneau ne signale le danger mais il est bien présent. Attention aussi aux piqûres de vives.

– En été, le *taros* souffle puissamment de jour comme de nuit. D'ailleurs, c'est grâce aux éoliennes que le village a été électrifié. Mais attention, peu de lumière le soir.

Où dormir ? Où manger ?

Quelques adresses bien sympathiques et plutôt moins chères qu'à Essaouira. Le camping sauvage sur la plage est interdit.

Camping Kaouki Beach : *800 m après la mosquée ; bien indiqué. 212 (0)6-61-06-85-26 et (0)6-61-49-94-46. • camping-kaouki-beach.com • Compter 70 Dh pour 2 avec tente et voiture (électricité 20 Dh) ; réduc à partir de 3 nuits.* Petit camping clos, simple et tranquille. Sanitaires corrects. Les plus chanceux trouveront un peu d'ombre. Sol assez coriace. Piscine. Bon accueil.

Auberge de la Plage : *en arrivant à Kaouki, prendre à gauche, puis 1re à gauche et encore à gauche. 212 (0)6-61-10-26-64. • kaouki.com • Doubles 350-500 Dh avec ou sans sdb. Aussi des familiales. Repas 150 Dh (sert de l'alcool).* Chambres joliment décorées autour de matériaux naturels et de tissus marocains ; certaines offrent une vue magique sur l'océan. Cuisine variée et poisson du jour. Petit jardin ombragé et au calme, avec hamacs et transats. Salon de lecture et salle de jeux. Loc de vélos et sorties VTT organisées. Un petit havre de paix, tenu par un couple de Milanais.

La Pergola : *en arrivant à Kaouki, prendre à gauche, puis encore à gauche juste avt l'auberge Al Vent (bien signalé). 212 (0)6-71-49-24-49. • pergola-maroc.com • Doubles avec sdb 300-450 Dh. Des familiales aussi. Plats 70-120 Dh.* Si vous cherchez un endroit où casser la croûte, installez-vous donc sur la terrasse, aux tons estivaux, de ce petit resto. Une poignée de succulentes suggestions journalières à l'ardoise et des prix très raisonnables. Propose aussi des chambres assez basiques mais très propres, certaines avec vue sur mer. Terrasse, solarium. Accueil très cool de Thierry.

Windy Kaouki : *un peu derrière l'Auberge de la Plage. 212 (0)6-61-25-63-66. • windy-kaouki.com • Ouv tte l'année. Appart 2-4 pers 660-830 Dh pour 2 pers et env 130 Dh/pers en sus. Possibilité de petit déj et de repas.* Dans une bâtisse moderne joliment conçue dans le style traditionnel et aux murs de pierre, 6 appartements (2 adultes, 2 enfants) propres et bien équipés (double vitrage), disposant d'une chambre, d'un salon (certains avec cheminée) avec kitchenette, d'une terrasse et d'une salle de bains. Déco marocaine assez minimaliste. Resto sur la terrasse, face à la mer, servant une bonne cuisine marocaine et italienne. Piscine haricot et espace bien-être (massages). Salle de yoga, terrasse avec solarium.

Le Douar des Arganiers : *en arrivant à Kaouki, prendre à gauche, puis 1re à gauche, c'est env 800 m plus loin. 212 (0)6-13-20-60-42. • douardesarganiers.com • Suites 800 Dh. CB acceptées.* Ceinte de hauts murs, cette maison plantée au milieu d'un grand jardin abrite 4 superbes suites, arrangées de façon à la fois moderne et respectueuse du style marocain, autour d'un patio planté d'arbres fruitiers. Salon cosy donnant sur la campagne, prolongé par une terrasse plein sud, des cheminées quand il fait frais et des murs épais contre les grosses chaleurs. Le tout alimenté à l'énergie solaire. La plus grande suite, au 1er étage, dispose d'une terrasse privée. De plus, Tania, la proprio, met vraiment du cœur à s'occuper de ses hôtes. Une adresse très classe et pourtant encore abordable.

Bed ô Bled : *en arrivant à Kaouki, prendre à gauche, puis filer tout droit. Prendre ensuite la dernière vraie piste qui part à gauche dans un virage au niveau de la maison d'hôtes* Dar Nezza*, c'est un peu plus loin sur la gauche. 212 (0)6-30-44-06-58. Cabane double 390 Dh ; la petite maison 550 Dh ; possibilité de louer l'ensemble (capacité 12 pers). 2 nuits min exigées dans ts les cas.* Dans une petite arganeraie qui fleure bon le soleil et les vacances, Dominic a aménagé 2 jolis petits bungalows en bois colorés sur pilotis avec terrasse (pour 3, sanitaires avec eau chaude), une petite maison de pierre sèche du même tonneau et une sorte de petite chambre-donjon avec 2 tentes en bâche de camion accolées. Tout ça s'organise autour d'un bâtiment qui fait office de cuisine commune, avec salle pour prendre ses repas quand ça souffle dehors, cheminée centrale. Petite piscine et douche extérieure. Un petit côté *Arizona Dream* très sympa, tout ça...

Quelques ***petits restos*** à droite de la plage (à l'arrêt des bus) proposent de bons repas à prix très doux (mais mieux vaut passer commande 1h ou 2 avant car rien n'est préparé à l'avance).

À faire

– ***Surf :*** avec ***Blue Marocco Surf School*** *(212 (0)6-61-20-36-00 ; ● blue-morocco.org ●).* À la barre de cette école, Azar, un Marocain super compétent et dynamique, qui propose des stages de surf comprenant un volet culturel de découverte du Maroc. Également, parmi les petits restos sur la droite de la plage, ***Chez Ali*** *(212 (0)6-61-20-36-00),* on peut, pour pas cher, louer du matériel (surf à 50 Dh l'heure ou 100 Dh la demi-journée) et prendre des cours (250 Dh pour 2h). Enfin, vous pouvez aussi aller voir au ***Sidi-Kaouki Surfclub*** *(face à la plage, dans un bâtiment en bois ; 212 (0)6-72-04-40-16 ; ● sidi-kaouki.com ●).* Location et cours de surf, de windsurf et de kite. Fait aussi café et resto.

– ***Promenade le long de la plage à cheval ou dromadaire :*** les montures ne manquent pas dès l'arrivée sur la plage (face à la mosquée, par exemple) pour aller tâter du sable, vent debout et tête dans les embruns.

HOMMES, CULTURE, ENVIRONNEMENT

ACHATS

Le Maroc possède un artisanat florissant et un savoir-faire ancestral. Impossible de ne pas y succomber ! Sachez toutefois qu'en pays musulman, l'acte d'achat n'est pas anodin, il relève d'un engagement réciproque. Alors, avant de dépenser, n'hésitez pas à vous renseigner, à comparer, à discuter avec ceux qui connaissent le pays. Acheter n'importe quoi à n'importe quel prix favorise des dérives inflationnistes et parfois aberrantes. Piquez-vous au jeu du marchandage (voir cette rubrique dans « Maroc utile » en début de guide). Au final, le prix payé sera souvent plus élevé que le prix « marocain », mais il sera également le reflet de 2 réalités économiques différentes.

Les tapis

C'est la grande affaire du Maroc et peut-être ce que vous pourrez acheter de plus beau (mais, bien sûr, c'est moins facile à rapatrier qu'un collier). Tissés, noués ou brodés, les tapis sont, au Maroc, l'apanage des femmes. Ils constituent en quelque sorte les « sicav » de la famille berbère. Les femmes tissent pendant les longues périodes d'hiver. Lorsque l'ouvrage est terminé, il sert de dot à l'occasion d'un mariage, ou est offert au Hadj quand il revient de son pèlerinage à La Mecque. En cas de coup dur (perte d'une récolte), il est troqué au souk contre monnaie sonnante et trébuchante, ou échangé contre du grain. Le tapis est la carte de visite de l'artisanat marocain. Il incarne également sa diversité culturelle. Sans vous faire un cours sur les tapis, voici quelques indications...

L'ANCÊTRE DE L'ÉTAT CIVIL

Les motifs brodés du tapis berbère possèdent leur langage. S'inspirant parfois de la forme des organes sexuels humains, ils jouent sur la rencontre des 2 sexes, devenant alors l'expression de la fertilité. Ainsi, les dessins du tapis permettent de connaître les différentes étapes de la vie de la tapissière, notamment familiale : vierge, mariée, enceinte et mère.

Dans certains villages comme Tazenakht, les panneaux signalant une coopérative de femmes poussent comme des champignons. Derrière la plupart d'entre eux, les commerçants se frottent les mains. Certains tenteront de vous vendre un « vieux » tapis vieilli à l'eau de Javel. On a même vu des boutiques étendre leurs tapis sur la route pour que le passage répété des voitures leur donne 50 ans en moins d'une semaine ! Essayez de dégoter les véritables coopératives gérées par des femmes et sans intermédiaire à la vente.
Il existe 2 sortes de tapis au Maroc : les citadins et les ruraux.
Les tapis citadins sont le plus souvent noués. Selon la légende, pendant qu'un groupe de tisseuses arabes s'affairaient au travail, un oiseau laissa tomber sur leurs ouvrages des morceaux de laine multicolore. Ne sachant pas quelle couleur choisir, elles décidèrent de tisser tous les brins ensemble. C'est pour cela que les tapis citadins sont toujours composés des 7 couleurs de l'arc-en-ciel. Ceux de Rabat, inspirés des tissages d'Anatolie, dont les 1ers spécimens ont été introduits au Maroc il y a 2 siècles, comportent généralement un motif central, la *koubba,* d'une chaude tonalité, entouré de motifs floraux ou géométriques.

Les tapis ruraux ont des couleurs en rapport avec leur origine. Ceux de teintes vives, garance et cochenille, proviennent de Tazenakht, dans le sud. Il s'agit le plus souvent d'un tissé-noué-brodé, appelé *glaoua* (du pays du Glaoui). Les femmes utilisent désormais des produits chimiques pour réaliser plusieurs couleurs, mais la composition du bleu reste encore naturelle. Une mixture à base de figues, de dattes et de henné révèle un indigo chatoyant.

Les tapis du Haouz, à fond rouge garance, sont chargés de mystérieux dessins qui leur confèrent un style Art déco. Dans le Moyen Atlas, on préfère les couleurs beiges.

Leur fabrication est surveillée par un organisme d'État, et des prix officiels sont établis au mètre carré. L'étiquette orange garantit un tapis de qualité extra-supérieure (360 000 points au mètre carré), la bleue désigne un tapis de qualité supérieure, la verte indique une qualité courante, alors que la jaune est réservée à la qualité moyenne. Quelques trucs pour jauger cette qualité :

– tremper un bout du tapis dans un bol d'eau, pour voir si les couleurs tiennent ou déteignent. En général, la couleur bleue est à éviter car elle ne tient pas à la lumière et comme le fil de trame est souvent rouge, au bout de 2 ans votre joli tapis bleu est devenu rose !

– brosser la laine au niveau des dessins, avec la main, pour bien la mettre droite, puis regarder : le dessin doit vous apparaître net et non flou, ou du moins avec des lignes droites et non ondulantes (pour un très bon tapis, il est inutile de brosser) ;

– les bords du tapis doivent être droits ;

– les nœuds d'un bon tapis doivent être très serrés. On peut le vérifier en grattant le tapis avec son ongle.

Enfin, souvenez-vous que si sa valeur provient essentiellement de sa qualité, de son ancienneté ou encore de sa région de production, sa beauté et son charme relèvent avant tout d'une question de coup de cœur.

Avant tout achat, prenez votre temps. Allez voir les ateliers où les ouvrières travaillent avec une dextérité étonnante. Ne vous laissez pas impressionner par le temps de travail passé à sa réalisation : la matière première compte autant dans le prix final. Si vous faites une bonne affaire, vous le paierez, de toutes les façons, moins cher que chez vous. Si vous le pouvez, emportez-le avec vous. Si vous l'expédiez, vous devrez payer des taxes à l'arrivée (voir plus loin la sous-rubrique « Douane »). Les commerçants acceptent souvent les cartes de paiement.

On trouve aussi des tapis tissés, les *henbel* (ou *hendira* pour désigner la couverture servant de manteau chez les Berbères), que tous les bazaristes appellent *kilim,* ce mot étant plus familier aux touristes.

Mais attention, certains tapis sont en fibre synthétique. Pour vérifier si la laine est bien naturelle, arrachez-en un bout à l'envers du tapis (n'ayez crainte, tous les marchands de tapis le font). Mettez-y le feu (pas au tapis !). Contrairement au synthétique, la laine ne se consume pas et ça doit sentir le mouton grillé. Quant aux vendeurs filous qui prétendent qu'il y a de la soie dans leurs tapis... il n'y a jamais eu de soie au Maroc !

Les plateaux et la dinanderie

Alors qu'il a contribué à la pérennisation des échanges caravaniers avec le Soudan (l'actuel Mali) au Moyen Âge, le cuivre n'est plus produit au Maroc depuis des lustres. Reste le savoir-faire... Il y a peu de différence de prix entre un plateau de cuivre martelé, un autre gravé et un 3e ciselé. Les motifs des tableaux reproduisent très souvent des œuvres d'art existantes (plafonds, portes de monuments, etc.). Le bronze (en fait, du laiton oxydé) coûte plus cher que le cuivre. Pour faire la différence, faites sonner avec un ongle le plateau tenu en équilibre sur 3 doigts. Si le son s'éteint tout de suite, c'est du cuivre, sinon c'est du laiton. De nombreux artisans arborent un diplôme de qualité obtenu dans les foires du pays. C'est certes un gage, mais qui ne justifie pas toujours, pour autant, des prix majorés.

Si le plateau reste la pièce la plus classique, n'oubliez pas non plus les boîtes à sucre ou à thé, les chandeliers, les aiguières, les bouilloires et les lanternes ciselées équipées de verres multicolores. Évidemment, avec la mondialisation et le sens du commerce des Marocains, une grande majorité du cuivre vendu dans les souks provient d'Inde ou du Pakistan !

Le cuir

D'où viennent, selon vous, les mots « maroquinerie » et « maroquin » (ce portefeuille dont rêvent les ministrables) ? Le travail du cuir compte parmi les plus vieilles traditions marocaines. Les techniques de travail varient selon les régions : à Marrakech, on le brode avec des fils de couleur ou de fines lanières de peau (les *filali*) ; à Fès, les artisans sont réputés pour les dorures appliquées sur les maroquins teints en vert ou en rouge ; à Rabat, on est plutôt spécialisé dans le cuir repoussé. Contrairement à ce qu'on voit en Europe, le cuir est très bon marché, mais la qualité s'avère souvent médiocre. Ouvrez l'œil, et le bon, avant d'acheter.

Abandonnez l'espoir de rapporter un « pouf en cuir de gazelle », les souks n'en recèlent guère. Les marchands devisent sur leur marchandise avec force bagou, mais tout est du mouton ou de la chèvre, et après tout, tant mieux !

Autre produit phare, les babouches. Elles sont toujours faites à la main, comme vous pourrez le constater dans le souk des maroquiniers de Marrakech. Les babouches pointues sont d'origine arabe ; les babouches à bout rond, berbères. Messieurs, vous en porterez des jaunes. Pour ces dames, le rouge sera de rigueur. La semelle, du pneu bien souvent, est soit cousue, soit collée (moins cher car moins résistant). Les babouches sans semelle sont conçues pour être portées chez soi et pas dans la rue.

Les routardes se laisseront séduire par la *choukhara,* cette sorte de petite gibecière que les anciens portent encore en bandoulière pour se rendre au souk. Certaines, bien travaillées, peuvent faire de jolis sacs à main. Et pourquoi ne pas acheter des sandales, pour un prix bien plus intéressant que chez nous ?

Les étains, les poinçons

Les véritables étains sont poinçonnés d'une mouche au fond (mais les Marocains imitent très bien les poinçons de mouche !). D'ailleurs, tous les produits en métal noble doivent être frappés d'un poinçon : argent, or, étain, etc., en sachant que les tolérances sont plus larges qu'en France en ce qui concerne la qualité.

Les bijoux et l'orfèvrerie

Exception faite pour ceux fabriqués à Tiznit, beaucoup de bijoux vendus au Maroc viennent d'autres pays : Inde, Indonésie, Turquie, Thaïlande ou Niger ! Les bijoux dits touareg, les plus typiques (et les plus chers), sont en thaler (c'est une monnaie datant de l'impératrice Marie-Louise d'Autriche, importée en masse en Afrique au XIXe s et qui, accessoirement, a donné le « dollar »), ce qui équivaut à de l'argent 800 millièmes (l'argent massif étant à 925 millièmes). Pour le reste, la proportion d'argent par rapport au nickel dépasse rarement 50 %.

KHOMSA

Cette main avec les doigts joints est un signe de protection et signifie « cinq ». On l'aperçoit partout, dans les maisons, dans les voitures ou en pendentif. On l'appelle aussi la main de Fatma, la fille du Prophète. Ce signe, qui existait déjà au IXe s av. J.-C. à Carthage, est vénéré aussi bien par les musulmans que par les juifs.

Les pièces anciennes sont pour ainsi dire inexistantes, mais certains artisans joailliers ont su reproduire des motifs traditionnels et réaliser de belles copies, essentiellement dans la région de Tiznit. Même chose pour les lourds colliers de pierres semi-précieuses ou d'ambre que portent les femmes du Sud. Quant aux fameux poignards, il s'agit plus d'un élément du costume que d'une arme. Comme pour les bijoux, la plupart des poignards sont des copies, mais là encore, quel travail de ciselure ! Quelle maîtrise de la patine et de la contrefaçon pour faire d'un objet d'à peine 3 semaines une antiquité de plusieurs siècles !

Les poteries

On trouve un grand choix de faïences et de céramiques. Les pièces les plus réputées sont les faïences de Fès, principalement les plats (*ghotar* ou *mokfia*), les jarres *(khabia),* les pots à beurre *(gellouch)* ou encore les pichets *(ghorraf),* que l'on peut admirer dans les musées. Les potiers savent les copier avec beaucoup de talent. C'est ainsi qu'ils font revivre sous leurs pinceaux des motifs traditionnels datant parfois de plusieurs siècles.
Dans les boutiques, on trouve surtout des plats agrémentés de belles couleurs comme le bleu de Fès, ainsi que des potiches qui peuvent se transformer, au retour, en pied de lampe. Les artisans réussissent aussi dans la réalisation de pièces contemporaines très décoratives. Si la poterie artisanale est répandue dans tout le Maroc, à Marrakech, les potiers ont plus d'un tour... pour vous séduire. Préférez les poteries cuites au four à gaz. C'est plus solide et surtout moins polluant, car, la plupart du temps, faute de bois, les Marocains brûlent de vieux pneus pour faire monter leurs fours en température...

Les couvertures en laine et les tissus en coton

Avant d'acheter, vérifiez par transparence la qualité du tissage. Les couvertures parfaites sont quasiment opaques. Le 2^d^ grand critère de qualité est la matière première. Les couvertures en laine sont bien sûr plus chaudes que celles en coton.
Il existe 2 tailles de base : 1,50 m x 2 m et 2 m x 3 m. Les prix ne sont pas exactement proportionnels à la surface. Une petite couverture nécessite comparativement un peu plus de boulot qu'une grande. Les motifs et les dessins innombrables varient suivant les régions. En général, il s'agit de motifs géométriques caractéristiques des tissages berbères.
La *fouta,* ou drap de hammam, est un coton traditionnel, bon marché et de couleurs variées. Fort utile sur la plage ou près d'une piscine. Doux au toucher, il a l'avantage de sécher rapidement au soleil, de ne pas retenir le sable et d'être plus léger qu'une serviette de bain.

Le bois travaillé

Les artistes marocains ont toujours été très habiles dans le travail du bois. Il suffit de regarder les magnifiques plafonds des tombeaux saadiens de Marrakech ou les lourdes portes des anciennes demeures. On peut voir, dans les souks de Marrakech, la fabrication d'échiquiers et le tournage des éléments destinés aux moucharabiehs, ou encore les incrustations de lamelles de bois de différentes essences qui feront d'un plateau de table une véritable broderie. Mais c'est à Essaouira que l'ébénisterie et la marqueterie sont les plus remarquables. On y travaille la loupe de thuya, un bois chaud et odorant qui, malheureusement, se raréfie en raison de son exploitation excessive (voir la rubrique « Achats » à Essaouira).

La vannerie

Outre le traditionnel couffin, pratique pour transporter ses achats ou servir de coffre à jouets aux enfants, les vanniers tressent aussi des sacs de différentes tailles, des corbeilles, des dessous-de-plat et des chapeaux. Très originales aussi sont les panières berbères en palmier-doum (sorte de palmier nain). De base cylindrique et fermées par un cône formant le couvercle, elles servent à conserver les pains ronds et les plats au chaud. Toujours faites de paille tressée, certaines ont des motifs colorés et une petite décoration de cuir au sommet. Pour les fêtes, les femmes berbères portent ces « sacs à dos » piqués de pompons de couleur.

Les minéraux et les fossiles

Il est bien souvent tentant de rapporter des pierres constituant de jolis souvenirs (mais c'est officiellement interdit). Ainsi, un peu partout au bord des routes, en particulier dans les régions montagneuses du Haut Atlas, on vous proposera des pierres. Un gros pourcentage des minéraux et fossiles vendus s'avère pourtant faux ou acheté au Brésil. Il en faut du savoir-faire pour transformer un pamplemousse ou une orange en véritable géode en les trempant dans du plâtre ! Et quelle dextérité nécessaire pour faire naître sous ses doigts habiles un fossile de l'ère secondaire !

Santé et beauté au naturel

– ***Le fliou :*** du menthol qu'on utilise quand on est enrhumé. Peut remplacer la menthe pour la préparation du thé.
– ***Le ghassoul :*** pour la vie des cheveux (argile qui les fortifie) ou la douceur de la peau (très efficace en massages sous la douche... essayez !). Il fait partie du rituel lorsqu'on se rend au hammam.
– ***Le souak :*** écorce de noyer qui sert à se nettoyer les dents (peine toutefois à remplacer la brosse et le dentifrice...).
– ***Le khôl :*** plus qu'un produit de maquillage, c'est un antiseptique, car il lave l'œil de toutes les impuretés. Il est élaboré à partir d'un minerai cousin de l'arsenic appelé antimoine.
– ***Le sanouge :*** graines de la nigelle, calme le rhume et la sinusite. Prise avec du miel, cette plante est efficace contre les toux bronchitiques et les douleurs de la colonne vertébrale (à ce qu'on dit...).
– ***L'ambre gris :*** parfume le thé et calme aussi certaines douleurs.
– ***Le musc :*** sécrétion des glandes de la civette, utilisée comme parfum.
– ***La cantharide :*** ce coléoptère pilé donne une poudre autrefois utilisée comme aphrodisiaque et abortif. On la prend sous forme de poudre dissoute dans du miel ou versée dans le caoua. Dangereux, voire mortel en cas de surdose...
– ***L'huile d'argan :*** aussi bien utilisée dans la cuisine que comme cosmétique. Elle est réputée pour ses effets revitalisants sur la peau et les cheveux. Lire également plus loin le texte consacré à l'arganier dans la rubrique « Faune et Flore ».
– ***Le henné :*** pour teindre cheveux, ongles et peau. Il est dit que le henné est une plante du paradis. Par conséquent, il est illicite de le brûler. La tradition de la technique du henné est très ancienne. Le Moyen-Orient et l'Inde connaissaient son usage depuis l'Antiquité. Une fille qui est accueillie par une famille peut demander à se faire teindre les pieds au henné (la teinture dure 15 jours et en fortifie la plante), quoiqu'il ne soit destiné en règle générale qu'aux femmes mariées.
En revanche, sur les mains, le henné est destiné aux jeunes filles et, par extension, à toutes les femmes. Si vous le faites, c'est un succès garanti auprès des Marocains, qui vous considéreront comme l'une des leurs ! Idéal pour un accueil encore plus chaleureux dans les villages. L'opération est assez longue (au moins 2h, séchage compris). Attention au henné mélangé avec de l'encre noire indélébile qui comporte des risques d'allergie potentiellement graves ! Lire à ce propos le texte consacré aux tatouages au henné à la rubrique « Santé » dans « Maroc utile » en début de guide.

Les épices dans la cuisine

– ***La cannelle :*** elle s'achète en poudre ou en bâton et s'utilise dans la cuisson de la viande et dans certains desserts, comme la salade d'oranges.
– ***La noix de muscade :*** elle se râpe au dernier moment. Son parfum se marie bien à celui de la cannelle.
– ***Le safran :*** il se présente en pistils (stigmates, plus précisément). Provenant de la fleur de crocus, il ne se récolte qu'à la main, d'où son prix très élevé (c'est l'épice la plus chère du monde !). Le Maroc étant un pays producteur, on en trouve assez facilement (notamment dans le Sud), conditionné dans des petits pots en plastique. Il parfume très agréablement les préparations à base de riz et autres plats mijotés.
– ***Le gingembre :*** il s'utilise en poudre au Maroc. On le mélange souvent au safran ou au curcuma pour relever le goût des viandes.

DES VENDEURS STIGMATISÉS

Qu'il soit cité dans la Bible comme l'une des épices les plus exquises, qu'il teinte la robe des moines bouddhistes en signe de sagesse, ou que la racine de son nom donne à la langue arabe sa couleur jaune (asfar), *le safran a toujours été un produit rare et cher. Pour en vérifier l'authenticité, le marchand devait plonger la main dans le sac de safran qu'il vendait. Si les stigmates (extrémité du pistil) collaient aux doigts, c'était une contrefaçon. Pris la main dans le sac, le vendeur risquait la bastonnade, voire la peine de mort !*

– ***Le paprika :*** c'est en fait du poivron rouge séché et réduit en poudre. Il entre également dans la confection de nombreux plats de viande.
– ***Le curcuma :*** on l'appelle aussi le « safran des Indes ». Il s'agit en fait d'un petit rhizome peu goûteux et peu odorant (rien à voir avec les stigmates parfumés du crocus), reconnu pour ses vertus anti-inflammatoires et son pouvoir colorant très puissant. Il donne sa couleur jaune au curry.
– ***Le cumin :*** il facilite la digestion. En poudre, il s'utilise indifféremment pour la viande et les légumes.
– ***Le ras-el-hanout :*** littéralement, « la tête de l'épicerie ». Comprenez que sa composition varie, allant d'un mélange d'une dizaine à une quarantaine d'épices différentes. On l'utilise dans le couscous ou le tajine. On dit aussi qu'il rattrape n'importe quel plat raté... toujours bon à savoir ! C'est aussi un stimulant qui doit « réchauffer » tous les organes.

Souk des villes et souk des champs

Le terme *souk* signifie « marché » et définit un élément fondamental de la vie marocaine. Carrefour commercial, c'est l'endroit où les gens se rencontrent régulièrement.
En ville, le souk est un ensemble de rues commerçantes où les produits de l'artisanat sont groupés par corps de métier. Il y a le souk des marchands de tissus, celui des bijoutiers, celui des marchands de tapis, des cordonniers, des potiers, des dinandiers (marchands de cuivre), etc. Chaque corporation a ses règles qu'elle ne peut enfreindre sans encourir la vindicte publique et le châtiment de son *amin,* représentant du prévôt des marchands.
À la campagne, il y a presque toujours un souk hebdomadaire. Son importance est variable selon la loi de l'offre (les denrées produites localement) et de la demande (les débouchés commerciaux possibles). Généralement, le souk rural se trouve sur un lieu passant : voie de communication, carrefour, voire à un col en montagne.
Parfois, le nom de la localité mentionne le jour du souk. Ainsi, à Souk-el-Arba-du-Rharb, le marché a lieu le mercredi, et à Khémisset, il a lieu le jeudi !
Le souk a toujours lieu le matin. L'après-midi, il n'y a plus rien à voir. Il suit aussi le cours des saisons, et l'animation diminue en hiver.

Les coopératives d'État

Elles sont situées dans les centres artisanaux. On paie parfois un peu plus cher que dans les souks, mais on est sûr de ne pas se faire rouler sur la qualité. Les prix sont généralement fixes.

Les magasins

Les échoppes des médinas ouvrent en milieu de matinée, et vous pourrez y faire vos achats jusqu'à des heures indues. Le vendredi, elles restent fermées ou n'ouvrent qu'en fin d'après-midi. Les autres magasins n'ont pas d'horaires fixes, mais ils ferment aussi soit le vendredi, soit le samedi, et toujours le dimanche. Dans les centres touristiques, les magasins destinés aux touristes sont ouverts tous les jours et ferment tard dans la soirée. Les grands magasins suivent un horaire équivalent à celui de la France.

Douane

C'est bien connu, en vacances, la puce de la carte de paiement remplace parfois une partie du cerveau. On craque pour un beau tapis négocié à grands coups de thé à la menthe, et la veille du départ, le spectre du douanier vous apparaît en rêve. Pas de panique ! Tout se passe généralement très bien... à condition de savoir à quoi s'en tenir.

Objets autorisés

Si vous avez jeté votre dévolu sur un objet de valeur, assurez-vous que ce produit est autorisé à l'exportation. Ne comptez pas sur les vendeurs pour vous renseigner, ils manquent souvent d'objectivité ! Trop de personnes se font encore confisquer des « souvenirs » au moment de l'embarquement : bijoux anciens, œuvres d'art et autres denrées considérées comme faisant partie du patrimoine marocain... Pensez donc à vous renseigner avant le départ, par exemple sur le site de la douane marocaine, bien fait : • *douane.gov.ma* •
De même, attention aux articles contrefaits. Il est tentant de s'acheter une bague *Cartier,* un T-shirt *Chanel,* une chemise *Lacoste* ou une montre *Rolex* pour 3 fois rien. Naturellement, ces objets de luxe sont des imitations. La loi Longuet de 1994 punit sévèrement la contrefaçon, et vous risquez d'être ennuyé à la douane. Mieux vaut épater vos amis avec d'authentiques souvenirs du pays.

Réglementation à l'import

En France, la franchise douanière est de 430 € pour les voyageurs à partir de 15 ans utilisant un mode de transport aérien ou maritime (sinon, elle est de 300 €), et de 150 € pour les moins de 15 ans, quel que soit le mode de transport. Elle n'est pas cumulable d'une personne à l'autre. Si la valeur des objets que vous rapportez est supérieure à cette somme, vous devez vous acquitter de la taxe sur la valeur ajoutée (TVA) et des droits de douane normalement exigibles. Ils s'appliquent sur la totalité du prix mentionné sur la facture. Pas de facture ? Alors vous négocierez de gré à gré avec le personnel de douane. Certains vendeurs vous proposeront de fausses factures, mais soyez prudent : les douaniers en épluchent tous les jours, et une facture de 35 € pour un tapis de haute laine de 4 m sur 3 m a peu de chance de passer. Soyez réaliste ! Assurez-vous aussi d'avoir un certificat d'origine pour les tapis attestant qu'ils ont bien été fabriqués au Maroc, sinon, droits de douane supplémentaires de 3 à 8 % prélevés sur le prix TTC.
– Plus d'infos au ☎ *0811-20-44-44* (coût d'un appel local) ou depuis l'étranger au ☎ *+33-172-40-78-50,* ou bien sur • *douane.gouv.fr* • (téléchargez la brochure « Voyagez tranquille »).

Les frais de port

Votre tapis est vraiment gros et lourd. Votre vendeur propose de vous l'expédier. Dans ce cas, c'est la même chose... ou presque. Pour les objets dont la valeur dépasse le montant de la franchise douanière (voir ci-avant), votre vendeur fera appel à un déclarant en douane pour expédier le colis (en port dû, évidemment). Il vous demandera de régler les frais inhérents à cette opération (emballage, frais de transitaire, taxi pour l'aéroport, etc.). Mais ce n'est pas fini.
À l'aéroport d'arrivée, on vous demandera de venir retirer l'objet placé sous douane. En dessous du montant de la franchise douanière, vous pourrez effectuer vous-même le retrait auprès du service des douanes (droits et taxes dus, évidemment). Sinon, il faut, là encore, faire appel à un déclarant en douane (transitaire) pour pouvoir retirer l'objet. Il vous refacturera ses prestations. La surprise est bien souvent là. En général, une fois arrivé à destination, votre tapis aura coûté facilement le double du prix que vous aurez négocié sur place ! Autant le savoir. Sinon, quelques transporteurs comme *UPS, TNT, DHL, Fedex* ou *Chronopost* possèdent leurs propres services de dédouanement, ce qui vous évite de passer par un déclarant en douane à l'arrivée. Bien se renseigner avant le départ.

BAKCHICH

À l'origine du mot, qui se perd un peu dans la nuit des temps, le *bakchich* était le cadeau de bienvenue, en signe d'hospitalité et d'amitié ; c'était la façon la plus simple et la plus commode de prouver à son invité que l'on n'était pas insensible à sa venue. C'était donc l'invitant qui gratifiait l'invité.
C'est ensuite devenu une somme perçue par un intermédiaire lors d'un échange commercial : depuis la période où les Berbères, qui assuraient le commerce transsaharien, devaient s'affranchir de quelques grammes d'or auprès des tribus rebelles pour garantir l'arrivée à bon port de la marchandise confiée aux caravaniers. On parle alors de commission, pas d'un dessous-de-table.
Aujourd'hui, le mot « bakchich » est employé à tort et à travers, et sa définition est à double sens. C'est un pourboire, une rétribution en échange d'un service rendu, et pour notre entendement européen, une sorte de malversation, un pot-de-vin. Cette confusion déroute le touriste, à qui l'on demande souvent « bakchich, bakchich » pour un oui et surtout pour un non. Le mot lui-même est perçu comme péjoratif.

BOISSONS

Eau

Même si l'eau du robinet est garantie potable, on vous déconseille de la boire. Rabattez-vous sur les ***eaux minérales*** plates ou gazeuses en bouteille.
Gare aussi à l'eau de source, très souvent polluée. Si vous ne pouvez pas faire autrement que de la boire, purifiez-la avec *Lifestraw,* une paille individuelle filtrante (voir la rubrique « Santé » dans « Maroc utile » en début de guide).

Sodas et jus de fruits

On trouve des sodas partout. Selon les endroits, vous pourrez boire de délicieux jus de fruits frais (d'orange surtout, mais aussi jus de banane, d'avocat, lait d'amande, etc.). Veillez toujours à ce que les oranges soient pressées sous vos yeux et servies dans des verres essuyés, certains vendeurs n'hésitant pas à couper le jus avec de l'eau. Le résultat peut être désastreux pour les intestins.

Alcool

La grande majorité des restaurants marocains (à savoir les petits restos) ne disposent pas de licence de débit de boissons alcoolisées. On vous signale ceux qui en ont une, souvent des restos chic ou des établissements tenus par des Européens. Outre les bars à l'occidentale, l'alcool est également vendu dans certains supermarchés ou boutiques spécialisées (situées en dehors de la médina). La bouteille vous sera généralement remise enveloppée dans du papier et placée dans un sac de plastique noir. Au moment des fêtes religieuses, les rayons alcools des grandes surfaces ne sont autorisés qu'aux étrangers, munis de leur passeport. N'achetez pas d'alcool pour un jeune Marocain qui vous solliciterait, vous risqueriez des poursuites judiciaires.

La bière

La bière la plus répandue, la *Flag Special,* est assez légère et brassée sous licence à Casablanca. Plus forte (et plus chère), la *Casablanca* a plus de goût. La *Stork* est une autre bonne bière, brassée à Marrakech, Casa et Fès (où la pureté de l'eau locale la rendrait meilleure, paraît-il !). Enfin, il y a aussi la *Heineken,* élaborée également à Casablanca, qu'il n'est guère besoin de présenter.

Le vin

Les vins locaux sont produits dans la région de Meknès (région de Volubilis) depuis l'époque romaine et dans l'arrière-pays casablancais. Ils présentent certaines qualités, les conditions de vinification s'étant bien améliorées, au grand plaisir des papilles. On retiendra :
– *en rouge :* la Cuvée du Président (eh oui !), le Médaillon, le Domaine de Sahari, le Ksar, le Guerrouane, l'Amazir, le Siroua, Epicuria (Domaine La Zouina), Ithaque, Icône ou Terres Rouges (Domaine La Ferme Rouge), la Cuvée Prestige du Val d'Argan ;
– *en blanc :* le Val d'Argan, Chaud-Soleil, Valpierre, le muscat de Beni-Snassen, le Président encore, Terres Blanches (Domaine La Ferme Rouge) et les Coteaux de l'Atlas (Château Roslane), 1er cru classé AOC ;
– *en rosé :* le Président, le Guerrouane, le Volubilia Rosé (Domaine La Zouina). On peut leur préférer le *gris* comme le Domaine de Sahari, la Perle Grise (Val d'Argan) et le gris de Boulaouane, plus léger, que l'on trouve souvent sur les tables des restos marocains en France.
3 viticulteurs français ont également créé des domaines au Maroc : le Val d'Argan près d'Essaouira, La Zouina à Meknès et La Ferme Rouge du côté de Rabat.

Café et pousse-café

L'Empire ottoman n'ayant jamais réussi à s'étendre jusqu'au Maroc, le café n'est arrivé dans ce pays qu'au moment du protectorat français. Un nombre croissant de restos disposent toutefois d'une machine à expressos. Dans ces endroits, vous pouvez aussi, si vous aimez votre café avec un nuage de lait, demander un « café cassé », ou, si vous aimez le café au lait, un « *noss-noss* », ce qui signifie moitié-moitié.
Côté pousse-café, on peut citer la *mahia,* un alcool de figue titrant 40°. Auparavant produite par de petites entreprises familiales, elle est maintenant distillée d'une manière industrielle à Casablanca. Excellente pour conclure un bon repas, à condition de ne pas en abuser. Mélangée à des jus de fruits, elle permet de faire de très bons cocktails.

Thé

Au Maroc, on consomme généralement du thé vert de Chine avec beaucoup de menthe et de sucre. Depuis son introduction au XIXe s, c'est devenu une véritable institution, une cérémonie à laquelle on n'échappe pas. Il est généralement

préparé par le maître de maison. En son absence, le fils ou le doyen de la famille officie. Si l'on veut vous faire honneur, on vous confiera la tâche.
En hiver, lorsque la menthe est rare, on fait du thé avec du *chiba* (de l'absinthe) ou du *fliou* (du menthol). Le parfum est étonnant. Chez les Berbères, on accompagne le thé de pain chaud que l'on trempe dans de l'huile d'olive ou d'argan, dans du miel ou de l'*amlou* (une pâte à tartiner composée d'amandes broyées – ou d'arachides –, de miel et d'huile d'argan aromatisée d'une pincée de cannelle). Au-delà de Guelmim, la menthe disparaît, et on vous sert le thé des Sahraouis, bouilli et rebouilli. Il est si fort qu'au 3e verre, vous grimpez aux arbres !

HISTORICI-THÉ

Jusqu'au XIXe s, les Marocains consommaient des infusions de menthe, de verveine, de sauge ou de marjolaine ! C'est pendant la guerre de Crimée, vers 1855, que le thé s'est généralisé. En effet, les Anglais, n'ayant plus accès au marché russe, se mirent à chercher de nouveaux débouchés pour écouler leur production venant d'Inde et de Ceylan. Ils se tournèrent donc vers le Maroc, proche de Gibraltar. Depuis, le thé y est devenu la boisson nationale.

Les cafés et les bars

La fréquentation des cafés traditionnels (où l'on ne sert jamais d'alcool) est presque exclusivement masculine. Un soir de match, quand tous les hommes sont alignés face au poste de télé, l'ambiance n'est pas triste.
Les filles non accompagnées d'un homme choisiront plutôt les terrasses des salons de thé modernes et des brasseries (présents dans les grandes villes) ou les crémeries-laiteries.

CINÉMA

La production marocaine

Longtemps, la production marocaine s'est cantonnée à quelques comédies à succès ne dépassant pas les frontières du pays. À partir des années 1970 apparaît un timide cinéma d'auteur porté par Souheil ben Barka *(Noces de sang)*, Moumen Smihi *(El Chergui ou le Silence violent, Chroniques marocaines)* ou encore Abdelkader Lagtâa *(Le Grand voyage)*. L'émergence d'un cinéma marocain pluriel et d'envergure internationale ne prend réellement de l'ampleur qu'au début des années 2000, grâce à la volonté du nouveau roi Mohammed VI et grâce à la création d'un fonds de soutien, à l'instar du CNC en France.
La multiplication des coproductions, avec la France, les États-Unis, l'Italie et la Belgique principalement, offre plus de fonds aux réalisateurs et une visibilité plus importante à leurs œuvres. Parmi la nouvelle vague de cinéastes, on signalera Nabil Ayouch *(Mektoub, Ali Zaoua)*, Hakim Belabbes *(Les Fibres de l'âme)* et Mohamed Zineddaine *(Réveil)*. Les sujets traités sont personnels ou abordent des faits de société comme le déracinement (le beau documentaire *My Land* de Nabil Ayouch, sorti en 2011, revient sur le problème palestinien), la place des jeunes et des femmes, etc. En 2006, *Marock*, le 1er long métrage de la réalisatrice Laïla Marrakchi, a été l'objet d'une vive polémique. L'histoire raconte la relation amoureuse de 2 jeunes de la bourgeoisie de Casablanca, une musulmane et un juif. On y découvre à cette occasion les talents de Morjana Alaoui. En 2007, *En attendant Pasolini,* du réalisateur Daoud Oulad Syad, a remporté le prix du meilleur film arabe au Festival international du Caire. Cette même année, *Les Cœurs brûlés,* d'Ahmed El Maânouni, remporta une dizaine de prix, dont plusieurs internationaux. Plus récemment, en 2012, *Les Chevaux de Dieu,* de Nabil Ayouch, a décroché le prix

François-Chalais au Festival de Cannes. Son dernier film, *Much Loved,* projeté à Cannes en 2015, a suscité de vives polémiques au Maroc où il a été interdit car traitant de la prostitution sans détour, dans un pays où le sujet, pourtant bien réel, reste tabou. Cannes encore a récompensé en 2016 *Mimosas, la voie de l'Atlas,* du Grand Prix de la Semaine de la critique. Un voyage initiatique dans des paysages somptueux, réalisé par Olivier Laxe. Toujours au plus près de l'actualité, Nabil Ayouch a sorti en 2017 son dernier long métrage, *Razzia* : le destin de 5 personnages sur fond de crise sociale qui s'amplifie dans le royaume. En 2018, ***Sofia***, le 1er long métrage de Meryem Benm'Barek, une franco-marocaine, aborde les rapports de force et de pouvoir au sein de la famille et dans les institutions (santé, éducation, justice). Un tableau sombre du Maroc d'aujourd'hui.
Toutes ces productions sont désormais célébrées à l'occasion, entre autres, du Festival international du film de Marrakech en décembre *(● festivalmarrakech.info ●),* du Festival national du film à Tanger en février *(● ccm.ma ●),* ou encore du FICAM, Festival international du film d'animation de Meknès en mars *(● ficam.ma ●),* vitrine du réseau des instituts français, par ailleurs très actifs dans tout le pays.

Le Maroc comme décor

Outre quelques films mythiques prenant pour sujet le Maroc (comme *Casablanca,* de Michael Curtiz, 1942, avec Humphrey Bogart et Ingrid Bergman), le Maroc est aussi un cadre idyllique (et surtout biblique) pour de nombreuses productions étrangères, notamment du côté de Ouarzazate. La ville abrite, en effet, d'importants studios où ont été tournés des films tels que *La Dernière Tentation du Christ, Gladiator, Kingdom of Heaven, Kundun,* ou encore *Astérix et Obélix Mission Cléopâtre, Babel, Inception, L'Arnacœur, Des hommes et des dieux.* Jim Jarmusch a choisi Tanger pour de nombreux plans de son film de vampires *Only Lover Left Alive* (2013). Et 2014 s'est révélé un bon cru pour le Maroc, qui a accueilli de gros tournages : *Mission Impossible 5, Rock the Kasbah* (avec Bill Murray), *American Sniper* de Clint Eastwood et *Les Nouvelles aventures d'Aladin* avec Kev Adams.
Encore plus récemment, des films sur l'Irak ont été tournés dans le royaume : *War Dogs,* de Todd Phillips, *Un jour dans la vie de Billy Lynn,* de Ang Lee. Pour le thriller historique *Alliés,* avec Brad Pitt et Marion Cotillard, Robert Zemeckis s'est posé à Casablanca. Sans oublier les séries comme *Homeland* ou *Game of Thrones* (saison 3) et *Kaboul Kitchen,* qui se sont également mises à l'heure marocaine.

CUISINE

Les spécialités

La cuisine est ici affaire de femmes, et les recettes se transmettent de mère en fille. Les hommes, eux, s'occupent du thé et n'ont pas accès aux fourneaux. Pour déguster les véritables spécialités marocaines, il faut être invité dans une famille. Vous verrez alors toute la différence. Sachez aussi que les recettes de cuisine marocaine demandent une longue préparation. Dans les restaurants, pensez à les commander au moins quelques heures à l'avance !
– ***Les salades*** sont généralement servies en début de repas. Une simple salade de tomates, d'oignons et de poivrons a une saveur particulière grâce à la coriandre ou au *kamoun* (le cumin) qui entre dans la composition de nombreux plats marocains. La salade ***méchouia,*** consommée de Tunis à Tanger, est réalisée à base de tomates et de poivrons cuits, d'ail, d'huile d'olive et de jus de citron. Dans les restaurants respectant la tradition, on vous apportera une variété de salades d'olives ***(meslalla),*** de fenouil, de carottes râpées parfois parfumées au jus d'orange, de ***feggous*** (des petits concombres longs et fins). Outre la *méchouia* très répandue, on vous proposera d'autres salades de légumes cuits : de betteraves, de mauve

(bekkoula), plante printanière assez proche des épinards, de patates douces, de fèves fraîches, de petits pois ou de courgettes, le tout parfumé au safran, à la cannelle, au cumin, à la fleur d'oranger, à la coriandre hachée, ou mariné à l'ail pilé, au jus de citron ou à l'huile d'olive. Ces salades, servies dans de petites soucoupes, se dégustent avec du pain et ouvrent l'appétit.

– ***Le couscous*** est le plat que l'on mange traditionnellement le vendredi après la prière de *dhuhr* (de midi). Contrairement au couscous tunisien, algérien ou pied-noir, le couscous marocain n'est pas très épicé. La semoule de blé ou d'orge est roulée par des mains expertes et cuite à la vapeur. Elle accompagne des légumes : potiron, courgettes, navets... ou des légumineuses telles que les fèves, les pois, les lentilles. On y trouve également de la viande de bœuf ou de mouton, rarement du poulet et jamais de merguez. Chaque famille a sa recette, toujours composée en fonction des légumes disponibles. N'hésitez pas, si l'occasion se présente, à goûter le couscous à l'orge.

LES CACHOTTERIES DE LA MERGUEZ

Son étymologie vient du berbère am *qui signifie « comme » et* ergaz *qui se traduit par « homme ». La traduction « comme un homme » se comprend aisément quand on voit la forme de cette petite saucisse rouge. Eh oui !*

– ***Le tajine*** est le plat le plus répandu au Maroc, facilement reconnaissable à son « chapeau pointu » en terre cuite. Le terme « tajine » désigne à la fois le contenant et le contenu. Dans les repas de fête et les grands restaurants, il est servi entre la salade et le couscous. Ce n'est pas tant une recette particulière qu'un mode de cuisson. Rarement pimenté mais toujours épicé, parfois sucré, il est préparé à base de légumes et de poisson ou de viande. C'est le plat familial par excellence, mais c'est également une tradition rurale d'une population méditerranéenne ayant adopté très tôt l'usage du blé, car il ne saurait y avoir de tajine sans pain. De la ville au fin fond de la campagne, il est toujours consommé en commun. On mange à même le plat, en y trempant son bout de pain.

Dans les campagnes, les tajines sont généralement très simples (les légumes prédominent). Il faut aller dans les restaurants sophistiqués des villes pour les trouver plus élaborés, avec pruneaux, amandes, bourgeons de figuier... En saison, ne manquez pas le tajine aux coings et au miel.

– ***Les soupes*** sont servies dans la plupart des petits restaurants, principalement la célèbre *harira* qui, pendant le ramadan, sert à rompre le jeûne quotidien. C'est une soupe à base de tomates, de farine, de lentilles ou de pois, dans laquelle on trouve quelques morceaux de viande. On y ajoute un peu de jus de citron au moment de la servir dans un grand bol. La *bissara* agrémente également les repas. Il s'agit d'une soupe populaire très épaisse à base de fèves concassées, d'huile et d'épices. Plat du pauvre, elle n'apparaît jamais dans les menus touristiques. Les plus curieux devront passer commande.

– ***Les briouates*** sont des petits beignets constitués de feuilles de pâte de pastilla et farcis de viande hachée, de cervelle, de saucisses, de poisson, d'amandes, etc. Frits et dorés à souhait, ils se laissent croquer avec délice en guise d'amuse-gueule.

– ***La pastilla*** est un plat exceptionnel : grand gâteau de pâte feuilletée aux amandes, fourré généralement de hachis de pigeon ou de poulet, et saupoudré légèrement de sucre et de cannelle. Plus rare, la pastilla de poisson (et de fruits de mer !) est à découvrir. Ce plat, assez cher, n'est servi que dans certains restaurants, souvent uniquement sur commande.

– ***Le méchoui*** est un plat de fête. Il marque souvent le dénouement d'un événement quelconque. Au Maroc, il est souvent cuit à l'étouffée dans un four en argile spécialement construit à cet effet. Rares sont les méchouis embrochés. Selon que la bête (agneau ou mouton) ait pâturé en plaine ou en montagne, sa chair est plus ou moins parfumée.

– ***Les brochettes*** grillées sur les braises offrent l'avantage de constituer un repas rapide et bon marché, en plein air ou dans le souk. Elles se mangent avec du pain. Préférez toujours les endroits très fréquentés (y compris les relais routiers !), la viande y est en général de bonne qualité. Tout ce qui est grillé est recommandé en cas de turista.

– ***Les keftas*** sont des brochettes ou boulettes de viande hachée épicée. Il existe aussi les ***keftas de sardine,*** assaisonnées à l'huile d'olive et que l'on achète en petites boîtes dans n'importe quelle épicerie. Excellent et impeccable en sandwich.

HALAL, MODE D'EMPLOI

Les viandes en conformité avec le Coran sont halals. Les bêtes doivent être saignées rituellement (ni assommées, ni étouffées), sous l'égide des mosquées qui mandatent des contrôleurs dans les abattoirs. Pas de viande de porc, jadis source d'épidémies dans les pays chauds. L'élevage en batteries est théoriquement proscrit. Tant mieux !

– ***La tanjia*** est un plat de la région de Marrakech. Les hommes le préparaient (à l'origine) le jour où leur femme allait au hammam pour retrouver ses amies et se faire belle. Il était mis à cuire dans le four du hammam. La viande (du bœuf, généralement) mijotait sur les braises durant 6h, s'imprégnant de tous les parfums (citron confit, safran, cumin). Aujourd'hui, il fait le bonheur des bonnes tables.

– ***Le poisson :*** grâce au courant froid qui baigne les côtes atlantiques, le littoral marocain est très poissonneux. Mieux vaut le consommer dans les villes côtières car, exception faite des restaurants des grandes villes, dans l'intérieur des terres, la chaîne du froid est rarement respectée. Prudence donc, et sentez toujours votre poisson avant de le goûter ! Une seule règle : demandez aux locaux où ils mangent la friture !

– ***Les escargots*** sont aussi appréciés par les Marocains. On les mange sur le pouce, auprès de marchands ambulants, avec une sauce au cumin, ou de manière plus raffinée quand ils sont au menu de certains restaurants.

– ***Le pain*** est presque toujours rond comme une galette. Encore fait à la maison dans bien des cas et cuit dans le four du boulanger moyennant une petite pièce, il se conserve dans des *tbikat* pendant plusieurs jours. Dans le Souss, il est cuit à même les galets, ce qui lui donne un aspect bosselé très particulier. Il est généralement excellent, surtout à la sortie du four. Quant au *msemmen,* il s'agit d'une délicieuse ***crêpe*** à base de semoule et de farine, de forme carrée, traditionnellement consommée pendant le ramadan : ouf, on en trouve toute l'année, et dès le petit déjeuner, arrosées de miel...

– On ne saurait conclure sans parler des ***pâtisseries.*** Les plus connues sont les *kaab el ghzal* ou ***cornes de gazelle,*** mais ne pas manquer non plus les ***briouates, ghoriba, mhanncha, shebbakia*** et autres ***kaak*** (pour mieux faire son choix, voir les dessins de chacune de ses petites douceurs). À recommander également les ***bechkito*** (petits biscuits à la confiture et aux amandes) et le *haloua rhifa* (gâteau en forme de cône servi à l'occasion d'un mariage, d'une naissance ou d'une circoncision).

TOUT LE MONDE SE SUCRE...

Le sucre est un ingrédient fondamental de la cuisine marocaine. D'ailleurs, un Marocain consomme 7 fois plus de sucre qu'un Européen ! Un véritable fléau sanitaire. Or, si ne pas goûter aux cornes de gazelle et makroud est un crime, en abuser est un suicide... bien agréable, il est vrai.

Pour nous, la palme revient à la pastilla au lait, dite *ktéfa.* Ce dessert succulent est fait de feuilles de *ouarka* (pâte à base de farine et d'eau, qui doit être élastique) parfumées à la fleur d'oranger, superposées les unes sur les autres avec des amandes pilées, sur lesquelles on verse avant de servir un peu de lait refroidi. Il

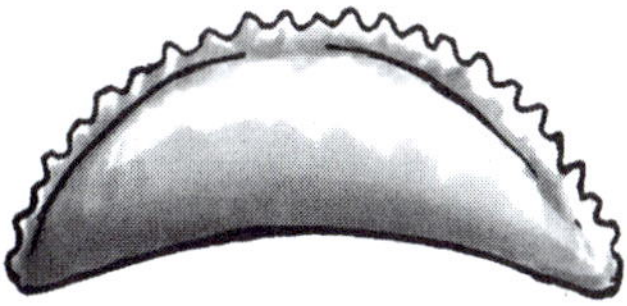

Corne de gazelle

(fine pâte légèrement craquante, fourrée à la pâte d'amande, parfumée à la fleur d'oranger)

Briouate

(feuilles de brick farcies de pâte d'amande à la fleur d'oranger et à la cannelle, plongées ensuite dans la friture puis le miel)

Mhanncha

(feuilles de brick garnies de pâte d'amande et de cannelle, enroulées comme un serpent avant d'être tronçonnées)

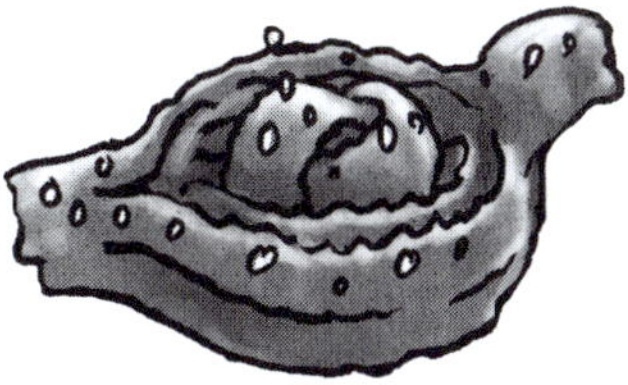

Shebbakia

(rubans de pâte frits à base d'anis, de cannelle, de fleur d'oranger, trempés dans le miel puis décorés de graines de sésame)

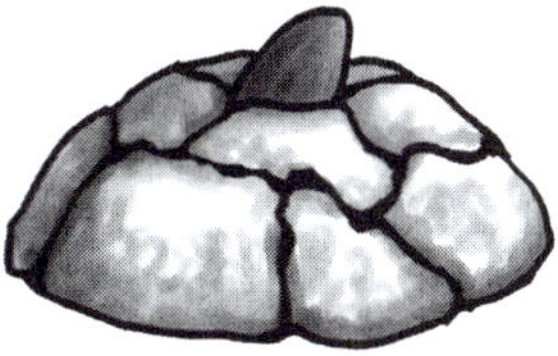

Ghoriba

(petits gâteaux de semoule aux amandes et graines de sésame)

Kaak

(anneaux parfumés à l'anis et saupoudrés de graines de sésame)

existe aussi une version à la crème pâtissière. Ce dessert n'est le plus souvent servi que dans les familles et aux tables d'hôtes. Dans le Sud, sucre et miel disparaissent. On ne trouve quasiment que des biscuits sablés (en hommage à la proximité du désert ?).

Savoir-vivre

Si vous êtes invité à prendre un repas avec des Marocains (ou simplement à participer à la fameuse cérémonie du thé, installé sur un tapis tout en dégustant des biscuits ou des dattes), la tradition veut que vous mangiez avec la main droite : la main gauche est réservée à la toilette, sage précepte du Coran datant d'une époque où l'hygiène n'était pas ce qu'elle est aujourd'hui. Traditionnellement, tout ustensile est superflu. Le repas commence par un rapide lavage des mains. Utilisez ensuite des morceaux de pain pour saisir légumes et viande situés devant vous (évitez d'aller chiper la viande de votre voisin et d'attaquer le centre du plat, siège de la baraka divine !). N'hésitez pas à attraper l'os pour en arracher la chair qui s'y colle. Le repas terminé, on se lave les mains et la bouche, et vous vous doutez bien que ce n'est pas un luxe !
Enfin, il ne faut pas gâcher de pain, ni en entamer plus que l'on en mangera. En effet, le pain est respecté au plus haut point par les Marocains, qui le surnomment « don de Dieu ».

CURIEUX, NON ?

– Si vous êtes invité dans une famille à la campagne, n'hésitez pas à répondre à toutes les questions que l'on vous posera et qui, parfois, vous paraîtront indiscrètes. Est-ce bien votre femme qui vous accompagne ? Combien avez-vous d'enfants ? Que font-ils ? Quel est votre salaire ? Combien vous a coûté votre téléphone ?
– Les tapis des demeures individuelles sont aussi respectés que ceux des mosquées. Voilà pourquoi il convient de se déchausser avant d'entrer dans une pièce quand on voit des chaussures près de la porte.
– On prolonge souvent la pause thé en acceptant plusieurs verres, même si l'on n'a plus soif.
– Le fait que des jeunes hommes se promènent main dans la main (ou plutôt doigt dans la main) est un signe d'amitié et rien d'autre.
– De nombreux mariages sont célébrés sans acte de mariage. Il suffit pour les 2 époux de réciter la *fatiha* (la profession de foi) devant 2 témoins et le couple devient marié sur-le-champ aux yeux de son entourage. Un acte particulièrement apprécié par les militaires, lesquels sont obligés pour un mariage avec acte de demander l'accord de leur hiérarchie qui met toujours un certain temps à répondre... Mais aussi par les adeptes de la polygamie, car ils échappent ainsi au droit de véto du juge qui, selon la Moudawana (le code marocain de la famille), peut leur interdire une 2de union.
– Au pays des oranges et des clémentines, ce n'est pas la maturité qui donne la couleur des fruits car une clémentine peut très bien être mûre et avoir la peau verte. C'est l'amplitude thermique entre le jour et la nuit. Si elle est élevée, ces agrumes vireront à l'orange en mûrissant.

ÉCONOMIE

Des réformes qui portent leur fruit

Force est de constater que l'économie du pays affiche un certain dynamisme. En 2018, la croissance devait graviter autour des 3 %. Ces dernières années, le

déficit budgétaire du Maroc s'est réduit, le déficit commercial également (grâce à la baisse de la facture énergétique notamment). Le chômage a sensiblement reculé : en 2018, il s'établissait autour de 10 % – mais 20,7 % parmi les diplômés et jusqu'à 23,2 % chez les jeunes. L'inflation est contenue.
Malgré tout, l'économie marocaine reste très dépendante de 3 facteurs majeurs : la conjoncture de l'Union européenne (cette dernière est le 1er client et fournisseur du Maroc), les aléas climatiques (la sécheresse) et le cours des matières énergétiques. Pour remédier à cette situation, le pays s'est lancé dans une politique ambitieuse de diversification des productions et des débouchés (« Plan d'accélération industrielle »). Plusieurs domaines sont concernés : automobile, aéronautique, électronique, agroalimentaire, off-shoring, chimie, textile, etc.

Les principales ressources

– ***L'industrie :*** le grand gagnant de la politique de diversification économique engagée par les autorités. Le secteur est passé de 14 % du PIB avant les années 2000 à environ 30 % en 2018, avec de nombreuses créations d'emplois à la clé. En moins d'une décennie, le secteur automobile est devenu le 1er domaine d'exportation du pays. Le Maroc est aujourd'hui le ***1er pays africain producteur de voitures particulières,*** et ce, devant l'Afrique du Sud. Son développement devrait se poursuivre avec l'arrivée prévue d'une usine PSA Peugeot-Citröen en 2019. Des mesures sont prises pour attirer les entreprises étrangères, des contrats signés (en 2016, contrat avec la Chine pour créer un grand parc industriel près de Tanger, avec Boeing pour augmenter le nombre de sous-traitants). À noter que le Maroc est le 1er exportateur mondial de phosphates (il détient les 3/4 des réserves mondiales).

– ***L'agriculture*** constitue toujours un pilier de l'économie marocaine avec près de 15 % du PIB. Elle emploie près de 40 % de la population active (5 % en France). Problème : une année de sécheresse, et c'est toute une partie de l'économie du pays qui flanche. De plus, la céréaliculture consomme 80 % de l'eau du pays (car inadaptée au climat) mais occupe les 3/4 des surfaces cultivables ! Mais depuis 2010, un ambitieux programme de réforme a été mis en place pour tenir compte de la spécificité de la terre et du climat. Ainsi, les cultures de l'olivier, de l'amandier, du figuier de Barbarie et du caroubier sont privilégiées dans le cadre d'une agriculture tournée vers le développement durable. Ça n'est toutefois pas le cas partout : le pompage intensif d'eau dans le Sud au seul profit de la culture de la pastèque a engendré de nombreuses coupures d'eau et provoqué des « manifestations de la soif » à Zagora en 2017.

UN SACRÉ FRUIT

Le Maroc produit près de 130 000 t de dattes par an, ce qui le place en 8e position dans le classement des producteurs mondiaux, bien loin derrière l'Égypte et l'Arabie Saoudite, et pas assez pour répondre à la demande intérieure. Le royaume est donc aussi le 2e importateur de dattes au monde. Riche en glucose, en vitamines B et en sels minéraux, c'est l'aliment de base des oasiens. C'est aussi le fruit sacré du ramadan, puisque lui seul rompt le jeûne, et c'est le fruit du prophète par excellence.

– ***La pêche*** représente une manne financière non négligeable (entre 2 et 3 % du PIB). Avec près de 3 500 km de côtes au total, et des eaux parmi les plus poissonneuses du monde, le Maroc se place au 1er rang des producteurs de poisson en Afrique. Les eaux côtières marocaines sont d'ailleurs très prisées par leurs voisins espagnols, français ou portugais notamment. De plus, l'industrie de transformation et de valorisation des produits de la pêche occupe une place privilégiée dans l'économie marocaine, avec 70 % des captures traitées sur place avant d'en exporter 85 %.

– ***Le tourisme*** représente environ 11 % du PIB et emploie 5 % de la population active, générant 70 milliards de dirhams de recettes en devises. Ce secteur clé de l'économie est reparti à la hausse depuis 2016 après une baisse sensible en 2015, et ne cesse de croître, avec notamment l'arrivée de « nouveaux touristes » comme les Chinois, les Japonais, les Coréens et les Brésiliens (environ 11 millions de visiteurs en 2017).

– Les devises des ***Marocains résidant à l'étranger*** (les MRE) représentent près de 7 % du PIB et contribuent fortement à limiter le niveau de pauvreté dans le pays. Mais cette émigration, essentiellement de jeunes Marocains instruits, constitue une fuite de la matière grise préjudiciable au pays.

Les exclus de la modernisation

Selon la FAO (organisation onusienne pour l'alimentation et l'agriculture), 1,4 millions de Marocains sont sous-alimentés (rapport 2018), soit 3,9 % de la population. Ce chiffre, en progrès et le plus faible d'Afrique du Nord, reste néanmoins un défi pour le pouvoir d'autant que l'agriculture qui occupe une place importante au Maroc est fortement soumise aux changements climatiques.

Quant au taux d'analphabétisme frôle encore les 32 %, soit près de 10,5 millions de personnes analphabètes (!), en majorité des femmes.

Par ailleurs, l'entassement dans les bidonvilles constitue un terreau favorable à la criminalité et à l'intégrisme islamiste. Le programme « Villes sans bidonvilles » lancé en 2004 a pour objectif leur disparition et le relogement des familles dans des immeubles flambant neufs. Projet d'envergure (10 années ont été nécessaires pour résorber un seul bidonville à Rabat...) mais qui suit son cours : sur les 85 villes visées, 59 avaient été, en 2018, déclarées « sans bidonvilles ». Mohammed VI, « le roi des pauvres » comme on le surnomme est tout de même l'un des monarques les plus riches au monde... et sans pétrole.

Le développement humain

Selon le PNUD, en 2017, le Maroc se classait au 123e rang sur 188... Quand on sait que la plupart des spécialistes considèrent l'IDH (Indice de développement humain) comme véritablement révélateur du niveau de vie d'un pays (à contrario du sacro-saint PIB par habitant), ce chiffre est loin d'être satisfaisant.

ENFANTS ET ÉDUCATION

Avec plus d'un tiers de la population âgée de moins de 18 ans, la population du Maroc est jeune et dispose d'un fort potentiel. Oui mais voilà, selon un rapport de l'Unicef, 40 % des enfants marocains situés dans la tranche d'âge 0-17 ans sont au moins privés de 2 dimensions essentielles à leur bien-être : l'accès à l'eau potable ainsi qu'aux services de santé ; notez aussi que sur ces 40 %, les 3/4 vivent en milieu rural. Néanmoins, le taux de fertilité décroît lentement depuis plusieurs années (à 2,1 enfants par femme aujourd'hui), entraînant progressivement un ralentissement de la croissance de la population. Le Maroc est donc confronté à l'important défi de la scolarisation et de l'alphabétisation.

Un système public défaillant

L'Unesco place le système éducatif marocain parmi les 21 plus mauvais du monde. Pire, depuis des années, le gouvernement a diminué la part du budget consacré à l'éducation et laisse se développer un secteur privé qui pallie les carences de financement public, mais exacerbe les inégalités. Triste bilan.

Compte tenu de la mauvaise réputation des écoles publiques, de nombreuses familles ayant un peu plus de moyens choisissent d'inscrire leurs enfants dans

des écoles privées (françaises, américaines ou espagnoles). Mais, même gratuit, l'enseignement en école primaire devient vite inaccessible, la scolarité d'un enfant représentant le quart du budget d'une famille modeste. Selon une étude récente, plus de 300 000 enfants ne vont pas à l'école et 86 000 gamins de 7 à 14 ans sont toujours obligés de travailler, soit 1,8 % des enfants de cette tranche d'âge. La grande majorité des petits travailleurs viennent du milieu rural, où les écoles manquent. On fonctionne par rotation, et les enfants sont scolarisés à mi-temps ! Au final, un peu moins de 10 % des jeunes parviennent au baccalauréat.
Pour positiver, le taux d'alphabétisation va croissant... Mais l'analphabétisme touche encore plus du tiers de la population et les filles sont laissées pour compte : chez les 15-24 ans, 72 % d'entre elles sont alphabétisées, contre 87 % chez les garçons.

Stylo, Missié !

Dans les villages, les enfants pourront vous demander de l'argent, des bonbons, un stylo ou un cahier. La plupart du temps, il s'agit de comportements induits par les touristes eux-mêmes. La multiplication anarchique des raids en 4x4, le plus souvent non encadrés, ou, plus grave encore, mal encadrés, a contribué à accroître l'insistance des enfants envers les touristes. Alors de grâce, ne donnez RIEN aux enfants. Leur place est sur les bancs de l'école et non sur les bords des routes à quémander. Rangez votre culpabilité au vestiaire, on ne « sauve » pas l'Afrique en distribuant des stylos aux gamins.
Si vous souhaitez donner aux plus démunis, allez voir l'instituteur du village ou le responsable du dispensaire, qui, eux, connaissent les besoins et sauront répartir les dons avec pertinence.

ENVIRONNEMENT

Le Maroc se développe, et les causes de pollution avec. Heureusement, comme toujours, il n'y a pas que des ombres au tableau ! Le Maroc s'est engagé dans des programmes de développement durable et de sauvegarde de l'environnement ambitieux, et a même organisé la COP 22 à Marrakech en novembre 2016.

Les principaux défis : pollution et déforestation

Avec l'augmentation considérable du nombre de véhicules, parfois aggravée par leur vétusté et leur manque d'entretien, la qualité de l'air s'est nettement dégradée dans les grandes villes. On vous laisse imaginer Marrakech au plus fort de l'été, quand aucun vent ne vient balayer les odeurs de gaz d'échappement ni alléger l'atmosphère étouffante des grosses chaleurs.
Autre problème majeur : la dégradation des forêts. Une politique de reboisement est certes menée, avec des chiffres ambitieux, parfois atteints. Mais ces efforts ne parviennent pas à compenser la dégradation des forêts, liée à l'action de l'homme (coupe du bois de chauffe notamment) et à l'aridité du climat. Le bois est, en effet, l'une des ressources majeures du pays, puisqu'il assure encore 30 % de la consommation nationale en énergie. Il est surtout utilisé pour la cuisine et le chauffage, en particulier en milieu rural. La déforestation génère de sérieux problèmes, notamment en matière d'érosion des sols et de maintien de la biodiversité.

La gestion des déchets et de l'eau

Grâce à l'opération « zéro mica » (le mica est le nom familier pour désigner les sacs en plastique) lancée en 2016, le Maroc semble enfin débarrassé de cette plaie. Il faut dire que chaque habitant consommait en moyenne 900 sacs par an !

Aujourd'hui, la Police de l'environnement veille au grain... Mais il reste encore beaucoup de décharges mal contrôlées ou pas contrôlées du tout, malgré les 40 milliards de dirhams investis dans les centres d'enfouissement et de valorisation des déchets. En revanche, le taux des déchets recyclés, lui, plafonne toujours aux environs des 10 %, ce qui ne témoigne pas d'une prise de conscience très sérieuse de la part des autorités.
Dans cette rubrique, on ne vous fera pas la morale, mais rappelez-vous que l'eau est précieuse au Maroc. Le développement du tourisme, et plus particulièrement du tourisme de luxe (spa, golf...), est très gourmand en eau. Marrakech connaît des problèmes liés à l'évacuation des eaux usées. Les systèmes anciens sont dépassés par l'augmentation des rejets liés à l'urbanisation galopante.
En appui avec la Banque mondiale, le Maroc planche sur un ensemble de dispositifs visant à améliorer la gestion des ressources en eau, notamment dans le secteur agricole et la qualité du réseau de distribution. Une priorité, car la quantité d'eau disponible par habitant ne cesse de diminuer ; le Maroc figure ainsi parmi les pays les plus « stressés » au monde sur le plan hydrique ! Dans ce contexte, l'irrigation des golfs paraît une aberration : un seul terrain consomme à lui seul 1 000 000 m^3 d'eau par an en moyenne (autant qu'une ville de 30 000 habitants). Conscients du problème, certains commencent à arroser leur terrain avec de l'eau recyclée, comme à Marrakech.
Notons, par ailleurs, la bonne qualité des eaux de baignade.

Quelle énergie pour demain ?

Le Maroc est encore essentiellement dépendant du fioul, du gaz et du charbon, et importe 97 % de ses besoins énergétiques. Pourtant, le pays du soleil et du vent a de beaux jours devant lui dans le domaine des énergies renouvelables. Une ferme solaire de la taille de Paris est en construction dans le désert du côté de Ouarzazate. La 1re tranche mise en service génère déjà l'alimentation de 650 000 foyers et à l'horizon 2020 ce sont 580 mégawatts qui devraient être produits. À terme, le Maroc devrait même être capable d'exporter son électricité vers l'Europe ou d'autres pays d'Afrique ou du Moyen-Orient. Pour l'heure les experts s'accordent à dire que l'objectif de produire 52 % de ses besoins en énergie à partir d'énergies propres en 2030 paraît tout à fait réalisable. Car l'accent est également mis sur le parc éolien, comme à Sidi-Kaouki (au sud d'Essaouira), sur les contreforts du Rif (triangle Tanger-Ceuta-Tétouan), à Tarfaya (l'un des plus grands parcs éoliens d'Afrique, avec une armée de 130 éoliennes), Taza et Laâyoune, mais aussi Mirleft, où le projet mené par la société marocaine *Nareva* prévoit une mise en service fin 2019 avec une capacité de 180 mégawatts. Le Maroc est donc en train de vivre un transfert de technologie qui profitera surtout aux générations futures.

FAUNE ET FLORE

Faune

Les singes magots, chacals et lynx hantent encore certaines régions montagneuses. En bordure du désert, les outardes, les gazelles et les fennecs se font rares.
Ce sont les volatiles et les reptiles que vous aurez le plus souvent l'occasion d'observer. Ornithologues et herpétologistes sont ici au paradis. L'avifaune est extrêmement variée. On y dénombre plus de 300 espèces d'oiseaux, dont 2/3 nichent au Maroc. Plusieurs zones humides favorisent leur migration. Le Maroc abrite de nombreuses espèces de canards, plusieurs espèces d'hirondelles et de martinets, et les cigognes font partie du paysage. Parmi les espèces sédentaires, citons la perdrix, des fauvettes, le ganga, le faisan, la caille, l'ibis chauve, le merle bleu et ces magnifiques oiseaux que sont le guêpier et le rollier. Les amateurs

de rapaces observeront le percnoptère, le vautour fauve, les faucons, busards et milans, sans oublier l'aigle botté ou l'aigle royal dans son envol majestueux. Dans les régions désertiques, les reptiles se distinguent : tortues, uromastyx (fouette-queue), agame, vipère, cobra. Rien que du beau monde ! Sans oublier les arachnides, le solifuge et le scorpion, au tempérament si câlin !
Au printemps, éclosion massive de papillons dans la région d'Ifrane. À tel point qu'il est parfois nécessaire de mettre les essuie-glaces pour voir la route !

LA BOSSE DU COMMERCE

Le chameau traîne ses 2 bosses en Asie centrale. Le dromadaire, lui, roule son unique bosse en Afrique du Nord et au Proche-Orient, d'un pas lent et chaloupé, en posant sur le sol ses pieds mous qui font office de coussins. Insensible au vent de sable, le dromadaire pince ses narines, pendant que vous, vous suffoquez ! Il peut rester des jours sans boire, mais engloutira jusqu'à 100 l au 1er point d'eau ! Voilà les secrets des grandes routes caravanières, avec leurs chapelets de dromadaires charriant leurs marchandises sur des centaines de kilomètres.

Commerce illégal, espèces menacées

Certaines espèces menacées, et pourtant protégées par différentes conventions internationales dont le Maroc est signataire, font l'objet d'un commerce illégal. À commencer par les petites tortues terrestres *(Testudo graeca)* en vente dans certains souks. N'en achetez pas ! De toute façon, la plupart meurent en quelques mois !
Évoquons aussi le sort des serpents manipulés sur de nombreuses places (et notamment la plus célèbre, celle de Jemaa-el-Fna à Marrakech). Il s'agit de cobras, de cérastes (vipères heurtantes), de couleuvres de Montpellier et d'autres espèces, dont la plupart sont menacées d'extinction en Afrique du Nord. Les reptiles sont malmenés, leurs crochets arrachés, et leur espérance de vie est bien courte... Ils meurent après quelques mois de « spectacles ».

Flore

La flore marocaine est d'une extrême diversité. Selon les régions, du nord au sud, elle est méditerranéenne, montagnarde ou saharienne.
Dans le Nord méditerranéen, on trouve des essences aromatiques ou de bruyère, des oliviers, des lentisques et des palmiers nains, auxquels se mêlent genévriers, chênes verts et chênes-lièges. Aux abords des massifs poussent le pin d'Alep, le thuya (la tétraclinaie marocaine est très réputée), le cèdre de l'Atlas. Plus on monte en altitude, plus la végétation se nanifie, elle se développe la plupart du temps sous forme de tapis de xérophytes (des plantes capables de s'adapter aux milieux secs). Subsistent également quelques beaux spécimens de genévrier thurifère. Dans les vallées d'altitude poussent les trembles, les peupliers et les noyers. Passé l'Atlas et à l'instar des piémonts, les succulentes se développent sur les versants, offrant à leur floraison des paysages sans pareils. Dans le Sud, le grand tamaris et le palmier dattier garantissent l'ombre aux oasiens, tandis que dans les steppes à alfa subsiste une végétation rabougrie d'épineux. L'homme a planté de profitables citronniers, orangers, bigaradiers, amandiers, figuiers, bananiers et arganiers.

LE POIDS DES MOTS

C'est au caroubier, arbre très présent au Maroc, 2e producteur du monde (après l'Espagne), qu'on doit l'origine du mot « carat ». Son fruit, la caroube (qirât), *de forme et de poids identique, servait dans l'Antiquité d'unité de poids pour les pierres précieuses... Qirât en arabe est ainsi devenu « carat ».*

L'arganier

Les régions d'Essaouira, d'Agadir et de Tafraoute sont célèbres pour leurs arganiers *(Argana spinosa)*, endémiques dans le Sud-Ouest marocain. Ses 828 000 ha de forêts bénéficient d'une mesure de protection datant de 1925. Mesure qui a longtemps été bafouée. Combien d'hectares ont été abattus au profit de cultures plus rentables avant que la valeur de l'arbre et de son fruit ne soit reconnue par tous ? Or, les arganeraies représentent dans le Sud marocain le dernier « rideau vert », l'ultime rempart face à l'avancée du désert. La préservation de l'arganier était donc vitale. Au milieu des années 1990, les scientifiques, en démontrant les vertus de l'huile extraite du fruit, ont valorisé l'arbre, qui fait aujourd'hui l'objet d'une campagne de plantation, tandis que les pratiques et savoir-faire qui lui sont associés ont été inscrits au Patrimoine culturel immatériel de l'Unesco en 2014. L'arganier a ainsi été sauvé, même si la qualité de la récolte est de plus en plus compromise par les années de sécheresse et par une main-d'œuvre pas toujours expérimentée pour la cueillette du fruit.

L'arbre, très prisé des chèvres qui grimpent sur ses branches pour en déguster les fruits, ressemble un peu à l'olivier, mais il résiste beaucoup mieux aux conditions climatiques que son cousin. Ses très longues racines lui permettent en effet d'aller puiser l'eau profondément. S'il a l'air mort, ne vous y fiez pas, c'est qu'il se repose : il peut ainsi survivre 7 ans sans une goutte d'eau !

Quant à son fruit, la noix d'argan, qui peut ressembler aussi bien à une olive qu'à une datte selon son degré de maturité, il produit une huile d'une qualité exceptionnelle, qu'elle soit culinaire ou cosmétique. Outre ses vertus anticholestérol et vitaminique, l'huile diminuerait les risques de maladies cardio-vasculaires. On l'utilise aussi contre les dermatoses, brûlures, rhumatismes, etc., ainsi que pour la fabrication de nombreux produits cosmétiques occidentaux pour ses bienfaits revitalisants sur la peau et les cheveux. Mélangée à du miel et des amandes, elle donne le délicieux *amlou*. Autant de raisons pour l'adopter.

DE LA NOIX D'ARGAN À L'HUILE

Contrairement à l'extraction aisée de l'huile d'olive, celle de l'argan est complexe, car entièrement manuelle. Les fruits sont séchés et débarrassés de leur écorce, tandis que le noyau est recyclé comme combustible. C'est l'amande à l'intérieur du noyau qui sera grillée, puis réduite en pâte pour en extraire une huile succulente. Donc rien à voir avec l'olive dont on utilise la pulpe qui entoure le noyau. Son grand plus : un goût de noisette incomparable.

Attention toutefois à certains vendeurs à la sauvette et à certaines boutiques. Cette huile est très souvent « coupée » et donc sans intérêt (on le remarque en agitant la bouteille : l'huile d'olive se dissocie alors de l'huile d'argan) ; les amandes mal torréfiées donnent au produit un arrière-goût de brûlé.

Concernant les prix, tout dépend évidemment de la qualité, label bio (certifié « Ecocert ») ou pas. Mais ne vous faites pas trop d'illusions, quand une bouteille est très bon marché, l'huile risque d'être coupée ou de qualité médiocre.

Pour découvrir la *route de l'arganier*, voir la rubrique « Achats. Huile d'argan » à Essaouira.

FEMMES

Vers un nouveau statut

En 2004, le gouvernement a provoqué une petite révolution en décidant d'abroger les textes les plus discriminatoires de la *Moudawana*, le code de la famille, instaurant une égalité de droits entre l'homme et la femme. Adoptée par les députés marocains,

la nouvelle législation émancipe les Marocaines et modernise toute une société. Désormais, la femme n'est plus sous la tutelle patriarcale, elle peut choisir librement son époux (alignement de l'âge du mariage des filles sur celui des garçons, 18 ans et non plus 15), voyager seule, établir des contrats de partage des biens acquis durant le mariage, divorcer sans perdre la garde des enfants en cas de remariage (sous certaines conditions), refuser la polygamie. Bref, un véritable bouleversement.
Cette réforme est directement inspirée (et c'est là toute la subtilité du gouvernement) des préceptes du Coran : « Dans l'opinion, réformer la *Moudawana* équivalait à toucher aux textes sacrés du Coran. Ce tabou est brisé », affirmait, à l'époque, la parlementaire Nouzha Skalli. Depuis, on sent chez de nombreuses Marocaines le désir de s'exprimer et de souligner la nécessaire égalité des sexes dans un pays qui, surtout en ville, adopte chaque jour un peu plus des modes de vie proches de ceux des Occidentaux.

La loi du Patriarcat

Malgré tout, on constate une baisse du niveau d'activité des femmes depuis quelques années. Moins de 18 % d'entre elles travaillent. Les sociologues évoquent leur « redomestication » pour des raisons à la fois « économiques, sociales, culturelles et religieuses ». Comme cela s'est déjà produit dans d'autres pays émergents, le phénomène constitue un frein tant pour la société que pour l'économie.
Cependant, si en milieu urbain on compte aujourd'hui quelques femmes policiers, chauffeurs de taxi, et même dans la politique (femmes députées ou maires), on constate à contrario que bien des lieux leur sont encore interdits d'accès ; c'est notamment le cas des cafés. Rares, en effet, sont les Marocaines qui osent s'y aventurer.
De plus, les disparités sont énormes entre la ville et la campagne, selon les milieux sociaux et les générations. Si l'émancipation des femmes des grandes villes est évidente, elle tarde dans le reste du pays, à dominante rurale, qui demeure très traditionnel, et où les femmes ont encore peu accès à l'éducation. Ainsi, la réforme qui porte l'âge légal du mariage des filles à 18 ans autorise dans le même temps le juge à étudier des demandes de dérogations, qu'il accepte dans... 92 % des cas. Si bien qu'entre 2004 et 2013, le nombre de mariages de mineures a été multiplié par 2, la plupart ayant eu lieu dans les campagnes. De plus, ces mariages trahissent souvent une différence d'âge entre époux, instaurant un rapport de force pouvant conduire à la violence, autre fléau dont sont victimes les Marocaines.
Dans son rapport annuel de 2016, l'Observatoire national de lutte contre la violence à l'égard des femmes note que « 63,3 % des femmes ont été victimes de violence physique en 2014 », un pourcentage en augmentation dans les villes, en diminution dans les campagnes. Mais il ne s'agit là que de plaintes officiellement enregistrées, les statistiques ne tenant pas compte des données recueillies par les associations.
La *hchouma,* la loi silencieuse et informelle des sociétés maghrébines, impose encore son diktat à l'individu en définissant une ligne de conduite conforme à la loi du père. Les mères célibataires n'ont pas leur place dans la société marocaine. Avoir un enfant en dehors du mariage est même puni d'emprisonnement.

Faire bouger les lignes

La réalité, c'est aussi cet événement tragique survenu en mars 2012 et qui a profondément bouleversé une grande partie de l'opinion publique : le suicide d'Amina Filali, adolescente de 16 ans, mariée de force à son violeur. Conformément à l'article 475 du Code pénal, le tribunal avait en effet donné la possibilité à son agresseur d'épouser sa victime afin d'échapper à la prison ! De nombreuses voix se sont élevées pour demander une réforme du Code pénal. Elles ont été entendues, et l'article 475 a finalement été abrogé en janvier 2014.
Les autorités peinent à adopter une ligne cohérente : quelques mois plus tard, le Premier ministre lui-même remettait en cause le travail des femmes. Un signal

guère encourageant quant à l'égalité homme-femme, pourtant stipulée dans la nouvelle constitution de 2011. Mais en juin 2015, l'avortement était légalisé sous certaines conditions (notamment en cas de viol). En août 2017, alors qu'une jeune femme se fait agresser sexuellement dans un bus de Casablanca sous le regard indifférent des passagers (scène filmée et diffusée sur les réseaux sociaux), plusieurs manifestations se déroulent dans les grandes villes du royaume pour dénoncer le harcèlement des femmes, la banalisation du viol et l'opprobre jeté sur celles qui en sont victimes. La ministre de la Solidarité, de la femme et de la famille évoque un acte « étranger à notre société ». Le tabou est encore loin d'être levé (lire notamment à ce sujet le livre de Leïla Slimani, *Sexe et mensonges* ; se reporter à la rubrique « Livres de route » en début de guide).
Même si, après des années de vifs débats, le parlement marocain a fini par adopter en février 2018 une loi contre les violences faites aux femmes (jugée insuffisante par les mouvements féministes), le chemin sera encore long pour que les politiques abordent le problème sous tous ces aspects et dans toute sa complexité, dans un pays où le regard des hommes sur les femmes dans les milieux ruraux et conservateurs, peine à changer. On ne peut donc qu'encourager des associations telles que l'Association démocratique des femmes du Maroc (ADFM), qui lutte en faveur des droits de la femme, ou l'Association solidarité féminine (ASF), à Casablanca, qui se bat pour leur réinsertion sociale.

GAZELLES

C'est fou ce qu'il y a comme « gazelles » au Maroc. Chaque touriste femme est ainsi baptisée. Quant aux hommes, ce sont des « gazeaux », ou plus souvent des « gazous ». Ne vous offusquez pas si on vous appelle « gazelle » : c'est une formule amicale, et même affectueuse. Le mot *ghouzel* signifie « joli » en arabe, son féminin *ghzala* signifiant aussi « gazelle ». C'est en quelque sorte une figure de style de la beauté, qui remonte à la poésie bédouine, du temps où étaient évoqués sans tabou le corps, les sens, l'ivresse...
Notez que passé 40 ans, le vocabulaire change : les femmes deviennent des « gazinières » et les hommes des « gazoils ». Beaucoup moins poétique !

GÉOGRAPHIE

Al-Jazirat Al-Maghreb, « l'île du Couchant », comme l'avaient baptisé les Arabes, le Maroc, pays montagneux, est entouré de ***3 mers*** : l'océan Atlantique, la Méditerranée et la grande mer de sable du Sahara. Il dessine la continuité géologique de l'Europe par l'intermédiaire du Rif, avant de se perdre, en longeant l'Atlantique, jusque dans les sables du désert mauritanien. D'une exceptionnelle diversité de terrains naît une grande variété de paysages.
Les chaînes de montagnes furent longtemps un obstacle à la communication entre le Nord et le Sud, engendrant des différences culturelles notables, qui confèrent encore aujourd'hui au voyageur qui découvre le Maroc le sentiment de changer de pays quand il change de région. Le Maroc est un pays résolument montagneux. Sur ses 710 850 km^2, dont 252 000 km^2 pour le seul Sahara occidental, soit plus d'un tiers, 100 000 km^2 du territoire se situent au-dessus de 2 000 m d'altitude.
Le Moyen Atlas se déploie tantôt dans un relief tabulaire essentiellement calcaire parsemé de cônes volcaniques, tantôt à travers une zone plissée d'où se détache le djebel Bou-Naceur (3 340 m). C'est le château d'eau du Maroc, car il arrête en 1er les perturbations atlantiques et les restitue grâce à son important système hydrographique. C'est le pays des sources. Les bergers transhumants y font pâturer leurs troupeaux.

Le Haut Atlas, le plus célèbre, étire sur 700 km une succession de sommets dont 400 environ dépassent les 3 000 m et une dizaine atteignent les 4 000 m. Il culmine à 4 167 m, au djebel Toubkal, le sommet le plus élevé d'Afrique du Nord. La neige y persiste tout l'hiver. Dans sa partie centrale, son versant méridional est entaillé par 2 événements majeurs : les gorges du Todgha et les gorges du Dadès, fleurons du tourisme marocain.

L'Anti-Atlas est une chaîne aride, géologiquement très ancienne, qui s'étend de l'embouchure de l'oued Drâa jusqu'au Tafilalet, en bordure du désert. La végétation s'y fait rare.

Quant au ***Rif,*** il n'est autre que le prolongement de la cordillère Bétique du sud de l'Espagne. C'est une région verdoyante car très arrosée, couverte de forêts, et culminant au djebel Tidighine (2 450 m). Sa côte rocheuse, longue de 530 km, est particulièrement belle.

Le bassin du Sebou, l'une des principales régions agricoles du pays, fait communiquer la Méditerranée avec l'Atlantique. Bordé de plaines, le littoral compte les régions les plus urbanisées et les plus riches du pays.

Vers l'intérieur se développent le plateau des phosphates et, en limite des piémonts, la grande plaine à blé du Tadla.

Au sud, de l'autre côté de l'Anti-Atlas, commencent les étendues désertiques annonciatrices du Sahara. Des kilomètres de terrain rocailleux, parfois sablonneux, et de massifs érodés, sculptés par le vent, dans lesquels sont disséminées les oasis. 2 grandes vallées se distinguent : le Tafilalet, berceau des Alaouites, qui fut longtemps le terminus des caravanes en provenance du « Bilad as-Sudan » (le pays des Noirs), et la vallée du Drâa, dont les gravures rupestres attestent sa très ancienne occupation par l'homme. Un pays pratiquement sans eau, où nomadisent les bergers Aït-Atta et où s'activent les oasiens récolteurs de dattes. ***Encore plus au sud,*** allant vers les confins mauritaniens, c'est le « Sahara atlantique », une étendue monotone, où l'homme s'est fixé sur le littoral : Laâyoune, Dakhla. Peu de touristes s'aventurent sur ce territoire sauvage.

Enfin, le ***Maroc oriental,*** à l'écart des chemins touristiques, est composé de terres pauvres et mal arrosées, culminant en quelques hauts plateaux qui s'étendent jusqu'à la frontière algérienne, territoire des tribus arabes qui élèvent des moutons.

Côté mer, le Gulf Stream ne réchauffe pas les eaux marocaines. Se baigner dans l'Atlantique relève toujours d'un exploit d'autant plus méritoire qu'à l'extérieur, la température de l'air est cuisante, sauf dans la région d'Essaouira, où un vent glacé vous attend à la sortie du bain.

HABITAT

Des pays du Maghreb, le Maroc est certainement le plus riche en patrimoine architectural. En ville, les réalisations datant des grandes dynasties urbaines mérinides ou saadiennes se trouvent dans les médinas : toits recouverts de tuiles vernissées, plafonds de cèdre enluminés, moucharabiehs, arc outrepassé des baies, zelliges courant sur les murs, autant d'expressions du savoir-faire des *maalem,* les maîtres artisans marocains. À la campagne, quelques belles *kasbah* typiques de l'architecture défensive jalonnent l'ancien parcours des caravanes. Sur les hauteurs, ce sont les greniers fortifiés (*tighremt* ou *agadir* selon les régions) qui se dressent encore ici et là.

Les *kasbah*

Dans le Sud, vous rencontrerez au milieu des palmeraies ces superbes bâtisses fortifiées en pisé. Autrefois résidence du seigneur, la *kasbah* joua un rôle

fondamental pendant des siècles. Elle servait à la fois d'abri pour les récoltes et de refuge aux oasiens quand les pillards du désert devenaient menaçants.
Comme toutes les maisons traditionnelles du Sud marocain, les *kasbah* sont construites en pisé, mais sur des fondations en pierre. Cette technique consiste en l'empilage de grosses briques coffrées (les *leuhs*), faites de terre et de paille et présentant une légère inclinaison du mur pour éviter que la pluie ne détruise la façade. Ses murs épais en terre offrent de surcroît une excellente isolation thermique. En été, grâce aux modifications de cristallisation de la chaux qui sert de liant et à l'évaporation de l'eau, ils isolent de la chaleur extérieure. Et c'est tout l'inverse en hiver où celle-ci est conservée.
Les *kasbah* comprennent 3 niveaux : le rez-de-chaussée est consacré aux animaux, avec une étable et une pièce pour les activités agricoles ; le 1er étage est l'espace central, réservé aux femmes, avec sa cuisine à ciel ouvert ; le 2e étage est constitué du salon de réception, réservé aux hommes, l'ensemble étant coiffé d'une terrasse.
Autrefois, le Pacha de Marrakech régnait sur les plus belles *kasbah* le long des rives du Drâa et du Dadès. En 1956, avec l'indépendance et le retour du roi, ses biens furent confisqués, puis les *kasbah* pratiquement laissées à l'abandon. Certaines d'entre elles, inscrites au Patrimoine mondial de l'Humanité par l'Unesco à la fin des années 1980, font l'objet d'un programme de conservation. Plusieurs *kasbah* forment un ***ksar*** (au pluriel *ksour*), c'est-à-dire un village fortifié aux ruelles couvertes.

Les *riads* et les *dar*

Ne pas confondre : le terme *riad* signifie en fait « jardin clos », tandis que *dar* veut dire « maison ». Le riad est toujours de plain-pied. C'est en quelque sorte la maison bourgeoise de la médina. Dans un *dar*, on compte 2 étages maximum, un salon de réception au rez-de-chaussée et une terrasse. Mais par abus de langage, dans les médinas très touristiques des villes impériales comme Marrakech ou Fès, on utilise le terme « riad » pour désigner des maisons traditionnelles construites autour de cours intérieures. En effet, la plupart de ces cours étaient plantées de 4 parterres ou de 4 arbres entourant une fontaine sur le modèle du jardin arabe, ce qui explique l'utilisation abusive du terme. La vie familiale s'organise autour de ces cours intérieures. Les différentes pièces ne communiquent pas nécessairement : il faut parfois repasser par l'espace central. Les fenêtres s'ouvrent sur la cour intérieure, alors que les murs donnant sur la rue ne disposent souvent d'aucune ouverture. Rien ne permet donc, depuis la rue, de deviner la splendeur de certains riads cachés derrière des murs aveugles.

NE CHERCHEZ PAS À ENTRER PAR LA GRANDE PORTE !

Pas toujours facile de savoir où frapper. Vous verrez parfois 2 mains de Fatima en guise de heurtoir. Regardez bien, il doit y avoir une petite porte découpée discrètement dans le bois de la grande, cette dernière ne s'ouvrant que pour les grandes occasions. Chaque main délivre un son différent, pour permettre aux femmes de savoir qui arrive (visiteur ou familier). La 3e petite porte, tout en bas, est une chatière pour l'animal-roi. Et la sonnette, direz-vous ? Ajout des temps modernes, elle change tout !

Selon la richesse de son propriétaire, la grandeur et le nombre des pièces d'une maison varient, mais c'est surtout la décoration intérieure qui fera la différence. Les *zelliges* (céramiques à motifs géométriques), le plâtre sculpté (le stuc) et le *tadelakt* donnent aux murs un cachet inimitable. Le *tadelakt* est un enduit réalisé à partir de chaux. Sachez que seule la chaux de Marrakech utilisée pure permet d'obtenir l'authentique *tadelakt*. Si on utilise une chaux d'une autre provenance, il faut obligatoirement des additifs comme la poudre de marbre. Appliqué à la taloche, puis poncé à l'aide d'un galet, il permet d'habiller les murs d'un revêtement lisse, brillant et étanche. C'est un matériau originaire du Sud, apparu d'abord dans les hammams, où il remplaçait le marbre.

La tente berbère

C'est l'habitat utilisé par les nomades en transhumance avec leurs troupeaux. La tente *(khaïma)* de couleur marron est tissée en laine de mouton ou en poil de chèvre. Elle est décorée de motifs géométriques. À l'instar des maisons en dur, on retrouve l'espace réservé aux femmes et aux enfants, et un autre espace de réception, que les hommes utilisent pour dormir. Le sol est recouvert de nattes, de tapis et de coussins. Certains hôtels, surtout dans le Sud, offrent (outre des chambres traditionnelles) l'hébergement dans des tentes berbères. À ne pas confondre avec les tentes dites caïdales, beaucoup plus hautes, que l'on trouve dans certains restaurants : ces tentes en toile claire parsemée de motifs noirs servaient à l'origine à honorer les invités de marque du sultan.

HAMMAM

Au Maroc, où il n'y avait guère de salle de bains dans les maisons jusqu'à une époque récente, le hammam tenait (et tient toujours) une place importante.

En créant les thermes, les Romains furent les véritables inventeurs du hammam. Construits un peu partout sur l'ensemble de l'Empire romain, les thermes furent ensuite considérés comme des lieux de débauche par la très prude morale judéo-chrétienne et, de ce fait, disparurent progressivement d'Europe occidentale. Mais à l'autre extrémité de l'empire, les musulmans les adoptèrent d'autant mieux qu'ils permettaient l'ablution totale, conformément au Coran, ce qui leur conférait une grande importance religieuse.

La signification sociale est tout aussi essentielle. Autrefois, une ville se jugeait par la beauté de son hammam (un peu comme les églises chez nous). Dans les anciennes médinas, chaque quartier a ainsi sa mosquée, mais aussi son hammam, reconnaissable de loin grâce à sa cheminée noircie par la suie. À l'époque, il s'agissait aussi d'épater le visiteur en lui montrant la richesse et la prospérité de la ville à travers l'abondance de l'eau.

Le hammam est composé de 3 bains situés dans 3 salles en enfilade. C'est un lieu où hommes et femmes viennent se laver et se détendre pour passer le temps. Mais attention, jamais en même temps, bien sûr, sauf s'il y a 2 hammams côte à côte (un pour chaque sexe). Bref, inutile de fantasmer : le hammam n'est pas mixte. Quand il n'y a qu'un hammam, les hommes l'utilisent en général le matin et le soir, et les femmes l'après-midi. Les bains ferment plus tard les veilles de fête.

Aujourd'hui encore, le hammam représente pour certaines femmes l'occasion d'abandonner, le temps d'un bain, leur cercle familial pour rencontrer des amies. Jusqu'il y a peu, c'était également au hammam que les mères venaient jauger les attributs physiques de leur future belle-fille !

HAMMAM-MIA !

En hiver, un hammam peut consommer quotidiennement entre 800 kg et 1,5 t de bois, brûlé dans des chaudières à très faible rendement... Beaucoup de gaspillage donc, et une pratique qui favorise la déforestation du pays : la forêt marocaine perd en effet 30 000 ha chaque année ! De plus, un hammam consomme aussi 5 000 litres d'eau en moyenne... par jour ! Écologie et hammam ne font définitivement pas bon ménage.

Si l'expérience d'un hammam traditionnel vous tente, n'oubliez pas un savon, un gant pour vous frotter (ils sont généralement en vente à l'entrée) et une serviette pour éviter de vous brûler les fesses sur le marbre. Pensez aussi au shampooing ou au *ghassoul,* cette argile qui fortifie les cheveux. Dans les hammams populaires, les tarifs sont fixés par l'État et s'élèvent à environ 15 Dh, gommage et massage non compris.

HISTOIRE

Le Maroc antique

Les ***Berbères*** comptent parmi les 1ers habitants du Maroc, mais leur origine et leur histoire dépendent des groupes dont ils sont issus. Il conviendrait mieux de parler de berbérophones que de Berbères, tant leurs origines sont diverses. On sait, en revanche, que les ***Phéniciens*** (originaires du Liban actuel) s'établissent dès le XIIe s av. J.-C., d'une part sur les côtes méditerranéennes du Maroc, fondant ce qui deviendra Melilla, d'autre part sur la côte atlantique à Lixus, près de Larache, et jusqu'à l'île de Mogador en face d'Essaouira. Ils sont relayés par les ***Carthaginois*** à partir du Ve s av. J.-C. Véritable puissance africaine, Carthage établit des relations étroites avec les royaumes numides et contribue à la sédentarisation d'une partie des populations berbères, jusque-là nomades. À la fin du IVe s av. J.-C., des tribus berbères créent, dans le nord du Maroc, le royaume de Maurétanie.

Après la chute de Carthage (milieu du IIe s av. J.-C.), les ***Romains*** entreprennent de coloniser le Maghreb. Au milieu du Ier s apr. J.-C., ils fondent dans le nord du Maroc la Maurétanie Tingitane (d'après le nom romain *Tingis,* aujourd'hui Tanger), province qu'ils administrent avec leur efficacité coutumière : n'étant pas de grands explorateurs, ils cherchent en 1er lieu à consolider les frontières de leur territoire. Aussi construisent-ils un *limes* (système de fortifications) afin de se prémunir des invasions nomades. En outre, ils apportent avec eux un invité de marque : le ***dromadaire.*** Grâce à cet animal, les nomades, qui jusqu'alors se déplaçaient à cheval, acquièrent une plus grande autonomie. Sous les Romains, le Maroc se développe, particulièrement au tournant de notre ère, sous le règne de ***Juba II*** ; ce roi, éduqué à la cour impériale d'Auguste, époux de la fille d'Antoine et de Cléopâtre, favorise les arts et les lettres.

La ville de ***Volubilis*** en est le témoignage. Cet âge d'or durera jusqu'au milieu du IVe s apr. J.-C. Puis c'est l'effondrement de l'empire. Au début du Ve s de notre ère, les Romains entrent en conflit avec Byzance et sollicitent l'aide des Vandales, qui ne se font pas prier pour intervenir. Ils prennent Carthage en 439, mais finissent à leur tour par succomber aux attaques des Byzantins. Dans le même temps, les tribus nomades du désert se font plus belliqueuses que jamais. C'est donc dans une Afrique méditerranéenne très affaiblie que pénètrent les Arabes.

MAIS QUI SONT CES « BARBARES » ?

Pour les Grecs de l'Antiquité, les peuples qui ne parlaient pas leur langue étaient nommés « barbares ». Pour les Romains, ils représentaient tous les ennemis de leur empire. Bien plus tard, l'évolution du langage désignera par « Berbères » les étrangers à la civilisation gréco-romaine peuplant les terres de la Numidie (une partie de l'Afrique du Nord). Aujourd'hui, il s'agit uniquement des populations du Maghreb qui ne sont pas d'origine arabe.

La conquête arabe

Partie de la péninsule arabique, l'***expansion arabe vers l'ouest*** atteint l'Égypte en 640, progresse en Cyrénaïque (l'actuelle Libye), pour atteindre l'Ifriqiya (actuelle

Tunisie) vers 670 (fondation de Kairouan). Les Arabes assimilent, tout en la repoussant vers l'ouest, une tribu berbère nomade : les Zénètes. Parmi eux s'individualise un groupe important : les Sanhadja, qui, contrairement aux Zénètes, sont restés exclusivement berbérophones. La conquête du Maghreb proprement dite se heurte à une vive résistance des ***Berbères sanhadja*** et s'achève vers 705. On raconte que Oqba ben Nafi, le chef arabe, atteignant la côte atlantique à Massa, pénétra à cheval dans la mer et prit Dieu à témoin que seule celle-ci l'empêchait d'aller combattre plus loin... La conquête du Maroc servira de point d'appui à celle de l'Espagne.
Les Arabes possèdent alors un empire allant de la Perse à l'Atlantique. À l'évidence, un territoire trop difficile à contrôler de Bagdad ; des révoltes berbères amènent la constitution de royaumes indépendants.

Le royaume idrisside

Idriss ibn Abdallah, descendant du prophète Mahomet par sa fille Fatima, échappant au massacre de sa famille par le calife abbasside de Bagdad, arrive à Volubilis en l'an 788. Il réussit à séduire une tribu berbère – les ***Aourab*** – et à s'en faire élire chef : il est le 1er d'une longue série à user d'une autorité religieuse pour s'imposer. Son fils, né de sa concubine berbère 2 mois après sa mort, est reconnu par la même tribu comme héritier et chef. ***Idriss II*** fonde la ville de ***Fès*** et parvient à rassembler les Berbères du nord du Maroc en un seul royaume. Mais à sa mort, ce royaume est partagé entre ses fils.

Les grandes dynasties berbères

Désireux de propager leur conception d'un islam orthodoxe, le kharidjisme, mais aussi poussés par un besoin d'expansion économique, de grands nomades caravaniers originaires du Sahara occidental progressent vers le nord par la force des armes. Remontant des rives du fleuve Sénégal, ils s'emparent tout d'abord de Sijilmassa, carrefour du commerce transsaharien, puis de Taroudant, capitale du Souss.
– ***Les Almoravides :*** en 1061, leur chef, Youssef ben Tachfin, établit la dynastie des Almoravides (en arabe : *al-morabitoun,* « les fidèles du *ribat* », un monastère fortifié). Ils fondent la ville de ***Marrakech*** (1062 ou 1070) et étendent leur domination sur tout le Maroc et une grande partie de l'Espagne : en 1103, ils s'emparent de Valence, défendue par un certain Rodrigue, qui ne manque ni de cœur ni de courage (le Cid, c'est lui !). Amollis par la douceur andalouse, en butte aux offensives chrétiennes en Espagne et à de redoutables contestations au Maroc, les successeurs de Youssef sont rapidement confrontés à une nouvelle puissance venue elle aussi du Sud. En 1125, Mohammed ibn Toumert – un Berbère originaire d'une tribu de l'Anti-Atlas – s'installe à Tinmel, dans le Haut Atlas, et commence à prêcher une réforme des pratiques musulmanes et de la théologie : pour lui, les Almoravides sont des impies. Cet homme lettré, puritain et intransigeant, se sent investi d'une mission divine. Avant sa mort, il nomme ***Abd al-Moumin,*** un Berbère d'Alger, comme successeur.
– ***Les Almohades :*** excellent soldat et homme d'État, Abd al-Moumin instaure la dynastie des Almohades (de l'arabe *al-muwahiddun,* les « unitaires », car Ibn Toumert, entre autres, prêchait la doctrine de l'unicité de Dieu) à la place des Almoravides. Pendant plus d'un siècle, à l'apogée de la puissance berbère, les Almohades règnent sur un empire s'étendant de l'Espagne à l'actuelle Libye. Bon nombre de monuments civils ou religieux datent de cette époque et sont l'œuvre du plus fameux des sultans, ***Yacoub el-Mansour.*** Là encore, un mouvement très strict au départ donne naissance à une civilisation brillante et raffinée qui attire de grands esprits (le philosophe Averroès meurt en 1198 à Marrakech, où il s'est établi). Mais les succès de la reconquête chrétienne en Espagne provoquent l'effondrement des Almohades, auxquels succèdent, de 1269 à 1421, les Mérinides.

– ***Les Mérinides :*** Abou Youssef Yacoub, chef d'une tribu zénète, les Beni-Merine, ne peut accepter cette défaite contre les chrétiens. Après s'être emparé de Marrakech en 1269, il entraîne ses troupes à la reconquête de l'Espagne et fonde, au passage, en 1276, ***Fès-el-Jédid.*** Dans la 1re moitié du XIVe s, 2 grands souverains, ***Abou el-Hassan*** et ***Abou Inan,*** rétablissent, pour peu de temps, l'unité du Maghreb : Tunis est conquise en 1347. Mais les Mérinides doivent affronter d'autres tribus rivales, très supérieures en nombre, et lutter contre les troupes catholiques espagnoles. De plus, l'infant du Portugal, Henri le Navigateur, s'empare d'un certain nombre de villes de la côte et fonde des comptoirs fortifiés, notamment à Ceuta (1415). Contrairement à leurs prédécesseurs, les Mérinides ne combattent pas pour Dieu, ils éprouvent de la peine à galvaniser leurs troupes, d'autant que dans le même temps, les Mamelouks d'Égypte ont infléchi les routes des caravanes, privant le Maroc d'une bonne partie des recettes du commerce transsaharien. À l'expansion succède le repli.
– ***Les Wattassides :*** une autre dynastie zénète finit par supplanter les Mérinides en 1472 (elle régnera dans une période de troubles jusqu'en 1554). De son côté, l'Occident chrétien affiche des visées expansionnistes. Ferdinand d'Aragon et Isabelle de Castille reprennent la ville de Grenade en 1492, parachevant ainsi la *Reconquista* de la péninsule Ibérique. Les Andalous, juifs et musulmans confondus, regagnent en masse l'Afrique du Nord, migrant jusqu'aux confins du Sahara. Simultanément, Portugais et Espagnols se font agressifs sur les côtes et multiplient l'implantation de comptoirs pour tenter de détourner ce qui reste de trafic marchand avec l'Afrique subsaharienne.
– ***Les Saadiens :*** c'est de cette famille originaire d'Arabie et implantée dans la vallée du Drâa que viendra la réaction. Ils se proclament *chorfa* (pluriel de *chérif,* qui signifie « descendant du Prophète »). Ils décident de chasser l'envahisseur chrétien en décrétant le Djihad. Ils réussissent à reprendre la totalité des comptoirs portugais, à l'exception de celui de Mazagan, l'actuel El-Jadida. Et en 1578, c'est le coup de grâce : les troupes portugaises sont défaites à la bataille d'Alcaçar-Quivir (nom portugais de la ville d'El-Ksar el-Kébir, dans l'arrière-pays de Larache), et leur jeune souverain, Sébastien, est tué. Cet événement marque le début du déclin du Portugal, qui tombe rapidement sous la coupe de l'Espagne de Philippe II. Les Saadiens triomphent, reprenant le flambeau au nom d'Allah, vengeant en quelque sorte la déconfiture subie par les Ottomans face aux armées du pape lors de la bataille de Lépante, en 1570. Ils comptent reprendre l'économie en main et fondent sur les mines de sel de Teghaza (dans le nord de l'actuel Mali), puis sur Tombouctou (à l'époque, le sel s'échangeait à poids d'or). En 1591, la ***prise de Tombouctou*** sonne le ***déclin de l'Empire songhaï au Mali,*** alors appelé « pays des Noirs » *(Bilad as-Sudan).* Le bénéfice est immense : le Maroc reprend le contrôle du trafic transsaharien. On appellera cet épisode la « Renaissance saadienne ». D'ailleurs, le principal souverain de la dynastie saadienne, Ahmed el-Mansour, est surnommé *Ed-Dehbi* (« le Doré »). Il meurt en 1603, emporté par la peste qui ravage une partie du pays. S'ensuivra un pouvoir morcelé entre Marrakech et Fès, des querelles intestines menées par des sultans médiocres. Dans le même temps s'affirment les confréries religieuses, les zaouïas.

La dynastie alaouite

– ***Les Alaouites :*** originaires du Tafilalet (région d'Erfoud-Rissani), ils se proclament descendants d'Ali, gendre du Prophète. Ils mènent une vie pauvre, méditative et vertueuse. C'est la dynastie régnant encore aujourd'hui, représentée par l'actuel roi du Maroc.
C'est ***Moulay Ismaïl*** (1672-1727), en succédant à Moulay Mohammed et à Moulay Rachid, qui réorganise le Maroc. Pendant plus d'un demi-siècle de règne, il ne cessera de batailler contre les tribus insoumises, les Turcs ottomans et les chrétiens. Moulay Ismaïl est surnommé par les historiens « l'Assoiffé de sang » ! C'est un

peu ***le Louis XIV marocain*** : longévité exceptionnelle, grand appétit de puissance dans tous les domaines (il avait un harem de 500 femmes, dit-on...). À son époque, ***Meknès*** est privilégiée comme ville impériale. Il met en place un système politique centralisé appelé *makhzen* (littéralement, le « magasin »), qui se maintiendra jusqu'au protectorat. On opposera longtemps le *bled makhzen* (le pays soumis au pouvoir central) au *bled saïba,* les régions dissidentes, comme les régions de montagne qui conservent une farouche indépendance. Le *makhzen* désigne encore familièrement aujourd'hui le microcosme de ceux qui détiennent le pouvoir. Mais le XVIIIe s voit le Maroc s'enfoncer dans une longue période de troubles : sécheresse, famine et épidémies (la peste notamment, entre 1797 et 1800) déciment la population, l'économie va mal et le pays se replie sur lui-même, repli favorisé par l'émergence d'une forme de caïdat. De son côté, l'Europe, engagée dans la voie de la révolution industrielle, prend pied en Afrique du Nord. Par son immobilisme et ses richesses supposées, le Maroc excite les convoitises.

L'ère coloniale

Le débarquement des troupes françaises à Alger en 1830 suscite de vives réactions au Maroc. Moulay Abd er-Rahman, en nouant des intrigues avec l'émir Abd el-Kader, alors en rébellion contre l'autorité française en Algérie, se laisse entraîner dans une guerre ouverte contre la France. ***L'armée française,*** conduite par le général Bugeaud, ***pénètre au Maroc en 1844,*** écrasant les troupes chérifiennes à la bataille d'Isly. Dans le même temps, les Espagnols s'emparent de Tétouan (1860). ***Moulay Hassan*** (1873-1894) réussit à maintenir la barre du royaume, mais l'entrée en dissidence de nombreuses confréries et l'accentuation de la crise financière poussent l'État marocain à l'endettement. Des traités commerciaux régaliens sont alors conclus, qui suppriment pratiquement les droits de douane pour les produits européens. Tout en reconnaissant la souveraineté du Maroc, la conférence de Madrid (1880) autorise les étrangers à acquérir des terres et à s'implanter en masse.

Algésiras : un contrat d'ingérence totale

Intronisé à l'âge de 14 ans, ***Abd el-Aziz*** (1894-1908) hérite d'une situation inextricable. Des mouvements de révolte éclatent un peu partout. Dès ***1905,*** la France envisage l'installation d'un protectorat, ce qui entraîne une ***vive réaction allemande*** : un débarquement à Tanger avec l'empereur Guillaume II à sa tête, qui prononce un retentissant plaidoyer pour l'indépendance du Maroc... Réunies à Algésiras en 1906, les grandes puissances occidentales tiennent une conférence internationale et règlent le sort du Maroc. La France abandonne ses prétentions sur l'Égypte, obtenant, en contrepartie, le champ libre au Maroc. La Première Guerre mondiale n'est pas loin d'éclater avec 3 ans d'avance, lorsque Guillaume II envoie un navire de guerre dans la baie d'Agadir !

Les années de tutelle française

Le ***traité de protectorat*** est signé le ***30 mars 1912*** entre le sultan et la France, représentée par Lyautey. La France et l'Espagne se partagent le gâteau. Les Ibères obtiennent le Rif, le sud du Sahara et les enclaves de Ceuta, Melilla, Tarfaya et Ifni, et les Français le reste du territoire, à l'exception de Tanger qui devient zone franche internationale.
Lyautey assure, pour la France, les fonctions de ***résident général*** (gouverneur, en quelque sorte) ***de 1912 à 1925.*** Son profond respect pour l'islam n'ayant d'équivalent que ses qualités humaines, il réorganise le pays en intégrant les notables locaux. En se portant garant des valeurs traditionnelles du pays, Lyautey conquiert l'estime du peuple marocain, tout en établissant les ***bases économiques du Maroc moderne.*** Toutefois, sa vision progressiste dérange. Visionnaire

et professionnellement suicidaire, Lyautey est remercié en 1925, après avoir évoqué la décolonisation.
Dans le domaine agricole, les cultures intensives d'exportation remplacent les cultures vivrières. Dans le commerce et l'industrie, les produits manufacturés, importés en masse, tuent une partie de l'artisanat local. Cette combinaison de facteurs engendre un appauvrissement d'une partie de la population, qui entame un exode massif vers les villes.

« INDIGÈNES »

Pendant la Première Guerre mondiale, les troupes coloniales représentaient 7 % des combattants alliés. Le taux de mortalité totale de l'armée française fut de 17 %. En revanche, les soldats marocains, avec les Bretons, dépassèrent les 26 % de tués. Pourquoi ? Parce que la plupart ne parlant pas français, ils étaient placés en 1re ligne ; ils ne pouvaient pas crier à la rébellion.

Une des tâches principales du protectorat est donc la ***soumission des campagnes.*** Ce qui ne se fait pas sans mal. Mais le pire reste à venir du côté espagnol : dès 1919, des foyers d'insurrection éclatent dans le Rif où une république est proclamée en 1922. La révolte menaçant de s'étendre aux régions contrôlées par la France, celle-ci intervient alors aux côtés de l'Espagne. 2 généraux s'illustrent particulièrement sur le champ de bataille : Pétain, vainqueur de Verdun, et un inconnu nommé Franco... Malgré la débauche de moyens militaires, la « pacification » ne prendra fin qu'en 1926, avec la reddition du chef des insurgés, Abd el-Krim.

L'accession à l'indépendance

Malheureusement, tous les résidents généraux, dont le pouvoir était, en fait, supérieur à celui du sultan, n'ont pas les qualités stratégiques de Lyautey. Maladroitement, la Résidence joue la carte des Berbères contre les Arabes. Un flot de protestations dans la bourgeoisie citadine, et des aspirations nationalistes commencent à apparaître.
En sortant affaiblie de la ***Seconde Guerre mondiale,*** la France perd son aura aux yeux des Marocains. En novembre 1942, les Alliés débarquent à Casablanca, et l'année suivante, une conférence y réunit Churchill, de Gaulle et Roosevelt. En marge de celle-ci, Roosevelt assure le ***sultan Mohammed ben Youssef*** de son soutien dans sa lutte pour l'émancipation et l'affranchissement de la tutelle française. Du coup, le sultan rallie illico la cause du parti de l'*Istiqlal* (Indépendance).
Les Français organisent la destitution du sultan par une assemblée de notables, où s'illustre le pacha de Marrakech, le célèbre El-Glaoui, qui joue dans le camp des occupants. Le sultan et ses fils sont exilés à Madagascar en 1953. C'est un véritable cadeau pour le parti nationaliste, derrière lequel le peuple se soude, exigeant le retour du sultan. Au Maroc, on assiste à des manifestations, boycotts des produits français, attentats, actions commandos, obligeant la France à rappeler Mohammed V, lequel fait un retour triomphal au pays en novembre 1955. L'***indépendance du Maroc*** est proclamée le ***2 mars 1956.***

UNE FORTUNE INSENSÉE

El-Glaoui, le pacha de Marrakech et ennemi de Mohammed V, était actionnaire de nombreuses mines et des bus CTM. Il touchait une dîme sur les amandes, le safran et les olives cultivés dans sa région. Sans compter les 25 % qu'il encaissait sur les revenus des prostituées. Soutenu un moment par les Français, il fut déchu et mourut en 1956.

Le règne d'Hassan II

Arrivé au pouvoir en 1961 à la suite de la mort de son père, Hassan II est un ***monarque absolu*** qui s'acharne à détruire toute forme possible d'opposition ; en témoignent, entre autres, l'assassinat de Medhi ben Barka (lire plus loin « Personnages ») et les prisons secrètes (à Tazmamart – nord d'Errachidia –, Agdz et El-Kelaa M'Gouna, notamment) où seront enfermés arbitrairement sous son règne des centaines d'opposants réels ou supposés. Les 2 tentatives d'attentat dont il fait l'objet en 1971 et 1972 ne sont pas là pour lui donner tort. Et c'est grâce à un coup de génie politique que le roi va faire l'unité des forces vives de la nation : la Marche verte (justifiée par le découpage colonial) lui permet de s'emparer pacifiquement du ***Sahara occidental,*** jusqu'alors aux mains des Espagnols.
Mais le Sahara ne permettra pas d'oublier les difficultés économiques qui se profileront les années suivantes qu'on appellera « les années de plomb ». En juin 1981, les ***émeutes de Casablanca*** sont durement réprimées par les blindés : on parle d'un millier de morts.
Il faut attendre plus d'une dizaine d'années pour que la situation commence à se décrisper. En juillet 1994, 400 détenus, pour la plupart politiques, sont libérés. En septembre ***1996,*** adoption par référendum du ***nouveau texte de la Constitution,*** instaurant 2 assemblées : une Chambre des députés (ou des représentants) et un Sénat (ou Chambre des conseillers), qui seront chargés de contrôler l'action gouvernementale. En mars 1998, le mécontentement grandissant amène une alternance politique assez inattendue : Abderrahmane Youssoufi, un ancien opposant au roi, accède au poste de Premier ministre d'un gouvernement d'alternance de centre gauche.
Hassan II meurt subitement le 23 juillet 1999, après 38 ans de règne. Son fils aîné lui succède sous le nom de Mohammed VI.

Mohammed VI : le règne du renouveau ?

Avant même d'accéder au trône, « ***Sidi Mohammed*** » avait séduit les Marocains par son dynamisme, la simplicité de son comportement public et son intérêt pour les déshérités. Même les plus grands adversaires de son père ont mis d'emblée tous leurs espoirs en lui. Faut dire que les Marocains avaient grand-soif de changement, et Mohammed VI semblait décidé à faire bouger les choses et à sortir l'Administration de sa léthargie.
Ainsi, dès son accession au trône, il libère 46 000 prisonniers, pour la plupart politiques. Quelques mois plus tard, il limoge Driss Basri, ministre de l'Intérieur et âme damnée d'Hassan II pendant plus de 20 ans, haï du peuple. Encore 6 autres mois, et c'est la libération du chef islamiste intégriste Cheikh Yassine. C'est un réel vent de liberté qui souffle alors : le retour au pays d'Abraham Serfaty, exilé pendant 8 ans pour avoir remis en cause l'appartenance du Sahara occidental au Maroc historique, en a été le principal symbole...
En parcourant le Maroc en long, en large et en travers, le roi s'affirme comme le souverain de toutes les régions : à l'opposé de son père, terré dans son palais depuis les attentats dont il fut victime.

LE COLLÈGE ROYAL

Pour Hassan II, l'éducation du prince héritier devait éviter l'isolement, le décalage avec les réalités du pays. Il décida donc d'entourer son fils d'autres élèves choisis parmi les plus doués du royaume. Aujourd'hui, ces quinquas, parfois d'origine modeste, ont pris le pouvoir. Très proches de « M6 », ils sont tournés vers la modernité et affaiblissent les potentats vieillissants et conservateurs. Une nouvelle élite, parfois accusée de noyauter l'économie du pays. Les acteurs changent, pas toujours le jeu.

Il rend public son mariage, une 1re dans l'histoire de la monarchie, laquelle apparaît soudain humanisée, démythifiée, comme en témoigne le surnom familier de « M6 ». Mohammed VI entreprend d'autres tâches de fond, comme la ***moralisation de la vie publique*** : des gestionnaires d'établissements publics sont mis en examen et écroués pour détournement de fonds.
Mais les forces conservatrices issues de la vieille garde d'Hassan II sont toujours influentes, et le chemin reste long. Ainsi, beaucoup de secteurs échappent encore à l'autorité du Premier ministre, en particulier les 4 ministères dits « de souveraineté » : l'Intérieur, la Justice, les Affaires étrangères et les Affaires religieuses. L'année 2002 verra l'organisation d'élections les plus libres et les plus transparentes que le Maroc ait jamais connues.

2003-2010 : malgré une période de troubles, un roi toujours populaire

Mi-mai ***2003,*** 8 jours après la naissance du prince héritier Moulay El-Hassan, les fanatiques intégristes commettent ***à Casablanca 5 attentats-suicides*** simultanés visant des intérêts occidentaux, avec un lourd bilan : plus de 40 morts.
Les élections législatives de septembre 2007, qualifiées de « transparentes », marquent une courte victoire du parti nationaliste Istiqlal face aux islamistes du PJD. Cela dans un contexte de forte abstention (63 %). Le roi nomme au poste de Premier ministre Abbas el-Fassi, du parti de l'Istiqlal, qui forme un gouvernement s'alliant plutôt avec la gauche, sans les représentants islamistes, arrivés pourtant 2ds aux élections.
En 2009, Mohammed VI célèbre ses 10 ans de règne. Si, de l'étranger, le bilan s'avère mitigé, notamment en matière de Droits de l'homme, les Marocains, quant à eux, portent un regard complaisant sur leur souverain : 91 % des personnes sondées soutiennent le roi, un vrai plébiscite ! Elles approuvent sa politique de proximité des services (construction d'écoles, d'hôpitaux, de routes, etc.), qui a permis de désenclaver les zones reculées et d'améliorer leur quotidien. De plus, elles ont le sentiment d'avoir acquis une plus grande liberté de ton. L'autoritarisme, la richesse affichée et sa participation dans la vie économique du pays ne lui sont pas reprochés, bien au contraire. C'est envers la *Moudawana,* nouveau code de la famille accordant plus de liberté aux femmes, et face au manque d'efficacité concernant l'éradication de la pauvreté que les Marocains sont le plus critiques !

2011 : « printemps arabe » et attentat

Les révolutions arabes en Tunisie et en Égypte inspirent les Marocains. Le ***20 février 2011,*** des dizaines de milliers de mécontents investissent les rues de Casablanca, Rabat, Agadir, Fès, Al-Hoceima... Ils défilent pacifiquement pour réclamer l'accélération des réformes promises : plus de démocratie, plus de liberté d'expression, un gouvernement élu et pleinement responsable, une justice vraiment impartiale, une limitation des pouvoirs du roi, moins de corruption, la fin de la collusion entre pouvoir et argent (la holding du roi, tentaculaire, s'étend à tous les marchés porteurs du royaume)... Pour calmer le jeu et reprendre la main, Mohammed VI surprend tout le monde en tenant, le ***9 mars,*** un ***discours très audacieux.*** Mais une partie des Marocains reste sceptique et maintient la pression à travers des manifestations régulières. Elles seront réprimées par la police dans les principales villes du pays.
Dans ce contexte bouleversé, le ***28 avril 2011, un attentat à la bombe*** détruit le café *Argana,* situé sur la place Jemaa-el-Fna, haut lieu du tourisme à Marrakech. Bilan : 17 morts (dont 8 Français) et une vingtaine de blessés. Malgré cet acte terroriste qui vise à déstabiliser le Maroc, le pouvoir marocain poursuit les réformes engagées et ne se laisse pas intimider.

Une nouvelle Constitution en trompe l'œil ?

Le ***17 juin 2011, le monarque*** présente la réforme promise de la Constitution et ***énonce les principaux changements*** : il transfère une partie de ses pouvoirs au nouveau « président du gouvernement », un Premier ministre au pouvoir renforcé, issu du parti vainqueur des élections législatives. Le rôle du Parlement et l'indépendance de la justice sont confortés, afin de mettre en place une séparation des pouvoirs. L'égalité entre la femme et l'homme est désormais inscrite dans la Constitution. La liberté de pensée et d'expression est garantie, la torture bannie. La langue amazighe (berbère) devient, à côté de l'arabe, langue officielle.
D'un autre côté, le roi demeure chef de l'État, chef des armées et commandeur des croyants ; le terme « sacré » n'est toutefois plus attaché à sa personne. Il préside un nouveau « Conseil de sécurité intérieure » et l'ancien Conseil supérieur de la justice (on la croyait devenue indépendante ?). Il peut toujours destituer un ministre.
Analystes et contestataires estimeront pourtant la nouvelle Constitution comme un pas vers la démocratie, bien qu'elle ne la garantisse pas à elle seule.
La victoire au ***référendum du 1er juillet*** est éclatante et entérine les réformes annoncées en mars : 98,5 % de « oui » et 27 % d'abstention. Un véritable plébiscite ? Des chiffres qui rappellent des pratiques d'un autre temps ? Toujours est-il que la nouvelle Constitution est promulguée le 29 juillet 2011 par décret.

Depuis 2012 : les islamistes au pouvoir

Les ***législatives anticipées du 25 novembre 2011*** voient la victoire des islamistes modérés du Parti de la justice et du développement (PJD), qui obtiennent plus d'un quart des sièges au parlement, malgré une abstention toujours aussi élevée (55 %). Conformément à la nouvelle Constitution, le secrétaire général du parti majoritaire au parlement, ***Abdelilah Benkirane,*** est nommé ***Premier ministre*** par le roi. Sa volonté de réformes est manifeste mais une fois au pouvoir les islamistes ne montrent guère de signes encourageants ; pire, ils exercent une censure sans vergogne, notamment sur la culture (avec les films *Exodus,* de Ridley Scott, et *Much Loved,* de Nabil Ayouch). Ce qui n'empêchera pas le PJD, lors des élections municipales de 2015, d'arriver en tête dans la plupart des grandes villes du pays : Rabat, Tanger, Fès, Meknès, Agadir ou encore Marrakech.
Malgré un bilan mitigé en matière d'éducation, de santé ou de chômage, malgré des « scandales de mœurs », un discours rétrograde du Premier ministre dénonçant le travail des femmes (violant par là même la Constitution qui garantit l'égalité des droits et la parité entre hommes et femmes), le PJD gagne les élections législatives d'octobre 2016. Mais avec moins d'un tiers des sièges au parlement, il échoue à former un nouveau gouvernement. Après plusieurs mois de blocage, le roi finit par nommer en avril 2017 Saad-Eddine El-Othmani, numéro 2 du PJD, au poste de Premier ministre.
La crise politique n'a pas aidé à résoudre la ***contestation grandissante dans le Rif***, au nord du pays. Depuis qu'un vendeur de poissons est mort accidentellement à Al-Hoceima fin octobre 2016 après qu'on lui a détruit sa marchandise, les manifestations s'intensifient. Jusqu'à présent, les autorités n'ont apporté qu'une réponse sécuritaire à ***des revendications avant tout sociales et économiques*** qui s'expriment ***dans un cadre pacifique*** : déploiement massif des forces de l'ordre, arrestations, violence policière... À l'été 2017, le pompage excessif d'eau par les agriculteurs entraîne de graves pénuries d'eau à Zagora, dans le sud du pays. ***Les manifestations*** de la soif ***sont réprimées*** par la police et 7 personnes interpellées. Les mécontentements reprennent dans l'Oriental (la zone frontalière avec l'Algérie), cette fois. Entre décembre 2017 et mars 2018, la contestation va bon train. Les militants du mouvement Hirak protestent contre le désengagement de l'État dans cette région particulièrement touchée par un chômage endémique. Le gouvernement ne change pas de méthode : violences à l'encontre des

manifestants et arrestations de 53 militants avec des peines allant jusqu'à 20 ans d'emprisonnement. Plusieurs manifestations en soutien aux détenus ont lieu dans le pays, mais sont là encore fortement réprimées. 2 mois plus tard, en août 2018, le roi graciait 188 personnes liées au Hirak, mais ni Nasser Zefzafi, le leader du mouvement, ni le journaliste qui avait couvert le sujet. Face aux réponses exclusivement sécuritaires de la part de l'Etat, les citoyens ont recours à d'autres formes de contestions.
À partir d'avril 2018, un boycott est lancé via les réseaux sociaux sur 3 marques emblématiques, en lien avec le régime. Le but : dénoncer la corruption, le coût de la vie et les conflits d'intérêts de certains politiciens avec le milieu des affaires. Le succès de l'opération déstabilise la coalition.
Dans le même temps, le pouvoir a fort à faire avec les djihadistes nationaux de retour de Syrie. Les cellules terroristes sont démantelées les unes après les autres dans un pays plus surveillé que jamais.

Le Maroc sur la scène internationale

En 2017, après 23 ans d'absence, le Maroc a regagné son siège au sein de l'Union africaine. Elle l'avait quitté pour protester contre l'admission de la République arabe sahraouie démocratique, mais son isolement a été vécu comme un frein à son assise internationale et à sa volonté d'expansion économique vers le continent. En tout cas, avec l'organisation de la COP 22 sur le climat en novembre 2016, le Maroc a renforcé sa position. Ses grandes avancées en matière d'énergies renouvelables, avec notamment la création du plus grand complexe industriel de production d'énergie solaire, le propulsent sur le devant de la scène. Quant au Sahara occidental, le sujet empoisonne les relations diplomatiques du royaume avec l'ONU et l'Union européenne.

INSTITUTIONS

Le Maroc est l'une des plus anciennes monarchies du monde, fondée il y a 12 siècles. Mohammed VI est le 23e monarque issu de la lignée des Alaouites, originaire de la côte d'Arabie. De nature héréditaire, la monarchie est régie par une Constitution, révisée et approuvée par référendum en 2011, à la suite des mouvements contestataires qui ont secoué le monde arabe. Elle affirme que le royaume est à la fois « un État musulman souverain » et « une monarchie constitutionnelle, démocratique, parlementaire et sociale ». L'arabe et l'amazigh (le berbère) sont les 2 langues officielles de l'État. La Constitution précise également qu'il ne peut pas y avoir de parti unique ; que l'islam, religion d'État, garantit néanmoins le libre exercice des cultes ; que « l'homme et la femme jouissent, à égalité, des droits et libertés à caractère civil, politique, économique, social, culturel et environnemental » ; que « sont garanties les libertés de pensée, d'opinion et d'expression sous toutes leurs formes » ; enfin, que « la liberté de la presse est garantie et ne peut être limitée par aucune forme de censure préalable ».
Concernant la succession du roi, la Constitution est très claire : « La couronne du Maroc se transmet de père en fils aux descendants mâles en ligne directe et par ordre de primogéniture, à moins que le roi ne désigne, de son vivant, un

LA BRANCHE FRANÇAISE

Jusqu'en 1912, le drapeau marocain était complètement rouge, symbole de la dynastie alaouite (rien à voir avec les sanguinaires syriens ; ouf !). Pour le différencier des autres drapeaux de la même teinte, le protectorat français décida de lui apposer un signe distinctif. Le maréchal Lyautey y ajouta ainsi une étoile verte à 5 branches, en référence aux 5 piliers de l'islam. Cet emblème a été conservé après l'Indépendance.

successeur parmi ses fils autre que son fils aîné. » S'il n'y a pas de descendance mâle directe, la succession est dévolue à la ligne collatérale mâle la plus proche. Personnage « inviolable et respect lui est dû », le roi est aussi le chef suprême des forces armées et, en tant qu'*Amir Al-Mouminine* (c'est-à-dire « commandeur des croyants »), il « veille au respect de l'islam (...) et de la Constitution ». Il est aussi « le garant de l'indépendance du pouvoir judiciaire ».
Le monarque reste au cœur du pouvoir exécutif. Il nomme le chef du gouvernement ainsi que ses ministres sur proposition du chef du gouvernement. Il préside le Conseil des ministres et le Conseil supérieur du Pouvoir judiciaire dont il nomme également les membres. En revanche, la politique générale de l'État est débattue au sein de Conseil du gouvernement, présidé par le chef du gouvernement.
Le roi a le pouvoir d'ordonner la révision de mesures législatives et de dissoudre les 2 chambres du Parlement, organe du pouvoir législatif : la chambre des Représentants, élus pour 5 ans au suffrage universel direct (c'est un peu l'équivalent de l'Assemblée nationale en France), et la chambre des Conseillers, élus pour 6 ans au suffrage indirect (leur fonction se rapproche de celle de nos sénateurs). La chambre des Représentants peut déposer une motion de censure qui, si elle est votée, oblige le gouvernement à démissionner. La Constitution précise également qu'aucun membre du Parlement ne peut être détenu ou jugé pour ses opinions, sauf si celles-ci remettent en cause la monarchie ou la religion musulmane.

MÉDIAS

Votre TV en français : TV5MONDE, la première chaîne culturelle francophone mondiale

Avec ses 11 chaînes et ses 14 langues de sous-titrage, TV5MONDE s'adresse à 360 millions de foyers dans plus de 190 pays du monde par câble, satellite et sur IPTV. Vous y retrouverez de l'information, du cinéma, du divertissement, du sport, des documentaires...
Grâce aux services pratiques de son site voyage • *voyage.tv5monde.com* •, vous pouvez préparer votre séjour, et une fois sur place, rester connecté avec les applications et le site • *tv5monde.com* • Demandez à votre hôtel le canal de diffusion de TV5MONDE et contactez • *tv5monde.com/contact* • pour toute remarque.

Radio

Depuis 2004 et la libéralisation des ondes, une douzaine de stations privées régionales et nationales ont vu le jour, comme *Atlantic* (généraliste), *Aswat, Chada FM* (divertissement) ou encore *Hit Radio* (musique, jeunesse), *Radio Mars* (sport, musique) et *Luxe Radio* (art de vivre, tendances), à côté des 2 chaînes publiques *RTM* et *Radio 2M,* et de *Medi 1* (à capitaux mixtes) déjà existantes. Les stations marocaines diffusent de nombreuses émissions en langue française. Le sud du Maroc reçoit assez mal les fréquences, voire pas du tout en dehors des villes.

Télévision

Les 2 grandes chaînes publiques nationales, *Al Aoula* et *2M* (avec davantage de programmes en français sur *2M*), en plus de leurs divertissements et fictions, relaient avant tout l'agenda officiel du roi et des membres du gouvernement. D'autres canaux étatiques existent, tels qu'*Assadissa,* appelée aussi « chaîne Mohammed VI », et ses programmes religieux, la chaîne culturelle *Arrabiâ* ou encore la régionale *TV Laâyoune* qui mise sur la proximité et entretient la position officielle sur la souveraineté marocaine au Sahara occidental. Parmi les dernières venues sur satellite, *Aflam TV,* une fenêtre sur le cinéma étranger et un levier pour la production marocaine ; ou encore la chaîne privée sportive *Arriyadiya* et la chaîne généraliste *Medi 1 TV* (à capitaux mixtes), basée à Tanger. Ainsi que, depuis 2010, *Tamazight TV,* la 1re chaîne marocaine en langue amazighe. La majorité des Marocains préfèrent les chaînes satellitaires, et si *Al-Jazeera* est encore très regardée, elle est aujourd'hui concurrencée par *France 24* en langue arabe. Le satellite accueille aussi une chaîne publique marocaine, *Al-Maghribiya,* qui se veut la voix du Maroc à l'attention des Marocains installés à l'étranger.

Journaux

Les principaux journaux sont : *Le Matin du Sahara et du Maghreb, L'Opinion, Libération* et *Al-Bayane.* Ces quotidiens sont les organes officiels des partis politiques, voire de la monarchie, ce qui ne laisse aucun doute sur leur marge de manœuvre. Rares sont les quotidiens indépendants. *Tel Quel,* un hebdo au ton vif, engagé et audacieux, propose des enquêtes fouillées. D'autres médias indépendants tels que *Le Desk* sont disponibles, mais uniquement sur Internet. La revue *Economia* se consacre à l'analyse de l'évolution économique et sociale du pays, sous un angle assez novateur.
Si la presse francophone est en voie de disparition, la presse arabophone est, elle, beaucoup plus lue.

Liberté de la presse

Au Maroc, 135e au classement mondial de la liberté de la presse de Reporters sans frontières, l'atteinte à la monarchie, à la personne du roi, à l'islam et à l'« intégrité territoriale » sont des lignes rouges quasi infranchissables par les journalistes. Si le nouveau code de la presse voté en août 2016 ne prévoit plus de peines de prison à leur encontre, le code pénal reste l'origine principale des poursuites. En 2017, alors qu'ils couvraient les manifestations d'Al-Hoceima, plus de 7 journalistes et journalistes-citoyens ont été poursuivis et emprisonnés sur la base du code pénal. Les expulsions manu militari de journalistes étrangers couvrant des sujets sensibles, comme la prostitution enfantine, sont régulièrement recensées. 5 cas l'ont été en 2016.
En juin 2018, le journaliste Hamid El Mahdaoui a été condamné à 3 ans de prison ferme pour « non dénonciation de l'atteinte à la sûreté intérieure de l'État ».
Enfin, au Sahara occidental, territoire non-autonome selon les Nations unies, les journalistes-citoyens qui tentent d'informer sur les violations commises contre les droits humains se voient également menacés, poursuivis et condamnés à des peines de prison très lourdes.

Ce texte a été réalisé en collaboration avec ***Reporters sans frontières.*** Pour plus d'information sur les atteintes aux libertés de la presse, n'hésitez pas à les contacter : • *rsf.org* •

MUSIQUE ET DANSE

Les musiques

La musique, qui s'exprime sous de nombreuses formes, fait partie de la vie quotidienne du Maroc.

La musique populaire

Variée et imaginative, la musique populaire est en constante évolution. Ce sont des chansons légères, en langue arabe dialectale. Il en existe 3 types principaux : le ***griha*** (appelé plus populairement *malhoun*) est une improvisation poétique, à l'origine purement vocale, qui s'est ensuite discrètement accompagnée de *oûd* (sorte de luth arabe) ou de violon avant de laisser place aux percussions.

La ***musique de cortège*** fait la part belle à une sorte de hautbois très criard, le *ghaïta* (qui rappelle la bombarde), et au tambour *tabala*. Lors d'événements importants, on utilise aussi une longue trompette droite, le *nafir*. Enfin, la ***ghounia*** est une chanson légère qui utilise des thèmes d'actualité et une musique orientale.

En marge de cette dernière, le ***raï,*** d'origine algérienne, a fait des émules au Maroc. Leur chef de file est Cheb Amrou, qui allie les sonorités raï et techno.

Il faut aussi citer les Nass el-Ghiwane, groupe formé à la fin des années 1960 à Casablanca et dont le nom renvoie à une confrérie religieuse. Ils se sont fait connaître par des textes engagés chantés sur des rythmes traditionnels (accompagnement au *guembri,* une sorte de luth à 2 ou 3 cordes, originaire de la boucle du Niger).

ZEBDA

Signifie « beurre » en arabe. Le groupe toulousain a choisi ce nom avec humour, car ce sont en effet... des Beurs !

Moins nombreuses sont les chanteuses : raison de plus pour en citer, comme Najat Aâtabou, la voix des jeunes Marocaines criant leur ennui (*J'en ai marre,* en français dans le texte, a été son plus grand succès), ou le groupe B'net Houariyat (*Les Filles de l'Houara,* plaine du sud de Marrakech), composé de 6 chanteuses-percussionnistes qui ont à leur répertoire différentes traditions musicales du Sud marocain.

La musique classique

Connue sous le nom de musique arabo-andalouse, c'est une musique de cour jouée et chantée généralement dans les grandes villes du Nord, à Fès, à Tétouan et à Rabat. Elle est surtout un divertissement pour les hommes de lettres et les savants, les textes étant toujours d'une grande qualité. Originaire de l'Arabie (Médine, La Mecque), elle s'est propagée jusqu'en Espagne, via le Maroc où elle a fait son apparition au IXe s.

Après la chute de Cordoue, beaucoup de musulmans arabes sont venus s'installer à Fès et à Tétouan, devenus ainsi les foyers de la musique arabo-andalouse au Maroc, dont le grand maître fut Ziryab, arrivé à Cordoue en 822. L'orchestre est composé d'instruments à cordes frottées et pincées : *rebab* (ou rebec, vieil instrument de la famille des violes, connu au Moyen Âge et disparu des orchestres occidentaux modernes, qui tient le registre grave de l'orchestre), violon quart de ton, *oûd* (luth à 6 cordes typique des pays arabes), cithare *(qânûn) ;* et aussi de percussions, le *tar* (tambour sur cadre porteur de cymbalettes, instrument de haute virtuosité conducteur rythmique de l'orchestre) et la *derbouka* (tambour en céramique). Les poèmes sont chantés en arabe classique ou en dialectal andalou. Les Marocains ont développé une forme de poème qui leur est propre : le *malhun,* où le chanteur tient la place centrale. Cette musique traditionnelle n'est pas notée mais se transmet par l'enseignement auditif. Un grand nom en est Abdelkrim Raïs, disparu en 1996, dont un disque propose un excellent concert enregistré à Paris (distribution Harmonia Mundi).

Classique également est la musique d'inspiration sacrée qui relève du soufisme. Pour les orthodoxes musulmans, la pratique des instruments est une hérésie, notamment dans les lieux sacrés, mais le soufisme, autre expression de l'islam sous forme de confréries, a développé l'art du chant sacré (pour voix d'hommes). On passe de la *nouba* (suite de poèmes chantés) au *dikhr* (*ladkar* au pluriel), forme incantatoire où l'on répète une formule jusqu'à la transe. Le disque *Les Voix de Fès* (chants sacrés du soufisme marocain chez Sony Music) peut vous permettre d'approcher cette spiritualité.

La musique berbère ou rurale

La musique rurale, notamment berbère, est souvent indissociable de la danse et de la poésie, et a gardé, dans son isolement pastoral, toute son authenticité. Elle

est inspirée de la campagne marocaine, au seul rythme résonnant du *bendir* (cadre circulaire en bois tendu de peau de chèvre). Les chants et danses des paysans sont de magnifiques spectacles. Ils changent de caractère selon l'endroit et la tribu, mais ont très souvent une fonction religieuse, puisque le nom de Dieu est invoqué de façon répétitive afin de prévenir du gel, du vent, de la sécheresse...
Yuba est un chanteur qui fait connaître la culture amazighe, en chantant l'amour, mais aussi les problèmes actuels de la société marocaine, notamment l'immigration clandestine.

La musique du monde arabe

Enfin, le Maroc est très ouvert aux grands chanteurs égyptiens ou proche-orientaux, tels Oum Kalthoum, Fairuz et Mohammed Abdel Wahab dont vous entendrez souvent les airs, peut-être sans le savoir, en particulier dès qu'un joueur de *oûd* viendra agrémenter un dîner au restaurant.

Les danses

Vous assisterez certainement à quelques danses folkloriques, le plus souvent collectives. La plus répandue, dans la région du Moyen Atlas, est l'*ahidous,* qui rassemble plusieurs dizaines d'hommes et de femmes autour d'un meneur de jeu. Les battements de mains scandent la mélodie.
Dans le Haut Atlas, en pays chleuh, on peut observer l'*ahouach,* dansée par des femmes alors que les hommes donnent le rythme en frappant les *bendir.*
Les Gnaoua, dont la présence au Maroc remonte aux 1res caravanes en provenance du Soudan (l'actuel Mali), ont conservé leurs rythmes africains. Ils s'étourdissent, sautent, voltigent en suivant la cadence frénétique des crotales (rassurez-vous ! ce sont de grosses castagnettes métalliques). On peut assister à leur démonstration à Essaouira ou à Marrakech (place Jemaa-el-Fna notamment et dans certains restaurants), ainsi que dans certains petits villages aux alentours de Merzouga (Khamlia). Dommage, ces « spectacles » sont adaptés pour les touristes et de plus en plus dénués d'authenticité (lire la rubrique qui leur est consacrée au début du chapitre « Essaouira »).

PERSONNAGES

– ***Nabil Ayouch*** *(1969)* **:** le cinéaste casablancais a notamment réalisé *Mektoub, Ali Zaoua, Whatever Lola wants.* Il a également tourné pour Arte un téléfilm intitulé *Une minute de soleil en moins,* qui aborde le thème de la corruption, et le documentaire *My Land* sur la question palestinienne. À lui seul, il a modernisé le cinéma marocain avec le souci de créer le débat. Mais son film *Much Loved,* présenté à Cannes en 2015, traitant de la prostitution à Marrakech, a été censuré par les autorités marocaines.
– ***Abdelatif Benazzi*** *(1968)* **:** né à Oujda. Plusieurs fois capitaine de l'équipe de France de rugby, il s'illustre dans les années 1990 en remportant à plusieurs reprises le Tournoi des Cinq Nations, puis en disputant la finale de la Coupe du monde en 1999. Débarqué à Agen en 1988, où il fit l'essentiel de sa carrière, il n'en garde pas moins des relations très fortes avec son pays natal. Durant la saison 2015-2016, il fut manager général du Montpellier Hérault Rugby.
– ***Mehdi ben Barka*** *(1920-1965)* **:** ce professeur de mathématiques fonde, en 1950, l'Union nationale des forces populaires (UNFP), qui devient le principal parti d'opposition au régime. Exilé, il est condamné à mort par contumace en 1963 pour avoir pris position en faveur de l'Algérie contre le Maroc. Il est enlevé à Paris en 1965 par des policiers français travaillant pour le compte du général Oufkir, chef de la police marocaine. Il a sans doute été assassiné dans les jours qui suivirent son enlèvement. Cette affaire, symbolique de la répression des opposants

au régime d'Hassan II, a longtemps gelé les relations franco-marocaines, et des zones d'ombre subsistent encore aujourd'hui.

– ***Tahar Ben Jelloun*** *(1944)* **:** né à Fès, c'est sans doute l'un des écrivains marocains les plus connus en France et en Europe. Tour à tour journaliste (au *Monde*) et écrivain, il révèle à ses débuts les failles sociologiques et psychologiques de son pays d'origine. Son œuvre devient au fil des ans de plus en plus romanesque, s'installant dans la tradition merveilleuse des contes arabes. Quelques thèmes toutefois continuent de le hanter : l'errance, la solitude et la sensualité des corps. Il a obtenu en 1987 le prix Goncourt pour *La Nuit sacrée,* une suite au livre qui le fit connaître : *L'Enfant de sable.*

– ***Bziz*** *(1960)* **:** né à El-Jadida, de son vrai nom Ahmed Sanoussi. Cet humoriste a la particularité d'être une star dans son pays sans pouvoir y être médiatisé : son humour engagé et incisif traitant des problèmes de société lui a fermé les portes des radios, des TV et des grandes salles de spectacles sans qu'il soit toutefois officiellement interdit...

– ***Mohammed Choukri*** *(1935-2003)* **:** né dans le Rif marocain, il débarque à Tanger à l'âge de 7 ans avec ses parents qui fuient la famine. Il mène une vie de vagabond et n'apprend à lire et à écrire qu'à l'âge de 20 ans. Ami de Paul Bowles, qui l'a fait connaître dans le monde anglophone, et de Jean Genet, c'est un écrivain reconnu, auteur de romans, de poèmes et de nombreux articles. Son œuvre la plus célèbre est *Le Pain nu* où il retrace sa jeunesse tumultueuse. Tahar Ben Jelloun le traduira en français dans les années 1980.

– ***Driss Chraïbi*** *(1926-2007)* **:** né à Mazagan (aujourd'hui El-Jadida), il s'installe à Paris en 1945. Son 1er roman, *Le Passé simple* (éd. du Seuil ; coll. « Points Roman »), paraît en 1954. Il stigmatise la condition féminine et le poids des traditions en terre d'Islam. Très bien accueilli par la critique française, il a longtemps été interdit au Maroc. L'œuvre de Chraïbi compte une quinzaine d'ouvrages aux thèmes variés, parmi lesquels une série de romans policiers un tantinet loufoques, dont le personnage central est l'inspecteur Ali. Driss Chraïbi s'est éteint dans le sud-ouest de la France, où il résidait.

– ***Jamel Debbouze*** *(1975)* **:** né à Paris de parents marocains, il fait ses débuts de comédien à la Ligue d'improvisation française. Il est repéré par *Radio Nova* et passe au petit écran, sur *Paris Première,* puis sur *Canal* + en 1998. C'est aujourd'hui un humoriste, un producteur et un acteur accompli. En 2006, tout comme les 4 autres acteurs du film, il reçoit le prix d'interprétation masculine à Cannes, pour sa performance dans *Indigènes* de Rachid Bouchareb. Film à la suite duquel il s'implique personnellement pour une meilleure reconnaissance des soldats nord-africains intégrés aux forces armées françaises pendant la Seconde Guerre mondiale. Après le succès rencontré en France avec son *Comedy Club,* il organise chaque année un festival international d'humour, le *Marrakech du rire.* Sa célébrité a su redonner espoir à de nombreux « rebeus » français... ainsi qu'aux handicapés. Respect !

– ***Hicham el-Guerrouj*** *(1974)* **:** né à Berkane, cet athlète, quadruple champion du monde (1997, 1999, 2001 et 2003) et recordman du monde à de multiples reprises, a dominé sans conteste la discipline du 1 500 m. En 2004, il remporte également la médaille d'or sur 1 500 m et 5 000 m aux Jeux d'Athènes, devenant ainsi héros national et porte-drapeau de l'athlétisme marocain. Il a pris sa retraite sportive en 2006.

– ***Nawal El Moutawakel*** *(1962)* **:** née à Casablanca, athlète professionnelle dès 1978, elle remporte la médaille d'or du 1er 400 m haies de l'histoire des Jeux olympiques à Los Angeles en 1984. Après une carrière d'entraîneuse et de nombreuses fonctions au sein d'institutions sportives (et même une courte carrière en politique), elle est aujourd'hui vice-présidente du Comité international olympique et fut présidente de la Commission de coordination des JO de Rio 2016.

– ***Leïla Slimani*** *(1981)* **:** née à Rabat dans une famille aisée, d'un père marocain banquier et haut-fonctionnaire, et d'une mère franco-algérienne qui fut l'une des

1res femmes médecins du Maroc. Journaliste et écrivaine, elle reçoit le prix Goncourt pour son 2e roman *Chanson Douce.* En 2017, elle publie *Sexe et Mensonges,* un essai qui dénonce la misère sexuelle dans le Maghreb (voir aussi plus haut dans « Maroc utile », les « Livres de route »).

– ***Gad Elmaleh*** *(1971)* **:** né à Casablanca. Fils d'un mime, il interrompt une scolarité chaotique pour partir au Québec, où il fait ses 1res armes sur les planches. À 21 ans, il retraverse l'Atlantique pour suivre le cours Florent à Paris. Aujourd'hui acteur de cinéma *(A+ Pollux, La Doublure, Hors de prix...)* comme de théâtre, il explose dans ses one man shows riches en personnages très méditerranéens (on se souvient de *Chouchou*) ou directement issus de notre vie quotidienne.

– ***Ibn Battuta*** *(vers 1304-1369 env)* **:** né à Tanger, c'est sans doute l'un des personnages les plus fascinants du Maroc. Cet infatigable voyageur et routard avant l'heure a parcouru en 29 ans 116 800 km correspondant à 44 pays actuels (avec les moyens de l'époque !), soit un périple 3 fois plus long que celui de Marco Polo. Ses pas l'ont mené de l'Afrique occidentale et orientale à la Chine, à Ceylan et à Sumatra, en passant par la Syrie, l'Iran, l'Irak et l'Inde, sans oublier Byzance et la Russie ! Il y rencontra des centaines de peuples ayant tous un point commun : leur foi en l'islam. Il a rapporté de ses voyages l'un des plus fabuleux témoignages sur les us et coutumes de l'époque, intitulé *Présent à ceux qui aiment à réfléchir sur les curiosités des villes et les merveilles des voyages.* Après toutes ses pérégrinations, il revint se fixer au Maroc.

– ***Jilali Ferhati*** *(1948)* **:** né à Tanger, c'est l'un des plus grands et des plus poétiques cinéastes du monde arabe. Il a réalisé 6 films dont *La Plage des enfants perdus,* sélectionné dans tous les grands festivals de la Méditerranée et souvent primé. *Mémoire en détention,* tourné en 2004, revisite les années de plomb à travers un personnage amnésique.

– ***Khadija Riyadi*** *(1960)* **:** cette militante – ingénieur, ancienne fonctionnaire du ministère marocain des Finances et membre du parti marxiste *Annahj Addimocrati* – a également été présidente de l'Association marocaine pour les Droits de l'homme. En 2013, elle a reçu le prix des Droits de l'homme des Nations unies.

– ***Edith Piaf*** *(1915-1963)* **:** née à Paris, l'immense interprète avait des origines marocaines par son arrière grand-père, un Berbère d'Essaouira. C'est d'ailleurs sa grand-mère maternelle, Emma ou Aïcha, mi-marocaine mi-italienne, qui recueille Edith à sa naissance. La chanteuse avait ce point commun avec Marcel Cerdan, son grand amour : né en Algérie, il avait vécu à Casablanca. Son surnom de boxeur ? « Le bombardier marocain ».

– ***Jean Reno*** *(1948)* **:** né à Casablanca. De son vrai nom Juan Moreno y Herrera-Jimenez. Ses parents espagnols fuient le régime de Franco, d'abord en s'installant au Maroc, puis en France en 1960. Sa carrière de comédien décolle grâce au *Grand Bleu,* à *Nikita* et à *Léon,* de Luc Besson. Le comte Godefroy de Montmirail des *Visiteurs* tourne ensuite plusieurs films aux États-Unis (*Mission impossible, Da Vinci Code,* etc.). Ce grand acteur (1,93 m), au regard imperturbable, multiplie les longs-métrages, aussi bien sur grand que sur petit écrans (notamment avec la série *Jo*).

POPULATION

Les Berbères

Les différentes communautés berbères se répartissent sur l'ensemble de l'Afrique du Nord, principalement dans les zones de montagne. Au Maroc, les Berbères comptent parmi les plus anciens habitants du pays et représentent aujourd'hui 2/3 de la population. Au nord vivent les Rifains, plus au sud les Brabers et les Chleuhs. Tous ont en commun la culture berbère. Entre eux, ils s'appellent *Imazighen,* c'est-à-dire « hommes libres ». Cette étymologie, qui sonne bien pour

les touristes, est toutefois controversée ; l'étymologie serait en fait « les fils de Mazigh », l'ancêtre mythique. Pour beaucoup, il serait plus juste de parler de berbérophones car il n'y a pas de type berbère. Même si les dialectes berbères diffèrent, il est possible, avec une certaine bonne volonté, de se comprendre de l'un à l'autre.
On distingue donc plusieurs groupes.
– ***Les Rifains,*** habitants du Rif et qui parlent le *tarifift.*
– ***Les Chleuhs*** vivent dans la plaine du Souss, la vallée du Drâa, le Haut Atlas et l'Anti-Atlas. Ils parlent le *tachelhit* (l'un des 3 principaux dialectes berbères) et forment probablement, avec les Rifains, le fonds le plus ancien du groupement berbère.
– ***Les Soussis,*** habitants du Souss, sont très connus pour leurs aptitudes commerciales.
– ***Les Brabers,*** qui parlent le *tamazight* (dialecte de la langue amazighe), sont localisés essentiellement dans le Moyen Atlas et une partie du Haut Atlas, ainsi que dans certaines vallées. Ils transhument avec leurs troupeaux de moutons ou cultivent la terre, assez riche dans le Moyen Atlas, ou desséchée par le soleil le long de la *route des mille kasbah* (d'Errachidia à Ouarzazate). Beaucoup ont fait des études et occupent des postes importants à travers le Maroc. Mais ils sont toujours liés à leur famille et à leur village d'origine.
– Pour être complet, il faut aussi citer les ***Zénètes.*** Ce groupement se rencontre majoritairement en Algérie centrale et occidentale, mais il est représenté dans le nord-est du Maroc.

LE CHLEUH, C'EST DU CHINOIS

Quel rapport entre les Chleuhs du Maroc et nos voisins allemands ? L'armée française, bien sûr ! Après avoir combattu les Chleuhs, dont elle ne comprenait pas la langue, l'armée coloniale attribua par extension ce sobriquet à son ennemi allemand, au langage tout aussi obscur. Bref, pour le troufion de l'époque, le berbère comme l'allemand, c'était du chinois.

À l'époque du protectorat, les Français ont voulu favoriser les Berbères au détriment des Arabes, en encourageant, par exemple, la création d'écoles berbères comme le collège d'Azrou, ou en promulguant le *dahir* berbère (1930). Cette politique ne fut pas appréciée par le pouvoir alaouite, qui redoutait une possible sécession des Berbères et une éventuelle opposition musclée au régime. En effet, le *makhzen,* le « pouvoir central », a de tout temps éprouvé une méfiance exagérée devant toutes les manifestations de la culture berbère, à commencer par la langue.
La politique d'arabisation menée depuis les années 1960 a rendu le berbère hors la loi dans les écoles, avec comme conséquence inattendue un taux d'analphabétisme particulièrement élevé (beaucoup plus qu'en Libye, en Tunisie ou en Algérie, par exemple), puisque l'enseignement se faisait dans une langue que bon nombre d'enfants ne comprenaient pas. Toutefois, comme il existait une tradition et une littérature orales, le berbère est devenu, en réaction, un moyen d'expression artistique et même politique.
Dans ce domaine, l'arrivée de Mohammed VI a fait bouger les choses : un Institut royal de la culture amazighe (*• ircam.ma •*) a été créé en 2001, un an après la décision officielle d'enseigner à nouveau la langue berbère à l'école. Une chaîne télé en langue berbère, *Tamazight TV,* a par ailleurs commencé à émettre en 2010. Et l'amazigh est érigé au rang de langue officielle, avec l'arabe, dans la nouvelle Constitution de 2011.

Les Arabes

Les 1ers Arabes, originaires d'Arabie, ne sont arrivés qu'à partir du VIIe s. Leur pénétration sur le sol africain va ouvrir la partie nord du continent de manière quasiment unilatérale à la religion musulmane. Mais les Arabes, peu nombreux, n'ont aucune appétence colonisatrice. C'est en enrôlant des Berbères dans leurs troupes qu'ils vont entreprendre la conquête de la péninsule Ibérique, et y rester pendant 7 siècles.

Les populations berbères ont été rapidement islamisées, avec plus ou moins de résistance, car le *Moughrabi* (« l'Occidental » en arabe) n'éprouve aucune difficulté pour adhérer au monothéisme. En effet, plusieurs siècles de romanisation l'ont déjà familiarisé avec la notion de dieu unique (culte de Saturne, du Soleil, judaïsme ou chrétienté byzantine). Mais les Berbères vont très rapidement se différencier des Arabes en embrassant le *kharidjisme* (de l'arabe *khawarij,* qui signifie « dissidence »), branche orthodoxe de l'islam prônant une doctrine démocratique sur le choix du calife.

L'influence la plus notable de la culture arabe dans cette partie de l'Afrique est due aux invasions des Banu Hilal dans la 2de moitié du XIe s. Ces nomades arabes, originaires du Hedjaz, vont déferler en masse sur les campagnes, assimilant une partie des Berbères et obligeant l'autre à se réfugier dans les massifs montagneux. Ces soldats s'installèrent dans les grandes plaines comme le Tadla ou le Haouz, conduisant à ce qu'on a appelé la « bédouinisation » du Maroc, le système de vie pastoral s'imposant aux dépens de l'agriculture sédentaire.

Les Arabes sont cantonnés dans certaines zones, telle la plaine littorale englobant entre autres Rabat et Casablanca, Fès, et dans certaines villes berbères à l'origine, telles Marrakech (ancienne capitale berbère) ou Agadir. Ils sont également présents dans la vallée du Drâa et dans le Tafilalet.

Les Juifs marocains

Installés dans cette partie de l'Afrique très certainement à la suite de la destruction du Temple par les Babyloniens en 586 av. J.-C. (qui marque le début de la diaspora), les juifs s'intègrent très rapidement aux populations berbères, tant et si bien qu'à l'arrivée des Arabes et de l'islam, un certain nombre de Berbères étaient convertis au judaïsme. En 1492, quand les juifs furent expulsés d'Espagne, quelque 150 000 d'entre eux appartenant à la communauté séfarade andalouse s'établissent au Maroc et se font une place dans la société marocaine. Dans les grandes villes, leur quartier, le mellah, ne ressemble guère aux ghettos des pays d'Europe orientale. Il jouxte le plus souvent le palais royal, les conseillers du roi étant souvent juifs.

REFUS D'OBTEMPÉRER

« Il n'y a pas de juifs au Maroc, il n'y a que des sujets marocains ! » Telle fut la réponse de Mohammed V au gouvernement de Vichy, qui lui demandait de procéder à l'enregistrement des juifs. S'il refusa, c'est aussi pour affirmer son autorité vis-à-vis des Français collaborationnistes...

Malgré quelques épisodes sanglants et une politique de division du protectorat, les Juifs marocains n'ont eu que rarement à pâtir de l'antisémitisme de la part des musulmans, ce qui ne fut pas le cas avec les colons français installés au Maroc pendant le protectorat, dont la communauté était majoritairement antisémite.

Après la naissance d'Israël, l'Agence juive envoya d'excellents émissaires, le nouvel État ayant grand besoin de bras. C'est ainsi qu'une partie importante de la communauté juive marocaine prit le chemin d'Israël, où ils sont aujourd'hui en grande partie mal intégrés dans un État dont les rouages sont aux mains des juifs ashkénazes.

Mais c'est surtout l'indépendance du Maroc, en 1956, puis la guerre des Six Jours entre Israël et l'Égypte, en 1967, qui provoquèrent le départ de la plupart des Juifs marocains. Aujourd'hui, l'essentiel de la communauté juive (quelques milliers de personnes) demeure à Casablanca.

Les autres minorités

– ***Les Haratin*** seraient parmi les plus anciens habitants du Maroc, peut-être descendants de populations préhistoriques qui se seraient réfugiées vers le nord lors de l'assèchement progressif du Sahara. Ayant subi très tôt la domination des tribus protoberbères nomades, la plupart d'entre eux se sont métissés avec les esclaves noirs que la traite orientale a abandonnés en servitude aux populations oasiennes commerçantes ou agricoles. Ils habitent toujours les oasis du Sud, et appartiennent aux couches sociales les plus humbles. Leur nom (que l'on prononce « haratine », avec un « h » fortement expiré) est le pluriel de *hartani,* qui est utilisé à la fois pour caractériser une couleur de peau très sombre et pour dénommer des affranchis de 2d rang. Moulay Ismaïl a aussi employé 150 000 *Songhay,* pour l'essentiel amenés du « pays des Noirs » *(Bilad as-Sudan),* l'actuel Mali, comme soldats de sa garde personnelle, dite « garde noire ». Il les considérait comme les seuls à être sûrs, car restant en dehors des querelles tribales. Cette milice chérifienne existe encore de nos jours.

La famille

La famille constitue la pierre angulaire de la société marocaine. Ce n'est pas la famille moderne européenne, mais plutôt le « clan » composé de nombreux cousins, aux enfants de qui on marie ses propres enfants pour éviter que les biens familiaux ne soient éparpillés. En cas de difficulté ou de deuil, chacun trouve aide et réconfort, souvent jusqu'à l'âge de la retraite. Inutile de s'inquiéter d'un lieu où passer ses vacances, puisqu'il y aura toujours un cousin éloigné chez qui dormir.
Mais, revers de la médaille, la famille fait peser sur chacun de ses membres un poids immense, la *hchouma.* Elle varie selon les régions, et règle ce qui se fait et ce qui ne se fait pas. C'est le regard de la communauté sur l'individu. Soumis à Dieu, il l'est aussi au père. Et si la ruse permet d'échapper au regard paternel, comment échapper à celui du voisinage, qui assure un contrôle social d'une terrible efficacité ? Toute révolte du jeune est quasi impossible, puisqu'elle aurait pour effet de l'exclure du groupe. Pourtant, aujourd'hui, une grande partie de la jeunesse marocaine est confrontée à un choc culturel entre valeurs traditionnelles et occidentales, magistralement illustré par Driss Chraïbi dans son roman *Le Passé simple.*
À titre d'exemple, le refus catégorique de la mixité, pour faire en sorte que les filles encourent le minimum de risques d'être séduites, et cela dans un seul but : leur permettre d'arriver vierges au mariage. Dans toutes les couches sociales, le tabou de la virginité reste incroyablement puissant, avec pour corollaire un sentiment de frustration très grand, aussi bien chez les hommes que chez les femmes. Beaucoup de femmes sont convaincues qu'en manifestant un intérêt trop marqué pour l'érotisme, elles courent le risque d'apparaître comme des « filles perdues » aux yeux de leur mari. En effet, la société traditionnelle ne considère l'épouse qu'à l'image d'une génitrice, alors que la loi réformant le code de la famille, votée début 2004 et initiée par Mohammed VI, place désormais la famille sous la responsabilité conjointe des 2 époux. Cette avancée (et d'autres du même ordre) est le fruit d'un âpre combat mené par les associations féministes. À présent, les femmes – pas toutes, loin de là ! – sont immergées dans la vie moderne, travaillent en entreprise, vivent de vraies relations d'amour avec le mari qu'elles ont choisi. Et si ça n'est pas le cas, gare à celles et ceux qui auraient choisi la voie de l'adultère, car il est toujours passible de prison au Maroc.
– Lire également plus haut les rubriques « Enfants et éducation » et « Femmes ».

L'immigration clandestine : le nouveau drame du Maroc

Avec l'Algérie, la Tunisie et la Libye, le Maroc est l'un des principaux pays de transit de l'immigration clandestine vers l'Europe. Le mirage d'une vie meilleure

en Europe est entretenu par des passeurs peu scrupuleux, agissant comme de véritables trafiquants d'humains (certains immigrants déclarent avoir payé plusieurs milliers d'euros la seule traversée). Les immigrants arrivent principalement de l'Afrique subsaharienne.
Les routes de l'immigration au Maroc changent régulièrement au gré des accords internationaux, de la géopolitique et des lois d'immigration dans les pays traversés. Dans le cadre de sa coopération avec l'Espagne, la France et le Portugal, le Maroc a durci ses contrôles, et les immigrés sont arrêtés avant même de pouvoir entrer sur le sol marocain. Ils sont refoulés à la frontière dans des conditions inhumaines, selon l'Association marocaine des droits humains.

RELIGIONS ET CROYANCES

Mahomet, « le Loué »

Le fondateur de la religion musulmane est Mahomet (*Muhammad,* « le Loué »). Ce n'est pas un fils de Dieu. Il serait né vers 571 dans une famille de La Mecque. Orphelin à l'âge de 12 ans, il accompagne son oncle en Syrie où, si l'on en croit la *Sunna,* c'est-à-dire la tradition qui rapporte les actions et les paroles du Prophète, un moine reconnaît en Mahomet un prophète et lui prédit une grande destinée. Celle-ci commence modestement par un rôle de gardien de moutons. À l'âge de 25 ans, il est engagé par une riche commerçante, Khadija, qui le charge d'aller en Syrie vendre ses marchandises. Ce garçon, qui avait l'habitude de se retirer dans une caverne pour méditer, n'en est pas moins homme pour autant : il épouse sa patronne, et 4 filles naissent de cette union, parmi lesquelles Fatima, dont de nombreuses familles revendiquent aujourd'hui la descendance. Faute d'enfant mâle, il adopte un esclave du nom de Zayd, qu'il affranchit.
Lors d'une de ses retraites, vers l'an 610, l'archange Gabriel lui apparaît en songe et lui dicte des versets qu'il répète d'abord à son entourage, puis transmet à ses secrétaires. Au rythme d'une visite par an pendant 23 ans, l'archange dicta encore de nombreux versets, formant le texte du *Coran* (mot arabe signifiant « récitation »).
Le Prophète commence sa vie publique et ses prédications. Les 1ers disciples se rassemblent, mais son enseignement dérange le pouvoir de la bourgeoisie mecquoise. Son idée de l'*islam* autant que le refus du culte polythéiste et idolâtre alors en vigueur choquent les notables. Des persécutions et des guerres religieuses s'ensuivent, principalement dans sa tribu, qui lui est la plus hostile. La situation devenant intenable à La Mecque, il émigre le 16 juillet 622 à Yathrib, avec une soixantaine de partisans : c'est à partir de cette date (*hégire,* c'est-à-dire « expatriation ») que commence l'ère musulmane. La ville est rebaptisée la ville du Prophète, *Madinat al-Nabi,* connue dans notre langue sous le nom de Médine.
L'influence de Mahomet prend très vite une importance considérable. Après de nombreuses péripéties, il conquiert par la force sa ville natale en 630, y entre triomphalement et brise toutes les idoles qui entouraient la Kaaba (grand cube noir au centre du temple de La Mecque). Le Prophète s'éteint 2 ans plus tard, le 8 juin 632. Sa succession est d'abord assurée par ses lieutenants, puis donnera lieu à une scission, Moawiya soufflant à Ali (au prix d'une guerre) la direction de la communauté des croyants. De ce schisme naîtra la rivalité viscérale entre sunnites et chiites (lire plus loin les différences entre les 2 branches de l'islam).

L'islam

La doctrine prêchée par Mahomet s'appelle l'*islam,* c'est-à-dire la « résignation à la volonté de Dieu ». Elle est consignée dans le Coran. Les musulmans croient à la nature divine des Psaumes, de la Torah, des Évangiles, mais considèrent que

certains Livres révélés n'ont pas échappé à l'altération apportée par les hommes, altération qui a rendu l'unicité divine moins radicale. La mission de Mahomet est de rétablir la révélation divine dans son intégrité.
Le Maroc observe le rite malikite, l'un des 4 rites de la branche sunnite, se caractérisant par une ouverture sur la réalité qui rend la société marocaine plus perméable aux autres cultures, à l'opposé du rite hanbalite, dogmatique et intransigeant, qui a cours dans la péninsule arabique.

PROPHÈTES RÉUNIS

Certes, Mahomet est le plus grand des prophètes, puisque c'est lui qui a transmis aux hommes la parole que lui dictait Dieu. Mais, beau joueur, l'islam reconnaît aussi les rôles prophétiques de Jésus, Moïse, Abraham et Adam (tous cités dans le Coran). Quant à Marie (Maryam), elle est la seule femme mentionnée dans le Coran.

Sunnisme et chiisme : quelques différences entre les deux principaux courants de l'islam

85 % de la communauté musulmane dans le monde sont sunnites. Les 15 % de chiites restants sont majoritaires en Iran, Irak, Azerbaïdjan, au Bahreïn, minoritaires en Syrie, au Liban, au Yémen, en Afghanistan, en Inde et au Pakistan.
Le terme « chiite » vient de schisme, celui qui eut lieu après la mort du Prophète en 632. La succession est alors prise en main par les compagnons du Prophète, soutenus par les sunnites. Or, les chiites considèrent Ali, le gendre du Prophète, et ses descendants comme seuls chefs légitimes.
Les sunnites se réfèrent aux *hadiths,* recueils des faits et gestes du Prophète rapportés par des tiers. Coran et *hadiths* forment la *Sunna.*
Contrairement aux sunnites, la communauté chiite est structurée par un clergé. Il est indépendant de l'exécutif (selon eux, le roi ne saurait être le commandeur des croyants, comme au Maroc) ; l'imam représente Dieu sur Terre. Pour les sunnites, l'imam dirige la prière, mais le croyant est en lien direct avec Dieu.
Le clergé chiite, très puissant, peut juger, édicter des lois et collecter directement l'impôt religieux.
La prière ne se déroule pas tout à fait de la même façon : les mains sont placées différemment, et les chiites font reposer leur tête sur un coussin d'argile issu de Kerbala (un des lieux saints du chiisme).
Aux différends religieux se sont récemment ajoutées des rivalités politiques et géopolitiques, les 2 grandes puissances (l'Arabie sunnite et l'Iran chiite) cherchant à étendre leur modèle. Pour les chiites, les sunnites se sont corrompus auprès des Américains.

Le Coran

Recensé en arabe en 634, le Coran est la transcription des paroles de Dieu dictées à Mahomet. Il enseigne que la durée de la Création est de 6 jours. Les bonnes et les mauvaises actions des hommes jugées au Jugement dernier méritent un paradis et un enfer, où les félicités et les souffrances corporelles tiennent la plus grande place. Car c'est là un des traits dominants de l'islam : il n'y est pas fait abstraction des besoins et des passions du corps humain. Le fatalisme n'y est pas aussi absolu qu'on se l'imagine ; la globalité de ses actions a été écrite d'avance sur les Tables de Dieu, mais l'homme peut en modifier la qualité, en bien ou en mal.
La morale, évidemment, tient une grande place dans la doctrine de l'islam. La 1re vertu est la piété ; sans elle, les meilleures actions ne sont pas agréables à Dieu. L'homme vertueux doit donner au pauvre, sans ostentation, le quarantième

de son revenu épargné. L'esprit de fraternité et d'égalité interdit le prêt à intérêt, atténue la condition de l'esclavage, laisse la femme mariée gérer sa fortune, ne transmet ni les privilèges ni les titres. L'esprit de castes n'existe pas chez les musulmans, qui vivent dans une sorte de théocratie.
La polygamie a été régulée et limitée rigoureusement, et non créée par l'islam. La condition de la femme a même été l'objet de la sollicitude du législateur, qui lui assure sa part d'héritage dans la famille.

Les mosquées

Si le mot français « mosquée » vient de *masjid,* il ne faut pas se méprendre sur le sens de ce terme. *Masjid* désigne le lieu où l'on se prosterne devant Allah. Ce peut être bien sûr la mosquée, mais aussi n'importe quel endroit, pourvu qu'il soit dans un état de propreté et de sacralisation. Le mot « mosquée » se traduit d'ailleurs en arabe par *jemaa,* qui a le sens de « rassemblement ». Le vendredi est le jour du rassemblement *(yôm el jemaa)* et aussi le jour de la mosquée, puisque c'est là que l'on se rassemble pour la grande prière collective de l'après-midi.

TÉLÉPHONE ARABE

Voici l'origine de cette célèbre expression : malgré l'excavation dans le mur du fond de la mosquée (le mihrab) pour faire caisse de résonance, la voix de l'imam ne portait pas toujours assez loin. Pour relayer ses paroles et que les fidèles du fond puissent bien écouter la prière, des « assistants » se tenaient un peu partout dans la mosquée. D'un bout à l'autre de l'auditoire, ils répétaient les prières de l'imam... Aujourd'hui, ce « téléphone arabe » a été remplacé par des haut-parleurs, qui ne jouent vraiment pas le jeu puisqu'ils répètent tout sans rien déformer !

La 1re mosquée fut érigée à Médine par le prophète Mahomet pour adorer Allah. Il institua ainsi dans ses grandes lignes ce nouveau style architectural.
La mosquée traditionnelle, différente au Maghreb de celle de type persan, se compose, en général, d'une cour au centre de laquelle se trouvent une fontaine, pour les ablutions, et des sortes de préaux. C'est là que les fidèles se mettent en lignes parallèles pour prier ensemble derrière l'imam qui dirige la prière. La direction exacte du temple de La Mecque est indiquée par une niche, le *mihrab,* dont on a pu dire qu'il était « le moule en creux de la présence du Prophète ». Pour effectuer le prêche à la communauté, l'imam monte sur une sorte de chaire en bois, que l'on appelle le *minbar.*

Au Maroc, la visite des mosquées et des lieux de pèlerinage (mausolée, koubba, etc.) ***est interdite aux non-musulmans.*** Il est inutile d'insister. Il existe toutefois de très rares exceptions, comme la mosquée de Tin-Mel, à une centaine de kilomètres au sud-ouest de Marrakech, et la mosquée Hassan II de Casablanca (entrée payante).

TOUS FRÈRES

Menara *signifie « lieu de lumière » en arabe. Ce mot est à l'origine de « minaret ». Intéressant de constater que chez les juifs, le chandelier sacré à 7 branches s'appelle* menorah.

Si vous avez la chance de pouvoir pénétrer dans une grande mosquée, vous serez frappé par le volume libre à l'intérieur. On ressent vraiment la notion d'espace, d'infini, de manière analogue à ce que l'on éprouve au fond de la nef d'une grande cathédrale gothique. Assis, agenouillés un peu partout, des gens prient. L'intérieur est dépourvu de tout élément décoratif, à l'exception de quelques tapis. Très important : tenue décente, bien sûr, et avant d'entrer, déchaussez-vous. Se déchausser avant d'entrer dans un lieu saint est capital. Lavez-vous aussi le visage et les mains ; de toute façon, ça ne leur fera pas de mal...

Les 5 piliers de l'islam

L'islam est basé sur des obligations que chaque musulman doit respecter scrupuleusement : ce sont les 5 piliers de l'islam.

La profession de foi (chahada)

Il s'agit en fait d'une double profession de foi : d'un côté, le refus d'admettre qu'il puisse y avoir d'autres divinités que Dieu, et de l'autre, l'affirmation que le prophète est une référence indépassable, ayant reçu, comme « sceau des prophètes », une mission universelle. On doit la réciter chaque jour à l'heure de la prière, et au moment de la mort pour se voir ouvrir les portes de l'au-delà.

PHRASE SACRÉE

Il est pratiquement impossible de se convertir au judaïsme. En revanche, pour devenir musulman, il suffit de prononcer 3 fois devant un témoin musulman une seule phrase, une profession de foi : « J'atteste qu'il n'y a pas de divinités autres qu'Allah et que Mahomet est son messager. »

La prière (salât)

Elle a lieu 5 fois par jour : à l'aurore, au zénith du soleil, l'après-midi, au coucher du soleil et à la disparition de toutes lueurs à l'horizon, lorsque les étoiles apparaissent. L'heure de la prière est annoncée par l'appel *(azân)* du muezzin, qui tournait jadis autour de la galerie du minaret ; cet appel est aujourd'hui diffusé par haut-parleurs. Le croyant ne peut accomplir la prière sans s'être purifié, se protégeant des souillures ou les éliminant (tapis de sol pour prier, abandon des chaussures, ablutions du visage, de la barbe, des pieds et des mains avant la prière). Et le Livre saint, qui pense à tout, signale qu'en cas de pénurie d'eau (dans le désert, ça n'a rien d'anormal), on peut se purifier avec du sable.
Dans la mesure du possible, la prière doit se faire dans une mosquée (avec ou sans chaussettes), mais elle peut avoir lieu dans un endroit propre, quand il est difficile de procéder autrement. En l'absence de tapis de prière, les chaussures (propres) peuvent être conservées.

Le jeûne du ramadan

Les Marocains observent scrupuleusement le ramadan. L'islam étant la religion officielle, ils se surveillent mutuellement, et faillir à la règle en public serait une provocation sanctionnée par les forces de l'ordre.
Le jeûne du mois du ramadan est obligatoire à partir de la puberté, sauf pour les femmes indisposées, enceintes ou allaitant, les malades (qui doivent rattraper dès que possible les journées rompues) et les voyageurs. Attention, ces derniers doivent le pratiquer à leur retour, car il serait trop simple de prendre ses vacances à ce moment-là.
L'abstinence s'étend à tous les aliments liquides et solides, à la fumée, aux parfums et à tout acte sexuel. On doit rester pur même moralement. Essayez d'être discret si vous êtes au Maroc à cette époque, abstenez-vous de fumer ou de boire de façon trop visible !
Le jeûne dure de l'aurore jusqu'au coucher du soleil, plus précisément tant que l'on peut distinguer un fil noir d'un fil blanc. En soirée, on assiste à un spectacle plutôt insolite : les gens attablés devant leur repas, attendant le signal de la fin du jeûne. Pendant cette

LES FESTIVITÉS DU RAMADAN

À la différence des catholiques avec le carême, le ramadan est aussi un vrai moment de fête. Dès la rupture du jeûne, on prépare des repas joyeux avec sa famille et ses amis. Les soirées durent tard dans la nuit. Et les gens attendent cette période avec plaisir.

période, la vie est transformée et tout fonctionne au ralenti. Non seulement les horaires sont différents, mais les employés présents ne sont guère enclins à travailler. La période du ramadan n'est pas idéale pour voyager, dans la mesure où de nombreux cafés et restaurants sont fermés, et ceux qui ne le sont pas augmentent leurs prix. Mais en contrepartie, le ramadan se révèle intéressant, car on peut facilement être invité à un repas de rupture de jeûne *(ftour).* Un grand moment.
En revanche, l'expression « faire le ramadan » (devenue en français « faire du ramdam ») trouve ici sa pleine justification : du coucher du soleil jusqu'à une heure très avancée de la nuit, l'ambiance bat son plein.
Du fait de la mobilité lunaire, le ramadan tombe chaque année environ 11 jours plus tôt. En 2019, il débutera autour du 6 mai. Ces dates, théoriques, sont validées le jour même, après observation de la lune. Le ramadan dure 29 ou 30 jours, auxquels il faut ajouter les 3 ou 4 jours fériés de l'*Aïd es-Seghir,* la « petite fête » (appelée aussi *Aïd el-Fitr,* fête de la rupture du jeûne), qui clôt la période de jeûne. Le pays est alors fortement paralysé. Rien ne fonctionne.

Le pèlerinage à La Mecque (hadj)

Le pèlerinage aux lieux saints de La Mecque est une obligation pour tout musulman qui en a la possibilité matérielle. Le voyage, coûteux, dure généralement 2 semaines. Il arrive que l'on se cotise pour payer le pèlerinage d'un musulman qui n'en a pas les moyens, tant ce voyage à La Mecque est important.
Le retour des pèlerins est un grand moment : de fierté pour ceux qui reviennent de La Mecque, devenus des *hadj,* et de liesse pour ceux qui les accueillent dans leur quartier ou dans leur village. Dans les campagnes, il est quelquefois de tradition de peindre sur la façade de la maison du pèlerin des scènes de son périple vers La Mecque (avion, bateau, bus...). C'est au cours des rites du pèlerinage qu'a lieu, pour ceux qui restent au pays, le sacrifice du mouton, la fête de l'*Aïd el-Kebir* (voir « Fêtes et jours fériés » dans « Maroc utile » en début de guide).

L'aumône légale (zakat)

C'est un impôt permanent (ou, si l'on préfère, une dîme) permettant de se purifier de la possession des biens de ce monde, réputés impurs (*zakat* signifie d'ailleurs « purification »). De ce fait, le donneur doit éprouver un sentiment de reconnaissance envers celui à qui il donne !
L'aumône est une obligation pour tout musulman possédant une richesse minimale (le *nisâb*) et doit représenter le quarantième du revenu épargné. On la verse annuellement, spontanément, sans contrôle de quelque autorité, à une personne ou à une œuvre choisie parmi les plus défavorisées.

> **AUMÔNE EN LIGNE !**
>
> *Ne croyez pas être « branché » parce que vous payez vos impôts en ligne. Aujourd'hui, signe des temps, il existe des sites internet qui permettent à chaque musulman ayant un certain niveau de revenu de calculer lui-même son zakat (un denier du culte obligatoire), et qui le collectent pour les bonnes œuvres. Cartes de paiement acceptées !*

Pratiques liées à la religion

La circoncision

C'est une tradition abrahamique : la religion ne l'impose pas. C'est un rite qui prend ici un sens tout particulier car, comme pour le baptême catholique, cela marque l'entrée du jeune garçon dans le monde des croyants. L'opération (qui consiste à exciser la peau du prépuce) peut être effectuée sur un nourrisson dès l'âge de 1 mois. Les familles qui en ont les moyens confient l'enfant à un chirurgien

dans une clinique privée. Les familles nécessiteuses s'adressent à un hôpital public où les circoncisions se font à la chaîne, la veille des fêtes religieuses. Dans les campagnes, il arrive encore parfois que ce soit le barbier qui procède à l'opération, sans aucune anesthésie, mais c'est de plus en plus rare.
Cette cérémonie donne lieu à des festivités plus ou moins importantes selon les moyens de la famille, et le jeune circoncis reçoit des cadeaux.

Les aliments prohibés

Ce sont la chair du porc, celle des carnassiers et de certains reptiles, le sang et la charogne. Pour être *halal,* c'est-à-dire conforme aux prescriptions du Coran, la viande doit être absolument exsangue pour être consommée, et l'animal exécuté selon un rite particulier. Au sujet de l'alcool, plusieurs interprétations existent quant à savoir si le Coran interdit sa consommation (ce que considèrent la plupart des écoles) ou seulement l'ivresse.

Les zaouïas

Il existe une autre forme de dévotion populaire que les gens des villes caricaturent un peu, en qualifiant l'islam des campagnes par opposition à l'islam officiel des villes. C'est mal connaître l'importance des confréries religieuses dans la diversité du paysage cultuel qui fait la spécificité du Maroc. De nombreuses localités portent le nom d'un marabout (saint) local précédé du terme « zaouïa », qui désigne la confrérie dont il est issu et, plus généralement, le bâtiment à la fois religieux et scolaire qui l'hébergeait et dont il était à l'origine. Le terme marabout désignant, lui, le sanctuaire où il est enterré. Une fois par an, un grand pèlerinage est l'occasion pour la population d'affirmer son appartenance à la communauté religieuse et, par là même, de bénéficier de la baraka du saint en question.

Les marabouts

Un marabout est un musulman sage et respecté qui fait l'objet d'un culte, équivalent d'un saint pour le christianisme. Par extension, ce mot désigne aussi son tombeau, en remplacement du mot arabe *koubba.* Pour beaucoup de femmes musulmanes, ce tombeau est un lieu privilégié où elles se retrouvent entre elles, libérées de la loi des hommes. Ceux-ci n'y font qu'un rapide passage, alors que les femmes peuvent y rester plusieurs heures. En cas de difficulté (mais aussi en cas de maladie), plutôt que d'aller voir un médecin qui lui demande de se déshabiller et utilise des mots qu'elle ne comprend pas, une femme peu instruite préfère s'adresser au marabout. La fréquentation du marabout, à défaut de faire revenir le fils éloigné par ses études ou de guérir la fillette malade, a donc une efficacité par le soulagement qu'elle apporte, ainsi que par l'appui et les conseils reçus des autres femmes présentes.

SAVOIR-VIVRE ET COUTUMES

Vous êtes dans un pays musulman, dont certaines traditions et coutumes sont très différentes des nôtres. Il faut donc connaître, en plus de celles mentionnées plus haut à la fin de la rubrique « Cuisine », quelques règles élémentaires.

Ce qu'il ne faut pas faire

– Donner quoi que ce soit en échange de l'hospitalité que l'on vous offre. Si par hasard (comme c'est souvent le cas), votre hôte, que vous soupçonnez d'avoir très peu de moyens, vous somme de rester pour dîner, préférez l'accompagner au marché pour effectuer les achats nécessaires à la préparation du repas (que vous paierez vous-même) plutôt que de donner de l'argent.

– Porter une tenue un tant soit peu dénudée. Les shorts et les vêtements sans manches sont considérés comme indécents dans certaines régions peu touristiques (même pour les hommes). Idem sur les plages (le naturisme est interdit). Autour des piscines des grands hôtels, mesdames, mesdemoiselles, ne vous laissez pas non plus aller aux joies du bronzage topless. C'est une règle de respect élémentaire à l'égard du personnel marocain.
– S'adonner au bronzage intégral sur la terrasse d'un riad, même tenu par des Européens. D'une terrasse à l'autre, tout se voit, et le voisinage est outré de ces pratiques. Ne compliquez pas la vie de vos hôtes !
– Se faire des mamours en public.
– Essayer d'entrer dans une mosquée, une koubba, un mausolée qui ne sont pas explicitement ouverts aux touristes.
– Se moucher bruyamment en public, surtout pendant un repas.
– Éructer bruyamment en fin de repas, sous prétexte de respecter une vieille coutume maghrébine. Toutes les familles ne pratiquent pas ainsi, et surtout pas celles d'un certain niveau social.
– Refuser le thé que l'on vous offre, sauf si vous avez une bonne raison de le faire.
– Critiquer l'organisation marocaine (vos interlocuteurs ne s'en priveront pas, mais ça ne vous donne pas pour autant le droit de surenchérir), et surtout la religion ou la monarchie. Si votre interlocuteur vous interroge, vous pouvez exprimer votre pensée et vos étonnements, pourvu que vous le fassiez en termes mesurés et respectueux.

La politesse

Comme on peut le constater dès l'arrivée, les Marocains utilisent des formules de politesse beaucoup plus longues que les nôtres. Elles appartiennent à un ancien code des usages toujours en vigueur. Qui ne connaît le fameux *inch Allah* (« s'il plaît à Dieu »), qui s'emploie systématiquement dans une phrase qui comporte un verbe au futur, et même parfois au milieu d'une phrase prononcée en français ? Le nom de Dieu revient d'ailleurs souvent dans les formules utilisées.
Lorsque 2 Marocains arabisants se rencontrent, cela donne à peu près le dialogue suivant :
– *Salaam aleikum !* (Que la paix soit sur toi !)
– *Wa aleikum Salaam !* (Qu'elle soit sur toi aussi !)
– *Lèbès ?* (Comment ça va ?)
– *Lèbès.* (Ça va.) Ou *Bèlkher.* (Bien.)
– *Ach khbârek ?* (Et quelles sont les nouvelles ?)
– *Lèbès.* (Ça va.)
– *La bâs alik ?* (Pas de mal sur toi ?)
– *La bâs el hamdoullah !* (Non, grâce à Dieu, pas de mal sur moi !)
À ce dialogue, inévitable préambule à toute conversation, il faut joindre les gestes à la parole, et en particulier la main droite que l'on pose sur le cœur. La longueur de cet échange, qui a impressionné les 1ers Européens en contact avec les Arabes, est à l'origine du mot français *salamalecs,* directement dérivé de ses 1ers mots !
Si vous êtes à table, il est de coutume de dire *Bismillah* (« Au nom de Dieu ») avant de manger. Cette formule s'utilise toujours avant de commencer quelque chose.
Pour remercier, ne pas oublier *choukrane :* vous n'avez pas d'excuses, c'est très facile à prononcer !

SEXE

Le Coran interdit formellement aux musulmans d'avoir des rapports sexuels en dehors des liens du mariage. De plus, la loi marocaine considère cet acte comme un délit passible de prison. La réalité est différente : le garçon est admiré en tant que

don Juan, tandis que la femme doit arriver vierge au mariage. Cette contradiction soutenue par une tradition plus rétrograde qu'on ne croit, conduit à bien des agressions, voire des viols (lire aussi plus haut la rubrique consacrée aux « Femmes »).
Ce qui est valable entre 2 coreligionnaires l'est aussi pour un couple mixte dont l'une des personnes est de confession musulmane. Ainsi, les gérants d'hôtels (même européens), qui redoutent les contrôles de police, sont en général très vigilants. Ils refusent d'accueillir dans une même chambre un couple non marié dont l'un des conjoints est marocain ou porte un nom à la consonance arabe évidente. Pas question de mentir, car on vous demande votre certificat de mariage si vous prétendez être marié. La tolérance est bien plus grande lorsque les 2 voyageurs sont porteurs d'un passeport européen : dans bien des cas, les hôteliers ferment les yeux.
Inutile donc d'imaginer ramener à l'improviste dans votre chambre un sujet de ce beau royaume qu'il vous aura été donné de draguer pendant les vacances ! Si vous voulez être discret et éviter les palabres, la parade consiste à louer une chambre séparément et à arriver en ordre dispersé, comme si vous ne vous connaissiez pas. Mais attention ! Restez le plus discret possible : si vous vous faites pincer, vous risquez la prison ! Rien que ça ! De même que le gérant de l'hôtel. Pour le camping, l'équation se pose de la même façon... À chacun sa toile !
Mais un problème important touche le Maroc depuis quelques années : le ***tourisme sexuel.*** Dans les grandes villes touristiques, nombre de lieux nocturnes sont associés à la prostitution. La plupart de ces « filles de l'aurore » ne sont pas membres d'obscurs réseaux financiers souterrains. Elles sont étudiantes pour certaines, sans emploi pour la plupart, mais toutes se sont laissé prendre au piège de l'argent « facile ». Les tarifs leur permettent en effet de gagner l'équivalent d'un SMIC en quelques nuits ou quelques jours. Les autorités ont bien conscience du phénomène mais ne semblent pas vraiment pressées d'agir. Il faut dire que depuis le chauffeur de taxi jusqu'à l'hôtelier crapuleux en passant par le gérant de disco, tout le monde s'y retrouve. Soupape sociale de sécurité, diront certains, phénomène gravissime fauchant une génération tout entière, diront d'autres.
La ***pédophilie*** a, en revanche, essuyé de beaux revers, et certains riads impliqués ont été fermés. Tout ce joli (im)monde a fini derrière des barreaux avec de lourdes peines de prison à la clé.
Enfin, si un Européen tombe sous le charme d'une Marocaine, la conversion à l'islam est un prélude obligatoire au mariage. Autant être prévenu ! C'est toujours un honneur pour un père de savoir que sa fille a converti un *roumi* à la religion du Prophète, sachez-le !

SITES INSCRITS AU PATRIMOINE MONDIAL DE L'UNESCO

En coopération avec le
Organisation des Nations Unies pour l'éducation, la science et la culture · Centre du patrimoine mondial

Pour figurer sur la liste du Patrimoine mondial, les sites doivent avoir une valeur universelle exceptionnelle et satisfaire à au moins un des 10 critères de sélection. La protection, la gestion, l'authenticité et l'intégrité des biens sont également des considérations importantes.
Le patrimoine est l'héritage du passé dont nous profitons aujourd'hui et que nous transmettons aux générations à venir. Nos patrimoines culturel et naturel sont 2 sources irremplaçables de vie et d'inspiration. Ces sites appartiennent à tous les peuples du monde, sans tenir compte du territoire sur lequel ils sont situés. Pour plus d'informations : • *whc.unesco.org* •
– Le Maroc compte 9 sites culturels inscrits : les ***médinas de Fès*** (1981) ***et de Marrakech*** (1985), le ***ksar d'Aït-Benhaddou*** (1987), la ville historique de ***Meknès*** (1996), la ***médina de Tétouan*** (1997), le ***site de Volubilis*** (1997), la ***médina d'Essaouira*** (2001), la ***cité portugaise d'El-Jadida*** (2004) et ***Rabat*** (2012).

SPORTS ET LOISIRS

Le football reste le sport roi, avec quelques-uns des clubs les plus titrés d'Afrique, le *Raja* de Casablanca notamment. Les jeunes Marocains connaissent le nom des joueurs de l'équipe de France par cœur. Mais d'autres disciplines connaissent un certain essor, comme l'athlétisme ou le cyclisme, notamment grâce au Tour du Maroc inscrit au calendrier de l'Union cycliste internationale.

Sports nautiques

Le Maroc offre de nombreuses possibilités pour pratiquer les sports nautiques tels que le surf, la planche à voile et le kitesurf. Une précision toutefois : les côtes atlantiques marocaines n'étant pas baignées par le Gulf Stream, la température de l'eau n'excède pas 18 °C, même en plein été !
Par ailleurs, la houle puissante de l'Atlantique rend la baignade dangereuse, et il est recommandé de rester dans les endroits aménagés ou surveillés. Le naturisme est formellement interdit. Sachez, enfin, que l'*upwelling* (remontée d'eaux froides des profondeurs) associé à un puissant vent thermique rafraîchit considérablement le bord de mer en plein été dans des zones très localisées comme Essaouira par exemple. Si le phénomène ravit les véliplanchistes, il est fort désagréable pour ceux qui veulent bronzer sur la plage.

Randonnée

Depuis quelques années, le tourisme rural est en plein boom au Maroc. Les petites infrastructures hôtelières fleurissent un peu partout dans les Atlas, proposant des excursions et des guides. Le Maroc est le paradis des randonneurs. Une randonnée pédestre, équestre ou à VTT est l'occasion rêvée pour un contact avec les gens des montagnes, dont le mode de vie demeure encore très simple. Région du Toubkal, du djebel Siroua, autant de paysages et d'ambiances à découvrir pour l'amateur de pleine nature. Dans la montagne, la meilleure saison pour une randonnée pédestre s'échelonne d'avril à octobre. En hiver, préférer le désert.
Pour certaines randonnées, les services d'un guide sont utiles, voire indispensables (cas de l'ascension du Toubkal, par exemple). Mais attention, il y a les vrais guides (demandez à voir la carte officielle et vérifiez bien qu'elle est à jour) et les faux guides !
Avant d'enfiler vos chaussures de marche, ***lire attentivement*** la rubrique « Guides » dans « Maroc utile », ainsi que notre texte concernant la randonnée dans la partie « Les montagnes du Haut Atlas occidental ».
Attention, même accompagné d'un guide diplômé, il est prudent de souscrire une assurance couvrant les activités sportives en cas de pépin. Et ce avant votre départ.
Pour tout renseignement complémentaire, voir les « Adresses utiles » de Marrakech et de Ouarzazate. Nous citons plusieurs agences qui proposent toutes sortes de randonnées sérieuses. On peut également contacter :

■ ***Club alpin français de Casablanca :*** *50, bd Sidi-Abderrahmane (ex-Grande-Ceinture), quartier Beauséjour, Espace Provinces de France, Casablanca 20200. ☎ (00-212) 522-99-01-41 ou 06.* Propose des randos pour les adhérents. Sur leur site : calendrier des sorties, renseignements utiles, adresses de guides, cartes, gîtes, refuges...

Les ouvrages sur le sujet sont rares et les cartes topographiques à la fois imprécises et difficiles à se procurer :

■ ***Division de la cartographie :*** *bureau à Rabat (pour les coordonnées, se reporter à cette ville, rubrique « Adresses et infos utiles. Divers »).* Édite des cartes couvrant tout le Maroc, mais les bureaux régionaux

(comme à Marrakech) disposent surtout des cartes de leur province (malheureusement pas toujours très à jour).
– Il est aussi possible de se procurer quelques exemplaires sur les régions les plus courues dans les librairies spécialisées à Paris.

Ski

Pour les amateurs de ski alpin, la plus haute station d'Afrique se trouve au sud de Marrakech, à l'Oukaïmeden (2 600 m d'altitude) ; malheureusement, l'enneigement y demeure souvent très aléatoire. Elle ouvre théoriquement de mi-décembre à mi-avril, et dispose de plusieurs téléskis et d'un télésiège.

les ROUTARDS sur la FRANCE 2019-2020

(dates de parution sur • *routard.com* •)

Découpage de la FRANCE par le ROUTARD

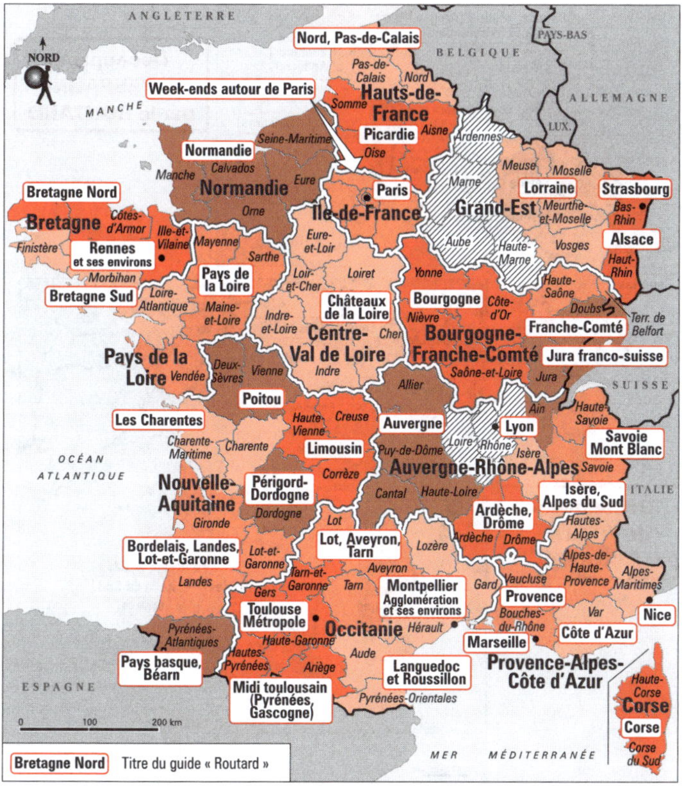

Autres guides sur la France

- Hébergements insolites en France
- Canal des 2 mers à vélo
- La Loire à Vélo
- Paris Île-de-France à vélo
- La Vélodyssée (Roscoff-Hendaye)
- Nos meilleurs campings en France
- Nos meilleures chambres d'hôtes en France
- Nos meilleurs restos en France
- Les visites d'entreprises en France

Autres guides sur Paris

- Paris
- Paris balades
- Paris exotique
- Restos et bistrots de Paris
- Le Routard des amoureux à Paris
- Week-ends autour de Paris

les ROUTARDS sur l'ÉTRANGER 2019-2020

(dates de parution sur • **routard.com** •)

Découpage de l'ESPAGNE par le ROUTARD

Découpage de l'ITALIE par le ROUTARD

Autres pays européens

- Allemagne
- Angleterre, Pays de Galles
- Autriche
- Belgique
- Bulgarie
- Crète
- Croatie
- Danemark, Suède
- Écosse
- Finlande
- Grèce continentale
- Hongrie
- Îles grecques et Athènes
- Irlande
- Islande
- Madère
- Malte
- Norvège
- Pays baltes : Tallinn, Riga, Vilnius
- Pologne
- Portugal
- République tchèque, Slovaquie
- Roumanie
- Suisse

Villes européennes

- Amsterdam et ses environs
- Berlin
- Bruxelles
- Budapest
- Copenhague
- Dublin
- Lisbonne
- Londres
- Moscou
- Naples
- Porto
- Prague
- Saint-Pétersbourg
- Stockholm
- Vienne

les ROUTARDS sur l'ÉTRANGER 2019-2020

(dates de parution sur • routard.com •)

Découpage des ÉTATS-UNIS par le ROUTARD

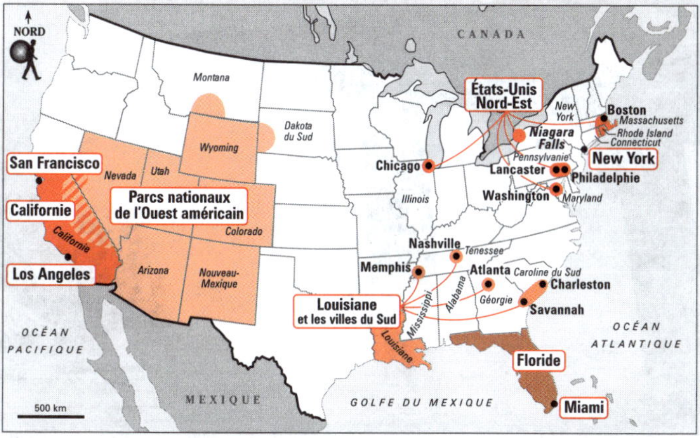

Autres pays d'Amérique

- Argentine
- Brésil
- Canada Ouest
- Chili et île de Pâques
- Colombie
- Costa Rica
- Équateur et les îles Galápagos
- Guatemala, Belize
- Mexique
- Montréal
- Pérou, Bolivie
- Québec et Ontario

Asie et Océanie

- Australie côte est + Red Centre
- Bali, Lombok
- Bangkok
- Birmanie (Myanmar)
- Cambodge, Laos
- Chine
- Hong-Kong, Macao, Canton
- Inde du Nord
- Inde du Sud
- Israël et Palestine
- Istanbul
- Jordanie
- Malaisie, Singapour
- Népal
- Shanghai
- Sri Lanka (Ceylan)
- Thaïlande
- Tokyo, Kyoto et environs
- Turquie
- Vietnam

Afrique

- Afrique du Sud
- Égypte
- Kenya, Tanzanie et Zanzibar
- Maroc
- Marrakech
- Sénégal
- Tunisie

Îles Caraïbes et océan Indien

- Cuba
- Guadeloupe, Saint-Martin, Saint-Barth
- Île Maurice, Rodrigues
- Madagascar
- Martinique
- République dominicaine (Saint-Domingue)
- Réunion

Guides de conversation

- Allemand
- Anglais
- Arabe du Maghreb
- Arabe du Proche-Orient
- Chinois
- Croate
- Espagnol
- Grec
- Italien
- Japonais
- Portugais
- Russe
- G'palémo (conversation par l'image)

Livres-photos Livres-cadeaux

- L'éphéméride du Routard (nouveauté)
- Voyages
- Voyages : Italie (nouveauté)
- Road Trips (40 itinéraires sur les plus belles routes du monde ; nouveauté)
- Nos 120 coins secrets en Europe
- Les 50 voyages à faire dans sa vie
- 1 200 coups de cœur dans le monde
- 1 200 coups de cœur en France
- Nos 52 week-ends dans les plus belles villes d'Europe
- Nos 52 week-ends coups de cœur en France (nouveauté)
- Cahier de vacances du Routard (nouveauté)

Espace offert par l'annonceur – Avec le soutien de l'agence ★ EURO RSCG C&O
RÉPARER LES VIES
HANDICAP
INTERNATIONAL

Nous tenons à remercier tout particulièrement Loup-Maëlle Besançon, Thierry Bessou, Gérard Bouchu, François Chauvin, Grégory Dalex, Fabrice Doumergue, Cédric Fischer, Carole Fouque, Guillaume Garnier, Nicolas George, Michelle Georget, David Giason, Claude Hervé-Bazin, Emmanuel Juste, Dimitri Lefèvre, Fabrice de Lestang, Romain Meynier, Éric Milet, Pierre Mitrano, Jean-Sébastien Petitdemange et Thomas Rivallain pour leur collaboration régulière.

Jean-Jacques Bordier-Chêne
Laura Charlier
Agnès Debiage
Coralie Delvigne
Jérôme Denoix
Tovi et Ahmet Diler
Clélie Dudon
Sophie Duval
Alain Fisch
Bérénice Glanger
Adrien et Clément Gloaguen
Bernard Hilaire et Pepy Frenchy Kupang
Sébastien Jauffret
Alexia Kaffès
Jacques Lemoine
Caroline Ollion
Martine Partrat
Odile Paugam et Didier Jehanno
Céline Ruaux
Prakit Saiporn
Jean-Luc et Antigone Schilling
Jean Tiffon
Caroline Vallano

Direction : Nathalie Bloch-Pujo
Direction éditoriale : Hélène Firquet
Édition : Matthieu Devaux, Olga Krokhina, Gia-Quy Tran, Julie Dupré, Emmanuelle Michon, Pauline Janssens, Amélie Ramond, Margaux Lefebvre, Laura Belli-Riz, Amélie Gattepaille, Aurore Grandière, Camille Lenglet, Lisa Pujol et Esther Batilde
Ont également collaboré : Brigitte De Vaulx, Élisabeth Bernard et Pauline Morgain
Cartographie : Frédéric Clémençon et Aurélie Huot
Contrôle de gestion : Jérôme Boulingre et Adeline Cazabat Barrere
Secrétariat : Catherine Maîtrepierre
Fabrication : Nathalie Lautout et Audrey Detournay
Relations presse : COM'PROD, Fred Papet. ☎ 01-70-69-04-69.
• *info@comprod.fr* •, Martine Levens (Belgique) et Maureen Browne (Suisse)
Illustration : Perrine Arnaud
Direction marketing : Adrien de Bizemont, Clémence de Boisfleury et Charlotte Brou
Informatique éditoriale : Lionel Barth
Couverture : Clément Gloaguen et Seenk
Maquette intérieure : le-bureau-des-affaires-graphiques.com, Thibault Reumaux et npeg.fr
Direction partenariats : Jérôme Denoix
Contact Partenariats et régie publicitaire : Florence Brunel-Jars
• *fbrunel@hachette-livre.fr* •

INDEX GÉNÉRAL

16 Kawa 119
33 Rue Majorelle 126
555 125

ABC du Maroc 41
Achats 200
ACHAYN 162
ACIMA 94
AGDAL (jardin de l') 146
AGHBALOU 156
AÏT-SOUKA 161, 162
Al Bahrya 119
Al Fassia 121
Al Fassia Aguedal 121
Al Jawda 122
Al Jawda-Mme Alami 122
Al Kawtar 127
Al Nour 127
AL-AMRI (foundouk) 128
AL-MIZAN (foundouk) 128
Amal 119
Amandine 122
Amesfah
(boutiques de la rue) 127
AMESFAH (rue) 142
AMIZMIZ 166
AMIZMIZ (route d') 164
ANIMA (jardin) 154
AREMD 161, 162
Argent, banques, change 47
ART BERBÈRE
(musée de l') 145
ART ET DE CULTURE
DE MARRAKECH
(musée d' ; MACMA) 146
ASGUINE 156
ASNI 159, 160
Atelier du Vin (L') 94
Atika 126
ATLAS OCCIDENTAL
(montagnes du Haut) 151
Auberge de jeunesse 95
Avant le départ 41
Azar 125
AZZADENE
(vallée de l') 164

BÂB-EL-KHEMIS (souk de) ... 143
BÂB-TAGHZOUT (place) ... 142, 143
Bagatelle 120
BAHIA (palais de la) 151
Bakchich 207
Bakchich Café 114
Bar de l'Hôtel Renaissance .. 124
Bazaar Café 116
Beldi Country Club
(Le) 112, 121
BEN CHABA (caravansérail) 152
BEN-YOUSSEF
(médersa) 133, 142
Bliss-Riad 109
Blokk (Le) 121
Bô-Zin 125
Boissons 207
BOUCHAROUITE (musée) .. 137
Boughdira 112
Budget 49

Café Bousafsaf 145
Café des Épices (Le) 123
Café du Livre (Le) 122, 124
Café Les Négociants 124
Café-terrasse Palais
El-Badia 116
Camping Le Relais
de Marrakech 95
Cantine des Gazelles (La) ... 116
CARAVANSÉRAIL BEN
CHABA 141
Carrefour 94
Casa Gyla 100
Catanzaro 120
Chambres d'Amis 107
Chez Brahim 114
Chez Haj Brik 114
Chez Lamine 114
Chez Mariama Berbère 114
Chez Monsieur Michelin 127
Chez Yassine 114
CHROB N'CHOUF (fontaine) ... 142
Cinéma 209
Climat 51
Clock 115
COMPLEXE DE POTERIE
MOUJMAR-
EL-FRARA 148
Cosimo Marrakech 100
Coups de cœur (nos) 12

Cour des Lions 121
Crêperie de Marrakech (La) 119
Cuisine 210
Cuisine de Mona (La) 120
Curieux, non ? 214

D

Dangers et enquiquinements 52
Dar Al-Kounouz 105
Dar Aman 106
Dar Baraka 102
DAR BELLARJ (Fondation) 134
Dar Chérifa 117, 123
Dar Choumissa 104
DAR EL-BACHA – MUSÉE DES CONFLUENCES 136
Dar El Calame 104
Dar El Qadi 105
Dar Fangui 102
Dar Ihssane 103
Dar Karam 102
Dar Kawa 109
Dar Khmissa 104
Dar Mouassine 106
DAR MOULAY ALI 137
Dar Sara 101
Dar Sara Srira 102
DAR SI SAÏD – Musée national du Tissage et du Tapis 140
Dar Tafantant 111
Dar Tazi 115
DAR TISKIWIN 140
Dar Zarraba 111
Dar Zellij (Le) 118
Décalage horaire 54
Déjeuner à Marrakech (Un) 115
DENISE-MASSON (maison ; Maison du Dialogue de Marrakech) 136
DERB SIDI-BOULOUKATE 102
DIABAT 196
Dino 122
DIOUR-SABOUNE (rue) 142
DJEBEL TOUBKAL 163
Domaine de Tameslohte 112
DOMAINE DU VAL D'ARGAN 197
DOUAR -ZII 155
Drogue 54

É

ÉCOMUSÉE BERBÈRE 144
Économie 214
El Bahja, Chez Ahmed 113
El-Andalusiya 123
EL-BADI (palais) 138
EL-FATMI (foundouk) 141
EL-GHAZOUA 183, 184
Électricité 55
Enfants et éducation 216
Ensemble artisanal 127
Environnement 217
Equity Point Hostel 96
ESSAOUIRA 171
Exotic Bali 117

F

Famille (La) 115
Faune et flore 218
Femmes 220
Ferme (La) 116
Fêtes et jours fériés 55
FONDATION DAR BELLARJ 134
FONTAINE CHROB N'CHOUF 142
FONTAINE MOUASSINE 141
Foundouk (Le) 117
FOUNDOUK AL-AMRI 128
FOUNDOUK AL-MIZAN 128
FOUNDOUK EL-FATMI 141
FOUNDOUK SARSAR 128, 141

G

Galerie Birkmeyer 126
Galerie des Tanneurs 126
Galerie Love 145
Gatô 122
Gazelles 222
Géographie 222
Grand Balcon du Café Glacier 122
Grand Café de la Poste (Le) 124
GRAND MARCHÉ DE HAD-DRÂA 197
GUÉLIZ (VILLE NOUVELLE ; quartier) 83, 144
Guides 58

H

Habitat 223
HAD-DRÂA (grand marché de) 197
Hammam 225
HAUT ATLAS OCCIDENTAL (montagnes du) 151

INDEX GÉNÉRAL

HAUTE VALLÉE
DE TACHDIRT....................164
Hébergement....................59
Henna Art Café ..114, 127
HERITAGE MUSEUM 137
Histoire....................226
Hivernage (L') 124
Hostel Marrakech Rouge 95
Hôtel Aday 98
Hôtel Akabar 97
Hôtel Central Palace 98
Hôtel de France 122
Hôtel Diwane 97
Hôtel du Pacha 96
Hôtel El Amal 98
Hôtel Essaouira 98
Hôtel Gallia 99
Hôtel Ibis Moussafir 97
Hôtel Imouzzer 98
Hôtel Jnane Mogador 98
Hôtel Les Trois Palmiers 97
Hôtel Médina 98
Hôtel Sherazade 99
Hôtel Toulousain 96
Hôtel Wissam 99
IJOUKAK....................168
I Limoni 117
IMI'N'TLIT....................192
IMLIL....................160
IMLIL (route d') 159
Institutions....................234
Itinéraires conseillés 28
JARDIN DE L'AGDAL............146
JARDIN MAJORELLE ...145
JARDIN SECRET (Le) 135
Jardin Tougana (Le) 112
Jardins de Guéliz (Les) 119
Jardins de la Médina
(Les) 99
JEMAA-D'RHMAT 155
JEMAA-EL-FNA (place) ..129
Jemaa-el-Fna
(stands de la place) 113
Jnane Baroud 95
Kasbah Beldi 113
Katsura 120
Kenzi Club Agdal 97
Kenzi Menara Palace 97
KosyBar 123
KOUBBA ALMORAVIDE
(la) 134
KOUTOUBIA
(minaret de la) 129
Ksar Essaoussan 118
Kui-Zin 115
LAAZAMA (synagogue) 139
LALLA-TAKERKOUST
(lac de)....................165
Langues....................61
Limoni I 117
Livres de route....................63
Love (galerie) 145
Lu sur routard.com....................33
Maison Arabe (La) ..99, 118
Maison Belbaraka 107
MAISON DE LA PHOTO-
GRAPHIE 134
MAISON DENISE-MASSON ;
MAISON DU DIALOGUE
DE MARRAKECH 136
Maître de Viande (Le) 119
MAJORELLE (jardin) 145
Mamounia (La) 123, 125
Marchandage....................65
MARIGHA....................168
MARRAKECH....................79
MARRAKECH (musée de) ..133
Marrakech Riads 101
MÉDERSA
BEN-YOUSSEF ..133, 142
Médias....................235
MÉDINA (la ; quartier) ...83, 128
MELLAH (le) 139
MÉNARA (la) 146
MINARET
DE LA KOUTOUBIA ...129
MOHAMMED VI, POUR
LA CIVILISATION DE L'EAU
AU MAROC (musée) 147
MONTAGNES DU HAUT
ATLAS OCCIDENTAL 151
MOSQUÉE MOULAY
YAZID 138
MOSQUÉE DE SIDI-BEL-
ABBÈS....................142
MOUASSINE (fontaine)............141
MOUASSINE
(musée de) 135
MOUASSINE (porte)................141
MOUJMAR-EL-FRARA
(complexe de poterie) ..148
MOULAY ALI (dar) 137

MOULAY YAZID (mosquée) 138
MOULAY-BRAHIM........... 148, 160
MUSÉE BOUCHAROUITE .. 137
MUSÉE D'ART AFRICAIN AL MAADEN (MACAAL) .. 148
MUSÉE D'ART ET DE CULTURE DE MARRAKECH (MACMA) 146
MUSÉE DE L'ART BERBÈRE .. 145
MUSÉE DE LA FEMME 137
MUSÉE DE LA PALMERAIE 147
MUSÉE DE MARRAKECH .. 133
MUSÉE DE MOUASSINE .. 135
MUSEE DES CONFLUENCES (DAR EL-BACHA) 136
MUSÉE DU PARFUM 136
MUSÉE FARID-BELKAHIA ... 147
MUSÉE MOHAMMED VI, POUR LA CIVILISATION DE L'EAU AU MAROC .. 147
MUSÉE NATIONAL DU TISSAGE ET DU TAPIS – DAR SI SAÏD 140
MUSEE ORIENTALISTE ... 135
MUSÉE YVES SAINT LAURENT 145
Musique et danse.................... 236
Mustapha Blaoui 126

Naranj 117
Naturelle d'Argan – Sawira Bazar 125
Nomad 116

Opéra (L') 124
Oriental Legend 122
Orientaliste (L') 126
OUIRGANE.............................. 167
OUKAÏMEDEN (l') 157
OULMÈS.................................. 144
OUMNAS.................................. 153
OUNAGHA................................. 197
OURIKA (vallée de l')............... 152

PALAIS DE LA BAHIA .. 151
Palais Donab 110
PALAIS EL-BADI 138
Palais Jad Mahal (Le) 125
Palais Riad Lamrani 110
PALMERAIE (la) 83, 146
PALMERAIE (musée de la) 147
PARFUM (musée du) 136
Pâtisserie des Princes 122
PÈLERINAGE DES SEPT SAINTS................................. 144
Personnages 238
Photo 65
PHOTOGRAPHIE (Maison de la) 134
PLACE BÂB-TAGHZOUT ... 142
PLACE JEMAA-EL-FNA .. 129
Place Vendôme 126
PLAGE DE SIDI-KAOUKI......... 197
PLATEAU DE LA TAZAGHART .. 164
Population 240
PORTE MOUASSINE................ 141
PORTE SIDI-BEL-ABBÈS......... 142
Poste 66

Quara 106
QUARTIER DE SIDI-BEL-ABBÈS................................. 154
Questions qu'on se pose avant le départ (les)................ 34

Religions et croyances......... 244
REMPARTS (tour des) 146
Restaurant Oscar Progrès .. 114
Restaurants populaires 119
Resto de La Villa Nomade .. 118
Riad Abaca Badra 104
Riad Aguerzame 107
Riad Al Jazira 102
Riad Al Karama 104
Riad Aladdin 109
Riad Alisma 103
Riad Bayti 108
Riad Berbère 106
Riad Camilia 110
Riad Chamali 105
Riad Clémentine 109
Riad El Grably 107
Riad Ennafoura 105
Riad First 108
Riad Houdou 107
Riad Julia 103
Riad L'Orangeraie 110
Riad La Fibule 103
Riad La Porte Rouge 106
Riad Mazaya 108
Riad Miski 105
Riad Moulay 103
Riad Nomades 106
Riad Noos-Noos 108

Riad Tchaikana ... 109
Riad Zayane ... 108
ROUTE D'AMIZMIZ ... 164
ROUTE D'IMLIL ... 159
ROUTE DU TIZI-N-TEST ... 167
RUE AMESFAH ... 142
RUE DIOUR-SABOUNE ... 153
Ryad Zouina ... 107

Santé ... 66
SARSAR (foundouk) ... 128, 141
Savoir-vivre et coutumes ... 249
Scènes de Lin ... 126
SEPT SAINTS (pèlerinage des) ... 144
SETTI-FATMA ... 148, 154, 157
Sexe ... 250
Shtatto ... 123
SIDI AHMED SOUSSI (tombeau de) ... 143
SIDI BEN SLIMANE (tombeau de) ... 143
SIDI-BEL-ABBÈS (porte) ... 142
SIDI-BEL-ABBÈS (quartier et mosquée de) ... 154
SIDI-BOULOUKATE (derb) ... 102
Sidi-Ghanem (zone industrielle de) ... 127
SIDI-KAOUKI (plage de) ... 197
Silver (Le) ... 125
Sites inscrits au Patrimoine mondial de l'Unesco ... 251
Sites internet ... 68
Snack Toubkal ... 114
Snack-bar de l'Escale ... 118
SOUK DE BÂB-EL-KHEMIS ... 143
Souk Kafé ... 115
SOUKS (les) ... 130
Sports et loisirs ... 252
Stands de la place Jemaa-el-Fna ... 113
Studio (Le) ... 120
Supermarché Aswak Assalam ... 94
SYNAGOGUE LAAZAMA ... 139

Table de la Kasbah (La) ... 115
Table du Palais (La) ... 117
TACHDIRT (haute vallée de) ... 164
TAHANAOUTE ... 160
Taj'in Darna ... 122
TAKOUCHT ... 192
TAZAGHART (plateau de la) ... 164
Téléphone et télécoms ... 69
Terra Ababila ... 102
Terrasse Ben Youssef ... 116
Terrasse de la Médersa ... 123
Terrasse des Épices (La) ... 117
The Source ... 113
Théâtre (Le) ... 125
TIDZI ... 192
Tigmi Nomade ... 111
TIN-MEL ... 169
TISKIWIN (dar) ... 140
TIZI-N-TEST (route du) ... 167
Tiznit ... 114
TNINE-L'OURIKA ... 152, 155, 156
Tobsil (Le) ... 118
TOMBEAU DE SIDI AHMED SOUSSI ... 143
TOMBEAU DE SIDI BEN SLIMANE ... 143
TOMBEAUX SAADIENS ... 138
Top Ladid ... 119
TOUBKAL (djebel) ... 163
TOUR DES REMPARTS ... 146
Transports ... 70
Trattoria (La) ... 120, 124

Urgences ... 77

V. Barkowski ... 126
VAL D'ARGAN (domaine du) ... 197
VALLÉE DE L'AZZADENE ... 164
VALLÉE DE L'OURIKA ... 152
Victoria ... 94
Villa Nomade (La) ... 109
Villa Tata Marie ... 111

Waka-Waka ... 96
Winoo ... 119

Youssef Création et Passementerie ... 127
YVES SAINT LAURENT (musée) ... 145

Zinc (Le) ... 127
Zone industrielle de Sidi-Ghanem ... 127
Zwin-Zwin Café ... 116

LISTE DES CARTES ET PLANS

- Coups de cœur (nos) 12
- Distances par la route 2
- Essaouira, *plan détachable* .... verso
- Essaouira (les régions de Marrakech et d') 8-9
- Itinéraires conseillés .. 28, 30, 31
- Maroc (le) 42-43
- Marrakech (les régions de ; et d'Essaouira) 8-9
- Marrakech – plan d'ensemble, *plan détachable* .... recto
- Marrakech – zoom, *plan détachable* .... verso
- Marrakech – les environs, *plan détachable* .... verso
- Marrakech – les souks 131

IMPORTANT : DERNIÈRE MINUTE

Sauf rare exception, le *Routard* bénéficie d'une parution annuelle à date fixe. Entre deux dates, des événements fortuits (formalités, taux de change, catastrophes naturelles, conditions d'accès aux sites, fermetures inopinées, etc.) peuvent intervenir et modifier vos projets de voyage. Pour éviter les déconvenues, nous vous recommandons de consulter la rubrique « Guide » par pays de notre site ● ***routard.com*** ● et plus particulièrement les dernières ***Actus voyageurs.***

Remarque importante aux hôteliers et restaurateurs

Les enquêteurs du *Routard* travaillent dans le plus strict anonymat. Aucune réduction, aucun avantage quelconque, aucune rétribution n'est jamais demandé en contrepartie. Face aux aigrefins, la loi autorise les hôteliers et restaurateurs à porter plainte.

Avis aux lecteurs

Le Routard, ce n'est pas comme le bon vin, il vieillit mal. On ne veut pas pousser à la consommation, mais évitez de partir avec une édition ancienne. Les modifications sont souvent importantes.
Les réductions accordées à nos lecteurs ne sont jamais demandées par nos rédacteurs afin de préserver leur indépendance. Les hôteliers et restaurateurs sont sollicités par une société de mailing, totalement indépendante de la rédaction, qui reste donc libre de ses choix. De même pour les autocollants et plaques émaillées.

Avec routard.com, choisissez, organisez, réservez et partagez vos voyages !

✓ Rejoignez la plus grande communauté francophone de voyageurs : **plusieurs millions d'internautes.**

✓ Échangez avec les routarnautes : forums, photos, avis d'hôtels.

✓ Retrouvez aussi toutes les informations actualisées pour choisir et préparer vos voyages : plus de 300 guides destinations, une centaine de dossiers pratiques et un magazine en ligne pour découvrir tous les secrets de votre destination.

✓ Enfin, comparez les offres pour organiser et réserver votre voyage au meilleur prix.

Les **Routards** *parlent aux* **Routards**

Faites-nous part de vos expériences, de vos découvertes, de vos tuyaux et de vos coups de cœur. Aidez-nous à remettre l'ouvrage à jour. Indiquez-nous les renseignements périmés. Faites profiter les autres de vos adresses nouvelles, combines géniales... On adresse un exemplaire gratuit de la prochaine édition à ceux qui nous envoient les meilleurs courriers, pour la qualité et la pertinence des informations.
Quelques conseils cependant :
– Envoyez-nous votre courrier le plus tôt possible afin que l'on puisse insérer vos tuyaux sur la prochaine édition.
– N'oubliez pas de préciser l'ouvrage que vous désirez recevoir, ainsi que votre adresse postale.
– Vérifiez que vos remarques concernent l'édition en cours et notez les pages du guide concernées par vos observations.
– Quand vous indiquez des hôtels ou des restaurants, pensez à signaler leur adresse précise et, pour les grandes villes, les moyens de transport pour y aller. Si vous le pouvez, joignez la carte de visite de l'hôtel ou du resto décrit.
En tout état de cause, merci pour vos nombreux mails.

122, rue du Moulin-des-Prés, 75013 Paris

• *guide@routard.com* • *routard.com* •

Routard Assurance *2019*

Enrichie année après année par les retours des lecteurs, *Routard Assurance* est devenue une assurance voyage incontournable. Tout est compris : frais médicaux, assistance rapatriement, bagages, responsabilité civile... Vous avez besoin d'un médecin, d'un conseil médical ou d'une prise en charge dans un hôpital ? Appelez simplement le plateau *AVI Assistance* disponible 24h/24, leur réseau est l'un des plus complets actuellement. Vous avez eu des frais de santé en voyage ? Envoyez les factures à votre retour, *AVI* vous rembourse sous une semaine. Avant votre départ, n'hésitez pas à les appeler pour des conseils personnalisés. Et téléchargez l'appli mobile pour garder le contact avec l'assistance 24h/24 et disposer de l'un des meilleurs réseaux médicaux à travers le monde. *40, rue Washington, 75008 Paris. ☎ 01-44-63-51-00. • avi-international.com • Ⓜ George-V.*

Édité par Hachette Livre (58, rue Jean-Bleuzen, CS 70007, 92178 Vanves Cedex, France)
Photocomposé par Jouve (rue de Monbary, 45140 Ormes, France)
Imprimé par Jouve 2 (Quai n° 2, 733, rue Saint-Léonard, BP3, 53101 Mayenne Cedex, France)
Achevé d'imprimer le 17 décembre 2018
Collection n° 13 - Édition n° 01
26/6745/2
I.S.B.N. 978-2-01-626760-8
Dépôt légal : décembre 2018

PAPIER À BASE DE FIBRES CERTIFIÉES